단기 합격을 위한

해커스 커리큘럼

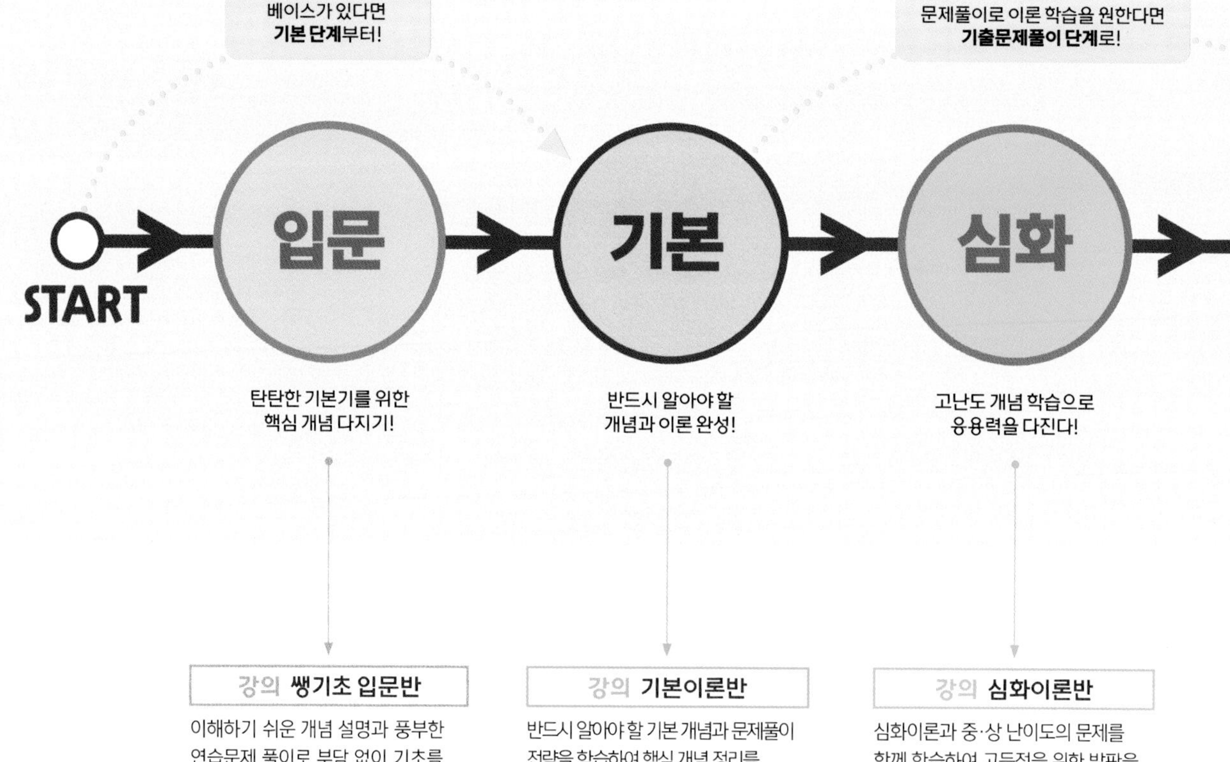

강의 쌩기초 입문반

이해하기 쉬운 개념 설명과 풍부한 연습문제 풀이로 부담 없이 기초를 다질 수 있는 강의

강의 기본이론반

반드시 알아야 할 기본 개념과 문제풀이 전략을 학습하여 핵심 개념 정리를 완성하는 강의

강의 심화이론반

심화이론과 중·상 난이도의 문제를 함께 학습하여 고득점을 위한 발판을 마련하는 강의

* 커리큘럼은 과목별·선생님별로 상이할 수 있으며, 자세한 내용은 해커스군무원 사이트에서 확인하세요.

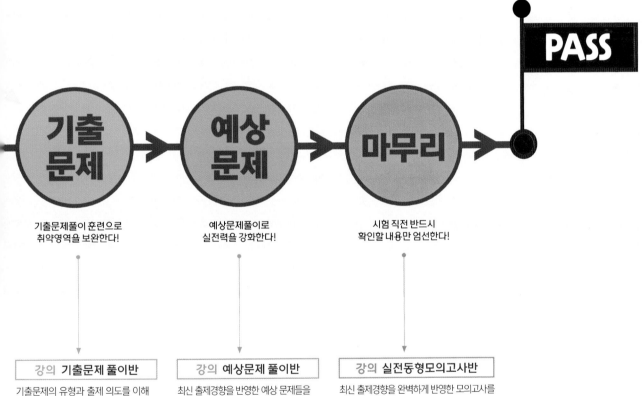

기출문제 → **예상문제** → **마무리** → **PASS**

기출문제풀이 훈련으로
취약영역을 보완한다!

예상문제풀이로
실전력을 강화한다!

시험 직전 반드시
확인할 내용만 엄선한다!

강의 기출문제 풀이반

기출문제의 유형과 출제 의도를 이해하고, 본인의 취약영역을 파악 및 보완하는 강의

강의 예상문제 풀이반

최신 출제경향을 반영한 예상 문제들을 풀어보며 실전력을 강화하는 강의

강의 실전동형모의고사반

최신 출제경향을 완벽하게 반영한 모의고사를 풀어보며 실전 감각을 극대화하는 강의

강의 봉투모의고사반

시험 직전에 실제 시험과 동일한 형태의 모의고사를 풀어보며 실전력을 완성하는 강의

해커스군무원

권우주 경영학

기출문제집

해커스군무원

권우주

약력

권우주경영아카데미 대표
현 | 해커스군무원 경영학 강의
현 | 리쿠르트채용아웃소싱(입사/승진) 출제위원
현 | 대학취업특강, 공무원연수특강, 기업체특강 등
전 | 영남대학교, 경일대학교, 미래대학, 경동정보대학, 대경대학 등 경영학과 겸임교수
전 | 서울법학원, 합격의법학원, 한림법학원, 베리타스법학원, 세종법학원, 이그잼고시학원, 남부고시학원, 윌비스고시학원, KG고시학원, 육서당고시학원, 제일고시학원, 한국고시학원 등 경영학 전임

저서

해커스군무원 권우주 경영학 기출문제집
해커스군무원 권우주 경영학 기본서
해커스군무원 군수직 FINAL 봉투모의고사(국어 + 행정법 + 경영학)
All in 권우주경영학, 에듀피디 5 · 6 · 7 · 8 · 9판
All in 권우주경영학 객관식 문제집, 에듀피디 4 · 5 · 6 · 7 · 8판
All in 권우주마케팅관리론, 에듀데스크
All in 권우주소비자행동론, 에듀데스크
All in 권우주인적자원관리론, 에듀데스크
All in 권우주경영조직론, 에듀데스크
All in 권우주경영학문제집, 에듀데스크 3판
All in 권우주사무관리론, 에듀데스크
EBS 인적자원관리 · 조직행동론, 지식과 미래
All in 권우주경영학, 박문각 3 · 4판
맥 권우주경영학 문제집, 법학사 1 · 2판
우주경영학, 서울고시각 1 · 2판

군무원 시험의 해답
경영학 시험 합격을 위한 필독서!

경쟁률이 점점 치열해지고 있는 공무원 · 공기업 · 승진 시험과 자격증 취득 등을 준비하는 많은 수험생들에게 일조하고자 본 문제집을 출간하게 되었습니다.

지금까지 시중에 많은 경영학 전공시험 대비 문제집이 출간되었습니다. 하지만, 저자는 수험생들에게 최적화된 문제집이 없다는 아쉬움에 다년간의 대학 강의와 일선 학원에서의 강의 경험을 토대로 양적 · 질적인 측면에서 부족한 점을 완벽하게 보완하여 수험생들에게 가장 합리적 · 효율적인 문제집을 출간하고자 하였습니다.

『해커스군무원 권우주 경영학 기출문제집』은 각종 기출문제 및 복원문제, 대학교재 등을 참고하고 최근 출제경향을 최대한 반영하여 각 회차별로 25문항씩 총 40회로 구성하였습니다.

본서는 수험생 본인의 경영학 전공시험 대비 최종 점검으로써 경영학의 기본이론에서부터 심화핵심이론까지 각론별로 문제를 풀어 보며, 전공자는 물론 비전공자들도 쉽고 빠르게 경영학을 완벽하게 이해할 수 있도록 충분한 해설과 수준 높은 문제들로 구성 · 엄선하였습니다.

저자는 경영학 과목의 시험을 준비하는 모든 수험생들에게 실질적인 도움이 되고, 나아가 고득점 및 안정권의 점수를 획득하여 합격의 최종 목표를 달성할 수 있기를 진심으로 기원합니다.

마지막으로 본서가 출간될 때까지 변함없이 지켜봐주고 내조해 준 가족들에게 깊은 감사를 드리며, 아울러 해커스군무원학원 관련 직원 모두에게 감사의 마음을 전합니다.

저자 권우주

※ 본서를 만들면서 최선을 다하였지만, 완벽하다고 생각하지 않으므로 혹 오류나 부족한 부분이 있다면 아래로 연락주시기 바랍니다. 여러분들의 고견을 참고하여 지속적으로 개선 및 발전시켜 추후 더 좋은 문제집을 만들도록 하겠습니다.
e-mail : wjkba@naver.com

차례

PART 5 생산관리

PART 6 경영과학

PART 7 재무관리

PART 8 회계원리

회독을 통한 취약 부분 완벽 정복

다회독에 최적화된 **회독용 답안지**(PDF)

해커스군무원(army.Hackers.com) ▶

사이트 상단의 '교재 · 서점' ▶ 무료 학습 자료

PART 1

경영학개론

제1회 | 경영학개론(1)

001 □□□

테일러(Taylor)의 과학적 관리법의 설명으로 가장 옳지 않은 것은? 2021 군무원 9급

① 내적 보상을 통한 동기부여

② 표준화를 통한 효율성 향상

③ 선발, 훈련, 평가의 합리화

④ 계획과 실행의 분리

해설

테일러(Taylor)의 과학적 관리법은 계획과 실행의 분리를 통한 효율성과 합리화를 통해 외적 보상을 통한 동기부여를 강조한다.

답 ①

002 □□□

경영학의 역사적 흐름에 따라 제시된 이론의 설명으로 가장 옳지 않은 것은?

2021 군무원 7급

① 테일러(Taylor)의 과학적 관리법에서 차별적 성과급제란, 이를 설정하고 표준을 달성한 작업자에게 높은 임금을 지급하는 것을 말한다.

② 베버(M. Weber)가 주장한 관료주의(bureaucracy)란, 합리적이고 이상적이며 매우 효율적인 조직은 분업, 명쾌하게 정의된 조직의 위계, 공식적인 규칙과 절차, 인간적(개인적)인 면을 최대한 고려한 관계 등의 원칙에 근거한다는 것이다.

③ 페욜(Fayol)의 관리과정론에서는 관리활동을 계획화, 조직화, 지휘, 조정, 통제의 5단계로 구분했다.

④ 길브레스(Gilbreth) 부부는 모션픽쳐(motion picture)를 통해 과업을 기본동작으로 분해했다.

해설

베버(M. Weber)의 관료주의(bureaucracy)는 인간적인 측면을 고려하지 않은 점(인간성 무시)이 특징이다.

답 ②

003 다음 중 막스 베버(M. Weber)가 제시한 관료제의 특성에 해당되지 않는 것은? 기출복원

① 상위직급과 하위직급 간의 수평적 의사소통
② 문서로 정해진 규칙과 절차에 따른 과업의 수행
③ 기능적 전문화에 기초한 체계적인 업무의 분화
④ 전문화되고 훈련받은 자에 의한 직무의 수행
⑤ 안정적이고 명확한 권한계층

해설

베버(M. Weber)의 관료제는 계층에 따른 권한과 책임에 의한 명확한 수직적 조직이다.

답 ①

004 다음 중 버나드(Barnard)의 권한수용설에 대한 설명으로 바른 것은? 기출복원

① 명령에 대한 권한은 하급자가 아니라 상급자에게 있다는 것이다.
② 권한수용설은 하급자가 명령이나 지시의 수용 여부와 무관하게 성립한다.
③ 사이몬(Simon)이 주장하고 버나드(Barnard)가 승계한 이론이다.
④ 하급자가 명령과 지시를 수용하고 그에 따라 움직일 때, 상급자(관리자)의 권한이 성립된다는 것이다.

해설

버나드(Barnard)가 제창한 것을 사이몬(Simon)이 승계한 권한수용설은 하급자가 반드시 수용해야 성립한다. 즉, 상급자의 지위가 아니라 명령에 응하는 하급자의 수용의사에 좌우한다.

답 ④

005 다음 경영관리 활동 중 통제(control)에 대한 설명으로 옳지 않은 것은? 2022 감사직

① 기업 규모와 다양성이 커져서 하위층 관리자에게 권한위임과 분권화가 증대되면 통제의 필요성은 감소한다.
② 편차 수정의 내용은 경영자의 다음 계획수립에 유용한 정보로 반영될 수 있다.
③ 실제 경영활동이 수행되기 전에 예방적 관리 차원에서 수행하는 통제유형도 있다.
④ 모든 활동이 종결된 후 수행하는 통제가 보편적이고, 종업원 개개인의 업적평가기준 및 보상기준으로 사용될 수도 있다.

해설

①은 통제의 필요성은 증가한다. 통제유형에는 사전통제, 사후통제, 동시통제가 있다.

답 ①

006 □□□ **다음 중 드러커(P. Drucker)와 관련이 없는 것은?** 기출복원

① 기업의 마케팅활동(고객만족)과 사회적 책임을 강조하였다.

② 단순 · 반복적 작업과 동시관리를 위해 컨베이어시스템을 최초로 도입하였다.

③ 기업의 목적은 고객창조이며, 이를 위해서 마케팅활동과 경영혁신의 기능이 수행되어야 한다고 주장하였다.

④ 기업은 사회가 부를 창출할 수 있는 자원을 위탁한 것이라고 주장하였다.

해설

단순 · 반복적 작업, 동시관리, 표준화, 전문화, 컨베이어시스템의 도입 등은 포드(Ford)에 해당된다.

답 ②

007 □□□ **다음 중 인간관계론에 대한 설명으로 가장 옳은 것은?** 2022 군무원 9급

① 과학적 관리법이라고도 한다.

② 차별적 성과급을 핵심 수단으로 하고 있다.

③ 비공식집단의 중요성을 발견했다.

④ 조직을 관리하는 최선의 관리방식은 회사의 규모나 시장 상황 등에 따라 상이할 수 있음을 발견했다.

해설

인간관계론은 호손(Hawthorne)실험[메이요(Mayo), 뢰슬리스버거(Roethlisberger)]의 인간관계 중시, 감정 중시, 심리 요인, 비공식 조직의 특징 중시 등을 통해 과학적 관리론의 인간 관점의 변화를 시도하였다.

답 ③

008 □□□ **다음 중 가치사슬 분석에서 본원적 주된 활동에 해당되지 않는 것은?** 2021 군무원 9급

① 구매활동 ② 생산활동

③ 판매 ④ 연구개발

해설

연구개발은 지원(보조) 활동에 해당된다.

답 ④

009 다음 중 전사적 자원관리(ERP)의 장점으로 가장 옳지 않은 것은? 2021 군무원 9급

① 경영자원의 통합적 관리
② 자원의 생산성 극대화
③ 차별화된 현지 생산
④ 즉각적인 의사결정 지원

해설

전사적 자원관리(ERP)란, 기업 내 전반적인 활동을 통합(①, ②, ④)하여 경영자원을 최적화하는 기법으로, ③ 차별화된 현지 생산과는 무관하다.

답 ③

010 다음 중 기업의 형태에 대한 설명으로 옳은 것은? 2021 감사직

① 유한회사는 사원 전원이 출자액을 한도로 기업 채무에 대한 유한책임을 지며, 정관으로도 소유 지분의 일부 또는 전부에 대한 타인 양도를 제한하지 못한다.
② 합명회사는 회사의 모든 채무에 대해서 연대책임을 지며, 다른 사람의 동의가 있더라도 지분의 일부 또는 전부를 타인에게 양도하지 못한다.
③ 합자회사의 유한책임사원은 출자가액에서 이미 이행한 부분을 공제한 가액을 한도로 회사 채무에 대한 변제의 책임을 지며, 회사의 업무집행이나 대표행위를 행사할 수 없다.
④ 주식회사의 주주는 회사의 모든 채무에 대해서 연대 책임을 지며, 변제 의무가 없다.

해설

▶ 선지분석
① 사원총회를 거쳐 가능하다.
② 사원의 동의가 있으면 가능하다.
④ 주식회사의 주주는 출자액 한도 내에서 책임진다.

답 ③

011 □□□ **다음 조직의 유형 중 관료제에 있어서 가장 중요한 목표는 무엇인가?** 기출복원

① 비공식 조직의 구축
② 능률의 제고
③ 환경의 고려
④ 노동 소외의 해결

해설

관료제는 전통적인 조직구조로서 뷰로크러시(bureaucracy)조직이다. 따라서 합리성과 능률에 중점을 둔 조직체제이다.

답 ②

012 □□□ **다음 중 공급사슬관리와 관련된 설명으로 가장 옳은 것은?** 2022 군무원 5급

① 공급사슬상의 정보왜곡 현상은 조직마다 목표가 상이하여 발생하기 때문에 공급사슬의 전체 최적화보다 부문 최적화를 목표로 하여야 한다.
② 공급사슬에 물자의 흐름은 공급업체에서 고객에게 이르기까지 구체적인 제품의 흐름을 의미하며, 반품이나 그와 관련된 서비스, 재활용, 처분 등 역방향의 흐름도 포함한다.
③ 황소채찍효과(bullwhip effect)는 공급사슬 상류의 고객 주문 정보가 하류가 전달되면서 정보가 왜곡되는 현상을 말한다.
④ 공급사슬 관리는 일반적으로 공급자에서 고객에 이르는 공급사슬상의 물자와 현금의 흐름만을 관리한다.

해설

▶ 선지분석

①, ④ 공급사슬관리(SCM)는 자재조달에서부터 고객에 이르기까지 물류와 정보를 전체적으로 최적화하는 것이다.
③ 채찍효과는 공급망을 거슬러 올라갈수록 변동 폭이 커지는 현상(왜곡현상)을 말한다.

답 ②

013 □□□ **다음 중 후방통합(backward integration)에 대한 설명으로 옳은 것은?** 기출복원

① 제조기업이 제품의 유통을 담당하는 기업을 인수 · 합병하는 것을 말한다.
② 제조기업이 원재료의 공급업자를 인수 · 합병하는 것을 말한다.
③ 기업이 같거나 비슷한 업종의 경쟁자를 인수하는 것을 말한다.
④ 기업이 기존 사업과 관련이 없는 신사업으로 진출하는 것을 말한다.

해설

▶ 선지분석

① 전방통합, ③ 수평적 합병전략, ④ 비관련 다각화(콩글로머릿)에 대한 설명이다.

답 ②

014 다음 중 경영자의 바람직한 윤리적 환경구축에 관한 설명으로 옳지 않은 것은?

2021 경영지도사

① 윤리의식이 잘 갖추어진 사람을 채용하고 승진시킨다.
② 윤리적 행동에 높은 가치를 부여하는 조직문화를 육성한다.
③ 윤리담당자를 임명한다.
④ 방임적 통제 프로세스를 발전시킨다.
⑤ 사람들이 의사결정과정에서 윤리적 차원을 고려하도록 한다.

해설

방임이란, 돌보거나 간섭하지 않고 내버려 두는 것으로, 윤리적 환경구축과는 무관하다.

답 ④

015 다음 중 캐롤(A. B. Carroll)의 기업의 사회적 책임에 대한 설명으로 옳지 않은 것은?

2021 감사직 · 공인노무사

① 제1단계는 경제적 책임으로 경쟁기업과의 공정 경쟁에 대한 책임을 의미한다.
② 제2단계는 법적 책임으로 경영활동을 수행하는 때, 법규 준수에 대한 책임을 의미한다.
③ 제3단계는 윤리적 책임으로 경영활동을 수행하는 때, 도덕적 책임의 이행을 의미한다.
④ 제4단계는 자선적 책임으로 경영활동과 관련이 없다 할지라도 사회적으로 의미가 있는 활동에 기업 스스로 자발적으로 참여하는 책임을 의미한다.

해설

경제적 책임은 기업을 유지 · 존속 · 발전시키면서 이윤을 추구하여 구성원에 보상하는 책임을 의미한다.

답 ①

016 □□□ **허버트 사이먼(Herbert Simon)이 주장한 제한된 합리성(bounded rationality)에 대한 설명으로 옳지 않은 것은?**

2020 감사직

① 과학적 관리법을 추종하며 절대적 합리성만을 추구하는 경영자들이 '경제인'이라면 제한된 합리성 내에서 현실적으로 의사결정을 하는 경영자들은 '관리인'이다.

② 제한된 합리성 때문에 사람들은 '만족하기에 충분한' 또는 '최소한의 필요조건을 충족시키는' 선택을 한다.

③ 조직이 겪는 상황은 무정부 상태와 같이 불확실하며, 이러한 상황에서 인간의 의사결정은 비합리적으로 이루어진다.

④ 문제해결의 대안을 선택할 때 최선책을 찾으려고 하지 않고, 설정해 놓은 적절한 기준을 통과하는 대안 중에서 먼저 발견되는 것을 선택한다.

해설

사이먼(Simon)의 제한된 합리성은 정보의 비대칭에 의한 만족해를 선택하는 비합리적인 의사결정을 의미하는 것으로, 무정부 상태(법이 없는 무질서나 혼란 상태)의 불확실성과는 무관하다.

답 ③

017 □□□ **다음 중 기업의 사회적 책임의 유형들에 대한 설명으로 가장 옳지 않은 것은?**

2022 군무원 9급

① 경제적 책임: 이윤을 창출하는 것으로 가장 기초적인 수준의 사회적 책임에 해당됨

② 법적 책임: 법규를 준수하는 것

③ 윤리적 책임: 법적 책임의 범위 내에서 기업을 경영하는 것

④ 자선적 책임: 자벌적으로 사회에 이바지하여 훌륭한 기업시민이 되는 것

해설

윤리적 책임이란, 사회에 대해 지원, 봉사활동, 공공질서 준수 등을 하는 것을 말한다.

답 ③

018 **다음 내용은 어떤 기업전략의 사례를 설명하는 것이다. 아래의 사례에 가장 옳은 것은?**

2022 군무원 7급

N사는 운동화를 만드는 과정 중에서 제품 디자인과 판매와 같이 가치사슬의 처음과 끝부분만 자신이 담당하고 나머지 생산부문은 전 세계의 하청기업에 맡기고 있다. 하청기업들 간에 서로 비용절감 및 품질향상 경쟁을 유도하여 그 중에서 가장 낮은 가격과 높은 품질의 제품을 구매한다.

① 전략적 아웃소싱
② 전략적 제휴
③ 다각화 전략
④ 수직적 통합

해설

제시된 사례에 적합한 전략은 전략적 아웃소싱이다.

답 ①

019 **경영이론에 대한 설명으로 옳은 것만을 모두 고르면?**

2020 감사직

ㄱ. 과학적 관리란, 경영현상에 대한 체계적인 관찰, 실험 또는 판단에 의해 도출된 표준을 근거로 사업 또는 업무를 수행하는 관리방식이다.
ㄴ. 과학적 관리법은 '조직 없는 인간'이라는 비판을 받기도 하고, 인간관계론은 '인간 없는 조직'이라는 비판을 받기도 한다.
ㄷ. 경영과학은 수학적인 모델에 기초를 두고 과학적인 접근방법을 이용하여 조직 내 경영 관리상의 문제들을 해결하려는 것이다.
ㄹ. 시스템이론에 따르면 전체는 상호 관련된 부분들의 집합(set)이고, 단순한 집합 이상의 의미를 갖지 않는다.

① ㄱ, ㄴ
② ㄱ, ㄷ
③ ㄴ, ㄷ
④ ㄷ, ㄹ

해설

경영이론에 대한 설명으로 옳은 것은 ㄱ, ㄷ이다.

▶ 선지분석

ㄴ. 과학적 관리법은 '인간 없는 조직', 인간관계론은 '조직 없는 인간'이란 비판을 받았다.
ㄹ. 시스템이론은 단순한 집합 이상의 의미(시너지효과)를 갖는다.

답 ②

020 □□□ **다음 조직 내부에서 지식을 증폭 및 발전시키는 과정에 대한 설명 중 가장 옳지 않은 것은?**

2022 군무원 9급

① 이식(공동화, socialization): 각 개인들이 가진 형식지(explicit knowledge)를 조직 안에서 서로 나누어 가지는 과정

② 표출(명료화, externalization): 머릿속의 지식을 형식지로 옮기면서 새로운 지식이 얻어지는 과정

③ 연결(통합화, combination): 각자의 단편 지식들이 연결되면서 통합적인 새로운 지식들이 생성되는 과정

④ 체화(내재화, internalization): 구성원들이 얻은 형식지를 머릿속에 쌓아 두면서 자신의 지식과 경험으로 만드는 과정

해설

공동화는 암묵지(tacit knowledge)에서 암묵지로의 변화로서 체험, 새로운 정보획득을 하는 과정(사회화)이다.

답 ①

021 □□□ **다음 중 과학적 관리론(scientific management)과 인간관계론(human relation theory)을 몇 가지 측면에서 비교한 것이다. 이 중 가장 옳지 않은 것은?**

2022 군무원 5급

	과학적 관리론	인간관계론
①	테일러, 간트	메이요, 매슬로우
②	경제적 인간관	사회적 인간관
③	호손 연구	서부 전기회사
④	과업관리	비공식 집단

해설

호손 연구는 인간관계론과 연관된다.

답 ③

022 **다음 중 정형적 의사결정에 대한 설명으로 옳지 않은 것은?** 2023 군무원 5급

① 정형적 의사결정은 주로 하위 계층에서 이뤄지고 그 영향은 국지적이며 단기적이다.
② 의사결정의 초점이 조직 내부 문제에 집중되며 조직 체계를 폐쇄시스템으로 가정한다.
③ 정형적 의사결정은 비자발적이며 여유를 가지고 의사결정을 할 수가 없다. 따라서 가능한 위험을 최소화할 수 있는 의사결정이어야 한다.
④ 정형적 의사결정은 이미 분명히 밝혀진 문제에 대한 의사결정으로 대체안 평가 기준이 명확하다.

해설

정형적 의사결정은 사전에 결정된 일정한 기준에 따라 일상적으로 반복되어 이루어지는 것(관습, 절차 등)으로 위험최소화와는 무관하다.

답 ③

023 **기업의 경쟁전략에 있어서 경쟁우위는 차별화우위와 비용우위로 실현될 수 있는데, 다음 중 경쟁우위와 경쟁전략에 대한 설명으로 가장 옳지 않은 항목은?** 2022 군무원 7급

① 차별화우위는 경쟁기업과는 다른 차별화된 제품을 제공함으로써 소비자로 하여금 차별화를 하는 데 소요된 비용 이상의 가격프리미엄을 받는 것이다.
② 규모의 경제, 경험효과, 조직의 효율성 증대 등은 비용우위의 원천이 될 수 있다.
③ 다양한 제품의 기획이나 제품 품질에 대한 광고전략 등을 통해 비용우위전략을 추진할 수 있다.
④ 차별화우위는 소비자가 제품과 서비스에 대하여 느끼는 사회적, 감정적, 심리적 차이에서도 나타날 수 있다.

해설

다양한 제품의 기획이나 제품 품질에 대한 광고전략 등은 추가적인 비용을 발생시킴으로써 비용에서 우위를 달성할 수 없다.

답 ③

024 다음 특성에 모두 해당되는 기업의 형태는? 2023 공인노무사

- 대규모 자본 조달이 용이하다.
- 출자자들은 유한책임을 진다.
- 전문경영인을 고용하여 소유와 경영이 분리가 가능하다.
- 자본의 증권화를 통해 소유권 이전이 용이하다.

① 개인기업
② 합명회사
③ 합자회사
④ 유한회사
⑤ 주식회사

해설

주식회사는 포드시스템의 특징이다.

답 ⑤

025 다음 중 기업가 정신의 필요성에 직접적으로 해당하지 않는 것은? 2021 경영지도사

① 기업환경의 변화에 대한 대응
② 학습곡선의 안정화
③ 창조적 조직문화의 조성
④ 새로운 가치사슬의 탐색
⑤ 혁신의 원동력

해설

학습곡선은 특정 대상의 학습 진행과정이나 행동의 발달정도를 도표로 나타낸 곡선(S자형이 일반적)으로서, 안정화는 학습이나 훈련이 제대로 되지 않고 있다는 것을 의미한다. 시간이 경과할수록 정확도(accuracy)는 증가, 불량(loss)은 감소한다.

답 ②

제2회 경영학개론(2)

001 **경영환경을 일반환경과 과업환경으로 구분할 때 기업에게 직접적인 영향을 주는 과업환경에 해당하는 것은?** 2023 공인노무사

① 정치적 환경
② 경제적 환경
③ 기술적 환경
④ 경쟁자
⑤ 사회문화적 환경

해설

일반환경과 과업환경으로 구분한다는 것은 외부환경만 고려한 것으로, 과업환경은 ④, 공급자, 고객, 노조, 종업원, 정부 등이며, 일반환경은 ①, ②, ③, ⑤, 법률적 환경 등이다.

답 ④

002 **다음 중 페욜(Fayol)이 제시한 관리원칙에 해당하지 않는 것은?** 2023 경영지도사

① 권한과 책임
② 개인목표 우선
③ 집권화
④ 분업화
⑤ 질서

해설

페욜(Fayol)의 관리원칙은 ①, ③, ④, ⑤와 명령일원화, 공정(보수, 공평, 평등), 자율, 협동 등의 14가지가 있다.

답 ②

003 □□□ **다음 중 포터(Porter)의 가치사슬 모형에 대한 설명으로 옳지 않은 것은?** 2021 군무원 7급

① 직접적으로 이윤을 창출하는 활동을 기간활동(primary activities)이라 한다.
② 가치 사슬은 다른 기업과 연계될 수 없다.
③ 판매 후 서비스 활동은 하류(down-stream) 가치사슬에 포함된다.
④ 기업의 하부 구조는 보조활동(support activities)에 포함된다.

해설

가치사슬은 다른 기업과 연계하여 사용(전략적 제휴)함으로써 시너지효과를 얻을 수 있다.

답 ②

004 □□□ **다음 중 경영전략이론으로서 자원기반관점(resource based view)에 대한 설명으로 틀린 것은?** 기출복원

① 동일 산업에 속하는 기업 간에는 통제 가능한 전략적 자원이 동질적이라는 것을 전제로 한다.
② 기업이 장기간의 노력으로 보유하게 된 인적 자원, 조직문화, 생산시설, 연구시설 등이 기업 경쟁력의 원천이 된다.
③ 지속적인 경쟁우위의 원천이 되는 자원은 경쟁사들이 모방할 수 없고, 쉽게 다른 자원으로 대체될 수 없다.
④ 기존 관점에서 상대적으로 등한시하였던 조직의 능력, 경영자의 능력 등과 같은 무형자산을 중요하게 다룬다.

해설

자원기반관점에서 동일 산업 내에서의 통제 가능한 자원(내부자원)은 이질적이고 차별화된다는 전제하에 성립한다.

답 ①

005 □□□ **다음 중 2명 이상의 공동출자로 기업 채무에 사원 전원이 연대하여 무한책임을 지는 기업 형태는?** 2021 경영지도사

① 유한회사
② 합자회사
③ 합명회사
④ 협동조합
⑤ 주식회사

해설

합명회사는 2명 이상의 공동출자로 기업 채무에 사원 전원이 연대하여 무한책임을 지는 기업형태이다.

답 ③

006 다음 중 레드오션과 블루오션의 비교 설명으로 옳지 않은 것은? 기출복원

① 레드오션은 경쟁시장을 의미하고, 블루오션은 무경쟁시장을 의미한다.
② 마이클 포터가 제시한 본원적 경쟁전략들은 모두 레드오션 전략이다.
③ 블루오션 전략은 틈새시장을 확보하려는 전략이다.
④ 블루오션 전략은 가치와 비용을 동시에 추구하지만, 레드오션 전략은 가치와 비용 중 하나를 택일한다.

해설

틈새시장을 확보하려는 전략은 니치마케팅(niche marketing)으로, 블루오션과는 무관하다.

답 ③

007 다음 중 기업집단화에 대한 설명으로 가장 옳지 않은 것은? 2021 군무원 7급

① 카르텔(Cartel)은 동종기업 간 경쟁을 배제하고 시장을 통제하는 데 그 목적을 두고 있으며, 경제적 · 법률적으로 봤을 때 독립성을 유지하고 있지 않다.
② 기업집단화의 방법으로는 수직적 통합과 수평적 통합이 있으며, 그 중 수평적 통합은 같은 산업에서 활동단계가 비슷한 기업 간의 결합을 의미한다.
③ 자동차 제조회사에서 자동차 판매에 필요한 금융리스사를 인수한다면 이는 수직적 통합 중 전방통합에 속한다.
④ 기업집단화는 시장통제와 경영합리화라는 목적을 지니고 있으며, 이는 시장의 과점적 지배와 규모의 경제 실현과는 같은 경제적 영향을 미치게 된다.

해설

카르텔(Cartel)은 경제적 · 법률적으로 독립성을 유지하고 있기 때문에 결속력이 약하다.

답 ①

008 □□□ **다음 중 버나드(C. Barnard)가 주장한 조직이론에 해당하는 설명이 아닌 것은?**

2020 경영지도사

① 조직은 여러 하부 · 상부시스템들과 연결된 복합시스템이다.
② 조직의 구성원은 경제적 보상을 최대화하기 위하여 생산을 극대화시킨다.
③ 조직은 외부환경(투자자, 협력업체, 소비자)과도 좋은 관계를 유지해야 한다.
④ 조직의 명령은 구성원이 수용할 때 공헌으로 이어진다.
⑤ 조직 구성원들은 서로 상호작용하면서 협동한다.

해설

버나드(Barnard)는 인간과 조직의 공존논리(①)로서, 협동시스템(③), 공헌의욕(④), 의사소통(⑤) 및 내 · 외적 균형의 중요성을 주장하였다.

답 ②

009 □□□ **다음 중 중소기업이 현실적으로 겪는 어려움에 대한 설명으로 바르지 않은 것은?** 기출복원

① 우수하고 유능한 인적자원의 발굴이 어려워 경영조직이 전문적이지 못하는 경향이 있다.
② 도산율이 높으며 자본조달이 상대적으로 어렵다.
③ 시장의 환경 및 수요의 변화에 민감하게 대응하지 못하여 시장에서의 탄력성이 떨어진다.
④ 독립성 유지가 곤란하고 과다경쟁의 경향이 있다.

해설

중소기업은 시장의 환경이나 수요의 변화에 신축(탄력 · 유연)적으로 대응할 수 있기 때문에 시장에서의 탄력성이 높다.

답 ③

010 □□□ **다음 중 핵심역량에 관한 설명으로 옳지 않은 것은?**

2023 경영지도사

① 집중적인 학습과정을 통해 단기간 구축가능한 절대적 시장경쟁력이다.
② 고객에 대한 편익을 증대시킨다.
③ 경쟁사가 모방하기 어려운 독보적 능력이다.
④ 경쟁사를 능가하는 우월적 능력이다.
⑤ 전략적 제휴의 효과적 운용을 용이하게 한다.

해설

핵심역량이란 단기간보다는 장기간이 소요되며 경쟁사가 모방 불가능한 상대적인 시장경쟁력이다.

답 ①

011 다음 중 테일러(F. Taylor)가 제시한 과학적 관리법에 관한 특징으로 옳지 않은 것은?

2023 경영지도사

① 기획부제
② 직능적(기능식) 직장제
③ 지시표제
④ 차별적 성과급제
⑤ 대량생산 방식의 3S

해설

⑤는 포드시스템의 특징이다.

답 ⑤

012 다음 중 기업의 경쟁우위에 대한 설명으로 가장 옳지 않은 것은? 2021 군무원 7급

① 산업 등 외부환경 조건이 아닌 기업자원 수준의 요인이 기업의 경쟁력을 주로 결정한다고 설명하는 이론은 자원기반이론이다.
② 자원기반이론에 의하면 기업의 지속적 경쟁우위는 높은 진입장벽으로 인해 창출된다.
③ 자원기반이론에 의하면 가치가 있지만 희소하지 않은 기업자원은 경쟁 등위를 창출할 수 있다.
④ 다섯 가지 세력모형(five-force model)은 산업 수준의 요인이 기업의 경쟁력을 주로 결정한다고 설명한다.

해설

자원기반이론은 진입장벽과 무관하다.

답 ②

013 □□□ **다음 중 합명회사에 대한 설명으로 알맞은 것은?** 기출복원

① 2인 이상 50인 이하의 유한책임사원으로 구성되는 기업형태이다.
② 무한책임사원과 유한책임사원으로 구성되는 이원적 조직의 기업형태이다.
③ 2인 이상의 무한책임사원이 공동출자한 회사로, 각 사원은 회사의 채무에 대해 연대무한책임을 진다.
④ 대규모의 기업을 설립하기 위하여 거액의 자본을 조달하고 보다 효과적인 경영활동을 하기 위한 법인체이다.

해설

▶ 선지분석

① 유한회사, ② 합자회사, ④ 주식회사에 대한 설명이다.

답 ③

014 □□□ **다음 중 경영이론에 관한 연구자와 그 이론의 연결이 옳지 않은 것은?** 2023 경영지도사

① 메이요(E. Mayo) – ERG이론
② 맥그리거(D. McGregor) – X · Y이론
③ 아지리스(C. Argyris) – 미성숙 · 성숙이론
④ 매슬로우(A. Maslow) – 욕구단계론
⑤ 허쯔버그(F. Herzberg) – 2요인이론

해설

ERG이론은 알더퍼이다.

답 ①

015 □□□ **다음 중 목표에 의한 관리(MBO)의 성공요건이 아닌 것은?** 2022 군무원 9급

① 목표의 난이도
② 목표의 구체성
③ 목표의 유연성
④ 목표의 수용성

해설

목표의 유연성은 목표에 의한 관리(MBO)의 성공요건이라고 할 수 없다.

답 ③

016 경영관리 과정상 통제(controlling)의 목적에 해당하는 것을 모두 고른 것은? 2020 경영지도사

ㄱ. 기회의 발견	ㄴ. 오류와 실수의 발견
ㄷ. 비용감소와 생산성 향상	ㄹ. 환경의 변화와 불확실성에의 대처

① ㄱ, ㄴ
② ㄷ, ㄹ
③ ㄱ, ㄷ, ㄹ
④ ㄴ, ㄷ, ㄹ
⑤ ㄱ, ㄴ, ㄷ, ㄹ

해설

통제란, 목표달성을 위해 과업설정 기준과 설정에 따라 계획대로 진행되는지를 확인 · 규제하는 것으로, ㄱ, ㄴ, ㄷ, ㄹ 모두를 감독 · 관리하는 것이다.

답 ⑤

017 기업의 환경을 산업환경과 일반환경으로 구분할 경우, 산업환경과 관련하여 포터(M. Porter)는 5요인 모형(5 Force Model)에서, 기업이 수익을 창출할 수 있느냐, 없느냐 하는 능력은 5가지 요인에 의해 영향을 받는다고 제시하고 있다. 다음 중 이 5요인에 해당하지 않는 것은? 2023 군무원 7급 · 2022 군무원 5급 · 2021 경영지도사

① 대체품의 위협(threat of substitude product)
② 신규 진입기업(new entrant)의 위협
③ 정부정책(government policy)
④ 공급자의 교섭력(bargaining power of supplier)

해설

▶ 선지분석

포터(M. Porter)는 5요인 모형(5 Force Model)에서 5요인은 ①, ②, ④와 구매자의 교섭력, 기존 사업자 간 경쟁정도이다.

답 ③

018 □□□ **다음 기업결합의 형태 중에서 기업 상호 간에 협약이나 협정에 의해 각각의 기업이 독립성을 유지하면서 연합하는 것을 (㉠)(이)라 하고, 시장에서 기업 독점을 목적으로 가맹기업들끼리 독립성을 상실하고 동종이나 이종 기업들 간에 합동을 하는 것을 (㉡)(이)라고 한다. (   ) 안에 들어갈 내용의 순서로 적당한 것은?** 기출복원

① 카르텔, 트러스트
② 카르텔, 콘체른
③ 트러스트, 콘체른
④ 카르텔, 콘체른
⑤ 콤비나트, 복합기업

해설

㉠은 시장통제와 상호경쟁배제를 목적으로 하는 '카르텔', ㉡은 시장독점을 목적으로 경제적 · 법률적으로 독립성을 상실한 '트러스트'에 대한 설명이다.

답 ①

019 □□□ **다음 중 채찍효과(bullwhip effect)의 해결 방안으로 옳지 않은 것은?** 2021 감사직

① 주문량이나 판매량에 따라서 가격의 조정이 자주 일어나지 않도록 안정적인 가격정책을 수립한다.
② 수요초과로 인해 물량확보 경쟁이 격해져서 발생하는 채찍효과의 경우 과거 판매실적에 근거한 공급량 배분방식으로 주문량을 부풀리려는 의도를 방지할 수 있다.
③ 공급사슬망의 단계 수 증대 및 확대를 통해 제품을 다양화하며, 참여 구성원의 유연성을 증대시킨다.
④ 수요정보처리의 왜곡을 해결하기 위해 최종 수요정보를 공급사슬의 전체 계층에서 공유한다.

해설

공급사슬망의 단계 수를 단축시킴으로써 채찍효과를 방지할 수 있다.

답 ③

020 **다음 전문경영자에 대한 설명으로 옳은 것을 모두 고른 것은?** 2023 군무원 5급

ㄱ. 전문경영자는 자율적 경영과 경영관리의 합리화를 도모하는 성향을 보인다.
ㄴ. 전문경영자는 외부환경변화에 빠르게 대응할 수 있다는 장점이 있다.
ㄷ. 전문경영자는 소유경영자에 비해 상대적으로 강력한 리더십의 발휘가 가능하다는 장점이 있다.
ㄹ. 전문경영자는 단기적 기업이익 및 성과에 집착하는 경향이 강하다.

① ㄱ, ㄴ
② ㄱ, ㄹ
③ ㄴ, ㄷ
④ ㄷ, ㄹ

해설

전문경영자는 주주들의 동의를 얻어야 하므로 신속한 외부환경의 대응이나 강력한 리더십발휘는 어렵다.

답 ②

021 **다음 중 부분이 아닌 전체의 관점에서 자신이 맡은 업무를 진행하는 전반경영자(general manager)에 대한 설명으로 옳지 않은 것은?** 기출복원

① 전반경영자는 라인과 스탭 부문 상호간에 일어나는 갈등을 조정한다.
② 전반경영자는 반드시 최고경영자일 필요는 없다.
③ 전반경영자는 독자적으로 사업단위를 책임진다.
④ 전반경영자는 마케팅, 생산, 재무, 인사 등 각 기능의 전문가를 뜻한다.

해설

전반경영자는 기업 전체를 총체적인 차원에서 경영하는 사람이다. 전략의 궁극적인 책임자로서 결과 및 성과에 대한 책임과 전략실행에 대한 책임을 진다.

답 ④

022 □□□ **다음 중 기업의 외부환경을 일반환경과 과업환경으로 구분할 때, 과업환경에 해당하는 것은?** 2020 경영지도사

① 경제적 환경
② 정치적 · 법적 환경
③ 인구통계학적 환경
④ 사회 · 문화적 환경
⑤ 경쟁자 환경

해설

경쟁자 환경은 과업환경에 해당한다.

▶ 선지분석

①, ②, ③, ④ 일반환경에 해당한다.

답 ⑤

023 □□□ **다음 중 해외시장으로의 진출전략에 관한 설명으로 옳지 않은 것은?** 기출복원

① 전략적 제휴는 다른 기업들과 특정 사업 및 업무분야에 걸쳐 협력관계를 맺어 공동으로 해외사업에 진출하는 전략이다.
② 해외자회사의 장점은 해외시장에서 많은 자금과 기술을 운영하면서 기업의 자산들을 해외정부로부터 안전하게 지킬 수 있다.
③ 라이센싱은 자신의 제품을 생산할 수 있는 권리를 일정한 대가를 받고 외국 기업에게 일정 기간동안 부여하는 것을 말한다.
④ 국제합작투자의 장점은 기술의 공유, 위험의 분산, 마케팅 및 경영 노하우의 공유 등이다.
⑤ 해외직접투자는 기술 · 자본 · 상표 · 경영능력 등 여러 생산요소가 하나의 시스템으로 이전되는 것을 말한다.

해설

해외진출 시 국제환경, 특히 진출국의 정치, 경제 등의 통제 불가능한 일반 환경이 변화하는 상황하에서 안전한 보호를 받을 수 없다는 것이 해외자회사의 단점이다.

답 ②

024 **다음 중 호손실험(Hawthorne studies)의 결과가 주는 시사점으로 가장 옳지 않은 것은?**

2023 군무원 5급

① 경영자는 효율적 경영을 위해 인간 심리 및 행동과 관련된 요소를 이해할 필요가 있다.

② 경영자는 조직 내 작업자들 상호 간 관계의 중요성을 이해할 필요가 있다.

③ 경영자는 동기부여 요인으로 경제적 요인뿐만 아니라 비경제적 요인도 고려할 필요가 있다.

④ 경영자는 최고의 생산력을 유지하기 위해 계획과 생산을 분리해야 함을 이해할 필요가 있다.

해설

경영자는 생산성 향상에 영향을 미치는 사회적 · 심리적 요인과 비공식 조직의 중요성을 함께 고려해야 한다.

답 ④

025 **다음 중 기존의 업무수행방식에서 탈피하여 백지 위에 그림을 새로 그리듯이 무(無)에서 출발하여 사업의 모든 업무과정을 재설계하는 것을 가리키는 것은?**

기출복원

① 벤치마킹(benchmarking)

② 리스트럭쳐링(restructuring)

③ 비즈니스프로세스리엔지니어링(BPR)

④ 6시그마(sigma)

⑤ 다운사이징(downsizing)

해설

비즈니스프로세스리엔지니어링(BPR)은 기존 방식(형태)에서 탈피하여 기업의 성과를 높이기 위해 기업 전체(모든 업무과정)를 새롭게 근본적으로 재설계(혁신, 창조 등)하는 것을 의미하는 신경영 혁신 기법이다.

답 ③

제3회 | 경영학개론(3)

001 □□□ **다음 중 경영의사결정에 관한 설명으로 옳은 것은?** 2023 경영지도사

① 버나드(C. Barnard)는 정형적 · 비정형적 의사결정으로 분류하였다.
② 기업목표 변경, 기업성장 · 다각화 계획 등은 관리적 의사결정에 해당한다.
③ 업무적 의사결정은 조직 내 여러 자원의 변환 과정에서 효율성을 극대화하는 것과 관련되며 주로 하위경영층에 의해 이루어진다.
④ 위험성하에서의 의사결정은 발생할 수 있는 결과를 추정할 수 있으나 그 발생확률을 알 수 없는 경우에 이루어진다.
⑤ 각 대안에 대한 기대치를 계산하는 의사결정나무는 비정형적 의사결정에 속한다.

해설

▶ 선지분석

① 사이먼, ② 전략적 의사결정, ④ 발생할 확률을 알고 있을 때, ⑤ 정형적 의사결정에 대한 설명이다.

답 ③

002 □□□ **다음 중 수직적 통합전략에 관한 설명으로 옳지 않은 것은?** 2023 경영지도사

① 기업의 유통경로나 생산투입물의 공급원에 대한 소유나 통제를 도모하는 경영전략이다.
② 기업이 전방 혹은 후방으로 자사의 가치사슬 활동을 확대하고자 하는 것이다.
③ 전방통합을 통해 기업 산출물에 대한 수요의 예측력을 높일 수 있다.
④ 수요 불확실성에 효과적 대응이 가능하여 기업의 유연성을 높일 수 있다.
⑤ 생산투입물에 대한 공급안정을 높이고자 하는 경우 후방수직통합을 채택하게 된다.

해설

기업의 수직적 통합은 기업환경에 대한 유연성이 감소한다.

답 ④

003 다음 중 호손(Hawthorne)연구의 내용으로 옳은 것은? 2020 경영지도사

① 생산성과 표준화된 작업조건은 직접적인 관련이 있다.
② 작업자들의 행동이 관찰되거나 특별한 관심의 대상이 되는 것은 생산성과 관련이 없다.
③ 임금, 노동시간 등 근로조건의 기술적, 경제적 측면에 초점을 두었다.
④ 비공식 조직을 지배하는 감정의 논리가 생산성에 영향을 미친다.
⑤ 공식 조직의 업무체계 강화는 생산성의 향상으로 이어진다.

해설

메이요(Mayo)의 호손(Hawthorne)연구의 특성은 종업원의 인간적 요소에 초점을 맞춘 사회 · 심리적 요인, 정서(감정)적 요인, 비공식 조직의 중요성 등이 생산성에 영향을 미친다고 확인하였다.

답 ④

004 다음 중 경영이론에 관한 설명으로 옳지 않은 것은? 2020 경영지도사

① 시스템이론은 인간행동의 영향 요소 간 복잡한 상호작용의 중요성을 강조한다.
② 상황적합이론은 경영에 유일 최선의 방법은 없고 모든 조직에 일률적으로 보편적 경영원칙을 적용할 수는 없다고 주장한다.
③ 욕구 단계설에서 사람이 충족시키고자 하는 욕구는 낮은 수준에서 높은 수준으로 올라간다.
④ 계량경영은 경영의사결정에 계량적 기법의 적용을 강조한다.
⑤ 관료적 조직론에 의하면 생산성은 작업자들의 사회적 · 심리적 조건이나 감독방식에 의존한다.

해설

관료제의 생산성은 권한계층에 의한 규정, 규칙, 통제, 전문화와 과업의 분화에 의존하여 효율성을 극대화하는 것이며, 사회적 · 심리적 조건은 무시한 조직형태이다.

답 ⑤

005 □□□ **다음 중 경영기능과 그 내용이 가장 적절하지 않은 것은?** 2021 군무원 9급

① 계획화(planning) – 목표설정

② 조직화(organizing) – 자원획득

③ 지휘(leading) – 의사소통, 동기유발

④ 통제(controlling) – 과업달성을 위한 책임의 부과

해설

통제는 목표달성이 계획대로 진행되고 있는지를 확인, 감독하고, 편차를 수정하는 것이며, 책임의 부과는 조직화에 해당된다.

답 ④

006 □□□ **다음 중 원자재 조달, 제품생산, 유통 등을 통해 상품이 고객에게 전달되는 과정을 효율적으로 관리하는 시스템은?** 2023 가맹거래사

① 공급사슬관리(SCM)

② 고객관계관리(CRM)

③ 공급자재고관리(VMI)

④ 전사적 자원관리(ERP)

⑤ 업무프로세스 리엔지니어링(BPR)

해설

SCM은 공급망 관리라고도 하며, 원자재 조달, 제품생산, 유통 등을 통해 상품이 고객에게 전달되는 물류의 흐름(기업 내 · 외부 활동)을 종합적으로 관리하고 최적화하는 것이다.

답 ①

007 □□□ **국제표준화기구(ISO)에서 제정한 기업의 사회적 책임에 관한 국제표준은?** 기출복원

① ISO 9000

② ISO 14000

③ ISO 22000

④ ISO 26000

⑤ ISO/IEC 27000

해설

ISO 26000은 국제표준화기구(ISO)가 추진 중인 사회적 책임에 대한 국제기준으로, 환경, 인권, 노동 등에 관한 기업의 사회적 책임을 포괄적으로 규정하고 있다.

답 ④

008 다음 중 다른 회사와의 연합으로 부가가치 확대와 경쟁우위를 확보하고자 하는 전략은?

2021 경영지도사

① 제휴전략(coalition strategy)
② 수평적 통합(horizontal integration)
③ 원가우위전략(cost leadership)
④ 방어전략(defensive strategy)
⑤ 수직적 통합(vertical strategy)

해설

제휴전략이란, 다른 회사와의 연합으로 부가가치 확대와 경쟁우위를 확보하고 자사의 단점을 보완하는 전략이다.

답 ①

009 다음 중 포터(M. Porter)의 본원적 경쟁전략을 추구하는 기업에 대한 설명으로 옳지 않은 것은?

2021 감사직

① 원가우위전략을 추구하는 기업은 구조화된 조직과 책임을 강조하며, 업무의 효율성을 중시한다.
② 원가우위전략을 추구하는 기업은 강력한 마케팅 능력을 중시하는 경향이 있다.
③ 차별화전략을 추구하는 기업은 제품공학을 중시하는 경향이 있다.
④ 차별화전략을 추구하는 기업은 R&D, 제품개발, 마케팅 분야의 상호조정을 중시한다.

해설

원가우위전략을 추구하는 기업은 마케팅 능력보다는 ①과 저비용(3S)구조, TQM, BPR 등을 중시한다.

답 ②

010 민쯔버그(H. Mintzberg)가 주장한 경영자의 세 가지 역할에 해당하는 것으로 가장 옳지 않은 것은?

기출복원

① 대인관계
② 정보전달자
③ 의사결정자
④ 상품전달자

해설

▶ 선지분석

민쯔버그(Mintzberg)는 공식적인 권한과 지위로부터 경영자의 역할은 ① 대인관계, ② 정보전달자, ③ 의사결정자의 3가지를 수행해야 한다고 주장하였다.

답 ④

011 □□□ **다음 중 주식회사에 관한 설명으로 옳지 않은 것은?** 2020 경영지도사

① 다수의 출자자로부터 대규모 자본조달이 용이하다.

② 소유와 경영의 인적통합이 이루어진다.

③ 주주총회는 최고의사결정기구이다.

④ 주주의 유한책임을 전제로 한다.

⑤ 자본의 증권화제도를 통하여 자유롭게 소유권을 이전할 수 있다.

해설

주식회사는 소유와 경영이 분리된 대표적인 현대 기업형태이다.

답 ②

012 □□□ **다음 경영원칙 중에 전문화의 원칙에 대한 설명으로 바른 것은?** 기출복원

① 권한을 갖고 있는 상급자가 부하에게 직무를 위임할 때 그 직무에 관한 일정한 권한을 부여하는 원칙이다.

② 특정한 한 사람의 상급자에게만 명령을 받아야 한다는 원칙이다.

③ 한 사람의 관리자가 합리적으로 지휘, 감독할 수 있는 부하의 수(數)에는 한계가 있다는 원칙이다.

④ 조직 구성원은 단일하고 특수한 업무를 전문적으로 수행함으로써 경영활동의 능률을 향상시킨다는 원칙이다.

해설

▶ 선지분석

각각 ① 권한위양의 원칙, ② 명령일원화의 원칙, ③ 감독(통제) 한계의 원칙에 대한 설명이다. 기타 경영원칙에는 계층단축의 원칙, 조정의 원칙, 기능화의 원칙, 사기진작의 원칙, 탄력성의 원칙(환경적응), 예외의 원칙(정형적인 것은 하급자에 위임)이 있다.

답 ④

013 □□□ **다음 중 기업을 둘러싼 환경에 관한 설명으로 옳지 않은 것은?** 기출복원

① 경제적 환경의 구체적 내용으로 경제체제, 경제상황, 국가경제규모, 재정, 금융정책 등이 있다.

② 기업의 환경을 내부환경과 외부환경으로 구분했을 때 주주는 외부환경에 속한다.

③ 기업의 간접환경(일반환경)에는 정치 · 법률적 환경, 경제적 환경, 기술적 환경, 사회 · 문화적 환경 등이 있다.

④ 기업에 노동력을 공급하는 종업원도 기업의 환경요인 중 하나이다.

⑤ 기업의 경쟁자나 부품 공급자는 직접환경(과업환경) 요인이다.

해설

기업환경을 내부와 외부로 구분(광의의 구분)할 때, 주주는 내부환경에 해당된다.

답 ②

014 □□□ **다음 중 가치사슬(value chain)에 대한 설명으로 옳지 않은 것은?** 2020 감사직

① 가치사슬이란, 기업이 가치있는 제품 또는 서비스를 시장에서 제공하기 위해 수행해야 할 일련의 활동을 의미한다.

② 주 활동은 기업이 투입물을 산출물로 변환시키면서 직접 가치를 증가시키는 활동을 의미한다.

③ 가치사슬의 수평축을 따라 기업이 수행하는 각 활동은 가치를 점진적으로 증가시키고, 비용을 점진적으로 감소시킨다.

④ 보조 활동에는 연구개발, 인적자원관리, 회계와 재무 등의 활동들이 포함된다.

해설

가치사슬은 기업의 경쟁우위와 가치를 창조하는 활동들이 서로 사슬처럼 연결되어 있다고 가정하여 이들 활동 간 상승효과 및 상호작용을 체계적으로 연구 · 고찰하는 것이다. 따라서 ③과는 무관하다.

답 ③

015 □□□ **특정 산업에서 활동하고 있는 기업이 산업매력도를 확인하기 위하여 산업경쟁구조분석을 하였다. 다음 중 산업경쟁구조 요인별로 산업매력도를 설명한 내용으로 옳지 않은 것은?**

기출복원

① 진입장벽이 높을수록 매력도는 떨어진다.

② 대체재가 나타날 가능성이 클수록 매력도는 떨어진다.

③ 기존 경쟁업체의 수가 많고, 경쟁이 치열할수록 매력도는 떨어진다.

④ 고객의 수가 적거나 고객이 단체를 구성하여 강한 협상력을 갖고 있는 경우 매력도는 떨어진다.

⑤ 원자재 혹은 부품을 독점하거나 특수한 기술을 지니고 있는 공급업체와 거래를 하여야 하는 상황이라면 매력도는 떨어진다.

해설

기업의 입장에서 진입장벽이 높을수록 매력도는 높아진다.

답 ①

016 □□□ **다음 중 다각화에 대한 설명으로 옳지 않은 것은?**

기출복원

① 다각화의 전략 중에서 스핀아웃이란, 조직으로부터 분리하여 독립하고 소규모의 조직을 신설하는 것을 말한다.

② 한 기업이 기존에 운영하던 업종 이외의 다른 업종에 진출하여 이를 동시에 운영하는 것을 말한다.

③ 도미노효과가 나타날 수 있는 것은 비관련 다각화이다.

④ 기업이 단순히 성장추구만을 위한 다각화전략을 실행한다면 실패할 가능성이 높다고 할 수 있다.

⑤ 다각화전략 실행 시 관련 사업의 매력도, 진입비용의 크기 등을 고려해야 한다.

해설

도미노효과는 관련 다각화의 대표적인 단점이다.

답 ③

017 다음 중 ERP(Enterprise Resource Planning)시스템의 특징에 해당하지 않는 것은?

2023 가맹거래사

① 통합 데이터베이스를 매개로 기업의 다양한 업무에 적용이 가능하다.

② 영업, 생산, 구매, 재고, 회계, 인사 등 기업 내 단위업무를 통합적으로 처리한다.

③ 국제적으로 인정된 표준에 맞게 업무프로세스를 구현할 수 있다.

④ 다양한 기능을 내장한 ERP 패키지는 파라미터 지정을 통해 해당기업에 맞도록 시스템을 적용할 수 있다.

⑤ 기업 업무내용의 외부유출을 방지하기 위해 폐쇄적 구조로 설계되어 시스템 확장이 어렵다.

해설

ERP은 오픈시스템(다양한 하드웨어 및 소프트웨어의 조합)을 지향한다.

답 ⑤

018 다음 중 유한회사의 특징으로 옳은 것은?

기출복원

① 감사는 필요적 상설기관이다.

② 이사는 3인 이상을 두어야 한다.

③ 경영은 무한책임을 지는 출자자가 담당한다.

④ 최고의사결정기관은 사원총회이다.

⑤ 기관의 구성은 간단하고 개방적이다.

해설

▶ 선지분석

①, ②는 주식회사의 특징이다.

③ 유한회사는 50인 이내의 유한책임사원만으로 구성되며, ⑤ 소규모 · 비공개의 폐쇄적인 것(소규모 주식회사)이고 물적회사와 인적회사의 중간형태이다.

답 ④

019 ☐☐☐ **다음 중 프랜차이즈(Franchise)에 관한 설명으로 옳지 않은 것은?** 2022 공인노무사

① 가맹점은 운영측면에서 개인 점포에 비해 자율성이 높다.
② 가맹본부의 사업확장이 용이하다.
③ 가맹점은 인지도가 있는 브랜드와 상품으로 사업을 시작할 수 있다.
④ 가맹점은 가맹본부로부터 경영지도와 지원을 받을 수 있다.
⑤ 가맹점은 프랜차이즈 비용이 부담이 될 수 있다.

해설

프랜차이즈 시스템은 본부가 직·간접적으로 가맹점의 경영(운영)에 참여하는 방식이므로, 가맹점은 운영측면에서 개인 점포에 비해 자율성이 낮다.

답 ①

020 ☐☐☐ **다음 중 프로세스관리(process management)에 관한 설명으로 옳지 않은 것은?** 기출복원

① 외주(outsourcing) 수준이 낮다는 것은 수직적 통합을 강화한다는 것을 의미한다.
② 제품이 출시된 이후에라도 변동사항이 발생하면 프로세스를 변경하거나 수정할 수 있다.
③ 후방통합이란, 제조기업이 유통센터 또는 소매점포와 같은 유통채널을 보다 많이 확보하는 것을 말한다.
④ 개별 작업프로세스는 장비와 작업자가 일정한 장소에 함께 배치되는 것을 말한다.

해설

③은 전방통합에 대한 설명이다.

답 ③

021 ☐☐☐ **다음 중 전사적 자원관리(ERP)에 대한 설명으로 바른 것은?** 기출복원

① 업무와 자료의 비표준화로 인해 시스템 차원의 통합이 불가능하다.
② 리엔지니어링이 지원 가능하며, ERP 도입을 통해 기능부분들을 통합할 수 있다.
③ 기업 전체의 프로세스 집중을 기대하기 어렵고, PLC의 단축화에 대한 대응이 불가능하다.
④ 다국적·다통화·다언어 지원소프트웨어 패키지 이용이 불가능하고, 정보의 일관성 유지 및 관리의 중복을 배제할 수 없다.

해설

전사적 자원관리(ERP)는 다국적 · 다통화 · 다언어 지원소프트웨어(S/W) 패키지 이용이 가능하고, 정보의 일관성 유지 및 관리의 중복을 배제할 수 있다. 또한 기업 전체의 프로세스 집중을 기대하며, PLC의 단축화에 대한 대응이 가능하다. 그리고 업무와 자료의 표준화로 인해 시스템 차원의 통합이 가능하다.

답 ②

022 다음 중 프랜차이즈 계약의 특징에 해당하는 것을 모두 고른 것은? 기출복원

ㄱ. 이익공유	ㄴ. 경영규제
ㄷ. 연미복효과(coattail effect)	ㄹ. 매각제한

① ㄱ, ㄴ
② ㄷ, ㄹ
③ ㄱ, ㄴ, ㄷ
④ ㄴ, ㄷ, ㄹ
⑤ ㄱ, ㄴ, ㄷ, ㄹ

해설

프랜차이즈 계약은 상표나 상호의 사용권을 허가함으로써 사용료(ㄱ)를 받는 동시에 원료, 경영방식 등의 관리시스템을 일괄적으로 통제(ㄴ, ㄷ, ㄹ)하며 경영에 참여하는 것을 말한다. 연미복효과는 옷자락효과라고도 하며, 본사(광고, 판촉, 경영전략 등)에 의지할 수밖에 없다는 의미이다.

답 ⑤

023 다음 중 슘페터(J. A. Schumpeter)가 기술혁신을 언급하면서 지적한 생산요소에 해당되지 않는 것은? 기출복원

① 신제품의 생산
② 신생산방법의 채택
③ 신조직의 형성
④ 탈공업화

해설

▶ 선지분석

슘페터(Schumpeter)는 창조적 파괴로써 '혁신' 및 '동태설'을 주도하는 것이 경영자의 역할이라 주장하며, ① 신제품의 생산, ② 신생산방법의 채택, ③ 신조직의 형성 외에 신자원의 획득, 신시장(판로)의 개척, 신자본의 개척 등을 지속적으로 혁신할 것을 강조했다.

답 ④

024 □□□ **다음 중 높은 진입장벽에 해당하지 않는 것은?** 2021 경영지도사

① 진입에 있어 높은 자본소요량이 필요하다.
② 진입한 기존 기업들이 규모의 경제를 확보한다.
③ 잠재적 진입자와 진입한 기존 기업 간의 기술적 차이가 적다.
④ 진입한 기존 기업들이 지적재산권을 확보한다.
⑤ 진입한 기존 기업들이 유통채널을 구축한다.

해설

③은 오히려 진입장벽이 낮은 경우이다.

답 ③

025 □□□ **카츠(R. L. Katz)는 "어떤 경영자든 성공하기 위해서는 세 가지 기본적인 기술이 있어야 한다."라고 주장했는데, 다음 중 하위 및 중간경영층에 비해 최고경영층에 많이 요구되는 기술은?** 기출복원

① 인간적 기술
② 전문적 기술
③ 관리적 기술
④ 개념적 기술

해설

카츠(R. L. Katz)는 경영계층별 요구되는 기술로 최고경영자는 개념적 기술, 중간경영층은 인간적 기술, 하위경영층은 전문적 기술을 강조하였다.

답 ④

제4회 | 경영학개론(4)

001 **다음 중 기업 집중의 형태인 카르텔과 트러스트의 차이점에 대한 설명으로 가장 옳지 않은 것은?** 2023 군무원 5급

① 카르텔: 독점적 이익협정을 목표
트러스트: 독점적 기업지배를 목표
② 카르텔: 가입기업의 독립성 유지
트러스트: 가입기업의 독립성 상실
③ 카르텔: 계약기간이 끝나면 자동해제
트러스트: 조직 자체가 해체될 때까지 계속 유지
④ 카르텔: 동종 혹은 이종기업의 수직적 결합
트러스트: 주로 동종기업의 수평적 결합

해설

트러스트는 동종 혹은 이종기업의 수직적 결합, 카르텔은 주로 동종기업의 수평적 결합이다.

답 ④

002 **다음 중 포드(Ford)시스템에 대한 설명으로 옳지 않은 것은?** 2021 감사직

① 구성원의 단결과 조화를 유지하며 동기부여와 시너지 효과를 누리도록 하였다.
② 작업능률의 향상, 원가절감, 판매가격 인하를 도모하였다.
③ 시간연구, 동작연구에 의한 과학적 방법에 입각하였다.
④ 컨베이어 시스템은 인간성에 대해 배려가 적었고, 대량생산 방식을 도입하여 제품 차별화가 어려웠다.

해설

포드(Ford)시스템은 동시관리, 전체 작업의 효율성을 중시한 경제인, 기계인으로 인간소외의 한계점이 특징이다.

답 ①

003 □□□ **다음 중 인간관계학파가 중시했던 비공식 조직을 조직화하는 논리는?** 기출복원

① 비용의 논리
② 능률의 논리
③ 합리성의 논리
④ 감정의 논리
⑤ 성과의 원리

해설

인간관계학파(론)는 종업원의 감정적 요소와 비공식 조직의 특성이 생산성 향상에 영향이 크다고 주장하였다. 그러나 작업자의 생산성은 임금, 작업시간, 노동환경과는 무관하고, 인간관계가 생산성에 영향을 미칠 수 있다고 주장하였다.

답 ④

004 □□□ **다음 중 노나카(I. Nonaka)가 제시한 암묵지(tacit knowledge)와 형식지(ezplicit knowledge) 간의 상호작용을 통한 4개의 지식변환과정인 ㉠-㉡-㉢-㉣을 가장 적절하게 표시하고 있는 것은?** 2023 군무원 7급

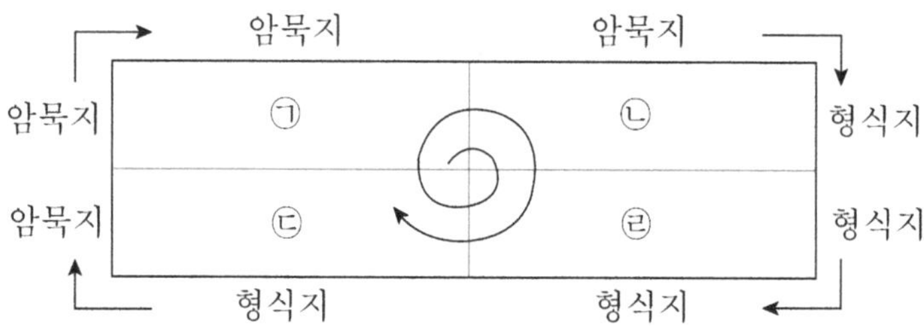

① 종합화(combination)-사회화(socialization)-외재화(externalization)-내재화(internalization)
② 종합화(combination)-외재화(externalization)-사회화(socialization)-내재화(internalization)
③ 사회화(socialization)-외재화(externalization)-종합화(combination)-내재화(internalization)
④ 사회화(socialization)-외재화(externalization)-내재화(internalization)-종합화(combination)

해설

노나카의 지식변환모델은 SECI모델이라고 한다.

답 ③

005 포터(M. Porter)의 경쟁우위의 유형과 경쟁의 범위를 기준으로 한 본원적 전략(generic strategy)에 해당하는 유형을 모두 고른다면? 2020 경영지도사

ㄱ. 비용우위 전략	ㄴ. 안정 전략
ㄷ. 차별화 전략	ㄹ. 집중화 전략
ㅁ. 방어 전략	

① ㄱ, ㄴ, ㄷ
② ㄱ, ㄴ, ㅁ
③ ㄱ, ㄷ, ㄹ
④ ㄴ, ㄷ, ㄹ
⑤ ㄴ, ㄹ, ㅁ

해설

포터(M. Porter)의 본원적 전략은 ㄱ. 비용우위 전략, ㄷ. 차별화 전략, ㄹ. 집중화 전략이다.

답 ③

006 다음 중 조직을 구축할 때 분업을 하는 이유로 가장 옳지 않은 것은? 2021 군무원 9급

① 업무몰입의 지원
② 숙련화의 제고
③ 관찰 및 평가 용이성
④ 전문화의 촉진

해설

업무몰입의 지원과 같이 직무와 관련된 인적자원관리는 직무설계와 관련이 있다. 분업이란, 생산의 모든 과정을 여러 가지로 나누어 분담하여 직무를 완성하는 것을 의미한다.

답 ①

007 다음의 특성에 해당되는 기업집중 형태는? 2021 공인노무사

- 주식소유, 금융적 방법 등에 의한 결합
- 외형상으로 독립성이 유지되지만 실질적으로 종속관계
- 모회사와 자회사 형태로 존재

① 카르텔(cartel)
② 콤비나트(kombinat)
③ 트러스트(trust)
④ 콘체른(concern)
⑤ 디베스티처(divestiture)

해설

콘체른(concern)은 금융적 지배에 의해 법률적으로는 독립성을 유지하고, 경제적으로는 독립성을 상실한 기업집중 형태이다.

답 ④

008 □□□ **다음 중 이윤극대화, 일자리 창출 등 기본적 영역에 해당하는 기업의 사회적 책임은?**

2023 경영지도사

① 윤리적 책임
② 경제적 책임
③ 법적 책임
④ 자유 재량적 책임
⑤ 사회봉사 책임

해설

기업의 사회적 책임 중 이윤극대화, 일자리 창출 등은 가장 기본적인 기능으로서 ②이다.

답 ②

009 □□□ **다음 중 소유경영과 전문경영에 대한 설명으로 옳은 것은?** 2021 감사직

① 소유경영은 가족경영으로 인한 역량 강화의 어려움으로 환경변화에 빠르게 대응하기 어렵다.
② 소유경영은 개인 이해와 회사 이해의 혼용 가능성으로 과감한 경영혁신이 어렵다.
③ 전문경영은 경영의 전문화와 장기적 관점의 수익 추구에 효과적이다.
④ 전문경영은 민주적 리더십과 기업의 안정적 성장에 효과적이다.

해설

소유경영은 환경변화에 신축(유연 · 탄력)적이며, 개인의 이해가 우선이다. 반면, 전문경영은 위임자(주주)들에게 실적을 내야 하기 때문에 장기적 수익 추구보다는 불안정하더라도 단기적 수익 추구에 효과적이다.

답 ④

010 □□□ **다음 중 앤소프(Ansoff)의 의사결정 분류에서 최고 경영층에서 이루어지는 의사결정은 무엇인가?** 기출복원

① 전문적인 의사결정
② 전략적 의사결정을 구체화하기 위한 활동
③ 기업의 환경변화에 기업을 적응시키는 문제와 관련된 의사결정
④ 기업의 제 자원의 변환과정에서 효율성을 극대화하는 것을 목적으로 하는 의사결정

해설

최고 경영층은 전략적 의사결정을 한다. 즉, 환경변화에 대한 기업의 대응, 마케팅믹스의 결정, 자본의 할당 등에 관한 의사결정을 한다.

답 ③

011 □□□ **다음 중 리스트럭처링(restructuring)에 관한 특징으로 옳지 않은 것은?** 2023 경영지도사

① 무능한 경영자의 퇴출
② 업무프로세스, 절차, 공정의 재설계
③ 미래지향적 비전의 구체화
④ 비관련사업의 매각
⑤ 전사적 차원으로 진행

해설

②는 리엔지니어링에 해당한다.

답 ②

012 □□□ **다음 중 비관련 다각화의 이점에 관한 설명으로 옳지 않은 것은?** 기출복원

① 사업 분야의 다양화로 위험분산이 가능하다.
② 수익성이나 성장성이 높은 사업 분야를 선택할 경우 성과가 향상될 수 있다.
③ 재무자원의 관리나 투자자금의 배분이 용이하다.
④ 주력 사업 분야를 바꾸려고 하는 경우나 현 사업 분야에서 경쟁력이 취약한 경우 효과적 대안이 될 수 있다.
⑤ 자원의 공동 활용과 축적된 기업능력의 활용을 가능하게 하므로, 시너지효과와 범위의 경제에서 오는 이점을 누릴 수 있다.

해설

⑤는 관련 다각화에 대한 설명이다.

답 ⑤

013 □□□ **경영전략에 관한 서술 중 가장 적절하지 않은 것은?** 기출복원

① 관련 다각화 전략을 사용할 때 범위의 경제를 실현할 수 있다.
② 포터(Porter)의 산업구조분석에 의하면, 구매자들이 구매처를 변경하는 데 비용이 많이 들수록 기업의 수익률은 높아진다.
③ 전략적 제휴는 합병에 의한 진입비용이 많이 소요되거나 단독 진입 시 위험과 비용부담이 큰 경우에 채택할 수 있는 전략이다.
④ 포터(Porter)의 가치사슬모형에 의하면, 기계와 건물을 구입하는 활동은 본원적 활동에 포함된다.

해설

기계와 건물을 구입하는 활동 등은 지원활동에 포함된다.

답 ④

014 □□□ **기업의 지속가능경영을 구성하는 3가지 요소에 해당하지 않는 것은?** 2022 군무원 7급

① 경제적 수익성
② 환경적 건전성
③ 대외적 공헌성
④ 사회적 책임성

해설

▶ 선지분석

지속가능경영을 구성하는 3가지 요소는 ①, ②, ④의 영역이다.

답 ③

015 □□□ **다음 중 기업조직 내의 각 사업부가 각기 다른 전략을 동시에 채용하는 전략유형은?**

2020 경영지도사

① 확장전략
② 성장전략
③ 축소전략
④ 안정전략
⑤ 결합전략

해설

각 사업부가 각각 다른 전략을 동시에 채용(채택)하는 것은 결합전략에 해당된다.

답 ⑤

016 □□□ **다음 중 주식회사의 특징에 대한 설명으로 옳지 않은 것은?** 2023 경영지도사

① 일반대중으로부터 자본을 쉽게 조달할 수 있다.
② 주주총회는 주주의 공동의사를 결정하는 최고의사결정기관이다.
③ 이사회는 회사의 경영전반에 관한 의사결정기관이다.
④ 주식회사는 소유와 경영을 분리되어 있다.
⑤ 주식회사의 주주는 무한책임사원으로 구성된다.

해설

주식회사는 주주는 회사에 대해 개인적으로 출자한 금액한도 내에서 책임(유한책임사원)을 진다.

답 ⑤

017 □□□ **다음 중 포터(Porter)의 경쟁전략에 대한 설명으로 옳지 않은 것은?** 기출복원

① 소기업이 집중화전략을 쓰는 경우 저원가전략은 고려하지 않아도 된다.
② 소기업이 집중화전략을 쓰는 경우 차별화전략을 고려할 수 있다.
③ 시장점유율이 높은 기업은 원가우위전략을 통하여 시장지배력을 강화할 수 있다.
④ 시장점유율이 낮은 기업은 차별화전략을 통하여 시장점유율의 확대를 모색할 수 있다.

해설

소기업이 집중화전략을 쓰는 경우에도 포터(Porter)의 본원적인 경쟁우위전략에서는 저원가전략을 고려하는 것이 효과적이다.

답 ①

018 □□□ **다음 중 핵심역량에 대한 설명으로 바른 것은?** 기출복원

① 핵심역량은 시간이 경과하여도 그 가치는 소멸되지 않는다.
② 핵심역량을 파악하는 방법으로 즉흥적인 과정은 피하고 정치적인 과정은 중시한다.
③ 가치사슬상의 핵심역량은 가치 활동 간의 연계가 아닌 각각이 독자적으로 발생한다.
④ 고객에게 특별한 가치(편익)를 제공할 수 있을 때 얻을 수 있다.
⑤ 핵심역량은 타 기업과 공동으로 개발할 수 없다.

해설

▶ 선지분석

① 핵심역량은 시간이 경과하면서 가치는 소멸(상실)될 수 있다.
② 핵심역량에서 즉흥적이거나 정치적인 요소는 배제하는 것이 좋다.
③ 핵심역량은 가치 활동의 연계(상호작용)에서 주로 발생한다.
⑤ 핵심역량은 전략적인 제휴를 통해서 타 기업과 공동으로 개발할 수 있다.

답 ④

019 □□□ **다음 중 혁신의 국제적 활용, 글로벌 효율성, 다국적 유연성을 동시에 달성함으로써 전 세계적인 경쟁우위를 확보하는 전략은?** 기출복원

① 국제화 전략
② 글로벌 통합전략
③ 초국적 전략
④ 다국적 적응전략

해설

일반적으로 다국적기업은 어느 한 나라에 본사를 두고, 최소한 하나 이상의 다른 나라에 자회사를 설치하는 방식이다. 국가 간 생산과 무역의 경계를 약화시켜 상품과 서비스, 자본과 노동력 등의 이동을 보다 자유롭게 함으로써 혁신의 국제적 활용, 글로벌 효율성, 다국적 유연성을 동시에 달성하는 전략이다.

답 ③

020 □□□ **다음 중 글로벌(global)화를 촉진시키는 요인으로 볼 수 없는 것은?** 기출복원

① 자국의 사업영역의 성장의 한계
② 다자간 협상인 WTO 등의 추진
③ 기업 경영에 필요한 자원의 효율적인 조달
④ 자국 시장의 규모가 클 경우

해설

자국 시장의 규모가 클 경우 타국 진출에 대한 필요성이 감소되며, 이것은 글로벌화와 직접적인 관련이 없다. 조지 입(George Yip)은 글로벌화를 촉진하는 4대 요소는 시장, 비용, 경쟁, 정부라고 주장하였다.

답 ④

021 다음 중 기업의 사회적 책임투자(SRI)에 해당되지 않는 것은? 기출복원

① 중소기업벤처에 투자한다.
② 기업지배구조를 고려하여 투자한다.
③ 유해행위를 하는 기업에게 투자를 철회한다.
④ 지역 기금에 투자한다.

해설

기업의 사회적 책임에 의한 사회적 책임투자와 ①은 무관하다.

답 ①

022 다음 중 기업의 사회적 책임에 대한 설명으로 가장 옳지 않은 것은? 2022 군무원 7급

① 사회적 책임은 기업이 소유주뿐만 아니라 기업의 모든 이해관계 당사자들의 복리와 행복에 대한 기업의 관심과 배려에 바탕을 두고 있다.
② 사회적 책임은 청렴, 공정, 존중 등의 기본 원칙을 충실히 이행하려는 책임감에서 비롯된다.
③ 미국 경제학자인 밀턴 프리드먼(M. Friedman)은 시장에서의 경쟁과 이윤 추구뿐만 아니라 기업의 사회적 책임을 강조했다.
④ 자선 재단 운영, 사회적 약자 고용, 환경 보호 등은 기업의 사회적 책임 성과라고 할 수 있다.

해설

밀턴 프리드먼(M. Friedman)은 기업의 사회적 책임은 이익을 내는 것(창출)이라고 주장하였다.

답 ③

023 □□□ **다음 중 목표에 의한 관리(MBO)의 주요 특성이 아닌 것은?** 기출복원

① 목표달성 기간의 명시

② 상사와 부하 간의 협의를 통한 목표성정

③ 다면평가

④ 목표의 구체성

⑤ 실적에 대한 피드백

해설

목표에 의한 관리(MBO)는 일반적으로 6개월 또는 1년 이내의 단기에 특정 목표를 상사와 부하 간 협의에 의해 설정하고 달성 여부를 평가하는 결과지향적인 방법이다. ③ 다면평가는 인사고과의 한 방법이며, 기존의 하향식 평가방법을 보완하기 위한 것으로서 다양한 시각(자신, 부하직원, 동료, 고객, 외부전문가 등)을 가진 평가자들로부터 평가를 실시하는 것이다.

답 ③

024 □□□ **다음 중 경영성과가 부진한 생산라인이나 사업부를 매각하여 기업의 체질을 개선하기 위한 경영전략을 가리키는 것은?** 기출복원

① 디베스티처(divestiture)

② 리스트럭처링(restructuring)

③ 리엔지니어링(reengineering)

④ 벤치마킹(benchmarking)

해설

디베스티처는 사업이나 자회사를 매각 · 정리 · 회수 · 퇴각하는 신경영혁신기법을 말한다.

답 ①

025 □□□ **다음 중 높은 성과를 올리고 있는 회사와 비교 · 분석하여 창조적 모방을 통해 개선하고자 하는 경영혁신 기법은?** 2020 경영지도사

① 동료그룹(peer group)평가

② 벤치마킹(benchmarking)

③ 구조조정(restructuring)

④ 6시그마(six sigma)

⑤ 종합적 품질경영(TQM)

해설

창조적 모방을 통해 개선을 추구하는 것을 벤치마킹이라고 한다.

답 ②

제5회 | 경영학개론(5)

001 **테일러(F. Taylor)의 과학적 관리법(Scientific Management)에 관한 설명으로 옳지 않은 것은?** 2020 경영지도사

① 작업 방식의 과학적 연구
② 과학적인 근로자 선발 및 훈련
③ 관리활동의 통합
④ 차별적 성과급제
⑤ 합리적 경제인 모형

해설

테일러(F. Taylor)는 전문적인 기능에 따라, 분업의 원리에 의한 기능적 조직을 강조하였다.

답 ③

002 **다음 중 페욜(H. Fayol)의 일반적 관리원칙에 해당되지 않는 것은?** 2021 공인노무사

① 지휘의 통일성
② 직무의 분업화
③ 보상의 공정성
④ 조직의 분권화
⑤ 권한과 책임의 일치

해설

조직의 분권화는 페욜(H. Fayol)의 일반적 관리원칙과 무관하다.

답 ④

003 □□□

다음 중 동일 · 유사업종에 속하는 기업들이 법률 · 경제적으로 독립성을 유지하면서 일정한 협약에 따라 이루어지는 기업의 수평적 결합방식은? 2023 경영지도사

① 트러스트(trust)
② 콘체른(concern)
③ 콤비나트(kombinat)
④ 카르텔(cartel)
⑤ 흡수합병(merger)

해설

기업집중의 하나인 카르텔은 동일 · 유사업종에 속하는 기업들이 법률 · 경제적으로 독립성을 유지하면서 일정한 협약에 따라 이루어지는 기업의 수평적 결합방식이다.

답 ④

004 □□□

다음 중 페욜(H. Fayol)이 관리이론에서 주장한 경영관리의 14개 기본원칙에 해당되지 않는 것은? 2020 경영지도사

① 업무의 분화
② 명령의 일원화
③ 방향의 단일화
④ 기술적 훈련, 역량 그리고 전문성에 근거한 선발
⑤ 개인보다 조직 이해의 우선

해설

페욜(Fayol)의 관리원칙과 선발은 무관하다.

답 ④

005 □□□

다음 중 무한책임사원과 유한책임사원으로 구성된 기업 형태로 가장 옳은 것은? 2023 군무원 9급

① 주식회사
② 유한회사
③ 합자회사
④ 합명회사

해설

▶ 선지분석

①, ②는 유한책임사원, ④는 무한책임사원으로 구성된다.

답 ③

006 다음에서 설명하는 것은 무엇인가?

기출복원

현재의 사업영역(분야)와 완전히 다른 이질적인 시장이나 사업에 진출하려는 것으로, 새로운 고객층과 새로운 제품시장에서 사업을 확대하려는 전략이다.

① 복합기업
② 집중적 다각화
③ 복합적 다각화
④ 관련 다각화
⑤ 전방통합

해설

기존의 제품과는 상관없이 신제품으로 새로운 고객층에게 진출하려는 것은 복합적 다각화전략이다.

답 ③

007 다음 중 전략적 제휴에 대한 설명으로 옳은 것은?

2021 감사직

① 비용절감 및 부족한 경영자원 확보는 제휴를 선택하는 동기라 할 수 있으나 위험분산은 포함되지 않는다.
② 제휴파트너 선정 기준은 양립성, 능력, 몰입이 강조된다.
③ 제휴를 선택하는 이유로 시장진입은 관련이 있지만, 시장퇴거(탈퇴)는 관련이 없다.
④ 지분율이 불균형할 때가 50 대 50일 때의 제휴보다 성공할 확률이 더 높으며, 기술이나 시장의 중복이 없을수록 성공 가능성은 낮아진다.

해설

전략적 제휴의 장점은 위험분산, 목표달성 후 철수(퇴거) 용이, 기술획득, 규모의 경제, 과다경쟁 방지 등이며, 기술이나 시장의 중복이 없을수록 성공 가능성은 높아진다.

답 ②

008 □□□ **다음 중 경영자에 대한 설명으로 옳지 않은 것은?** 기출복원

① 최고경영자는 주로 기업의 전반적인 계획업무에 집중한다.
② 전문경영자는 소유경영자의 자산을 증식하기 위해 고용된 대리인이다.
③ 직능경영자는 재무, 회계, 인사, 판매 등 특정 부서만을 전담한다.
④ 일선경영자는 현장실무능력이 요구된다.

해설

전문경영자는 주주들의 자산 증식(주주의 부를 극대화)을 위해 고용된 대리인이다.

답 ②

009 □□□ **기존의 경영활동을 무시하고 기업의 부가가치를 산출하는 활동을 완전히 백지 상태에서 새롭게 구성하는 경영혁신 기법은?** 2020 경영지도사

① 리스트럭처링(restructuring)
② 아웃소싱(outsourcing)
③ 목표관리(management by objective)
④ 전략사업단위(strategic business unit)
⑤ 리엔지니어링(reengineering)

해설

리엔지니어링(reengineering)이란, 기업 전체를 대상으로 완전히 백지 상태에서 새롭게 구성하여 혁신(재창조, 재설계)하는 기법이다.

답 ⑤

010 □□□ **다음 중 기업의 사회적 책임(CSR; Corporate Social Responsibility)에 대한 설명으로 옳은 것은?** 2022 감사직

① 가장 높은 수준의 사회적 책임은 주주 대신 종업원, 소비자, 사회 및 환경에 대한 기업의 책임을 의미한다.
② 사회적 책임을 다하는 기업에게는 시회적 권력이 부여된다는 것이 기본원리이다.
③ 사회경제적 관점에서 이해관계자의 복리는 '보이지 않는 손'에 의하여 이루어진다.
④ 전통적 관점에 의하면 기업의 이익극대화가 기업의 유일한 사회적 책임이다.

해설

전통적 관점에 의하면 기업의 목표는 단순한 이윤(이익)극대화이므로 이것이 CSR이었다.

답 ④

011 다음 중 자재 또는 원료, 제품개발, 생산기술 혹은 마케팅 경로와 무관한 제품이나 용역을 생산하는 기업들을 합병하는 이종의 복합적 회사는? 기출복원

① 신디케이트
② 카르텔(cartel)
③ 트러스트(trust)
④ 콘글로머릿(conglomerate)

해설

이종(異種) 기업 간의 합병(다각화)으로 새로운 형태의 결합은 콘글로머릿(conglomerate)이다.

답 ④

012 다음 중 메이요(E. Mayo)의 호손실험에 관한 설명으로 옳은 것은? 2023 가맹거래사

① 인간 관계론과 관련이 없다.
② 2차에 걸쳐서 진행된 프로젝트이다.
③ 비경제적 보상은 작업자의 만족과 관련이 없다.
④ 직무의 전문화를 강조했다.
⑤ 구성원의 생각과 감정을 중시했다.

해설

호손실험은 4차에 걸쳐 연구가 진행되었으며, 종업원의 사기, 감독방법, 사회 · 심리적 요인(인간관계)과 감정의 논리가 지배하는 비공식조직의 중요성을 강조한다.

답 ⑤

013 다음 중 일반환경의 분류 가운데 노령인구의 증가가 속하는 환경은? 기출복원

① 경제적 환경
② 정치적 환경
③ 사회 · 문화적 환경
④ 기술적 환경
⑤ 법률적 환경

해설

노령인구의 증가는 사회 · 문화적 환경요인으로, 일반환경에 속한다. 거시적인 환경이라고도 하며, 기업에 간접적인 영향을 미친다.

답 ③

014 □□□ **다음 중 공급사슬관리(SCM; Supply Chain Management)의 기대효과에 해당하지 않는 것은?**

2022 군무원 9급

① 거래 비용의 절감
② 채찍 효과(bullwhip effect)의 증폭
③ 거래의 오류 감소
④ 정보 전달과 처리의 편의성 증대

해설

공급사슬관리(SCM)의 기대효과는 시장 수요의 왜곡을 방지(채찍 효과의 감소)하는 것이다.

답 ②

015 □□□ **다음 중에서 기업의 종합적인 관점에서 비전과 목표를 설정하고 각 사업 분야에서 경영자원을 배분하고 조정하는 일련의 활동으로 가장 옳은 것은?**

2022 군무원 9급

① 기업전략
② 사업부전략
③ 기능별전략
④ 마케팅전략

해설

기업의 종합적인 관점에서 비전과 목표를 설정하고 각 사업 분야에서 경영자원을 배분하고 조정하는 일련의 활동을 가리키는 것은 기업전략이다.

답 ①

016 □□□ **다음 중 SWOT분석의 각 상황에 대한 전략 대안으로 적절하지 않은 것은?**

2022 감사직 · 2021 경영지도사

① ST – 시장침투전략, 다각화전략
② WT – 제품/시장 집중화전략, 철수 또는 축소전략
③ WO – 전략적 제휴, 핵심역량 개발 전략
④ SO – 제품 확충전략, 다각화전략

해설

제품 확충전략은 ST전략이다.

답 ④

017 **다음 중 기업입장에서 가장 안정적이고 높은 수익을 창출할 수 있는 상황은?** 기출복원

① 진입장벽이 낮고 철수장벽이 낮을 때
② 진입장벽이 낮고 철수장벽이 높을 때
③ 진입장벽이 높고 철수장벽이 낮을 때
④ 진입장벽이 높고 철수장벽이 높을 때

해설

진입장벽이 높고 철수장벽이 낮을 때 경쟁기업들의 진입을 막을 수 있고, 환경에 따라 쉽게 시장에서 철수할 수 있다. 따라서 기업은 안정적 · 지속적으로 높은 수익을 창출할 수 있다.

답 ③

018 **다음 중 주식회사의 현금흐름에 대한 설명으로 가장 적절하지 않은 것은?** 2023 군무원 7급

① 주식회사는 현금을 조달하기 위하여 채권을 발행한다.
② 주식회사는 주주가 투자한 원금을 상환할 의무가 있다.
③ 주식회사는 영구채권의 원금을 채권자에게 상환할 의무가 없다.
④ 주식회사는 채권자에게 약정한 이자를 지급한다.

해설

주식회사의 주주는 유한책임을 지며 배당을 받기 때문에 원금 상환의 의무는 없다.

답 ②

019 **다음 중 전략경영자와 전략스탭(staff)에 관한 설명으로 바른 것은?** 기출복원

① 전략수립을 위한 환경분석이나 내부분석은 전략경영자의 역할이다.
② 비영리 조직은 전략과 관련하여 전략경영자의 역할은 적용되지 않는다.
③ 사업부 간의 경영활동의 조정과 성과의 평가는 전략스탭의 역할이다.
④ 조직 전체 차원의 Plan - Do - See의 책임자는 전략스탭에 해당된다.
⑤ 경영자들의 의사결정에 필요한 정보를 제공하거나 조언을 하는 것은 전략경영자의 역할이다.

해설

- 전략경영자는 전체 조직의 전략을 수립, 실행, 통제하고 최종책임을 지며, 전략실행과정에도 참여한다. 이는 비영리 조직에도 해당되며, 장기적인 목표설정, 계획수립, 재원조달 등에 관여한다.
- 전략스탭은 환경분석이나 내부능력 분석 등의 세부적인 분석을 하고, 의사결정을 지원하고 조언하며, 전략대안을 도출하는 최고경영자의 핵심참모의 역할로, 전략계획을 검토, 평가, 조정 등에 관여한다.

답 ③

020 □□□ **다음 중 포터(M. Porter)의 산업구조분석에 대한 설명으로 옳은 것은?** 2022 감사직

① 산업구조분석에서 시장매력도는 단지 산업의 평균 수익성을 의미할 뿐이다.
② 제품시장의 성장률이 낮을수록 기존 기업 간의 경쟁이 감소하는 경향이 있다.
③ 후방통합의 가능성이 높을수록 구매자의 협상력이 감소하는 경향이 있다.
④ 초과설비가 많을수록 기업의 수익률이 증가하는 경향이 있다.

해설

포터(M. Porter)의 산업구조분석은 산업구조가 경쟁환경과 산업의 수익률을 결정한다는 모델이다. 후방통합 가능성이 높을수록 구매자의 협상력은 증가, 초과설비가 많을수록 비용의 증가로 기업의 수익률은 감소하는 경향이 있다.

답 ①

021 □□□ **다음 중 선도 진입업자가 후발 업자보다 유리한 점으로 옳지 않은 것은?** 기출복원

① 기술적 리더십의 강화
② 구매자의 제품 전환비용 발생
③ 자원의 선취
④ 시장 불확실성 해결

해설

선도 진입업자는 시장에 대한 불확실성이 필수적으로 발생하고 그 정도도 높다.

답 ④

022 다음 중 자원투입 · 위험의 크기와 통제수준에 따라 기업의 해외시장 진출과정을 순서대로 바르게 나열한 것은? 기출복원

① 직접수출 → 간접수출 → 단독투자 → 합작투자
② 직접수출 → 간접수출 → 합작투자 → 단독투자
③ 간접수출 → 직접수출 → 단독투자 → 합작투자
④ 간접수출 → 직접수출 → 합작투자 → 단독투자

해설

자원투입 · 위험의 크기와 통제수준에 따라 기업의 해외시장 진출과정을 나열하면 간접수출 → 직접수출 → 합작투자 → 단독투자의 순이다.

답 ④

023 다음 중 MBO(Management By Objective)를 통한 목표 설정 시 충족시켜야 할 조건에 해당되지 않는 것은? 기출복원

① 사실에 근거하여 누구나 이해할 수 있는 구체적인 목표이어야 한다.
② 목표는 그 달성 정도를 측정할 수 있도록 설정하여야 한다.
③ 조직 전체, 소속부서 및 개인의 사명과 비전에 연계되어야 한다.
④ 피평가자가 통제하기 힘들 정도로 도전적이고 높은 수준으로 설정되어야 한다.
⑤ 환경과 상황의 변화가 반영되어야 한다.

해설

MBO는 목표달성이 가능한 범위에서 스스로 목표달성 시기를 명시하고 구체적으로 설정하여 상사와 협의하며, 실적에 대한 피드백을 한다.

답 ④

024 □□□ **다음 중 다각화(diversification)에 대한 설명으로 가장 옳은 것은?** 2022 군무원 7급

① 수직적 통합에서 후방통합(backward integration)은 판매 및 마케팅 경로를 통합하여 안정적인 유통경로를 확보할 수 있다.

② 관련다각화는 기존의 제품이나 시장을 벗어나 새로운 사업으로 진출하는 것을 의미한다.

③ 비관련다각화는 특정 기업이 현재의 사업 범위와 서로 관련성이 큰 사업에 진출하는 것을 의미한다.

④ 수직적 통합에서 통합된 기업 중 어느 한 기업이 비효율성을 나타내는 경우, 전체 기업으로 비효율성이 확대될 가능성이 높다.

해설

▶ 선지분석

① 전방통합, ② 비관련다각화, ③ 관련다각화에 대한 설명이다.

답 ④

025 □□□ **기업의 경쟁력 향상을 위한 핵심 비즈니스 프로세스를 통합하는 과정인 공급사슬관리(Supply Chain Management)에 대한 설명으로 옳지 않은 것은?** 기출복원

① 공급사슬관리는 부분최적화보다는 정보의 공유와 공급사슬 흐름의 개선을 통하여 공급사슬 전체의 효율성을 제고시키는 것이 목적이다.

② 공급사슬상에서 수요왜곡의 정도가 증폭되는 채찍효과의 원인으로는 중복수요예측, 일괄주문처리, 제품의 가격변동, 리드타임의 증가 등이 있다.

③ 반응적 공급사슬은 재화와 서비스가 다양하고 수요예측이 어려운 환경에 적합하며, 반응시간을 줄이는 데 초점을 두어 시장수요에 신속하게 반응하고자 하는 것이다.

④ 공급사슬관리는 제품생산에 필요한 자재를 필요한 시각에 필요한 수량만큼 조달하여 낭비적인 요소를 근본적으로 제거함으로써 작업자의 능력을 완전하게 활용하여 생산성 향상을 달성하는 관리방식이다.

해설

④는 적시생산(관리)시스템(JIT)에 대한 설명이다.

답 ④

제6회 | 경영학개론(6)

001 **포드(H. Ford)는 기업의 목적을 사회 대중에 대한 봉사로 보고 포디즘(Fordism)을 주장하였는데, 포디즘(Fordism)의 기본원리로 옳은 것은?** 2020 경영지도사

① 고가격 고임금
② 저가격 고임금
③ 고가격 저임금
④ 저가격 최저임금
⑤ 고가격 최저임금

해설

포디즘(Fordism)의 기본원리는 동시관리에 의한 기업능률 향상을 통한 저가격 고임금이다.

답 ②

002 **다음 테일러(Taylor)시스템과 포드(Ford)시스템을 비교한 것 중 옳은 것은?** 기출복원

① 테일러(Taylor)시스템은 생산의 표준화에 중점을 두었고, 포드(Ford)시스템은 작업의 표준화에 중점을 두었다.
② 테일러(Taylor)시스템은 작업지도제를 채택하였고, 포드(Ford)시스템은 이동조립법 방식(컨베이어시스템)에 의한 유동작업을 채택하였다.
③ 테일러(Taylor)시스템은 작업자의 인간성을 무시하였고, 포드(Ford)시스템은 인간의 심리적 · 사회적 측면을 중시하였다.
④ 테일러(Taylor)시스템은 저가격 · 고임금의 원리를 주장하였고, 포드(Ford)시스템은 고임금 · 저노무비 원리를 주장하였다.

해설

테일러(Taylor)는 인간 가치보다는 생산의 능률을 중시하였고, 고임금 · 저노무비의 원리를 채택한 반면, 포드(Ford)는 고임금 · 저가격의 원리를 채택하였다. 또한 테일러(Taylor)는 과업(작업)의 표준화를, 포드(Ford)는 생산의 표준화에 중점을 두었다.

답 ②

003 □□□ **다음 포터(M. Porter)의 가치사슬(value chain)에 대한 설명 중 본원적인 활동(primary activities)에 해당되지 않는 것은?** 기출복원

① 획득활동 ② 서비스활동
③ 판매 및 마케팅활동 ④ 물류활동

해설

획득활동은 보조(지원)활동에 해당되는 것으로, 구매, 조달, 기계, 설비 등이 해당된다.

답 ①

004 □□□ **다음 중 경영학 이론 중 시스템적 접근방법의 속성이 아닌 것은?** 2021 경영지도사

① 목표지향성 ② 환경적응성
③ 분화와 통합성 ④ 투입 – 전환 – 산출 과정
⑤ 비공식 집단의 중요성

해설

시스템적 접근방법의 특징은 하위시스템들의 유기적인 결합을 통한 개방시스템(공식적 집단)의 집합체이다.

답 ⑤

005 □□□ **다음 중 포터(M. Porter)의 산업구조분석기법에 관한 설명으로 옳지 않은 것은?** 기출복원

① 산업구조의 이해를 통하여 산업 전체의 수익률의 높고 낮음을 효과적으로 설명해 줄 수 있다.
② 각 개별기업의 구체적인 경쟁전략을 다루지 못한다.
③ 산업의 구조적 특성을 자사에게 유리한 방향으로 바꾸는 것도 기업의 노력으로 가능하게 할 수 있다.
④ 각 개별산업의 추세를 살펴봄으로써 그 산업의 미래의 수익성을 예측할 수 있다.
⑤ 동태적으로 변하는 산업구조를 고려하는 동태적 모형이다.

해설

포터(Porter)의 산업구조분석은 다양한 형태의 산업을 고려하지 않고 경쟁자들의 경쟁범위를 5가지만 고려한 것으로, 동태적이지 못한 정태적 모형이라고 할 수 있다.

답 ⑤

006 기업의 이해관계자에 대한 기업의 사회적 책임(CSR; Corporate Social Responsibility)이 잘못 연결된 것은? 기출복원

① 종업원에 대한 책임 – 안전한 작업환경 제공, 적절한 노동의 대가 지불
② 사회에 대한 책임 – 새로운 부(wealth)의 창출, 환경보호, 사회정의 촉진
③ 고객에 대한 책임 – 가치 있는 제품 및 서비스 공급, 고객만족
④ 투자자에 대한 책임 – 내부자 거래(Insider Trading)로 주주의 부(wealth) 극대화, 사회적 투자

해설

기업의 사회적 책임은 준법도 해당되며, 내부자 거래는 엄격히 법적으로 금지되어 있다.

답 ④

007 다음 중 오프쇼링(offshoring)에 관한 설명으로 가장 옳지 않은 것은? 2023 군무원 5급

① 기업이 지켜야 할 정보나 데이터에 대한 보안이 용이하다.
② 기업들은 비용절감 등의 이유로 오프쇼링을 선택한다.
③ 사업장 혹은 자회사를 외국으로 옮기는 것을 말하며, 아웃소싱과 동일한 의미이다.
④ 자회사를 외국에서 운영하는 것이기에 국제적 업무에서 강한 통제가 가능하다.

해설

오프쇼링은 기업이 국내에서 해외로 이전하는 것으로 아웃소싱과는 다르다. 아웃소싱이란, 기업의 핵심부문만 내부화하고 비핵심부문은 외부시장을 통해 조달(외주)하는 것이다.

답 ③

008 다음 중 구매자의 교섭력이 강해지는 경우에 해당되지 않는 것은? 기출복원

① 제품이 규격화되어 제품차별화가 어려운 경우
② 구매자가 해당 산업에 자세한 정보를 가지고 있을 때
③ 전환비용이 클 때
④ 구매자가 후방통합의 의도를 가질 때

해설

▶ 선지분석

구매자의 교섭력이 강한 경우는 ①, ②, ④ 외에 구매자의 구매량이 많거나, 구매집단이 소수이고 규모가 큰 경우, 기업의 판매에서 차지하는 비중이 크고, 전환비용이 낮은 경우이다.

답 ③

009 □□□ **다음 중 관리과정의 단계 중 조직화에 대한 설명으로 가장 적절한 것은?** 2022 군무원 9급

① 과업의 목표, 달성 방법 등을 정리하는 것

② 전체 과업을 각자에게 나누어 맡기고 그 일들의 연결 관계를 정하는 것

③ 과업이 계획대로 실행되었는지를 살펴보고 필요한 시정조치를 취하는 것

④ 과업이 실제로 실행되도록 시키거나 이끌어 가는 것

해설

▶ 선지분석

① 계획, ③ 통제, ④ 지휘에 대한 설명이다.

답 ②

010 □□□ **다음 중 노나카(I. Nonaka)의 지식전환 모델에 관한 설명으로 옳지 않은 것은?**

2023 가맹거래사

① 암묵지(implicit knowledge)와 형식지(explicit knowledge)의 전환과정에서 지식이 공유되고 창출된다.

② 암묵지에서 형식지로 전환과정을 외재화(externalization)라 한다.

③ 형식지에서 암묵지로 전환과정을 표준화(standardization)라 한다.

④ 형식지에서 형식지로 전환과정을 결합화(combination)라 한다.

⑤ 암묵지에서 암묵지로 전환과정을 사회화(socialization)라 한다.

해설

노나카의 SECI모델은 ②, ④, ⑤, 내재(내면)화(internalization)이다. ③은 무관하다.

답 ③

011 다음 중 기업의 사회적 책임이 요구되는 이유로 옳지 않은 것은? 기출복원

① 외부경제효과 ② 시장의 불완전성
③ 환경요인 간의 상호의존성 심화 ④ 기업영향력의 증대
⑤ 공유가치 창출의 필요성

해설

기업의 사회적 책임이란, 이익에만 집착하지 말고 사회의 일원으로서 책임을 자각하여 그것을 실천하여야 한다는 사고방식을 말한다. 외부경제효과는 어떤 사람의 경제적 행위가 다른 사람에게 의도하지 않은 혜택이나 손해를 가져다주면서 그에 대한 손해 보상이 이루어지지 않는 현상으로, 기업의 사회적 책임이 요구되는 이유에 해당하지 않는다.

답 ①

012 다음 중 효율성(efficiency)과 효과성(effectiveness)에 관한 설명으로 옳지 않은 것은? 기출복원

① 효과성은 자원의 사용 정도를, 효율성은 목표의 달성 정도를 평가대상으로 한다.
② 효율성은 일을 올바르게 함(do things right)을, 효과성은 옳은 일을 함(do right things)을 의미한다.
③ 성공적 조직이라면 효율성과 효과성이 모두 높다.
④ 효율성은 목표달성을 위한 수단이다.
⑤ 효율성은 최소한의 자원 투입으로 최대한의 산출을, 효과성은 목표의 최대한 달성을 지향한다.

해설

효율성은 과정을 나타내는 것으로 자원의 사용 정도를, 효과성은 결과를 나타내는 것으로 목표의 달성 정도를 의미한다.

답 ①

013 □□□ **상호관련이 없는 이종 기업의 주식을 집중 매입하여 합병함으로써 기업 규모를 확대시켜 대기업의 이점을 추구하려는 다각적 합병은?** 2020 경영지도사

① 콤비나트(combinate)
② 다국적 기업(multinational corporation)
③ 조이트 벤쳐(joint venture)
④ 콘글로머리트(conglomerate)
⑤ 카르텔(cartel)

해설

이종 기업의 주식을 집중 매입하여 합병함으로써 기업 규모를 확대시켜 대기업의 이점을 추구하는 것을 콘글로머리트(conglomerate: 복합기업)라고 한다.

답 ④

014 □□□ **다음 중 바람직한 경영원리로 볼 수 없는 것은?** 기출복원

① 조직구조와 관련성이 있어야 한다.
② 일관성과 객관성이 있어야 한다.
③ 환경변화에 따라 신축적이어야 한다.
④ 실제 · 실질적이어야 한다.
⑤ 경영전략과 상호작용하여야 한다.

해설

▶ 선지분석

경영원리는 ① 조직구조와 관련성, ② 일관성 · 객관성을 갖고 ⑤ 전략과 상호작용하며 ④ 실질적이어야 하므로, 쉽게 변경되지 않아야 한다.

답 ③

015 □□□ **다음 중 탁월한 기업들의 경영활동을 이해하고 활용하여 자사의 경영활동을 개선하는 혁신 기법은?** 2023 군무원 9급

① 블루오션전략(blue ocean strategy)
② 지식경영(knowledge management)
③ 브레인스토밍(brainstorming)
④ 벤치마킹(benchmarking)

해설

④는 창조적 모방으로서, 경영성공 사례를 학습하고 모방하여 자사의 경영성과를 개선(경영혁신)하고자 하는 기법이다.

답 ④

016 최근 기업의 글로벌경영(global management) 활동과 관련하여 중국, 인도, 브라질, 러시아 등 신흥시장(emerging market)의 전략적 의미가 부각되고 있다. 신흥시장에서 사업을 수행하는 데 따르는 위험요인으로 적절하지 않은 것은? 기출복원

① 정치적 불안
② 대규모 기업집단 부재
③ 상이한 법적 · 제도적 체계
④ 지적 재산권 보호의 어려움

해설

▶ 선지분석

① 정치적 불안, ③ 상이한 법적 · 제도적 체계, ④ 지적 재산권 보호의 어려움은 통제할 수 없는 외부환경의 위험요인에 해당된다.

답 ②

017 다음 중 제품의 제품기획 · 디지인에서 생산 · 유통에 이르기까지 각 과정의 설계 작업을 동시에 수행함으로써 생산리드타임을 획기적으로 단축시키는 기법은? 기출복원

① 벤치마킹(benchmarking)
② 리엔지니어링(reengineering)
③ 리스트럭처링(restructuring)
④ 콘커런트 엔지니어링(concurrent engineering)
⑤ 다운사이징(downsizing)

해설

제품의 설계(design)에서부터 생산에 이르기까지 각 과정의 설계 작업을 동시에 수행하여 준비시간과 비용을 획기적으로 단축시키는 것은 동시공학[콘커런트 엔지니어링(CE)] 기법이다.

답 ④

018 □□□ **다국적 기업은 글로벌전략 수립에 있어 글로벌화(세계화)와 현지화의 상반된 압력에 직면하게 된다. 다음 중 현지화의 필요성을 증대시키는 요인은?** 기출복원

① 유통경로의 국가별 차이 증가
② 규모의 경제 중요성의 증가
③ 소비자 수요 동질화
④ 무역장벽 붕괴

해설

국제적 현지화는 나라별로 다양한 문화와 민족성, 유통경로에 적합한 전략을 펼치는 것을 의미한다.

답 ①

019 □□□ **다음 중 21세기 패러다임의 전환으로 볼 수 있는 것은?** 기출복원

① 관료조직화
② 유기적인 팀 조직화
③ 단순모방 지향
④ 전통적 중소기업의 육성
⑤ 권한집중에 따른 경영

해설

21세기 패러다임은 핵심능력위주, 기술경쟁, 창의적 모방, 세계화 전략, 기술 집약형 중소기업 육성, 네트워크 조직, 가상 조직, 학습 조직, 조직문화적인 인사관리, 역동적(능동적) 인사관리 등이 있다.

답 ②

020 □□□ **다음 중 사내 벤처비즈니스의 성공요인이 아닌 것은?** 2021 경영지도사

① 의사결정을 행사할 수 있다.
② 자원을 활용할 수 있다.
③ 실패를 두려워하지 않는다.
④ 팀원을 채용할 수 있다.
⑤ 조직경계를 넘지 않는다.

해설

조직경계를 넘지 않는 것은 사내 벤처비즈니스의 성공요인과 무관하다.

답 ⑤

021 다음 중 다각화된 기업이 각 사업부문 평가를 통해 사업을 재구축하고자 할 때 우선적으로 실시해야 하는 것은 어느 것인가?

기출복원

① 조직의 재설계
② 사업포트폴리오 분석
③ BPR
④ 벤치마킹

해설

다각화된 기업은 포트폴리오(사업영역) 지향적인 사업정의가 우선적으로 실시되는 것이 바람직하다.

답 ②

022 다음 중 지식을 형식지와 암묵지로 구분할 때 암묵지의 특징으로 볼 수 없는 것은?

2020 경영지도사

① 언어로 표현 가능한 객관적 지식
② 경험을 통해 몸에 밴 지식
③ 은유를 통한 전달
④ 다른 사람에게 전이하기가 어려움
⑤ 노하우, 이미지, 숙련된 기능

해설

언어로 표현 가능한 객관적 지식은 형식지에 해당된다. 형식지는 표현해서 전달이 가능한 언어, 문자, 숫자 등으로, 쉽게 전파·공유가 가능한 객관적인 지식을 말한다.

답 ①

023 다음 중 전사적 자원관리(ERP)시스템을 도입하려는 배경으로 적절하지 않은 것은?

기출복원

① 기업의 전산 유지비용을 절감하는 효과를 기대
② 다양한 소비자의 요구에 대한 기업의 전사적 대응이 필요
③ 조직의 리엔지니어링을 도입하는 실천수단으로 활용될 수 있다는 기대감
④ 급격하게 길어지는 제품의 라이프사이클에 대한 대응이 필요

해설

제품의 라이프사이클은 현대사회가 될수록 지속적으로 짧아진다. ERP는 MRP의 발전된 개념으로, 변화의 과정은 'MRP → MRP Ⅱ → ERP'이다. 이는 기업의 인사, 회계, 물류, 생산, 판매 등 전 기능 분야의 효과적인 관리와 글로벌 환경변화에 쉽게 대응할 수 있는 통합시스템이다.

답 ④

024 □□□ **다음 중 공급사슬관리에서 채찍효과를 해결하기 위한 적절한 방법은?** 2021 가맹거래사

① 정보시스템을 활용한 공급사슬 구성원 간 정보 공유

② 불확실성에 대비한 대규모 재고비축

③ 공급자들과 단기계약을 통한 원가절감

④ 아웃소싱 최소화로 공급불확실성 해소

⑤ 불확실한 수요변화에 대응하기 위한 공급업체의 선적 지연

해설

불확실성에 대비(최소화)하기 위해서 정보 공유를 통한 최소한의 재고, 장기계약, 아웃소싱의 적절한 활용, 적시선적, 리드타임 단축, 공급경로 간 강력한 파트너십 등이 필요하다.

답 ①

025 □□□ **다음 중 전략의 통제 기법인 균형성과표(BSC)와 경영혁신기법에 관련된 설명으로 가장 옳지 않은 것은?** 2021 군무원 7급

① 균형성과표에서는 주주와 고객을 위한 외부적 측정치와 내부프로세스인 학습과 성장의 균형이 필요하다.

② 시간기반경쟁(time based competition)은 고객이 원하는 재화와 서비스를 가장 빨리, 그리고 적당한 시점에 제공하는 활동을 의미한다.

③ 노나카 이쿠치로(Nonaka Ikuziro)의 지식경영에서는 지식을 형식지와 암묵지로 구분했으며, 암묵지는 지식 전파속도가 늦은 반면에 형식지는 전파속도가 빠르다.

④ 전략적 제휴(strategic alliance)에서는 경쟁이 무의미하기 때문에 차별화와 저비용을 동시에 추구하도록 전략을 구상한다.

해설

전략적 제휴는 2개 이상의 기업 간에 각자의 이익을 추구하기 위해 상호협력(제휴; 자본제휴, 기술제휴, 판매제휴, 인재제휴 등)을 하는 것으로, 각 기업은 독립성을 유지(양립성)하기 때문에 경쟁도 동시에 이루어진다.

답 ④

제7회 | 경영학개론(7)

001 **다음 중 아웃소싱에 대한 설명으로 옳지 않은 것은?** 2022 감사직

① 핵심부문만 내부화하고, 기타 비핵심부문은 외부에서 조달하는 전략이다.
② 기업의 비용절감과 유연성 확보가 가능하다.
③ 아웃소싱 이후에도 동일한 사업을 수행하므로 리스크는 감소하지 않는다.
④ 장기적으로 실행하면 핵심기술이 상실되고 공급업체에 종속될 위험이 있다.

해설

아웃소싱이란, 기업이나 기관이 비용 절감, 서비스 수준 향상 등의 이유로 기업에서 제공하는 일부 서비스를 외부에 위탁하는 것으로 리스크 감소효과(경쟁력 제고)가 있다.

답 ③

002 **제품의 표준화전략은 (　　　)을 전제로 한 생산 지향적 전략으로, 그 대표적 예가 포드(Ford)의 전략이다. 다음 중 괄호에 적절한 말은?** 기출복원

① 판매자시장　② 구매자시장
③ 도매시장　④ 소매시장

해설

포드(Ford)는 표준화된 자동차 T-type를 대량생산하여 시장에 판매함으로써 소비자들로 하여금 수동적으로 구입 · 선택하도록 하였다.

답 ①

003 **다음 중 경영전략수립과정에 있어서 가장 먼저 해야 하는 과정은?** 기출복원

① 내부 환경분석　② 예산계획
③ 사명과 목표수립　④ 전략 대안 도출

해설

경영전략수립과정은 기업의 사명과 목표수립(설정) → 기업의 내 · 외부 환경분석 → 전략적 대안의 선택(도출)과 전략의 수립 → 전략의 실행(조직구조 및 통제시스템의 설계)이다.

답 ③

004 □□□ **다음 중 전사적 품질경영(TQM; total quality management)에 대한 설명으로 옳은 것은?**

2022 감사직

① 고객중심 경영, 지속적 개선, 생산라인 직원의 총체적 참여는 성공적 실행에 충분한 요건이다.

② 방해 요인은 품질개선에 대한 불명확성, 단기적 재무성과의 강조, 경영자의 리더십 부족 등이다.

③ 개선에 필요한 권한을 종업원에게 부여하면 훈련이 부족하여 지속적인 개선을 제대로 수행할 수 없다.

④ 단순 기법이나 프로그램의 집합이므로 조직문화의 변화가 필수적이지 않다.

해설

TQM은 조직 전체 차원에서의 품질경영개념으로 고객 지향적, 시스템 중심, 경영전략적 차원, 총체적 품질향상, 장기적인 품질관리활동, 바람직한 기업문화창출 등이다.

답 ②

005 □□□ **베버(M. Weber)는 규모가 커짐에 따라 발전된 합리적인 조직구조를 (　　)(이)라 명명하였다. 다음 중 괄호에 적절한 말은?**

기출복원

① 관료제

② 사업부제

③ 매트릭스 조직

④ 프로젝트 조직

⑤ 네트워크 조직

해설

막스 베버(M. Weber)는 관료제(bureaucracy) 조직을 주장하였다.

답 ①

006 □□□ **다음 중 조직의 경영관리과정에 관한 설명으로 옳지 않은 것은?**

2019 군무원 9급

① 계획 – 조직 – 지휘 – 조정 – 통제의 순서로 이루어진다.

② 조직화는 수행업무와 수행방법 및 담당자(리더)를 정하는 것이다.

③ 지휘는 갈등을 해결하고 업무 수행을 감독하는 역할을 한다.

④ 계획은 목표와 전략 수립을 하면서 조정을 한다.

해설

지휘는 목표달성에 공헌하도록 영향력을 미치는 것으로, 구성원들을 통솔하는 역할을 말한다. 업무 수행을 감독하는 역할은 통제에 해당된다.

답 ③

007 **다음 중 포터(M. Porter)의 본원적 경쟁전략(generic competition strategy)과 가장 거리가 먼 것은?** 2023 군무원 9급

① 집중화전략
② 차별화전략
③ 현지화전략
④ 원가우위전략

해설

▶ 선지분석

포터의 본원적 경쟁전략은 ①, ②, ④이다.

답 ③

008 **다음 중 자원기반관점(resource – based view)에 대한 설명으로 가장 옳지 않은 것은?** 2022 군무원 5급

① 기업의 지속적 경쟁우위를 가능하게 하는 것은 기업의 외부자원이며, 이러한 외부자원은 시간에 걸쳐 기업 외부에서 형성되는 것으로, 차별적이고 독특하며, 다른 기업으로 완전 이동이 불가능하다.
② 모방 불가능성은 특정 자원을 보유하고 있지 않은 기업이 가치 있는 자원을 획득하거나 개발하고자 할 때 얼마나 더 많은 비용을 감내해야 하는가에 의해 결정된다.
③ 희소성은 얼마나 많은 경쟁 기업이 자사의 자원과 능력을 보유하고 있는가에 의해서 결정된다.
④ 지속적 경쟁우위의 원천인 기업 특유의 자원은 가치가 있고, 희소성 있고, 모방할 수 없고, 조직화할 수 있는 자원을 의미한다.

해설

자원기반관점(resource – based view)이란, 차별적이고 독특하며, 다른 기업으로 완전 이동 또는 모방이 불가능한 내부자원을 가리킨다.

답 ①

009 □□□ **다음 중 기업이 제품과 서비스를 생산하기 위하여 사용하는 구체적인 활동이나 방법을 규제하는 통제의 유형은?** 2020 경영지도사

① 운영적 통제 ② 전략적 통제 ③ 전술적 통제
④ 관료적 통제 ⑤ 시장 통제

해설

기업의 운영적 통제(operational control)는 기업이 목표를 달성하기 위해 일상적으로 반복하는 절차에 대한 통제로, 제품과 서비스를 생산하기 위하여 사용하는 구체적인 활동이나 방법을 규제하는 것을 말한다.

답 ①

010 □□□ **다음 중 포터(M. Porter)의 가치사슬(Value Chain)과 관계가 없는 것은?** 기출복원

① 경쟁우위는 기업이 소비자를 위해 창출하는 가치에서 발생한다.
② 인적자원관리, 판매 및 마케팅은 지원활동에 포함된다.
③ 이윤은 제품이나 서비스의 생산, 판매 등에 소요된 비용과 소비자가 지불한 대가의 차이를 말한다.
④ 기업의 활동을 가치 활동과 이윤으로 구분하고, 가치 활동은 다시 본원적 활동과 지원활동으로 나뉜다.

해설

판매 및 마케팅 활동은 본원적 활동(기간활동; primary activities)에 해당된다.

답 ②

011 □□□ **다음 중 회사의 설립 및 운영에 관한 설명으로 옳지 않은 것은?** 기출복원

① 합자회사는 무한책임사원과 유한책임사원의 두 종류의 사원에 의해 이원적으로 구성된다.
② 합명회사는 2인 이상의 출자자 상호 간의 신뢰관계를 중심으로 인적통합관계가 강한 것이 특징이며, 각 사원이 회사 채무에 대해 연대무한책임을 진다.
③ 주식회사는 출자자인 주주의 유한책임제도와 자본의 증권화 제도의 특징을 지닌다.
④ 주식회사의 이사회는 법령 또는 정관에 의해 주주총회의 권한으로 되어 있는 것을 제외하고는 회사 업무집행에 관한 일체의 권한을 위임받은 수탁기관으로서 이사와 감사의 선임 및 해임권, 정관의 변경, 신주발행 결정 등의 권한이 있다.
⑤ 주식회사의 주주총회는 회사 기본조직과 경영에 관한 중요사항에 대하여 주주들의 총의를 표시·결정하는 최고 상설 필수기관이다.

해설

주식회사의 3대 주요 기구는 주주총회(최고의결기관), 감사, 이사가 있으며, 이사회는 회사의 업무집행에 관한 의사를 결정하기 위한 기구이다. 이사·감사의 선임이나 해임권한 및 정관의 변경 등은 주주총회에서 결정한다.

답 ④

012 **다음 중 경영전략에 대한 설명으로 바르지 않은 것은?** 기출복원

① 경영전략의 요소는 발상의 전환, 경쟁우위, 전략적 리더십, 거시적인 안목 등이 있다.
② 기업의 성장전략과 안정전략은 기능전략에 포함된다.
③ 환경분석은 외부환경 분석과 내부환경 분석으로 구분하고, 전략의 수준별로 기업전략, 사업부전략, 기능전략으로 구분할 수 있다.
④ 전략은 조직 전체의 의사결정이나 실행 및 통제에 일관성을 높여준다.

해설

기업의 성장전략과 안정전략은 최상위 전략인 기업전략에 포함된다.

답 ②

013 **다음 중 균형성과표(BSC)의 4가지 관점에 해당하지 않는 것은?** 2022 군무원 9급

① 학습과 성장 관점
② 내부 비즈니스 프로세스 관점
③ 경쟁자 관점
④ 재무적 관점

해설

▶ 선지분석

균형성과표(BSC)의 4가지 관점은 ①, ②, ④와 고객 관점이다.

답 ③

014 **다음 기업의 계열화 형태 중 부산물을 가공하거나 혹은 보조적 서비스를 행하는 기업을 계열화하는 형태는?** 기출복원

① 수직적 계열화
② 수평적 계열화
③ 사행적 계열화
④ 분기적 계열화
⑤ 카르텔

해설

▶ 선지분석

① 수직적 계열화는 서로 다른 생산단계의 계열화, ② 수평적 계열화는 동일한 생산단계의 계열화, ④ 분기적 계열화는 자사와 같은 공정과 원료에서 분기되는 이종 제품공정의 계열화, ⑤ 카르텔은 동종의 기업들의 협정에 의한 기업연합이다.

답 ③

015 **다음 경영의 지도원리 중 수익성에 대한 설명으로 옳은 것은?** 기출복원

① 기업성장의 원동력으로 작용한다.

② 자연계의 열효율의 개념을 경제적 현상에 적용한 개념이다.

③ 버나드(Barnard)가 제시한 개념이다.

④ 투입물에 대한 산출물의 비율을 나타낸다.

⑤ 개인과 조직은 목표를 동시에 달성할 수 있어야 한다.

해설

경영의 지도(기본)원리 중 수익성은 기업성장의 원동력 및 기업의 자본과 이윤(이익, 수익)의 관계를 가리킨다.

답 ①

016 **다음 중 최종소비자의 수요변동 정보가 전달되는 과정에서 지연이나 왜곡현상이 발생하여 재고부족 또는 과잉 문제가 발생하고 공급사슬 상류로 갈수록 수요변동이 증폭되는 현상은?** 2023 공인노무사

① 채찍효과 ② 포지셔닝 효과

③ 리스크 풀링 효과 ④ 크로스 도킹 효과

⑤ 레버리지 효과

해설

①은 실제 최종소비자의 수요변동 폭은 크지 않으나 공급망을 거슬러 올라갈수록 수요변동 폭이 커지는 현상(정보의 왜곡현상)을 말한다.

답 ①

017 다음 중 사업부전략에 대한 설명으로 가장 적절하지 않은 것은? 기출복원

① 집중화전략은 특정 시장이나 특정 소비자집단을 집중적으로 공략하는 것으로, 전문성을 확보할 수 있으나 위험(risk)이 크다.

② 일반적으로 도입기에는 집중화전략(마케팅)이 유리하고, 차별화전략을 실행하면 가격을 높게 책정할 수 있다.

③ 제품수명주기가 짧을수록 제품중심배치가 적합하다.

④ 차별전략은 일반적으로 R&D 기능이나 마케팅 기능에서 우위에 있는 기업이 적합하다.

해설

제품수명주기(PLC)가 짧다는 것은 시장에서 장기간 판매가 어렵다는 것으로, 제품중심배치보다는 공정중심배치가 적합하다.

답 ③

018 다음 중 경영전략에 대한 설명으로 가장 바른 것은? 기출복원

① 전통적인 경영전략에서의 경쟁우위의 기초는 주로 비용에서의 우위를 강조하였다.

② 포터(Porter)의 산업구조분석은 특정 기업의 거시환경에서의 중요한 요인들을 이해하고자 하였다.

③ SWOT 분석 중 기회와 내부의 약점의 상황에서는 내부개발을 모색하여야 한다.

④ 다이나믹 산업분석 모델에서 한 산업을 구성하는 중요한 요인은 제품이나 서비스, 고객, 시간이다.

해설

▶ 선지분석

② 과업환경에서 중요한 요인을 이해한다.

③ WO 상황은 턴어라운드전략으로 조인트벤처나 외부기술도입을 모색하여야 한다.

④ 다이나믹 산업분석 모델은 제품이나 서비스, 고객, 기술 등의 요인으로 구성된다.

답 ①

019 □□□ **다국적 기업이 선택할 수 있는 네 가지 전략을 평가하는 통합 – 적응모형(Integration – Responsiveness framework)에 대한 설명으로 옳지 않은 것은?** 2020 감사직

① 글로벌-표준화전략(global-standardization strategy)은 높은 수준의 비용절감 압박과 낮은 수준의 현지적응 압박이 결합하여 나온 것이다.

② 국제적 전략(international strategy)은 상대적으로 규모가 큰 내수시장이 있고, 강력한 명성과 브랜드를 보유한 다국적 기업들이 주로 사용한다.

③ 다국적 전략(multi-domestic strategy)을 추구하는 다국적 기업들은 현지적응을 최대화하려고 시도한다.

④ 초국가적 전략(transnational strategy)을 추구하는 다국적 기업이 창출하는 가치 대부분이 현지국에서 창출되기 때문에 환위험(foreign exchange risk)에 적게 노출된다.

해설

초국가적 전략은 현지에서의 경영활동으로 인한 현지국의 가치창출이므로, 환위험이 증가한다.

답 ④

020 □□□ **다음은 기업이 세계화를 추진하는 과정에서 취할 수 있는 다양한 방법들이다. 이 중에서 경영관리를 위한 이슈나 의사결정이 가장 많이 발생하는 것은?** 2021 군무원 9급

① 글로벌 소싱(global sourcing)

② 전략적 제휴(strategic alliance)

③ 해외 자회사(foreign subsidiary)

④ 프랜차이즈(franchise)

해설

해외 자회사(foreign subsidiary)의 목표달성을 위해서 본사는 전략적인 경영관리가 중요하다.

▶ 선지분석

① 글로벌 소싱(global sourcing)은 국외에서 부품이나 제품을 조달하는 것이다.

② 전략적 제휴(strategic alliance)는 자사의 약점을 보완하기 위해 단기간에 2개 이상의 기업이 협력하는 것이다.

④ 프랜차이즈(franchise)는 본부가 직·간접적으로 가맹점의 경영에 참여하는 방식이다.

답 ③

021 다음 중 경영통제에 관한 설명으로 옳지 않은 것은? 2023 경영지도사

① 경영의 계획 · 조직 · 지휘 활동과 더불어 순환적으로 수행되어야 할 기본적인 기능이다.

② 경영통제시스템은 조직의 목표 달성을 위해 사전에 설정된 표준에 조직의 성과를 일치시키고자 하는 것이다.

③ 신제품 개발 시 시장의 수요를 예측하고 생산일정계획을 수립하는 것은 동시통제시스템에 해당한다.

④ 기업의 자산이 효율적으로 관리되고 있는지를 확인하는 것은 재무통제에 해당한다.

⑤ 재무통제는 최고경영층이 주로 사용하는데 비해, 예산통제는 중간경영층이 많이 사용하는 통제기법이다.

해설

예산통제는 기업의 목표이익 달성을 위해 장래 일정 기간에 걸친 예산을 편성하고, 이를 바탕으로 경영 활동을 종합적으로 통제하는 경영관리의 수단으로 주로 최고경영층에 의해 수립되며, 재무통제는 최고경영층뿐만 아니라 중간경영층에 의해서도 수립된다.

답 ⑤

022 다음 중 MBO(목표에 의한 관리)에 관한 설명으로 바르지 않은 것은? 기출복원

① 목표의 질보다는 양이 중시되고, 주로 단기목표를 강조하며 비탄력적인 위험성이 있다.

② 상급자와 하급자가 공동으로 단기의 목표를 설정하여 궁극적인 목표의 채택권한은 상급자에게 있다.

③ 종업원의 동기부여가 재고되며, 구성원 간에 의사소통이 원활화된다.

④ 피터 드러커(P. Drucker)가 계획 수립 시 적용하였고, 맥그리거(McGregor)가 업적 평가 시에 사용하였다.

⑤ 공동목표설정 – 중간피드백 – 기말평가의 과정을 거치며, 목표에 의한 성과의 개념이 명확하지 않을 경우 계량화한 목표설정이 어려울 수 있다.

해설

목표에 의한 관리(MBO)의 궁극적인 목표의 채택권한은 하급자의 적극적인 참여에 의해 결정된다.

답 ②

023 □□□ **다음 중 공급사슬관리의 개념과 내용에 대한 설명으로 가장 옳지 않은 항목은?**

2022 군무원 7급

① 공급사슬관리는 기업 내 변환과정과 유통망을 거쳐 최종 고객에 이르기까지 자재, 서비스 및 정보의 흐름을 전체 시스템에서 설계하고 관리하는 것이다.
② 채찍효과란, 최종 소비자의 수요 변동에 따라 공급사슬의 상류에 있는 주체로 갈수록 하류에 있는 주체로부터 주문을 받는 양의 변동성이 더 커지는 현상을 말한다.
③ 공급사슬의 성과는 총공급사슬원가, 정시납품비율, 재고충족률 등 원가, 품질, 납품, 유연성 및 시간의 측면에서 측정할 수 있다.
④ 공급사슬의 주체들 간 상호작용을 감소시킴으로써 어느 한 주체의 의사결정이 나머지 다른 주체에 영향을 미치지 않는다.

해설

공급사슬관리(SCM)는 각 공급사슬의 주체들 간 상호작용을 증가시킴으로써 채찍효과를 보완 또는 감소시킨다.

답 ④

024 □□□ **다음 중 글로벌경영의 필요성에 대한 설명으로 가장 옳지 않은 것은?** 2022 군무원 9급

① 해외시장 확보를 통한 매출액 증대
② 지리적 다변화를 통한 위험집중
③ 국내 규제의 회피
④ 해외조달을 통한 투입요소 비용의 절감

해설

글로벌경영은 지리적 다변화로서 위험을 분산시킬 수 있다.

답 ②

025 □□□ **다음 합명회사에 대한 설명으로 옳은 것을 모두 고른 것은?** 2023 군무원 5급

ㄱ. 출자에 있어서는 물적 재산, 인적 신용, 노무 등이 모두 가능하다.
ㄴ. 합명회사는 합자회사에 비해 자본조달이 용이하다.
ㄷ. 합명회사는 무한책임사원과 유한책임사원으로 구성된다.
ㄹ. 합명회사는 대자본을 필요로 하는 회사에는 부적당하다.

① ㄱ, ㄷ ② ㄱ, ㄹ
③ ㄴ, ㄷ ④ ㄷ, ㄹ

해설

합자회사는 유한책임사원(출자담당)이 존재하므로 자본조달이 합명회사보다 용이하다.

답 ②

PART 2

마케팅

제8회 | 마케팅(1)

001 □□□ **다음 중 가격전략에 관한 설명으로 옳지 않은 것은?** 2023 경영지도사

① 기업의 마케팅 목표 및 마케팅 믹스와의 조화를 고려하여 수립할 필요성이 있다.
② 수요의 가격탄력성이 높지 않을 경우 상대적 고가전략이 필요하다.
③ 시장침투 가격전략은 신제품 출시 초기에 높은 가격을 책정하고 추후 점차적으로 가격을 인하하여 시장점유율을 확대하고자 하는 전략이다.
④ 진입장벽이 높아 경쟁자의 시장 진입이 어려운 경우 스키밍가격 전략이 적합하다.
⑤ 소비자들의 본원적 수요를 자극하고자 하는 경우 상대적 저가전략이 적합하다.

해설

시장침투 가격전략은 저가전략이다.

답 ③

002 □□□ **다음 중 브랜딩 전략에 대한 설명으로 가장 옳지 않은 것은?** 2022 군무원 5급

① 브랜드확장(brand extension)은 다양한 제품계열에 동일한 브랜드명을 사용하는 전략이지만, 소비자의 인식에 부정적인 영향을 주는 경우도 발생한다.
② 공동 브랜딩(co-branding)은 동일한 포장이나 프로모션에 두 개 이상의 브랜드를 공동으로 표기하는 방법으로, 자사의 브랜드와 고품질 브랜드의 연결을 통해 품질에 대한 고객의 인식을 강화할 수 있다.
③ 브랜드 라이센싱(brand licensing)은 두 기업의 계약으로 한 기업이 다른 기업에게 수수료를 받는 대신에 자사의 브랜드명, 로고, 도식, 속성을 사용하도록 허가하는 것이다.
④ 리브랜딩(rebranding)은 브랜드의 역점을 새로운 목표시장에 맞게 변화시키거나, 변화하는 시장선호에 대응하여 브랜드 핵심 주안점을 재정비하는 전략으로, 오래된 브랜드에 활력을 제공하는 비용과 위험성이 낮은 방법이다.

해설

리브랜딩(rebranding)은 변화하는 환경에 맞춰 새롭고 차별화된 정체성을 개발할 의도로 새로운 로고, 디자인, 신 소비 창출 등을 마케팅전략을 의미한다. 그러므로 위험성이나 비용은 증가할 수 있다.

답 ④

003 다음 중 전략집단(strategic group)을 의미하는 것은? 2021 경영지도사

① 제품단위의 비용우위전략이다.
② BCG모델의 cash cow에 해당한다.
③ 수명주기의 단계이다.
④ 가치사슬(value chain)의 유형이다.
⑤ 산업 내 유사한 전략을 채택한 기업군이다.

해설

전략집단이란, 특정 산업 기업들 가운데 전략적인 차원에서 동일하거나 유사한 전략을 추구하는 기업군을 총칭한다. 대부분의 기업들은 이러한 집단에서 자신들의 경쟁적인 입지를 향상하고자 한다.

답 ⑤

004 다음 중 시장점유율을 낮춤으로써 높은 단기수익과 현금흐름을 성취하기 위한 전략은? 기출복원

① 구축전략　② 유지전략
③ 철수전략　④ 계열화전략

해설

철수전략은 자금흐름의 증가(유동성 확보)를 위하여 새로운 투자를 줄이거나 광고비를 낮춤으로써 시장점유율을 의도적으로 줄여 나가는 전략이다.

답 ③

005 다음 중 수직적 통합에 대한 설명으로 바르지 않은 것은? 기출복원

① 수직적 통합은 낙후된 시설이나 기술 등을 고수하는 문제점이 있다.
② 유통기능을 내부화하면 비능률이나 시장 환경의 변화에 신축적이지 못하다.
③ 전방통합이란, 가치사슬에서 현 사업의 뒤의 단계 사업부를 통합하는 것이다.
④ 후방통합이란, 가치사슬에서 현 사업의 앞의 단계 사업부를 통합하는 것이다.
⑤ 후방통합을 실행하는 경우에는 시장에서 다양한 비용의 절감효과가 없다.

해설

후방통합을 할 경우 다양한 시장비용(앞 단계 사업부의 이윤을 제거)을 절감할 수 있다.

답 ⑤

006 □□□ **다음 중 STP 전략에 대한 설명으로 가장 옳지 않은 것은?** 2021 군무원 7급

① 시장세분화(marketing segmentation)란, 전체시장을 일정한 기준에 의해 동질적인 세분시장으로 구분하는 과정이다.

② 지리적, 인구 통계학적, 심리 특정적, 구매 행동적으로 상이한 고객들로 구분하여 시장을 세분화한다.

③ 시장위치 선정이란, 각 세분시장의 매력성을 평가하고 여러 세분시장 가운데서 기업이 진출하고자 하는 하나 또는 그 이상의 세분시장을 선정하는 과정이다.

④ 제품의 구매나 사용이 사회적 관계 속에서 갖는 상징적 의미를 강조하는 경우에 가장 적절한 포지셔닝은 제품사용자에 의한 포지셔닝이다.

해설

③은 표적시장 선정(targeting)에 대한 설명이다.

답 ③

007 □□□ **다음 중 마케팅믹스 4P와 로터본(Lauterborn)의 4C의 대응관계로 옳지 않은 것은?** 2021 가맹거래사

① 4P: 기업 관점, 4C: 소비자 관점

② 4P: 제품, 4C: 소비자 문제해결

③ 4P: 가격, 4C: 소비자 비용

④ 4P: 유통, 4C: 유통의 편리성

⑤ 4P: 촉진, 4C: 제품 접근성

해설

⑤는 4P: 촉진, 4C: 상호 의사소통이다.

답 ⑤

008 **다음 중 시장세분화에 관한 설명으로 옳은 것은?** 기출복원

① 인구통계학적 세분화는 나이, 성별, 가족규모, 소득, 직업, 종교, 교육수준 등을 바탕으로 시장을 나누는 것이다.

② 사회심리적 세분화는 추구하는 편익, 사용량, 상표애호도, 사용여부 등을 바탕으로 시장을 나누는 것이다.

③ 시장표적화는 시장 내에서 우월한 위치를 차지하도록 고객을 위한 제품과 서비스 및 마케팅믹스를 개발하는 것이다.

④ 시장포지셔닝은 세분화된 시장의 좋은 점을 분석한 후 진입할 세분시장을 선택하는 것이다.

⑤ 행동적 세분화는 구매자의 사회적 위치, 생활습관, 개인성격 등을 바탕으로 시장을 나누는 것이다.

해설

▶ 선지분석

②는 행동적 세분화 기준변수, ③은 포지셔닝, ④는 표적시장, ⑤는 사회심리적 세분화 기준변수에 해당한다.

답 ①

009 **기업 경영에서 마케팅의 개념(marketing concept)의 변환과정(변화)을 순서대로 나열한 것은?** 2023 군무원 9급 · 공인노무사

① 제품지향개념 → 판매지향개념 → 마케팅지향개념 → 사회지향개념 → 생산지향개념

② 생산지향개념 → 제품지향개념 → 판매지향개념 → 마케팅지향개념 → 사회지향개념

③ 마케팅지향개념 → 사회지향개념 → 생산지향개념 → 제품지향개념 → 판매지향개념

④ 생산지향개념 → 제품지향개념 → 판매지향개념 → 사회지향개념 → 마케팅지향개념

해설

종전의 마케팅개념은 이윤추구(생산지향, 제품지향, 판매지향적)의 개념이며, 새로운(현대적) 마케팅개념은 시장의 구매자 중심[마케팅지향과 사회복지(책임)지향]에 중점을 두고 있다.

답 ②

010 □□□ **다음 중 마케팅의 본질과 환경에 대한 설명으로 바르지 못한 것은?** 기출복원

① 전사적 마케팅은 소비자 지향을 전제로 모든 기업 활동을 소비자만족 중심으로 활동·통합하는 것을 말한다.

② 터보마케팅은 시간의 중요성을 강조한 것으로, 경쟁자보다 빠르고 효율적인 관리를 통해 경쟁우위를 확보하려는 전략을 말한다.

③ 내부마케팅은 종업원에 대한 교육훈련을 통해 구성원들에게 동기부여를 하는 것을 말한다.

④ 고압적 마케팅은 소비자의 욕구와 무관하게 기업의 입장에서 생산 가능한 제품을 생산한 후 강압적으로 제품이나 서비스를 판매하는 것으로, 선행적 마케팅에 초점을 둔 것을 말한다.

⑤ 욕구란 인간 내부에서 자연적으로 발생하는 인간형성의 기본적인 것으로, 마케팅의 가장 기본적인 개념이다.

해설

고압적 마케팅은 후행적 마케팅 또는 선형마케팅이라고도 한다.

답 ④

011 □□□ **다음 중 브랜드(brand)의 구성요소를 모두 고른 것은?** 2021 공인노무사

ㄱ. 징글(jingle)	ㄴ. 캐릭터(character)
ㄷ. 슬로건(slogan)	ㄹ. 심볼(symbol)

① ㄱ, ㄴ ② ㄷ, ㄹ

③ ㄱ, ㄴ, ㄷ ④ ㄴ, ㄷ, ㄹ

⑤ ㄱ, ㄴ, ㄷ, ㄹ

해설

브랜드의 구성요소(파워 브랜드 조건)는 ㄱ. 징글, ㄴ. 캐릭터, ㄷ. 슬로건, ㄹ. 심볼과 로고, 색상, 브랜드 네임 등이다.

답 ⑤

012 다음 중 제품수명주기 사이클에서 성숙기의 특성에 대한 설명으로 옳지 않은 것은?

기출복원

① 매출이 점차적으로 증가한다.
② 광고 지출이 많아진다.
③ 연구개발비 지출이 증가한다.
④ 경쟁기업은 제품가격을 인하한다.

해설

제품수명주기(PLC)의 성숙기에는 매출이 점차 감소한다. 매출액이 점차적으로 증가하는 시기는 도입기이다.

답 ①

013 다음 중 소비자에게 제품의 가격이 낮게 책정되었다는 인식을 심어주기 위해 이용되는 가격설정방법은?

2021 가맹거래사

① 단수가격(odd pricing)
② 준거가격(reference pricing)
③ 명성가격(prestige pricing)
④ 관습가격(customary pricing)
⑤ 기점가격(basing pricing)

해설

단수가격이란, 소비자가 절대가격(10,000원)보다는 싸다는 느낌을 갖게끔 단수(9,900원)를 사용하여 고객의 수용도를 높이는 가격설정방법이다.

답 ①

014 다음 중 각 상황에 대한 마케팅전략에 대한 설명으로 바르지 못한 것은?

기출복원

① 동시화 마케팅 – 수요가 시기적으로 계절성을 띠고 있어서 현재의 공급시기와 격차가 심한 상황일 때
② 전환적 마케팅 – 잠재적 시장의 고객의 대부분이 구매를 꺼리는 상황일 때
③ 소멸적 마케팅 – 수요가 공급을 초과하는 상황일 때
④ 유지 마케팅 – 수요와 공급의 크기가 일치하는 상황일 때
⑤ 디마케팅 – 시장에 출시된 제품이나 서비스가 부족한 상황일 때

해설

대항적 마케팅전략은 불건전한 수요상황일 때 적합한 전략이다.

▶ 선지분석

①은 불규칙 수요, ②는 부정적 수요, ④는 완전수요, ⑤는 초과수요의 상황에 대한 설명이다.

답 ③

015 □□□

다음 중 인터넷마케팅에 대한 설명으로 바르지 않은 것은? 기출복원

① 소비자의 교체(전환)비용이 낮다.

② 소비자의 가격에 대한 민감도가 낮다.

③ 구전효과가 크며 습관적으로 자주 찾는 사이트에 접속한다.

④ 실시간 쌍방향 커뮤니케이션으로 시간과 공간의 제약이 없다.

⑤ 정보유출이나 보안에 주의해야 하며, 수확체증의 법칙이 지배한다.

해설

인터넷마케팅은 클릭 한번으로 제품 간의 비교가 쉽기 때문에 가격에 민감하다.

답 ②

016 □□□

다음 중 기업의 유통경로에 대한 설명으로 옳은 것은? 2021 감사직

① 중간상의 수는 선택적 유통경로보다 전속적 유통경로에서 더 많다.

② 편의품은 집약적 유통경로보다 전속적 유통경로에서 더 적합하다.

③ 제조업체는 집약적 유통경로보다 선택적 유통경로에서 더 높은 통제력을 가질 수 있다.

④ 전속적 유통경로에서 중간상은 경쟁제품을 취급하는 대신 다른 유통경로와 비교하여 낮은 마진을 갖는다.

해설

▶ 선지분석

① 중간상의 수는 집약적 유통경로 > 선택적 유통경로 > 전속적 유통경로의 순이다.

② 편의품은 집약(개방)적 유통경로가 적합하다.

④ 전속적 유통경로에서는 특정 회사의 특정 제품만 취급(독점)해야 한다.

답 ③

017 다음 중 서비스 마케팅에 대한 설명으로 옳지 않은 것은? 기출복원

① 서비스는 누가, 언제, 어디서, 누구에게 제공하느냐에 따라 품질이 달라질 수 있다.
② 제품과 다른 서비스의 특성으로 무형성, 분리성, 변동성, 소멸성 등을 들 수 있다.
③ 서비스 마케팅 믹스에는 전통적인 마케팅 믹스 4P's 이외에 물리적 증거, 사람 및 프로세스가 포함된다.
④ 고객은 지각된 서비스가 기대된 서비스에 미치지 못할 경우 불만족하게 된다.

해설

서비스 마케팅의 특성에는 비분리성이 포함된다.

답 ②

018 다음 중 고객특성 차원에서 인구통계학적 세분화 기준이 아닌 것은? 2023 가맹거래사

① 성별
② 나이
③ 교육수준
④ 가족규모
⑤ 라이프 스타일

해설

⑤는 사회(심리)적 세분화 기준이다.

답 ⑤

019 다음 중 감성적 메시지 소구 광고에 해당하는 것은? 2022 감사직

① 제품 구매를 통해 얻게 되는 물리적 혜택을 강조하는 광고
② '아이의 흉터는 엄마 가슴에 새겨진대요'의 카피로 소구하는 유아용 밴드 제품 광고
③ 공정무역을 기치로 생산자와 직접 연계하여 유통마진을 낮췄다는 '착한 농산물' 광고
④ 우리의 헌혈이 이웃에게 도움을 줄 수 있다는 대의명분에 호소하는 광고

해설

감성적 메시지 소구란, 소비자의 감성적인 요소를 자극하여 제품이나 서비스에 긍정적인 감정을 유발하는 전략으로 ②가 해당된다.

▶ 선지분석

①은 이성적 소구, ③과 ④는 도덕적 소구이다.

답 ②

020 □□□ **소비자들로 하여금 온라인을 통해 다른 사람에게 오디오, 비디오, 문서로 된 정보 또는 기업이 개발한 제품이나 서비스를 전달하도록 고무시키는 방법은?** 기출복원

① 소문 마케팅(buzz marketing)
② PPL(product placement) 광고
③ 팟캐스팅(podcasting)
④ 바이럴 마케팅(viral marketing)
⑤ 홍보(publicity)

해설

온라인을 통해 다른 사람에게 정보, 제품이나 서비스를 전달하도록 하는 것은 바이럴 마케팅이다.

▶ 선지분석

③ 팟캐스팅은 사용자들이 인터넷을 통해 새로운 방송을 자동으로 구독할 수 있게 하는 미디어로서, 아이팟(iPod)과 방송(broadcast)의 합성어이다. 또한, 인터넷을 통해 영화나 드라마 등 각종 콘텐츠를 제공받을 수 있는 서비스이다.

답 ④

021 □□□ **다음은 코틀러(P. Kotler)가 '제품'을 정의한 것이다. (   ) 안에 들어갈 적당한 단어를 순서대로 나열한 것은?** 기출복원

> 제품은 3가지 차원으로 구성되어 있다.
> 첫째, (㉠)이란 소비자가 그 제품으로 원하는 편익을 말한다.
> 둘째, (㉡)은 소비자가 제품으로부터 추구하는 편익을 구체적인 물리적 속성들의 집합으로 유형화시킨 것이다.
> 셋째, (㉢)이란 (㉡)에다 친절한 판매서비스, 품질보증기간, 기업의 브랜드, 점원의 태도 등의 속성 등이 부가된 것을 말한다.

	㉠	㉡	㉢
①	확장제품 (Augmented Products)	유형제품 (Tangible Products)	핵심제품 (Core Products)
②	핵심제품 (Core Products)	확장제품 (Augmented Products)	유형제품 (Tangible Products)
③	확장제품 (Augmented Products)	핵심제품 (Core Products)	유형제품 (Tangible Products)
④	핵심제품 (Core Products)	유형제품 (Tangible Products)	확장제품 (Augmented Products)

해설

㉠ 핵심제품, ㉡ 유형(실체)제품, ㉢ 확장(증폭)제품의 순이다.

답 ④

022 □□□ **다음 중 제품수명주기(PLC)상 동일 단계의 특성에 해당하는 것만을 모두 고르면?**

2022 감사직

ㄱ. 다양한 고객 니즈를 충족시키고 경쟁에 대처하기 위해 제품의 차별화를 시도하며, 제품의 기능 및 품질향상을 모색한다.
ㄴ. 가속적인 구매확산과 대량생산을 통한 가격인하의 연쇄관계가 형성됨에 따라 전체시장의 규모가 급속히 확대되는 경향이 있다.
ㄷ. 기존제품으로 새로운 소비자 수요를 유도하거나 기존제품의 품질향상 및 신규 브랜드를 개발하는 마케팅 전략을 구사한다.
ㄹ. 제품을 취급하려는 유통업자의 수가 증가하고 매출액이 신장되며, 이 시기 후반기에는 소비자의 선택적 수요를 자극하기 위한 촉진비용이 많이 소요되어 이익률이 감소하는 경향이 있다.

① ㄱ, ㄴ　② ㄷ, ㄹ
③ ㄱ, ㄴ, ㄹ　④ ㄴ, ㄷ, ㄹ

해설

ㄱ, ㄴ, ㄹ은 성장기, ㄷ은 성숙기의 설명이다.

답 ③

023 □□□ **다음 중 체리 피커(Cherry Picker)에 대한 설명으로 바르지 않은 것은?**

기출복원

① 유통업계의 이벤트 피커와 같은 의미이다.
② 체리 피커에 대응하기 위해 귀족마케팅전략을 펼치고 있다.
③ 케익이나 다른 과일을 먹지 않고 달콤한 체리만 골라먹는 사람이라는 의미이다.
④ 기업입장에서는 얌체소비자이고, 소비자입장에서는 현명한 소비자이다.

해설

체리 피커에 대응하기 위해 고객의 구매의도를 줄여 브랜드가치를 높이는 디마케팅전략을 펼친다.

▶ 선지분석

① 이벤트 피커(이벤트 + 체리 피커)란, 유통가 할인 행사를 찾아 파격가 상품을 발빠르게 '사냥(구매)'하는 것으로, 소비자들이 유통업체의 할인 이벤트를 용케 골라 이용하는 것을 의미한다.

답 ②

024 □□□ **소비자가 특정 제품에 대해 가지는 중요성에 대한 관여도(involvement)의 설명으로 가장 옳지 않은 것은?**

2021 군무원 7급

① 저관여 제품의 구매 소비자는 불만족한 경우 다른 상표를 구매하는 다양성 추구를 경향을 보이며, 구매 시 판매촉진에 많은 영향을 받는다.

② 고관여 제품의 구매 소비자는 다양한 정보를 이용해 능동적으로 제품 및 상표정보를 탐색하고 정보처리과정을 철저하게 수행하는 동기수준이 높게 나타난다.

③ 고관여 제품의 구매 소비자는 구매 후 인지부조화가 자주 일어나며, 비교쇼핑을 선호해 구매 후 자신의 구매에 대해 인정받고 싶어한다.

④ 제품에 대한 소비자의 관여도가 높은 경우에는 소비자가 광고에 노출되었을 때 형성된 광고에 대한 태도가 광고 대상인 제품에 대한 소비자의 태도에 영향을 미치게 되어 광고를 좋아하는지 싫어하는지의 여부가 제품에 대한 태도형성에 큰 영향을 미친다.

해설

④는 관여도가 낮은 경우에 대한 소비자의 태도 특성이다.

답 ④

025 □□□ **다음 소비자 구매행동에 영향을 미치는 요인 중 내적동기 요인과 가장 관련이 없는 것은?**

2021 군무원 9급

① 소비자의 태도

② 가족

③ 학력

④ 나이

해설

내적동기 요인은 개인의 심리적 요인에 관련된 것이며, 가족은 준거집단에 의한 영향요인이다.

답 ②

제9회 | 마케팅(2)

001 **다음 BCG매트릭스의 4가지 영역 중, 시장성장률이 높은(고성장) 영역과 상대적 시장점유율이 높은(고점유) 영역이 옳게 짝지어진 것은?** 2023 공인노무사

ㄱ. 현금젖소(cash cow)	ㄴ. 별(star)
ㄷ. 물음표(question mark)	ㄹ. 개(dog)

	고성장	고점유		고성장	고점유
①	ㄱ, ㄴ	ㄴ, ㄷ	②	ㄱ, ㄴ	ㄴ, ㄹ
③	ㄱ, ㄹ	ㄱ, ㄴ	④	ㄴ, ㄷ	ㄱ, ㄴ
⑤	ㄴ, ㄷ	ㄱ, ㄷ			

해설

BCG매트릭스의 4가지 영역 중 고성장 영역은 별사업부와 물음표사업부, 고점유 영역은 별사업부와 현금젖소사업이다.

답 ④

002 **다음 중 소비자의 대안평가 방식 중 비보상적인 방식에 대한 설명으로 옳은 것은?** 2022 감사직

① 분리식(disjunctive rule)은 모든 속성에서 최소한의 수용기준을 설정하고, 그 기준을 만족시키는 대안 중 평가 점수가 가장 높은 대안을 선택하는 방식이다.

② 결합식(conjunctive rule)은 모든 속성에서 수용 가능한 최소 수준을 설정하고, 단 하나의 기준이라도 충족시키지 못하면 제거하는 방식이다.

③ 순차적 제거식(sequential elimination rule)은 모든 속성에서 최소 어느 정도는 되어야 한다는 수용기준을 설정하고, 평가 점수가 낮은 대안부터 제거해 나가는 방식이다.

④ 사전편집식(lexicographic rule)은 복수의 대안이 하나의 기준에서 동등한 평가를 받을 때 사전과 마찬가지로 가나다순으로 대안을 선택하는 것이다.

해설

▶ 선지분석

① 특정한 한두 가지 속성에 최소 기준을 정해놓고 그 기준을 만족시키는 모든 상표를 선택, ③ 특정한 속성에 최소 기준을 정해놓고 그 기준을 만족시키지 못하는 상표를 순차적으로 제거, ④ 가장 중요한 속성을 기준으로 최고로 평가받은 상표를 선택하는 방식이다.

답 ②

003 □□□ **다음 중 관계마케팅에 대한 설명으로 틀린 것은?** 기출복원

① 기존 고객의 유지보다는 신규 고객의 창출을 강조하는 마케팅전략이다.

② 기업과 고객 간의 인간적인 관계에 중점을 두고 서로 윈윈(win-win)하는 마케팅 전략을 말한다.

③ 고객과 지속적으로 대화 및 교류를 하면서 관계를 강화하고 소비자가 원하는 제품을 정확히 파악하여 소비자의 만족도를 높이는 마케팅전략이다.

④ 고객과의 관계지속 및 고객의 충성도를 증진시키기 위해 멤버십카드를 발행 · 사용하기도 한다.

⑤ 관계마케팅은 고객과의 장기적이고 지속적인 거래관계를 유지하면서 신뢰관계를 형성하는 것을 중요시하는 마케팅전략이다.

해설

관계마케팅은 신규 고객 창출보다는 기존 고객과의 관계를 유지하면서 고객의 만족도를 높이는 기법이다.

답 ①

004 □□□ **다음 중 유통경로 갈등(channel conflict)에 대한 설명으로 가장 옳지 않은 것은?** 2022 군무원 5급

① 수평적 갈등은 유통경로 상의 동일한 수준(단계)에 있는 경로 구성원들 간의 갈등을 말한다.

② 유통경로 구성원들 간의 갈등은 유통경로 성과에 긍정적 혹은 부정적 영향을 미칠 수 있으며, 때로는 유통경로 성과에 영향을 주지 않는 경우도 있다.

③ 일반적으로 유통경로 갈등의 발생 원인은 유통경로 구성원 간 목표의 불일치, 현실 인식에서의 차이, 각 경로 구성원이 수행해야 할 영역의 불일치 등이 있다.

④ 유통경로의 갈등은 상위목표가 아닌 거래 쌍방의 개별적 목표를 명확히 설정함으로써 해결할 수 있다.

해설

유통경로의 갈등은 새로운 상위목표를 설정함으로써 해결할 수 있다.

답 ④

005 **다음 중 가격에 대한 설명 중 옳지 않은 것은?** 2023 가맹거래사

① 준거가격은 구매자가 가격이 비싼지 싼지를 판단하는 기준으로 삼는 가격이다.
② 스키밍가격전략은 신상품이 처음 나왔을 때 낮은 가격을 책정하고 이후 시간이 흐름에 따라 가격을 높이는 방식이다.
③ 최저수용가격은 구매자가 의심하지 않고 구매할 수 있는 최저금액이다.
④ 단수가격조정은 끝자리를 미세한 단위(~9)로 정하는 방식이다.
⑤ 유인가격은 일부 제품에 대해 원가와 무관하게 낮은 가격을 제시하는 것이다.

해설

스키밍가격전략은 상층흡수가격전략으로서, 선고가 후저가 방식(초기고가)이다.

답 ②

006 **다음 중 STP(Segmentation, Targeting, Positioning)의 위상정립(Positioning)을 위한 방법과 가장 거리가 먼 것은?** 2023 군무원 7급

① 속성(attribute)에 의한 위상정립
② 편익(benefit)에 의한 위상정립
③ 경쟁자(competitor)에 의한 위상정립
④ 자원(resource)에 의한 위상정립

해설

④는 포지셔닝유형과 무관하다.

답 ④

007 **다음 마케팅조사방법 중 탐색적 조사에 속하는 것은?** 기출복원

① 서베이조사
② 패널조사
③ 시계열조사
④ 전문가의견조사

해설

탐색적 조사방법은 전문가의견조사, 문헌조사, 사례조사, 개인면접, 목표 집단면접 등이 있다.

답 ④

008 □□□ **차별적 마케팅의 일환으로 서로 다른 특성을 지닌 소비자집단을 다양한 기준으로 세분화할 필요가 있다. 그 중 한 가지 기준인 행동적 변수에 해당되지 않는 것은?** 기출복원

① 구매 또는 사용상황
② 소비자가 추구하는 편익
③ 소비자의 라이프스타일
④ 상표충성도
⑤ 제품사용경험

해설

소비자의 라이프스타일은 사회계층, 개성과 함께 사회 · 심리적 분석 세분화 기준변수에 해당된다.

답 ③

009 □□□ **다음 중 서비스의 특성으로 옳지 않은 것은?** 2021 공인노무사 · 가맹거래사

① 무형성
② 비분리성
③ 반응성
④ 소멸성
⑤ 변동성(이질성)

해설

반응성은 서비스의 특성과 무관하다.

답 ③

010 □□□ **자동차 제조회사 경영자는 최근 경영환경 변화에 효과적으로 대응하여 경영성과를 극대화하기 위해 사업확장을 추구하고자 한다. 그는 사업확장 방안으로 전방통합을 추진하고자 하는데, 전방통합의 이점으로 옳지 않은 것은?** 기출복원

① 시장에 대한 통제력 증대를 통해 독점적 지위를 유지할 수 있다.
② 판매 및 분배경로를 통합함으로써 제품의 안정적 판로를 확보할 수 있다.
③ 부품의 자력 공급을 통해 제품차별화 가능성을 높일 수 있다.
④ 적정 생산규모를 유지함으로써 생산비용과 재고비용을 감소시킬 수 있다.

해설

자동차 제조회사의 입장에서 부품의 자력 공급(원재료 공급업자)을 위해서는 후방통합을 해야 한다.

답 ③

011 다음 중 마케팅 기능에 포함되지 않는 것은? 기출복원

① 소유권 이전의 기능
② 조성 기능
③ 물적 유통 기능
④ 새로운 고객의 창출 기능

해설

마케팅 기능에는 미시적 기능과 거시적 기능으로 구분한다. 미시적 기능은 고압적 마케팅과 저압적 마케팅으로 구분하고, 거시적 기능은 소유권 이전의 기능(가장 핵심적인 기능), 조성 기능(표준화, 금융기능 등), 물적 유통 기능(보관, 수송, 하역, 재고)이 있다.

답 ④

012 시장세분화에 관한 다음의 서술 중 가장 적절하지 않은 것은? 기출복원

① 효과적인 시장세분화를 위해서는 세분시장의 규모가 측정 가능해야 한다.
② 제품사용상황, 사용량, 추구편익(benefit sought)은 행동적(behavioral) 세분화 기준변수에 속한다.
③ 시장세분화에서는 동일한 세분시장 내에 있는 소비자들의 이질성이 극대화되도록 해야 한다.
④ 하나의 특정한 시장세분화 기준변수가 모든 상황에서 가장 효과적인 것은 아니다.
⑤ 시장세분화를 통해 소비자들의 다양한 욕구를 보다 잘 만족시킬 수 있다.

해설

일반적으로 시장은 이질적 욕구를 가진 다양한 소비자들의 집합으로 구성된다. 그러나 소비자들 개개인은 모두 상이하지만 특정 제품군에 대한 태도, 의견, 구매행동 등에서 비슷한 소비자 집단들이 존재하고 있다. 이러한 비슷한 성향을 가진 사람들을 다른 성향을 가진 사람들의 집단과 분리하여 하나의 집단으로 묶는 과정을 시장세분화라고 한다. 따라서 시장세분화의 결과는 세분시장 상호간에는 이질성이 극대화되어야 하고, 세분시장 내에서는 동질성이 극대화되어야 바람직하다.

답 ③

013 다음 중 마케팅조사에 대한 설명으로 바르지 않은 것은? 기출복원

① 실험법은 원인에 대한 기술이 가능하다는 장점이 있다.
② 할당표본추출법은 비확률표본추출법의 한 가지 방법이다.
③ 어떤 가설의 원인과 결과를 검증하기 위한 조사법을 인과관계조사법이라고 한다.
④ 1차 자료는 이미 수집되어 있는 자료를 말한다.

해설

자료수집은 1차 자료(조사자가 직접 수집한 자료)와 2차 자료(기존의 자료)로 구분된다. 1차 자료는 조사자가 특정 목적에 의해 직접 조사한 자료이다. 일반적으로 2차 자료수집 후 1차 자료수집을 실시한다.

답 ④

014 다음 중 미시적 환경에 속하는 마케팅 환경요소로 바르게 묶인 것은? 기출복원

ㄱ. 공급업자	ㄴ. 고객	ㄷ. 경쟁자	ㄹ. 대중
ㅁ. 기술적 요소	ㅂ. 중간상	ㅅ. 정부	ㅇ. 출생 · 사망률
ㅈ. 국민소득	ㅊ. 공해	ㅋ. 법	

① ㄱ, ㄴ, ㄷ, ㄹ, ㅁ, ㅂ, ㅅ, ㅈ
② ㄱ, ㄴ, ㄷ, ㄹ, ㅈ, ㅊ, ㅋ
③ ㄱ, ㄴ, ㄷ, ㄹ, ㅂ, ㅅ
④ ㄱ, ㄴ, ㄷ, ㄹ, ㅇ, ㅋ
⑤ ㄱ, ㄴ, ㄷ, ㄹ, ㅅ, ㅇ, ㅋ

해설

미시적 환경에 속하는 마케팅 환경요소는 ㄱ, ㄴ, ㄷ, ㄹ, ㅂ, ㅅ이다.

▶ 선지분석

ㅁ, ㅇ, ㅈ, ㅊ, ㅋ. 거시적 환경(2차 환경, 일반환경)의 요소에 해당된다.

답 ③

015 Y시네마는 이벤트로 심야시간에 8,000원에 두 편의 영화를 동시에 관람할 수 있는 상품을 판매하고 있다. 한 손님이 한편의 영화만 보고 싶으니 4,000원만 티켓을 구입하고자 하였다. 그러나 Y시네마 측에서는 8,000원에 티켓을 구입하고 한 편만 볼 수는 있지만, 4,000원에 한 편의 영화만 볼 수 있는 티켓을 팔 수 없다고 하였다. 이때 Y시네마에서 채택하고 있는 가격전략으로 가장 적절한 것은? 기출복원

① 순수묶음
② 혼합묶음
③ 스키밍가격
④ 손실유도가격
⑤ 이중요율

해설

반드시 묶어서만 판매할 수 있는 순수묶음가격에 대한 내용이다.

답 ①

016 다음 중 신제품의 가격책정 방법으로 초기고가전략(skimming pricing)이 적절한 상황을 모두 선택하면? 기출복원

ㄱ. 특허에 의해 신제품의 독점판매권이 보호될 때
ㄴ. 대체품에 비하여 신제품의 기술적 우수성이 탁월할 때
ㄷ. 신제품의 확산속도가 매우 느릴 것으로 예상될 때
ㄹ. 표적시장의 규모가 작아 규모의 경제 실현이 어려울 때
ㅁ. 경쟁자들의 시장진입이 용이할 때

① ㄱ, ㄴ
② ㄱ, ㄴ, ㄷ
③ ㄱ, ㄷ, ㄹ
④ ㄱ, ㄴ, ㄷ, ㄹ
⑤ ㄱ, ㄴ, ㄷ, ㄹ, ㅁ

해설

초기고가전략이 적절한 상황은 ㄱ, ㄴ, ㄷ, ㄹ이다.
상대적 고가격 전략(skimming pricing)의 특징은 다음과 같다.

- 자사제품을 경쟁제품 가격보다 높게 책정한 경우
- 신상품이 독특하거나 차별성이 있는 경우
- 수요의 탄력성이 높지 않은 경우
- 진입장벽이 높아 경쟁기업의 진입이 어려운 경우
- 규모의 경제효과를 얻기가 어려운 경우
- 높은 품질로 새로운 소비층을 유인하고자 하는 경우
- 직접적인 경쟁자가 존재하지 않는 시장에 신제품을 출시하는 경우
- 이미지를 중시하는 고가의류제품, 전문품, 보석같은 귀중품에 주로 사용된 경우
- 제품이 개인의 사회적 지위나 명예, 건강 등과 관련이 있는 경우
- 이 전략은 마진이 커 타사가 따라오게 되고, 침투속도가 느림

따라서 경쟁사가 참여하는 시점에 신제품을 개발하거나 점차 가격을 낮추어야 한다.

답 ④

017 ㈜오직커피는 커피만을 판매하는 단일 매장 커피 전문점이며, 그 매장은 한국에 있다. ㈜오직커피는 여러 가지 성장전략을 고민하고 있는데, 다음 중 성장전략에 대한 설명으로 가장 적절한 것은? 2023 군무원 9급

① 한국에서 ㈜오직커피 매장 하나를 추가로 여는 것은 시장개발전략에 해당된다.
② 베트남에 ㈜오직커피 매장을 여는 것은 시장침투전략에 해당된다.
③ 기존 ㈜오직커피 매장에서 기존 고객에게 샌드위치를 판매하는 것은 다각화전략에 해당된다.
④ 기존 ㈜오직커피 매장에서 기존 고객을 대상으로 판촉활동을 하는 것은 시장침투전략에 해당된다.

해설

▶ 선지분석

기업성장전략에서 ① 시장침투전략(점포 수의 확대), ② 시장개발전략(지리적 시상확장), ③ 제품개발전략에 해당된다.

답 ④

018 수직적 마케팅시스템은 수직적 통합의 정도에 따라 다음의 유형으로 구분할 수 있다. 이들 중 가장 강력하게 경로기능들을 통제할 수 있는 경로 유형은? 기출복원

① 관리형 경로
② 계약형 경로
③ 기업형 경로
④ 통합형 경로

해설

유통경로 계열화 중 수직적 마케팅시스템에서 기업형(회사형) 경로시스템은 경로의 한 구성원이 다른 구성원을 소유하여 하나의 회사의 형태로 통합하는 것을 말한다. 대표적인 형태가 전방통합과 후방통합이다.

답 ③

019 다음 중 BCG(Boston Consulting Group)의 성장-점유율 모형(growth-share model)에서 BCG매트릭스에 대한 설명으로 가장 옳지 않은 항목은? 2022 군무원 7급

① 문제아(problem children)는 성장률이 높은 시장에서 상대적 시장점유율이 낮은 사업이다.
② 현금젖소(cash cow)는 상대적 시장점유율이 크지만 성장률이 둔화되고 투자의 필요성이 감소하여 현금잉여가 창출되는 사업이다.
③ 개(dog)는 성장률이 낮은 시장에서 시장점유율이 취약한 사업이다.
④ 스타(star)는 고도성장 시장에서 시장의 선도자가 되어 현금유출이 적고 현금흐름의 여유가 큰 사업이다.

해설

스타(star) 사업부는 PLC상의 성장기에 해당되며 현금유출이 많고 현금흐름의 여유가 적은 사업부(새로운 투자와 성장을 위한 현금유출)이다.

답 ④

020 다음 중 소비자 대상의 판매촉진에 해당하지 않은 것은? 기출복원

① 샘플제공 ② 푸시지원금
③ 프리미엄 ④ 현금 환급

해설

푸시지원금은 중간상(도매상, 소매상)을 대상으로 하는 판매촉진 활동이다.

답 ②

021 다음 중 광고(advertising)와 홍보(publicity)에 관한 설명으로 옳지 않은 것은? 2023 공인노무사

① 광고는 홍보와 달리 매체 비용을 지불한다.
② 홍보는 일반적으로 광고보다 신뢰성이 높다.
③ 광고는 일반적으로 홍보보다 기업이 통제할 수 있는 영역이 많다.
④ 홍보는 언론의 기사나 뉴스 형태로 많이 이루어진다.
⑤ 홍보의 세부 유형으로 PR(public Relations)이 있다.

해설

PR은 홍보보다 포괄적인 개념으로, 홍보 이외의 기업의 대언론관계, 사내 · 외적 커뮤니케이션 등을 포함한다.

답 ⑤

022 □□□ **다음 중 신상품 개발 프로세스에 관한 설명으로 가장 적절한 것은?** 2021 군무원 9급

① 아이디어 창출단계에서 많은 수의 아이디어 창출에 중점을 둔다.
② 제품 컨셉트 개발단계에서 시제품을 만든다.
③ 신상품 컨셉트는 아이디어를 소비자가 사용하는 언어나 그림 등을 통하여 추상적으로 표현한 것이다.
④ 시장 테스트는 제품 출시 후에 소규모로 실시된다.

해설

▶ 선지분석
② 시제품은 시험마케팅(test marketing)단계에서 생산한다.
③ 신상품 컨셉트(제품개발)는 구체적으로 표현한다.
④ 시장 테스트는 제품 출시(상품화) 전에 행한다.

답 ①

023 □□□ **다음 중 다속성태도 모형과 관련이 가장 깊은 대안평가방식은?** 기출복원

① 보완적 평가방식
② 연속제거 평가방식
③ 사전편집식 평가방식
④ 비보완적 평가방식

해설

다속성태도 모형은 어떤 고관여 제품에 대해 소비자는 제품속성에 대한 광고 등으로 습득한 제품정보를 바탕으로 신념(belief)을 형성하고, 긍정적이거나 부정적인 태도(attitude)를 갖게 되며 이를 토대로 구매행동(behavior)을 하게 된다. 이러한 과정에서 나타나는 고관여 제품에 대한 신념과 태도 간의 관계를 설명하는 모형이 다속성태도 모형(multi–attribute model)이다. 그 대표적인 방법이 보완(보충)적 평가방식이다. 예를 들면, 소비자는 제품의 각 속성에 대한 신념을 갖고 그 속성에 대한 평가를 종합해서 태도를 결정하는 것이다.

답 ①

024 다음 중 서비스마케팅에 대한 설명으로 옳지 않은 것은? 기출복원

① 무형성은 서비스는 쉽게 전달하거나 전시할 수 없다는 것이다.
② 이질성은 서비스를 제공하는 사람에 따라 서비스 질의 차이가 없다는 것이다.
③ 서비스마케팅 믹스에는 전통적인 마케팅 믹스 4P's 이외에 물리적 증거, 사람 및 프로세스가 포함하여 7P's라고 한다.
④ 비분리성은 수요와 공급을 맞추기가 어려우며, 서비스는 대량생산이나 반품될 수 없다는 것이다.

해설

서비스마케팅 특성에서 이질성은 서비스를 제공하는 사람(주체)에 따라 서비스 질의 차이(객체의 인식 차이)가 있다는 것이다.

답 ②

025 다음 중 소비자행동 모델에 대한 설명으로 옳지 않은 것은? 2020 감사직

① 포괄적 문제해결행동은 소비자가 제품부류에 대한 사전지식이 충분하고, 대체품들의 평가기준을 잘 알고 있을 때 주로 발생한다.
② 한정적 문제해결행동은 소비자가 내적탐색과 더불어 외적탐색도 할 수 있으며, 조직의 수정 재구매와 유사하다.
③ 자동적(일상적) 문제해결행동은 소비자가 동일 제품을 반복 구매하여 그 제품에 대한 상당한 경험이 있고 만족하는 경우에 발생한다.
④ 조직의 단순 재구매는 구매조건의 변경이나 경쟁입찰 없이 반복적으로 발생하는 구매상황을 의미한다.

해설

포괄적 문제해결(의사결정)은 사전지식이나 대체품 평가기준을 명확하게 알지 못하기 때문에 정보수집 및 정보탐색에 많은 시간과 비용을 투입하여 해결(결정)하게 된다.

답 ①

제10회 | 마케팅(3)

001 □□□ **마케팅믹스인 4P's와 각각의 구성요소를 옳게 짝지은 것은?** 기출복원

① 제품 - 보증　　② 가격 - 브랜드
③ 유통 - 포장　　④ 촉진 - 품질

해설

마케팅믹스인 4P's와 각각의 구성요소는 표와 같다.

제품(Product)	품질, 성능, 보증, 포장, 상표(brand) 등
가격(Price)	정가, 할인, 대금결제 조건 등
유통(Place)	입지, 경로, 재고 등
촉진(Promotion)	광고, 홍보, 인적판매 등

답 ①

002 □□□ **다음 중 BCG의 성장/점유율 매트릭스에 관한 설명으로 옳지 않은 것은?** 기출복원

① 세로축은 시장성장률, 가로축은 상대적 시장점유율을 나타낸다.
② 물음표는 높은 시장성장률과 높은 상대적 시장점유율을 유지하기 때문에 투자가 필요하지 않다.
③ 별은 성장을 위해 많은 투자(자금)를 필요로 한다.
④ 가장 이상적인 현금흐름 방향은 현금젖소 사업부 - 물음표 사업부 - 별 사업부이다.

해설

물음표 사업부는 높은 성장률과 낮은 점유율에 해당되는 사업부이다. 현금젖소 사업부는 높은 상대적 시장점유율을 유지하는 데 투자비용이 적게 들기 때문에 많은 현금을 창출해 낸다.

답 ②

003 다음 중 로저스(E. Rogers)의 혁신에 대한 수용자 유형이 아닌 것은? 2023 공인노무사

① 혁신자(innovator) ② 조기수용자(early adopters)
③ 후기수용자(late adopters) ④ 조기다수자(early majority)
⑤ 후기다수자(late majority)

해설

③은 로저스의 혁신에 대한 수용자 유형과 무관하다.

답 ③

004 다음 중 인터넷마케팅에 대한 설명으로 옳지 않은 것은? 기출복원

① 인터넷마케팅은 제품에 대한 충분한 정보를 제공할 수 있어 고관여 제품이나 차별화된 제품의 판매도 가능하다.
② 인터넷마케팅 시장에서의 교체비용이 낮아서 소비자들은 가격민감도가 매우 높다.
③ 수확체감의 법칙이 지배한다.
④ 인터넷 광고와 촉진수단 못지 않게 인터넷을 통한 구전효과의 중요성이 증가하고 있다.

해설

인터넷마케팅은 수확체증의 법칙이 지배한다. 수확체증의 법칙이란, 투입(input)된 생산요소가 증가하면 산출량(output)은 기하급수적으로 증가하는 현상을 의미한다.

답 ③

005 다음 중 BCG매트릭스 기법에 관한 설명으로 옳은 것은? 2023 경영지도사

① 산업매력도 지표와 사업강점 지표를 구성하여 수행하는 사업포트폴리오 평가기법이다.
② 원의 크기는 사업부의 시장점유율을 나타낸다.
③ 시장성장률이 높을수록 사업부의 매력도가 높은 것으로 평가된다.
④ 상대적 시장점유율이 0.4라는 것은 자사 사업부의 시장점유율이 그 시장에서의 경쟁 기업 중 가장 큰 점유율을 나타내는 경쟁사의 시장점유율의 2/5수준임을 의미한다.
⑤ 안정적인 현금이 유입되어 유망한 신규 사업에 대한 투자재원으로 활용되는 사업부는 별(star)군 사업부로 분류된다.

해설

▶ 선지분석

① GE매킨지 매트릭스, ② 원의 크기는 매출액, ③ 현금흐름이 많다는 것으로 평가, ⑤ 현금젖소(cash cow)군 사업부이다.

답 ④

006 □□□

다음 중 사업영역의 선택, 신규사업 진입 및 철수, 사업부 간 시너지 창출 등에 관한 의사결정을 주로 다루는 전략의 수준은? 기출복원

① 전사적 전략
② 사업부 전략
③ 기능 전략
④ 부문 전략

해설

전사적 전략은 기업 전략이라고도 하며, 여러 사업영역을 포괄하고 기업의 생존과 성장, 기업의 전체 이익에 영향을 미친다. 경영전략 수립단계에서 가장 상위의 경영전략이다.

답 ①

007 □□□

다음 설명 중 가장 옳지 않은 것은? 기출복원

① 제조 기업이 원재료의 공급업자를 인수 · 합병하는 것을 전방통합이라고 한다.
② 기업이 같거나 비슷한 업종의 경쟁기업을 인수하는 것을 수평적 통합이라고 한다.
③ 기업이 기존 사업과 관련이 없는 신사업으로 진출하는 것을 복합기업이라고 한다.
④ 제조 기업이 제품의 유통을 담당하는 기업을 인수 · 합병하는 것을 전방통합이라고 한다.

해설

제조 기업이 원재료의 공급업자를 인수 · 합병하는 것을 후방통합이라고 한다.

답 ①

008 **다음 중 제품수명주기(PLC)에 관한 설명으로 옳지 않은 것은?** 기출복원

① 시간의 경과에 따라 제품의 수명주기를 도입기, 성장기, 성숙기, 쇠퇴기로 나눈 것이다.

② 도입기에는 제품에 대한 인지도가 낮고 유통이 한정되어 있어 제품판매는 저조하고 낮은 판매성장률을 보인다.

③ 성숙기에는 시장점유율을 확보하려고 노력하며 매출이 급상승한다.

④ 선진국에서는 이미 쇠퇴한 제품이라도 후진국에서는 성장기의 제품이 될 수도 있다.

⑤ 쇠퇴기에는 과거 투자에 대한 회수를 극대화하고자 한다.

해설

시장점유율을 확보하거나 매출이 급상승하는 단계는 성장기이다.

답 ③

009 **시장세분화를 위한 소비자의 행동분석적 요인에 해당되지 않는 것은?** 기출복원

① 편익
② 제품사용경험
③ 제품의 사용 정도
④ 상표애호도
⑤ 가족생애주기

해설

▶ 선지분석

시장세분화의 기준변수에는 지리적, 인구통계학적, 심리형태적, 산업재 구매자, 행동분석적 요인 등이 있다. 특히 행동분석적 요인에는 ① 편익, ② 제품사용경험, ③ 제품의 사용 정도, ④ 상표애호도 외에 태도, 구매준비 등이 있다.

답 ⑤

010 **다음 중 마약퇴치 운동과 같이 불건전한 수요를 파괴시키는 데 활용되는 마케팅은?**

2020 공인노무사

① 동시화마케팅
② 재마케팅
③ 디마케팅
④ 대항마케팅
⑤ 터보마케팅

해설

불건전한 수요를 파괴시키는 데 활용되는 마케팅 기법은 대항(소멸 · 카운터)마케팅이다.

답 ④

011 □□□ **다음 중 제품믹스에 대한 가격결정에 대한 설명으로 가장 옳지 않은 것은?**

2022 군무원 5급

① 제품계열에 대한 가격결정은 한 제품계열을 구성하는 여러 제품 간에 어느 정도의 가격 차이를 둘 것인가를 결정하는 데 초점을 맞춘다.
② 사양제품(optional-product)에 대한 가격결정은 주력제품과 함께 판매되는 각종 사양제품 혹은 액세서리에 부과되는 가격을 말한다.
③ 종속제품에 대한 가격결정은 특정 제품과 반드시 함께 사용되는 제품에 부과되는 가격을 말한다.
④ 묶음제품 가격결정은 자사에서 판매하는 관련 제품들을 함께 묶어 고가에 판매하는 방식을 말한다.

해설

묶음제품 가격결정은 자사에서 판매하는 관련 제품들을 함께 묶어 저가에 판매하는 방식을 말한다.

답 ④

012 □□□ **다음 중 마케팅조사에 관련한 설명으로 바르지 않은 것은?**

기출복원

① 탐색조사는 본 조사에 앞서 예비 자료를 수집하기 위하여 실시한다.
② 표본조사 면접법의 특징은 피면접자들의 의견을 진솔하게 들을 수 있다는 것이다.
③ 기술조사란 마케팅 현상의 특징이나 마케팅 변수 간의 관련성을 파악하기 위해 실시하며, 자사 제품의 유통기간 분포 수, 경쟁사와의 브랜드 속성별 소비자 평가, 특정 잡지 구독자의 인구통계학적 특성 등이 해당된다.
④ 전화조사는 응답률이 우편조사보다 낮지만 응답자의 개인당 비용은 적게 소요된다.
⑤ 우편조사의 장점은 응답자의 응답내용이 면접자에 의해 왜곡되거나 편견이 주어지지 않는다는 것이다.

해설

전화조사는 응답률이 우편조사보다 높지만 응답자의 개인당 비용이 더 많이 든다.

답 ④

013 다음 중 신제품의 구입에 있어서 혁신자(innovator) 집단의 특성에 해당되지 않는 것은?

기출복원

① 교육수준이 높다.
② 자신의 가치관이나 판단에 따라 신제품을 구입한다.
③ 다른 집단보다 상표충성도가 높다.
④ 할인, 쿠폰, 샘플 등 새로운 판촉을 선호하는 경향이 있다.

해설

혁신자는 신제품을 가장 빨리 받아들이는 계층으로, 고소득 · 고학력 · 전문직의 젊은 층이다. 호기심이나 자신감, 모험을 좋아하는 성향을 갖고 있다.

답 ③

014 다음 중 서비스품질의 5가지 차원에 대한 설명으로 가장 옳은 것은? 2022 군무원 7급

① 신뢰성(reliability)은 고객에 대한 배려와 개별적인 관심을 보일 준비자세를 의미한다.
② 공감성(empathy)은 약속한 서비스를 정확하게 수행할 수 있는 능력을 의미한다.
③ 대응성(responsiveness)은 고객을 돕고 신속한 서비스를 제공하겠다는 의지를 의미한다.
④ 확신성(assurance)은 물리적인 시설이나 설비, 직원 등 외형적인 수단을 의미한다.

해설

▶ 선지분석

①은 공감성, ②는 신뢰성, ④는 유형성에 대한 설명이다.

답 ③

015 A 기업에서 화장품으로 성공한 "그린러브" 상표를 세제와 치약에도 사용하려고 하는 전략은?

기출복원

① 메가상표(mega brand)
② 개별상표(individual brand)
③ 상표연장(brand extension)
④ 복수상표(multi brand)
⑤ 상표자산(brand equity)

해설

브랜드확장이라고도 하는 상표연장은 현재의 브랜드명을 새로운 제품범주에 적용하는 것으로, 신제품의 출시 때 기존 브랜드를 이용하는 것이다.

답 ③

016 다음 중 제품과 상표에 대한 설명으로 가장 옳지 않은 것은?

2021 군무원 7급 · 가맹거래사

① 제품믹스의 폭이란, 전체 제품라인 수를 말한다.
② 브랜드 인지도(brand awareness)란, 소비자가 브랜드를 재인식하거나 회상할 수 있는 능력을 말한다.
③ 상표전략에서 라인확장(line extension)이란 새로운 제품에 기존 상표를 사용하는 전략으로, 광고비용을 절약해 주지만 특정 제품이 실패할 경우 다른 제품에도 영향을 준다.
④ 복수상표(multi branding)란 동일 제품범주에서 다수의 상표를 도입하는 것으로, 특성에 따른 상표를 제공하고 진열공간을 많이 확보할 수 있으나 마케팅 비용이 많이 발생할 수 있다.

해설

③은 범주확장(category extension)에 대한 설명이다.

답 ③

017 다음 성장을 위한 전략 가운데 수직적 통합 및 수평적 통합에 대한 설명으로 가장 거리가 먼 것은?

2023 군무원 7급

① 수평적 통합을 통해 '규모의 경제'를 달성할 수 있다.
② 전방통합을 하면 안정적인 판로를 확보할 수 있다.
③ 후방통합을 통해 원가를 절감할 수 있다.
④ 의류업체가 섬유제조업체를 통합하는 것은 전방통합에 해당한다.

해설

가치사슬상에서 의류업체는 섬유제조업체보다 뒤에 위치하므로 후방통합이다.

답 ④

018 **다음 중 가격이 높으면 품질이 좋다는 판단을 유도하는 가격전략은?** 2021 경영지도사

① 심리가격 ② 명성가격
③ 유보가격 ④ 습관가격
⑤ 준거가격

해설

명성가격은 가격－품질연상가격이라고 하며, 품질과 브랜드 가치에 따른 고품격 · 고가격 설정방법이다.

답 ②

019 **수직적 마케팅시스템(VMS)에 관한 옳은 것을 모두 고른 것은?** 기출복원

ㄱ. 수직적 마케팅시스템은 유통조직의 생산시점과 소비시점을 하나의 고리형태로 계열화하는 것이다.
ㄴ. 수직적 마케팅시스템은 유통경로 구성원인 제조업자, 도매상, 소매상, 소비자를 각각 별개로 파악하여 운영한다.
ㄷ. 유통경로 구성원의 행동은 시스템 전체 보다는 각자의 이익을 극대화하는 방향으로 조정된다.
ㄹ. 수직적 마케팅시스템의 유형에는 기업적VMS, 관리적VMS, 계약적VMS 등이 있다.
ㅁ. 프랜차이즈 시스템은 계약에 의해 통합된 수직적 마케팅시스템이다.

① ㄱ, ㄴ, ㄷ ② ㄱ, ㄴ, ㄹ
③ ㄱ, ㄹ, ㅁ ④ ㄴ, ㄷ, ㄹ
⑤ ㄴ, ㄹ, ㅁ

해설

수직적 마케팅시스템(VMS)이란, 생산시점과 소비시점 또는 제조업자－도매상－소매상－소비자를 하나의 고리형태로 유통계열화하는 시스템 · 통합적인 시스템으로, 구성원 전체의 이익을 극대화하는 방향으로 조정되는 것을 의미한다.

답 ③

020 □□□ **다음 중 앤소프(H. Ansoff)가 제시한 기업 수준의 성장전략에 해당하지 않는 것은?**

2023 경영지도사

① 시장침투전략
② 제품개발 전략
③ 다각화전략
④ 시장개발전략
⑤ 차별화전략

해설

앤소프의 기업의 성장전략과 ⑤는 무관하다.

답 ⑤

021 □□□ **일반적으로 제품의 구성 차원은 핵심제품, 유형제품, 확장제품의 세 가지 수준으로 구성되는데, 애프터서비스(A/S)와 동일한 제품 차원에 속하는 구성요소에 해당하는 것으로만 묶은 것은?**

2020 감사직

ㄱ. 특성	ㄴ. 배달	ㄷ. 편익	ㄹ. 설치
ㅁ. 포장	ㅂ. 스타일(모양)	ㅅ. 신용	ㅇ. 브랜드

① ㄱ, ㅂ, ㅇ
② ㄴ, ㄹ, ㅅ
③ ㄷ, ㅁ, ㅇ
④ ㄹ, ㅁ, ㅅ

해설

애프터서비스(A/S)는 확장(증폭)제품에 해당되는 것으로, ㄴ, ㄹ, ㅅ을 포함한다.

답 ②

022 □□□ **다음 중 자사의 제품으로부터 긍정적인 연상을 소비자들에게 유도하고 인식시키려고 하는 포지셔닝 기법을 가리키는 것은?** 기출복원

① 속성에 의한 포지셔닝
② 사용자에 의한 표지셔닝
③ 경쟁자에 의한 포지셔닝
④ 이미지 포지셔닝

해설

자사의 제품으로부터 긍정적인 연상 또는 친근한 이미지를 유도하여 제품을 인식(기억)하는 것은 이미지 포지셔닝 기법이다.

답 ④

023 □□□ **다음 중 프랜차이즈 가맹점의 장점으로 옳지 않은 것은?** 2023 가맹거래사

① 관리 및 마케팅 지원
② 개인 소유
③ 이익 공유
④ 재정지원 및 조언
⑤ 높은 인지도

해설

프랜차이즈 가맹점의 장점은 브랜드 이미지, 성공적인 사업모델과 운영시스템의 지원과 교육, 높은 구매력과 협상력 등이며, 단점은 높은 초기비용, 로열티 비용, 제한된 자유, 계약조건, 브랜드 의존도 등이다. 본사와 가맹점의 계약에 의한 것이므로 ②와 무관하다.

답 ②

024 □□□ **다음 중 의사소통(communication)의 과정이 옳은 것은?** 기출복원

ㄱ. 발신자	ㄴ. 메시지
ㄷ. 매체	ㄹ. 수신자
ㅁ. 피드백	

① ㄱ → ㄴ → ㄷ → ㄹ → ㅁ

② ㄱ → ㄷ → ㄴ → ㄹ → ㅁ

③ ㄱ → ㄹ → ㄴ → ㄷ → ㅁ

④ ㄴ → ㄱ → ㄷ → ㅁ → ㄹ

⑤ ㄴ → ㄷ → ㄱ → ㅁ → ㄹ

해설

마케팅 의사소통의 과정은 ㄱ. 발신(송신)자 → 부호화 → ㄴ, ㄷ. 메시지(매체) → 해독 → ㄹ. 수신자 → 반응 → ㅁ. 피드백 순이다.

답 ①

025 □□□ **세계적인 글로벌 브랜드(global brand)가 가지는 규모의 경제(economies of scale)에 관한 다음의 설명 중 옳지 않은 것은?** 기출복원

① 규모의 경제는 개발비용, 생산, 유통, 촉진 등에서 두루 나타난다.

② 기업의 성장전략 추구에 있어서 글로벌 브랜드가 로컬 브랜드(local brand)보다 유리하다.

③ 촉진의 측면에서 더 넓은 마케팅 기회를 포착할 수 있다.

④ 글로벌 브랜드는 구매선택과 관련하여 소비자의 지각된 위험(perceived risk)을 증가시킨다.

⑤ 일반적으로 글로벌 브랜드를 가진 기업은 특정 제품 범주(product category)에 마케팅의 초점을 맞추고 있다.

해설

글로벌 브랜드는 오히려 소비자의 지각된 위험, 구매선택의 시간과 비용을 감소시키는 효과가 있다.

답 ④

제11회 | 마케팅(4)

001 다음 중 앤소프(J. Ansoff)의 제품/시장 매트릭스에서 시장침투(market penetration)전략에 대한 설명으로 옳은 것은?

2022 감사직

① 혁신적인 신제품을 개발한다.
② 매력적인 시장으로 진입한다.
③ 시장에 출시된 제품의 가격을 인하한다.
④ 기존 제품을 구매하는 고객들이 새로운 제품을 구매할 수 있도록 광고의 빈도를 늘린다.

해설

앤소프의 시장침투전략은 기존제품으로 기존시장에 진입하는 것으로 저가전략이다.

답 ③

002 다음 중 BCG(Boston Consulting Group)매트릭스에 관한 설명으로 옳지 않은 것은?

2022 가맹거래사

① 미국의 보스턴 컨설팅 그룹이 개발한 사업전략 분석기법이다.
② 절대적 시장점유율과 시장성장률의 관계를 분석한다.
③ 사업부의 분면 위치는 시간이나 시장환경에 따라 재평가되어야 한다.
④ 시장성장률은 사업매력도를 나타내고 일반적으로 사업부의 매출성장률로 측정한다.
⑤ 각 사분면의 사업부 명칭은 Question Mark, Star, Cash Cow, Dog이다.

해설

BCG(Boston Consulting Group)매트릭스의 두 변수는 상대적 시장점유율(수평축)과 시장성장률(수직축)이며, 원의 크기는 매출액 규모를 나타낸다.

답 ②

003 □□□ **다음 중 GE/맥킨지 매트릭스(GE/McKinsey matrix)에서 전략적 사업부를 분류하기 위한 두 기준은?** 2021 공인노무사

① 산업매력도 – 사업단위 위치(경쟁력)
② 시장성장률 – 시장점유율
③ 산업매력도 – 시장성장률
④ 사업단위 위치(경쟁력) – 시장점유율
⑤ 시장점유율 – 가격경쟁력

해설

두 기준(변수)은 산업매력도(시장성장률 등)와 기업의 강점(경쟁력; 시장점유율, 가격경쟁력 등)이다.

답 ①

004 □□□ **생산자는 전문화하여 한 개의 제품만 대량으로 생산하기 원하나 소비자는 되도록 소량으로 많은 종류의 제품을 원한다. 다음 중 이러한 차이를 가리키는 것은?** 기출복원

① 장소의 불일치
② 시간의 불일치
③ 구색의 불일치
④ 시장실패

해설

구색의 불일치(discrepancy of assortment)란, 생산자는 한 제품으로 특화하여 생산함으로써 편리함과 대량생산을 원하지만, 소비자들은 다양한 제품을 원하기 때문에 유통업자(소매상)는 여러 가지 품목을 비치하여 소비자들의 욕구를 충족시킴으로써 구색의 불일치를 완화하려고 한다.

답 ③

005 □□□ **다음 중 비확률표본추출방법에 해당하는 것은?** 2023 가맹거래사

① 할당표본추출방법
② 단순무작위표본추출방법
③ 체계적표본추출방법
④ 층화표본추출방법
⑤ 군집표본추출방법

해설

비확률표본추출방법에는 ①, 편의표본추출방법, 판단표본추출방법이 있다.

답 ①

006 **판매자가 비용을 지불하거나 통제하지 않고 개인, 제품, 조직에 대한 정보를 언론 매체가 일반 보도로 다루도록 함으로써 무료 광고 효과를 얻는 것은?** 2020 경영지도사

① PPL(product placement)광고
② 바이럴 마케팅(viral marketing)
③ 블로깅(blogging)
④ 퍼블리시티(publicity)
⑤ 팟캐스팅(podcasting)

해설

퍼블리시티(publicity)는 홍보를 가리키는 것으로 무료이며, 높은 신뢰성의 특성을 갖는다.

답 ④

007 **다음 중 서비스품질 측정에 대한 설명으로 바르지 않은 것은?** 기출복원

① SERVQUAL은 서비스품질의 개념을 측정하기 위한 척도로서 신뢰성, 확신성, 유형성, 공감성, 대응성으로 구분한다.
② SERVQUAL은 서비스의 평가 과정에서 고객의 기대를 측정하기 어렵고 수치화하기도 어렵다.
③ SERVPERF는 서비스품질을 고객이 기대한 서비스의 질과 실제 받은 서비스의 질과의 차이로 인식하는 모형이다.
④ SERVPERF는 서비스에 대한 평가를 고객이 제공받은 서비스의 성과로만 하는 모형이다.
⑤ 가중 SERVQUAL은 서비스품질 결정요인에 가중치를 부여하여 기대한 서비스와 제공받은 서비스의 차이를 산출하는 모형이다.

해설

③은 SERVQUAL의 설명이다.

답 ③

008 다음 중 마케팅조사에 관한 설명으로 옳은 것은? 기출복원

□□□

① 기술적 조사(descriptive research)는 조사문제를 정의하고 가설을 제시하는 데 도움이 되는 개괄적인 정보를 수집하기 위한 조사이다.

② 2차 자료(secondary data)는 주로 현안의 특정 조사목적을 달성하기 위하여 수집하는 정보이다.

③ 전화설문기법(telephone survey technique)은 표본범주(sample categories)를 통제하기가 용이하다.

④ 통상적으로 1차 자료수집(primary data collection)은 조사과업을 수행하는 최선의 출발점이다.

⑤ 온라인 조사(online research)는 정밀하게 실행하기가 어렵고, 비용이 많이 들어 실효성이 의문시된다.

해설

▶ 선지분석

① 기술적 조사는 특별한 현상의 조사에 사용되며, 마케팅의 대부분의 조사가 이에 해당한다.

② 특정 목적의 조사는 1차 자료수집과정이다.

④ 2차 자료수집이 선행된다.

⑤ 온라인 조사는 비용이 적게 든다는 것이 장점이다.

답 ③

009 다음 중 제품전략에 관한 설명으로 옳지 않은 것은? 2023 군무원 9급

□□□

① 제품전략은 전체 시장의 욕구(needs)를 바탕으로 적절한 제품의 개발 및 운영을 위한 전략이다.

② 제품전략의 수립에는 물리적인 제품뿐만 아니라 다양한 요소가 포함되어야 한다.

③ 제품전략을 창출하는 것은 브랜드, 포장, 보증기간 등의 선택을 포함한다.

④ 제품전략은 마케팅 프로그램의 기본 요소가 되는 마케팅 믹스(4P) 중 하나의 전략이다.

해설

제품전략은 제품의 생산목적, 믹스형태, 기능, 종류, 판매대상 등을 기업입장에서 계획적으로 결정하는 것이다.

답 ①

010 □□□ **제품구매에 대한 심리적 불편을 겪게 되는 인지부조화(cognitive dissonance)에 관한 설명으로 옳은 것은?** 기출복원

① 반품이나 환불이 가능할 때 많이 발생한다.
② 구매제품의 만족수준에 정비례하여 발생한다.
③ 고관여 제품에서 많이 발생한다.
④ 제품구매 전에 경험하는 긴장감과 걱정의 감정을 뜻한다.
⑤ 사후서비스(A/S)가 좋을수록 많이 발생한다.

해설

인지부조화는 구매 후에 기대와 성과에 대한 차이(gap)로서, 반품이나 환불이 가능하거나 만족과 서비스가 좋을수록 인지조화를 느낀다.

▶ 선지분석

④는 지각된 위험에 대한 설명이다.

답 ③

011 □□□ **다음 중 기업의 입장에서 상표의 이점으로 볼 수 없는 것은?** 기출복원

① 고객의 상표애호도를 얻어 안정적인 매출을 확보할 수 있다.
② 제품의 품질에 대한 판단기준이 된다.
③ 경쟁우위를 구축할 수 있다.
④ 기업의 이미지가 향상된다.

해설

제품의 품질에 대한 판단기준은 소비자 입장에서의 상표의 이점이다.

답 ②

012 □□□ **다음 중 시장세분화 전략에 대한 설명으로 가장 적절하지 않은 것은?** 2023 군무원 9급

① 시장세분화란, 시장을 서로 비슷한 욕구를 가지는 구매자 집단으로 구분하는 것을 말한다.

② 시장을 고객의 심리적 특성에 따라 구분하기 위해 소비자의 구매패턴, 소비자가 추구하는 편익 등을 고려한다.

③ 시장세분화 전략에서 인구통계학적 특성이 다른 특성보다 구분하기 용이하기 때문에 가장 많이 사용되는 변수이다.

④ 시장세분화의 기준으로 특정 제품군에서의 소비자 행동에 대한 정보를 사용할 수 있다.

해설

소비자의 구매패턴, 소비자가 추구하는 편익 등을 고려하는 것은 행동적 특성(변수)에 따른 분류이다.

답 ②

013 □□□ **표적시장 선정 및 포지셔닝(positioning)에 관한 다음의 설명 중 옳지 않은 것은?** 기출복원

① 틈새시장공략 마케팅기업(niche marketers)들은 자사가 틈새시장 소비자들의 욕구를 매우 잘 이해하고 있기 때문에 고객들이 자사제품에 대하여 고가격을 기꺼이 지불할 것이라고 가정한다.

② 현지화 마케팅(local marketing)의 단점은 규모의 경제 효과를 감소시켜 제조 및 마케팅비용을 증가시킨다는 점이다.

③ 소비자들은 독특한 욕구를 가지고 있기 때문에 각각의 소비자는 잠재적으로 별개의 시장이다.

④ 표적마케팅 과정의 주요 첫 단계는 시장세분화이다.

⑤ 오늘날 시장 환경의 변화에 발맞추어 대다수의 기업은 매스 마케팅 전략으로 이행하고 있다.

해설

현대는 매스(대중, mass) 마케팅 전략보다는 개별 마케팅, 1:1 마케팅 전략 및 맞춤 전략을 시행하고 있다. 즉, 마이크로(Micro) 마케팅 전략이 보편적이다.

답 ⑤

014 **서비스 구매에 관한 소비자행동모델이 유형제품 구매에 관한 모델보다 상대적으로 복잡한 이유를 가장 잘 설명한 것은?** 기출복원

① 상대적으로 고가이기 때문에
② 준거집단의 영향력이 상대적으로 크기 때문에
③ 종류가 많기 때문에
④ 소비와 구매가 동시에 이루어지기 때문에

해설

서비스의 특성은 무형성, 동시성, 소멸성, 측정불가능성 등이 있다.

답 ④

015 **다음은 포지셔닝맵(positioning map)에 대한 설명이다. 바르지 않은 것은?** 기출복원

① 제품에 대한 인식을 2차원 또는 3차원의 그래프로 표시한 것으로, 자사 및 경쟁사 제품이 소비자의 머릿속에 위치하는 정도를 나타낸다.
② 경쟁사와 자사제품의 인지 위치를 파악하며 소비자가 생각하는 이상적인 제품속성(ideal point)을 파악할 수 있다.
③ 포지셔닝맵을 통해서 자사제품의 현재의 위치파악과 경쟁강도를 파악할 수 있다.
④ 인지도라고도 하며, 인지도상에서는 잠재적인 경쟁자의 파악은 곤란하다.
⑤ 포지셔닝맵상에서 자사제품과 위치가 근접한 제품일수록 2차 경쟁자이다.

해설

포지셔닝맵(인지도, 지각도)상에서 자사제품과 위치가 근접한 제품일수록 직접적인 1차 경쟁자이다.

답 ⑤

016 다음 중 일정 주기를 타고, 성장과 쇠퇴를 반복하는 제품수명주기(PLC)의 유형은?

기출복원

① 패션(fashion)형　② 연속성장형
③ 재활성화형　④ 패드(fad)형

해설

패션(fashion)형이란, 유행 · 풍조 · 양식을 일컫는 말이다. 어느 일정한 시기에 특정한 사회현상이나 생활양식 등이 일반적으로 받아들여지는 것을 패션이라고 한다. 복합적인 사회현상의 결과로 생겨난 패션의 주기는 발생에서 소멸에 이르기까지 단계를 거친다(패션라이프).

답 ①

017 아래 OO커피회사의 기업성장전략으로 가장 옳은 것은?

2023 군무원 5급

> ㅇㅇ커피회사는 광고, 가격, 서비스, 매장 디자인을 개선해서 고객이 더 자주 들르거나 머무를 때마다 더 많이 구매하도록 유고하고 있다. 또한 모바일 앱의 새로운 주문기능을 통해 고객은 음성명령 또는 메시징을 통해 인공지능 기반 가상 바리스타에게 주문할 수 있다. 그 결과, OO커피회사의 매출액은 전년대비 약 2배로 증가하였다.

① 시장침투전략　② 제품개발전략
③ 시장개발전략　④ 다각화전략

해설

기존 고객에게 기존 제품을 개선하여 판매하므로 시장침투전략에 해당한다.

답 ①

018 다음 중 상층흡수가격정책이 유리하게 적용될 경우가 아닌 것은?

기출복원

① 소비자 수요의 가격탄력성이 높다.
② 소비자가 높은 가격을 지불할 용의가 있다.
③ 소비자의 상표 충성도가 높다.
④ 규모의 경제가 존재하지 않는다.

해설

상층흡수가격전략은 고가전략으로, 소비자가 가격에 민감하지 않아야 한다. 즉, 가격탄력성이 낮아야 한다.

답 ①

019 ☐☐☐ **다음 중 통합적 마케팅커뮤니케이션(IMC)에 관한 설명으로 옳지 않은 것은?** 기출복원

① 강화광고는 기존 사용자에게 브랜드에 대한 확신과 만족도를 높여 준다.
② 가족상표(family brand)는 개별 브랜딩과는 달리 한 제품을 촉진하면 나머지 제품도 촉진된다는 이점이 있다.
③ 촉진에서 풀(pull)정책은 제품에 대한 강한 수요를 유발할 목적으로 광고나 판매촉진 등을 활용하는 정책이다.
④ PR은 조직의 이해관계자들에게 호의적인 인상을 심어 주기 위하여 홍보, 후원, 이벤트, 웹사이트 등을 사용하는 커뮤니케이션 방법이다.
⑤ 버즈(buzz)마케팅은 소비자에게 메시지를 빨리 전파할 수 있게 이메일이나 모바일을 통하여 메시지를 공유한다.

해설

버즈마케팅은 입소문마케팅이라고 하며, 소비자들의 자발적인 입소문에 의해 제품 관련 메시지를 확산 · 공유하는 방법이다.

답 ⑤

020 ☐☐☐ **다음 중 마케팅 커뮤니케이션에 관한 설명으로 옳지 않은 것은?** 기출복원

① 판매를 목적으로 휴대폰이나 인터넷을 통하여 커뮤니케이션하는 것은 직접마케팅(direct marketing)의 한 형태이다.
② 인적판매(personal selling)는 판매프리젠테이션, 카탈로그판매, 인터넷판매, 팩스를 통한 판매 메시지의 발송 등을 포함한다.
③ 커뮤니케이션 모델에서 잡음(noise)이란, 계획하지 않았던 커뮤니케이션 과정상의 왜곡을 의미한다.
④ 마케팅 커뮤니케이션 과정은 표적고객들과 자사 및 자사 제품 간의 모든 잠재적 상호작용을 검토하는 것에서 출발해야 한다.
⑤ 촉진예산 결정기준의 하나인 지불능력 기준법(affordable method)은 촉진이 매출에 미치는 영향을 완전히 무시하는 방법이다.

해설

②는 직접마케팅에 대한 설명이며, 인적판매는 방문판매하는 방식을 말한다.

답 ②

021 □□□ **광고 속의 멋있는 음악에 대한 좋은 태도가 광고하는 제품에 연결되어 제품에 대하여도 호의적 태도를 가지게 된다는 설명은 다음 중 어디에 근거하고 있는 설명인가?** 기출복원

① 인지적 학습
② 매슬로우(Maslow)의 욕구 단계설
③ 피쉬바인 태도형성 모형
④ 고전적 조건화

해설

파블로브(Pavlov)의 고전적 조건화는 특정 자극에 반복적 · 수동적(기계적)인 반응을 나타내는 반사행동을 말한다. 자극(S) → 반응(R)의 관계식이 성립된다.

답 ④

022 □□□ **다음 중 심리적 가격조정 방법이 아닌 것은?** 기출복원

① 단수가격(odd pricing)
② 관습가격(customary pricing)
③ 준거가격(reference pricing)
④ 명성가격(prestige pricing)
⑤ 기점가격(basing-point pricing)

해설

기점가격이란, 특정 도시를 기점으로 원하는 지점까지 운송비를 부담시키는 가격결정 방법이다.

답 ⑤

023 □□□ **다음 중 구매 후 부조화(post-purchase dissonance)란 무엇을 의미하는가?** 기출복원

① 의사결정이 잘된 것인지 아닌지에 대한 구매 후 불안감
② 사전의 기대와 구매 후 제품의 인식된 품질 간의 차이
③ 판매원과 소비자 간의 마찰
④ 불만족의 다른 표현

해설

소비자가 제품구매 이후 만족 · 불만족을 느끼기 전에 자신의 선택이 과연 옳은 것이었는가에 대한 불안감을 가질 수 있는데, 이러한 심리적 불편함을 구매 후 부조화라고 한다. 구매 후 부조화가 감소하게 되면 제품에 만족하게 되고, 증가하게 되면 제품에 불만족하게 될 것이다.

답 ①

024 고관여(high involvement) 상황하에서 소비자 구매의사결정과정 5단계를 순서대로 바르게 나열한 것은? 2021 가맹거래사

① 문제인식 → 정보탐색 → 구매 → 대안평가 → 구매 후 행동
② 문제인식 → 정보탐색 → 대안평가 → 구매 → 구매 후 행동
③ 정보탐색 → 문제인식 → 구매 → 대안평가 → 구매 후 행동
④ 정보탐색 → 문제인식 → 구매 → 구매 후 행동 → 대안평가

해설

고관여란, 귀중품 및 사치품의 고가의 재화를 의미하며, 고관여 상황하에서 구매에 있어 정보탐색과 대안평가에 많은 시간과 비용을 들인다. 따라서 구매의사결정과정은 문제인식 → 정보탐색 → 대안평가 → 구매 → 구매 후 행동이다.

답 ②

025 소비자행동에 관한 다음 설명 중 옳은 것은? 기출복원

① 사회계층(social class)은 통상적으로 소득이라는 단일요인에 의하여 결정된다.
② 소비자행동 모델에서 소위 소비자의 '블랙박스(black box)' 내부에 존재하는 두 개의 구성요소는 소비자 특성과 소비자 반응이다.
③ 소비자 개인의 행동에 영향을 미칠 수 있는 전형적인 심리적 요인(psychological factors)은 준거집단, 가족, 역할, 지위 등이다.
④ 소비자행동 연구에서 마케팅 관리자의 핵심적 질문은 '자사가 구사할 수 있는 다양한 마케팅 노력들에 대하여 소비자들이 어떻게 반응할 것인가' 하는 것이다.
⑤ 라이프스타일이란 가족이나 다른 중요한 사회기관으로부터 습득한 기본적 가치, 지각, 욕구, 행동의 집합체이다.

해설

▶ 선지분석

① 사회계층은 한 사회의 구성원을 소득, 직업, 교육수준, 주거 등의 기준으로 동질적인 몇 개의 계층으로 분류되는 것이다.
② 블랙박스는 소비자의 내부 심리적 부분, 동기, 지각, 학습, 태도, 개성 등 비가시적인 부분을 눈으로 관찰 가능한 자극과 반응으로 관찰·규명하는 것이다.
③ 소비자 개인의 행동에 영향을 미치는 심리적 요인은 동기부여, 지각, 학습, 신념과 태도 등과 같은 하위요소가 복합적으로 구성된다.
⑤ 라이프스타일은 개개인의 생활방식을 연구하는 데 초점이 있는 것이 아니라 소규모 집단의 생활방식에 초점을 둔 것으로, 나이, 소득, 주거형태와 주거장소, 교육수준 등 인구 사회경제 변수들을 고려한 것이다.

답 ④

제12회 | 마케팅(5)

001 □□□

다음 중 홍보 전략에 관한 설명으로 가장 적합한 것은? 2023 군무원 5급

① 풀전략(pull strategy)은 중간상으로 하여금 고객에게 자사 상품을 적극적으로 판매하도록 동기를 부여하는 전략이다.

② 푸시전략(push strategy)은 소비자가 자사 상품을 찾게 하여 중산상이 자발적으로 자사 상품을 취급하도록 유도하는 전략이다.

③ 판매 홍보 활동을 통해 이루어지는 수요의 자극은 기업이 풀전략(pull strategy)을 채택할 때 중요하다.

④ 기업은 홍보 전략을 사용할 때 푸시전략(push strategy)과 풀전략(pull strategy) 중 하나를 선택하여 사용하는 것이 결합전략(hybrid strategy)을 하는 것보다 효율적이다.

해설

① 푸시전략, ② 풀전략, ④ 푸시와 풀전략을 결합하여 사용하는 것이 더 효율적이다.

답 ③

002 □□□

다음 중 시계열분석 기법에 속하는 수요예측 방법과 가장 옳지 않은 것은? 2022 군무원 9급

① 델파이법 ② 이동평균법

③ 지수평활법 ④ 추세분석법

해설

①은 대표적인 정성적 수요예측 기법이다.

▶ 선지분석

시계열분석 기법은 대표적인 정량적 수요예측 기법으로 ②, ③, ④ 등이 있다.

답 ①

003 다음 중 확률표본추출방법에 해당하는 것은? 2023 군무원 7급

① 층화표본추출(stratified sampling)
② 편의표본추출(convenience sampling)
③ 판단표본추출(judgmental sampling)
④ 할당표본추출(quota sampling)

해설

확률표본추출방법에는 ①, 단순무작위추출, 군집표본추출이 있다.

답 ①

004 다음 중 마케팅과 관련된 용어의 설명으로 바르지 못한 것은? 기출복원

① 수직적 통합 – 생산 및 유통과정상의 전방 또는 후방으로 관련과정을 확장하는 것을 말한다.
② 수평적 통합 – 동일제품을 제품을 생산하고 있는 경쟁업체에 지배력을 확대하는 것을 말한다.
③ 공생적 마케팅 – 제품에 대한 수요를 영구적으로 고정시키는 것을 의미한다.
④ 사회적 마케팅 – 사회적 이념과 일치하여야 한다.

해설

공생적 마케팅은 단기나 장기 같은 시간(기간)적인 의미는 불필요하고, 단지 필요에 의해 서로에게 이익이 되게끔 전략을 공동적으로 수립하여 이익을 극대화하는 개념이다.

답 ③

005 다음 중 마케팅전략에 대한 설명으로 바르지 않은 것은? 기출복원

① 미성년자에 대한 주류와 담배 판매금지는 대항적 마케팅전략에 해당된다.
② 극장에서 조조할인이나 평일 리조트이용 할인 등은 동시화 마케팅전략에 해당된다.
③ 감성적 마케팅전략이란, 고객의 심리상태를 중시하고 고객의 기분과 욕구에 호소하는 방법으로 다품종소량생산 방식을 주로 사용한다.
④ 아직 존재하지 않는 제품이나 서비스에의 욕구에 대한 수요는 잠재적인 수요로, 이때는 자극적 마케팅전략이 적합하다.
⑤ 마케팅의 핵심개념은 교환이고, 마케팅의 측정단위는 거래라고 할 수 있다.

해설

잠재적인 수요상황에서는 개발 마케팅전략이 적합하다.

답 ④

006 지난해에 비해 올해 커피 사용량이 30% 증가했음을 알기 위해 주기적으로 같은 질문을 동일한 소비자에게 묻는 조사방법은? 기출복원

① 인과조사 ② 탐색적 조사
③ 패널조사 ④ 관찰조사
⑤ 횡단조사

해설

기술조사 중에서 종단조사에 대한 질문으로, 패널조사를 가리킨다.

답 ③

007 다음 중 군집표본추출(cluster sampling)에 대한 설명으로 옳은 것은? 2021 감사직

① 비확률표본추출이다.
② 모집단의 특성을 반영하도록 미리 할당된 비율에 따라 표본을 추출하는 것이다.
③ 모집단을 서로 상이한 소집단들로 나누고, 각 소집단으로부터 표본을 단순 무작위 추출하는 방법이다.
④ 모집단을 어떤 기준변수에 따라 서로 상이한 소집단들로 나누는 데까지는 층화표본추출과 같다.

해설

군집표본추출은 확률표본추출에 해당된다.

▶ 선지분석

② 할당표본추출에 대한 설명이다.
③ 층화표본추출에 대한 설명이다.

답 ④

008 **어떤 유통매장에서 고객을 대량 구매자와 소량 구매자로 나누어 서로 다른 마케팅전략을 행하고 있다면, 이는 어떤 변수에 의한 시장세분화인가?** 기출복원

① 인구통계적 변수　② 심리분석적 변수
③ 행태적 변수　④ 지리적 변수

해설

행태적 변수란, 소비자의 소비행태나 쇼핑습관은 시장을 세분화하는 데 중요한 기준이다. 이러한 행태적 변수는 소비자 행동과 관련성이 일반적 변수보다 높음에도 불구하고 측정, 관찰, 접근이 용이하지 않다.

답 ③

009 **다음 중 시장침투전략을 사용하기에 적합하지 않은 것은?** 기출복원

① 신제품 개발비를 초기에 최대한 많이 회수하기를 원할 때
② 학습곡선 효과로 인해 생산비의 하락을 가져올 수 있을 때
③ 가격측면에서 잠재경쟁자의 시장진입을 방지할 수 있을 때
④ 시장의 가격민감성이 매우 높을 때

해설

①은 가격정책 중 초기고가가격결정에 대한 설명이다. 시장침투전략은 초기에 저가로 시장점유율을 높이는 전략이다.

답 ①

010 **다음 중 〈SERVQUAL〉모형의 품질차원으로 가장 적절하지 않은 것은?** 2023 군무원 9급

① 신뢰성　② 공감성
③ 유형성　④ 내구성

해설

〈SERVQUAL〉모형의 품질차원은 ①, ②, ③, 대응성, 확신성이다.

답 ④

011 다음 중 코틀러(P. Kotler)의 사회지향적인 마케팅의 핵심부분은? 기출복원

① 재마케팅
② 전환적 마케팅
③ 대항적 마케팅
④ 개발적 마케팅
⑤ 유지 마케팅

해설

사회지향적인 마케팅개념은 기업이 사회의 일원으로 사회문제 해결에 동참하는 것으로, 불건전하거나 불필요한 수요에 대해서는 소멸하는 것이 사회책임을 다하는 것이라 할 수 있다.

답 ③

012 다음 중 비가격정책에 대한 설명으로 바르지 못한 것은? 기출복원

① 소비자 중심 전략
② 제품원가의 하락을 통한 이익달성 전략
③ 품질이나 서비스 등에 의한 경쟁방식
④ 수요곡선의 변경을 유도하는 경영방식

해설

제품원가의 하락을 통한 이익달성 전략은 가격정책에 해당된다.

답 ②

013 다음 중 최종가격 선정(결정)전략으로 소비자에 근거한 가격이 아닌 것은? 기출복원

① 촉진가격
② 경쟁가격
③ 관습가격
④ 소비자가격
⑤ 단수가격

해설

소비자가격은 제품의 생산가격에 이윤과 운임 등을 더하여 생산자가 정하는 것이다.

▶ 선지분석

① 촉진가격은 점포에 고객을 유도하기 위해 희생물을 선정하여 가격인하를 통해 기타 제품매출액을 높이려는 가격이다.

③ 관습가격은 소비자들이 관습적으로 인정하는 가격이다.

⑤ 단수가격은 1,000원보다는 990원이 심리적으로 더 싸다고 느끼는 소비자의 심리적 측면을 이용한 가격이다.

답 ④

014 다음 중 시장 포지셔닝(위치선정)의 절차로 옳은 것은? 기출복원

ㄱ. 소비자분석 및 경쟁자 확인	ㄴ. 경쟁제품의 포지션 분석
ㄷ. 자사제품의 포지션 개발	ㄹ. 포지션의 확인 및 재포지셔닝

① ㄱ－ㄴ－ㄷ－ㄹ
② ㄱ－ㄷ－ㄴ－ㄹ
③ ㄴ－ㄱ－ㄷ－ㄹ
④ ㄴ－ㄱ－ㄹ－ㄷ
⑤ ㄱ－ㄹ－ㄴ－ㄷ

해설

반드시 경쟁사(제품)를 먼저 포지셔닝해야 한다.

답 ①

015 소비자행동에서 다음과 같은 현상을 가장 적절하게 설명하는 것은? 2023 군무원 7급

> 새로 출시된 자동차의 디자인이 처음에는 마음에 들지 않았지만, 계속 보다 보니 조금씩 호감도가 증가한다.

① 휴리스틱(heuristic)
② 프로스펙트 이론(prospect theory)
③ 사회판단이론(social judgment theory)
④ 단순노출효과(mere-exposure effect)

해설

④는 특정 대상(제품, 이미지)에 대해 반복적으로 노출되면, 싫거나 무관심함이 점차 호감으로 변화한다는 것이다.

답 ④

016 □□□ **다음 중 상표(brand)에 관한 설명으로 바르지 않은 것은?** 기출복원

① 자산으로서의 가치를 가질 수 있다.
② 소비자의 충성도를 높이는 중요한 수단의 하나이다.
③ 소비자가 구매의 대상이 되는 상품들을 평가하는 사고비용을 증가시킨다.
④ 소비자가 제품을 전체적으로 상기되는 이미지로 인식하는 데 도움을 준다.
⑤ 복수상표전략이란, 동일한 제품에 대해 2개 이상의 상이한 상표를 설정하여 다른 품목으로 차별화하는 것이다.

해설

상표는 소비자입장에서 제품선택 시 사고비용을 감소시키는 역할을 한다.

답 ③

017 □□□ **어떤 상품을 싸게 판매한 후, 그 상품에 필요한 소모품이나 부품 등을 비싼 가격에 판매하여 큰 이익을 거둘 수 있는 가격 정책에 대한 설명으로 옳지 않은 것은?** 2019 감사직

① 이러한 가격 정책을 캡티브 프로덕트 가격 정책(captive product pricing)이라고 한다.
② 싸게 판매하는 상품의 가격은 원가 이하로 내려가기도 하며, 심지어 그 상품을 무료로 줄 수도 있다.
③ 해당 상품 시장에서 고객들이 지각하는 상품의 가치가 이질적이어서 상품별로 가격을 결정하기 어려운 경우에 사용된다.
④ 고객이 아니라 상품을 축으로 하는 가격구조에 해당되고, 상품들이 서로 보완재인 경우에 대표적인 가격구조이다.

해설

포획제품가격(captive product price; 종속제품 가격결정)의 설명으로, 주제품(저가)과 종속제품(고가)으로 구분하여 가격을 책정하는 것이다. ③은 가격계열화에 해당된다.

답 ③

018 **다음 중 시장세분화를 통해 기대할 수 있는 효과에 대한 설명으로 가장 옳지 않은 것은?**

2022 군무원 9급

① 고객들의 욕구를 보다 잘 이해할 수 있다.

② 마케팅 기회를 더 잘 발견할 수 있다.

③ 시장세분화를 하면 할수록 비용효율성이 높아지기 때문이다.

④ 기업들이 동일한 소비자를 놓고 직접 경쟁하지 않아도 되므로 가격경쟁이 완화될 수 있다.

해설

적절한 규모의 시장세분화는 비용의 효율성을 극대화하지만, 지나친 시장세분화는 오히려 비용의 효율성을 감소시킨다.

답 ③

019 **다음 중 생산시점과 소비시점 간의 괴리를 해소시키는 기능은?** 기출복원

① 운송 ② 보관

③ 재고관리 ④ 위험부담

해설

유통경로상에서 중간상이 필요한 이유 중 하나로, 생산시점과 소비시점 간의 괴리를 해소하는 시간의 효용의 관점에서 보관의 필요성을 설명하고 있다.

답 ②

020 **다음 중 촉진믹스 설계 시 고려해야 할 사항으로 잘못된 것은?** 기출복원

① 풀전략을 쓰는 기업보다는 푸시전략을 쓰는 기업에서 광고의 역할이 크다.

② 구매자의 인식단계에서는 광고가, 확신단계에서는 인적판매가 중요하다.

③ 소비재 시장보다는 산업재 시장에서 인적판매가 유리하다.

④ 제품수명주기의 단계에 따라 촉진수단의 효과가 다르게 나타난다.

해설

풀전략은 소비자로 하여금 특정제품을 찾도록 유도하는 전략으로, 푸시전략을 쓰는 기업보다 기업의 광고 역할이 훨씬 크다.

답 ①

021 □□□ **다음 중 마케팅 활동의 발달과정 순서가 옳지 않은 것은?** 기출복원

① 수동적 마케팅 → 능동적 마케팅
② 가격경쟁 → 비가격 경쟁
③ 판매자 중심시장 → 구매자 중심시장
④ 저압적 마케팅 → 고압적 마케팅
⑤ 생산한 것을 판매 → 팔릴 수 있는 것을 판매

해설

수동적 마케팅은 생산 활동에만 치중하고 마케팅 활동은 수동적 · 소극적으로 수행하는 것을 말하며, 판매자시장 또는 생산지향적인 사고를 말한다. 반면 능동적 마케팅은 구매자시장으로서 마케팅지향적인 것을 의미한다.

답 ④

022 □□□ **풀전략(pull strategy)과 푸시전략(push strategy)에 대한 설명으로 바른 것은?** 기출복원

① 유통업체의 경제성 측면에서 마진율은 푸시채널전략의 경우가 풀채널전략의 경우보다 상대적으로 낮다.
② 잘 알려지지 않은 상품을 소비자가 많이 드나드는 매장에 전시하여 고객들을 끌어당기는 것을 풀마케팅(pull marketing)이라고 한다.
③ 제조업체가 자사 신규제품에 대한 시장을 창출하는 것을 소매유통업체에게 주로 의존하는 것은 푸시전략이다.
④ 소비자가 제품 상표(brand)의 명성을 보고 매장으로 찾아오도록 하는 것은 푸시마케팅이다.

해설

▶ 선지분석
① 유통업체의 마진율을 높이기 위해서는 푸시채널전략이 상대적으로 높다.
② 푸시마케팅 전략에 대한 설명이다.
④ 풀마케팅 전략에 대한 설명이다.

답 ③

023 □□□ **다음 중 수직적 마케팅시스템(VMS)에 대한 설명으로 옳지 않은 것은?** 기출복원

① 제조업자, 도매상, 소매상 중 어떤 유통경로 구성원이 주도하여 조직될 수 있다.
② 같은 경로단계에 있는 둘 이상의 업체들이 새로운 마케팅 기회를 위하여 조직될 수 있다.
③ 생산에서 구매까지의 유통과정에서 각 경로 구성원이 수행해야 할 마케팅기능을 통제하여 규모의 경제를 달성할 수 있게 해 준다.
④ 전통적 유통경로보다 경로 전체의 목표를 달성하기 위해 경로 구성원들의 협조를 이끄는 것이 더 용이하다.

해설

②는 수평적 마케팅시스템의 설명으로, 기업들의 협력을 가리킨다.

답 ②

024 □□□ **촉진활동을 구성하는 여러 수단들 중에 상품의 수명주기나 소비자의 심리적 단계에 따라 그 효과가 달라진다. 다음 중 AIDMA모델과 관련하여 행동단계에서 가장 효과가 큰 촉진 수단을 무엇인가?** 기출복원

① PPL전략
② 판매촉진행사
③ 자사의 PR활동
④ 광고(TV, 라디오)

해설

AIDMA모델은 주의, 흥미, 구매욕망, 기억, 행동으로, 특히 행동(action)단계에서는 각종 판매촉진행사가 적합하다.

답 ②

025 □□□ **다음 중 소비자 행동의 근간을 이루는 소비자 정보처리과정을 순서에 맞게 나열한 것은?** 2023 군무원 9급

① 노출 → 주의 → 지각 → 태도
② 주의 → 노출 → 지각 → 태도
③ 노출 → 태도 → 주의 → 지각
④ 태도 → 노출 → 주의 → 지각

해설

소비자 정보처리과정은 ①을 거쳐 긍정적 혹은 부정적 태도가 형성된다.

답 ①

제13회 | 마케팅(6)

001 다음 중 현대적 마케팅에 대한 설명으로 옳은 것은? 기출복원

① 현대적 마케팅의 특징으로 선행마케팅과 순환마케팅을 들 수 있다.
② 소비자위주의 선형마케팅은 전사적 마케팅이다.
③ 생산 활동과 제품을 강조하며, 기업이 생산 가능한 제품이나 서비스를 생산하여 시장에 출시하는 것이다.
④ 판매촉진이 핵심적인 마케팅활동이며, 생산된 제품을 소비자에게 강매하는 형태를 갖는다.

해설

현대적 마케팅의 특징은 선행마케팅, 순환마케팅, 저압적 마케팅, 소비자위주, 전사적 마케팅 등의 특성을 갖고 있다.

답 ①

002 다음 중 기업의 모든 활동이 고객만족이라는 목표 아래 기업의 모든 기능이 유기적으로 조정, 통제, 통합되는 마케팅 기법은? 기출복원

① 계몽 마케팅
② 공생적 마케팅
③ 전사적 마케팅
④ 사회적 마케팅
⑤ 서비스 마케팅

해설

전사적 마케팅(TM; total marketing)이란, 기업의 모든 활동을 고객만족이란 목표 아래 구성원 모두가 연계·통합·조정하는 일체의 마케팅 활동을 수행하는 것이다.

답 ③

003 다음 중 시장세분화를 할 때 사용되는 변수가 아닌 것은? 기출복원

① 구매자의 행동 변수
② 지리적 변수
③ 인구통계학적 변수
④ 고객규모 변수
⑤ 심리적인 변수

해설

고객규모 변수는 시장세분화 기준변수와 무관하다.

답 ④

004 다음 중 표적시장에 관한 설명으로 옳지 않은 것은? 기출복원

① 단일 표적시장에는 집중적 마케팅 전략을 구사한다.
② 다수의 표적시장에는 순환적 마케팅 전략을 구사한다.
③ 통합 표적시장에는 역세분화 마케팅 전략을 구사한다.
④ 인적, 물적, 기술적 자원이 부족한 기업은 보통 집중적 마케팅 전략을 구사한다.
⑤ 세분시장 평가 시에는 세분시장의 매력도, 기업의 목표와 자원 등을 고려해야 한다.

해설

다수의 표적시장이 존재하는 경우 기업의 보유 자원이나 능력 등을 고려하여 차별적 마케팅 전략이 적합하다.

답 ②

005 다음 중 마케팅 전략에 영향을 미치는 거시적 환경에 해당하지 않는 것은?

2021 가맹거래사

① 인구통계학적 환경
② 기업 내부환경
③ 경제적 환경
④ 기술적 환경
⑤ 문화적 환경

해설

기업 내부환경은 통제 가능한 내부환경에 해당된다.

답 ②

006 □□□ **다음 중 델파이 기법에 관한 설명으로 옳지 않은 것은?** 기출복원

① 전문가들을 두 그룹으로 나누어 진행한다.
② 많은 전문가들의 의견을 취합하여 재조정 과정을 거친다.
③ 의사결정 및 의견개진 과정에서 타인의 압력이 배제된다.
④ 전문가들은 공식적으로 소집하여 한 장소에 모이게 할 필요가 없다.
⑤ 미래의 불확실성에 대한 의사결정 및 장기예측에 좋은 방법이다.

해설

델파이 기법은 전문가들에 대해 우편조사를 실시하는 것으로, 한 자리에 모일 필요가 없다.

답 ①

007 □□□ **마케팅정보시스템 중 기업의 현재 업무활동과 관련된 일상적인 정보를 효과적으로 관리하여 마케팅의사결정을 지원하는 시스템을 가리키는 것은?** 기출복원

① 마케팅의사결정지원시스템
② 마케팅인텔리전스시스템
③ 고객정보시스템
④ 내부정보시스템
⑤ 마케팅조사시스템

해설

내부정보시스템이란, 기업의 현재 업무활동과 관련된 일상적인 정보를 효과적으로 관리하여 마케팅의사결정을 지원하는 시스템으로, 상품별, 기간별 매출, 재고수준, 지역별 점포 수 및 실적 등의 정보를 말한다.

답 ④

008 다음 중 차별적 마케팅과 집중적 마케팅에 대한 설명으로 바르지 못한 것은? 기출복원

① 제품수명주기상에서 일반적으로 도입단계에는 차별적 마케팅을 실시하는 것이 유리하다.
② 집중적 마케팅 전략에서는 전문화 및 규모의 경제의 실현이 가능하다.
③ 차별적 마케팅 전략은 소비자들의 욕구, 선호도, 구매관습 등이 각각 상이할 때 적합하다.
④ 시장세분화 전략과 비차별적 마케팅 전략은 대립되는 개념이다.

해설

도입기에서는 비차별적 마케팅의 실시를 통해 소비자에게 인식될 수 있는 것이 유리하고, 품질관리가 중요하다.

답 ①

009 다음 중 시장세분화에 대한 설명으로 적절하지 않은 것은? 기출복원

① 효익 세분화 – 소비자들이 제품에서 추구하는 주요 편익에 따라 시장을 나눈다.
② 심리적 세분화 – 연령, 교육수준, 성별, 가족규모 등의 특성에 따라 시장을 나눈다.
③ 지리적 세분화 – 피자헛의 경우 미국 동부지방 주민에게는 치즈, 서부지방 주민에게는 토핑재료, 중서부지방 주민에게는 두 가지 모두를 더 많이 제공하는 경우처럼 시장을 나눈다.
④ 볼륨 세분화 – 소비자를 대량 이용자, 중간 이용자, 소량 이용자, 비사용자로 나눈다.

해설

②는 인구통계학적인 세분화에 대한 설명으로, 심리적 세분화는 사회계층, 라이프스타일, 개성 등에 의해 시장을 구분하는 것이다.

답 ②

010 □□□ **제품수명주기(PLC)에서 다음 시기에 사용할 수 있는 유통 및 광고전략은?** 기출복원

- 회사들 사이에 경쟁이 증가하기 때문에 이익은 정체되거나 하락한다.
- 대다수의 잠재구매자들이 제품을 구매하여 판매성장이 둔화된다.

① 선택적 유통을 구축하고 수익성이 적은 경로를 폐쇄하며, 상표충성도가 강한 고객을 유지하는 데 초점을 둔다.
② 집중적인 유통을 구축하고 대중시장에서의 인식과 관심을 형성하는 데 초점을 둔다.
③ 집중적인 유통을 보다 강화하고 상표 차이와 제품의 이점을 강조하는 데 초점을 둔다.
④ 선택적인 유통을 구축하고 조기수용층과 판매상의 제품인지를 형성하는 데 초점을 둔다.

해설

문제의 내용은 PLC상에서의 성숙기에 해당되는 특징이다. 이 시기에는 집중적인 유통경로를 선택하고 제품이나 상표의 차이를 강조하며, 상표전환을 유도하는 판촉에 증진하는 전략을 실시한다.

답 ③

011 □□□ **다음 중 선매품(shopping goods)에 관한 설명으로 옳은 것은?** 2021 공인노무사

① 소비자가 필요하다고 느낄 때 수시로 구매하는 경향을 보인다.
② 소비자는 가격, 품질, 스타일 등 다양한 정보를 수집하여 신중하게 비교하는 경향을 보인다.
③ 소비자는 잘 알지 못하거나 알고 있어도 능동적으로 구매하려 하지 않는다.
④ 일상 생활에서 빈번히 구매하는 저관여 제품들이 많다.
⑤ 독특한 특징을 지니거나 브랜드 차별성을 지니는 제품들이 많다.

해설

▶ 선지분석

①, ③, ④는 편의품, ⑤는 전문품의 특성이다.

답 ②

012 **제품 구성요소 중 유형제품(tangible product)에 해당하는 것은?** 기출복원

① 보증(guarantee)
② 상표명(brand name)
③ 대금결제방식(payment)
④ 배달(delivery)
⑤ 애프터 서비스(after service)

해설

유형제품이란, 제품에 대한 물리적인 속성으로, 상표(명), 포장, 품질, 특성, 스타일 등이 해당된다.

답 ②

013 **새로운 마케팅 기회를 확보하기 위해 동일한 유통경로 단계에 있는 둘 이상의 기업이 제휴하는 시스템은?** 2022 공인노무사

① 혁신 마케팅시스템
② 수평적 마케팅시스템
③ 계약형 수직적 마케팅시스템
④ 관리형 수직적 마케팅시스템
⑤ 기업형 수직적 마케팅시스템

해설

동일한 유통경로 단계에서의 제휴는 ② 수평적 마케팅시스템이며, 공생적 마케팅이라고도 한다.

답 ②

014 **다음 중 마케팅의 고가격전략을 실행하는 데 적절하지 않은 것은?** 기출복원

① 경쟁제품과 비교하여 원가구조상의 우위를 점하고 있을 때
② 자사의 제품이 기능이나 이미지가 우수할 때
③ 시장의 진입장벽이 높을 때
④ 규모의 경제효과를 통한 이득이 미미할 때

해설

①의 경우 저가격전략을 실시한다.

답 ①

015 □□□ **어린이 식품을 생산하여 판매하는 A사가 A라는 브랜드를 가지고 전국에 10개의 'A어린이집'을 열고자 한다. A사가 사용하려는 브랜드전략은?** 기출복원

① 라인확장
② 차별화
③ 공동브랜드
④ 리포지셔닝
⑤ 범주확장

해설

범주확장이란, 기존의 상표(brand)를 다른 카테고리(다른 제품군)에 활용하는 것을 말한다. 식품에 관련된 상표를 어린이집과 연관한 것은 범주확장이다.

▶ 선지분석

① 라인확장은 동일한 카테고리에 활용하는 것이다.
② 차별화는 독특한 기능이나 디자인을 갖는 것이다.
③ 공동브랜드는 몇 가지 관련된 제품들에 대해 한 가지 상표를 사용한다.
④ 리포지셔닝은 소비자에게 상표를 재인식시키는 것 등을 의미한다.

답 ⑤

016 □□□ **다음 중 수직적 마케팅시스템(VMS)에 대한 설명으로 옳지 않은 것은?** 기출복원

① 독립적 유통경로와 통합적 유통경로 사이의 적절한 선에서 경로의 계열화가 이루어지는 것을 말한다.
② 상호독립적인 구성원들 중 지도적 위치에 있는 구성원이 다른 구성원들의 활동을 조정하는 것은 관리형 VMS이다.
③ 프랜차이즈는 기업형 VMS이다.
④ 서로 독립적인 구성원들이 상호계약에 의해 조정과 통제가 이루어지는 것을 계약형 VMS라 한다.

해설

프랜차이즈시스템은 대표적인 계약형 마케팅시스템이다.

답 ③

017 ☐☐☐ **유통업태 중 카테고리 킬러(Category Killer)에 대한 설명으로 가장 거리가 먼 것은?**

기출복원

① 전문 할인점이다.
② 취급하는 상품의 계열이 다양하다.
③ 전문점과 달리 서비스 수준이 낮은 편이다.
④ 주로 장난감, 스포츠용품, 가전제품 등을 취급하는 경우가 많다.

해설

전문 할인점이라고도 하는 카테고리 킬러란, 특정 상품을 저렴한 가격에 제공함으로써 구매자의 만족감을 최대화하는 전문할인매장이다. 1980년대 초 미국에서 처음 등장한 소매 형태로, 기존 대형할인점, 백화점과 달리 많은 물건을 나열해 팔지 않고 한 종목만 취급하며, 낮은 가격대를 유지하는 유통업체를 가리킨다.

답 ②

018 ☐☐☐ **다음 중 물적유통관리의 설명으로 옳지 않은 것은?**

기출복원

① 물적유통 활동 중 가장 비중이 높은 것은 마케팅 병참관리라고도 하는 수송이다.
② 생산단계에서부터 소비단계에 이르기까지 재화의 이동 및 취급과정을 말한다.
③ 소유 및 형태효용의 창조를 통한 수요창출 기능을 수행한다.
④ 물적유통관리의 목적은 고객에 대한 욕구충족 및 유통비용 절감에 있다.

해설

물적유통은 시간과 장소의 효용을 창조하는 물류비 절감 기능을 수행한다.

답 ③

019 ☐☐☐ **다음 중 취급하는 품목이 많아져 계열의 깊이가 늘어나는 경우 생기는 현상이 아닌 것은?**

기출복원

① 소비자의 다양한 욕구를 충족시킬 수 있다.
② 소매상이 취급하는 공간을 확보하기가 쉬워진다.
③ 생산효율성이 떨어지고 품목의 공헌이익이 줄어든다.
④ 자기잠식(cannibalization)현상이 생기기 쉽다.

해설

제품계열(product line)이란, 제품믹스 내에서 유사한 품목들의 집합을 말한다. 제품계열의 깊이란, 한 계열 내의 품목 수로서 이것을 늘리는 것은 제품의 차별화를 말한다.

답 ②

020 **다음 중 침투가격전략의 전략적 근거가 되는 것은?** 기출복원

□□□

① 경험곡선효과
② 스키밍가격
③ 가격－품질 연상현상
④ 관습가격
⑤ 경쟁대응가격

해설

경험곡선효과는 BCG에서 개발한 개념으로, 한 사업 분야의 매출규모가 2배가 됨으로써 그 제품의 생산 및 판매의 단위당 원가는 일정한 비율(보통 15~30%)로 저하됨을 설명하는 것이다. 이것은 학습곡선(學習曲線)을 일반화한 것으로, 저가로서 시장에 침투하는 전략이다.

답 ①

021 **서비스업은 제품 생산 및 제조업체와는 다른 특성을 가지고 있다. 다음 중 서비스 운영의 특징에 대한 설명으로 가장 옳지 않은 항목은?** 2022 군무원 7급

□□□

① 서비스는 무형적인 특성이 있어서 구매 전에 관찰 및 시험이 어렵다.
② 서비스는 생산과 동시에 소비되므로 저장될 수 없다.
③ 서비스는 시간소멸적인 특성이 있어서 서비스 능력을 저장할 수 없다.
④ 서비스 전달 시스템에 고객이 참여하기 때문에 고객마다 동일한 서비스가 제공된다.

해설

서비스는 고객마다 동일한 서비스가 제공될 수 없다(서비스의 이질성).

답 ④

022 소비자의 구매의사 결정단계는 '문제인식, 정보탐색, 대안평가, 구매, 구매 후 행동'의 다섯 단계로 이루어진다. 그 중 소비자의 구매의사 결정에 가장 효과적인 촉진믹스로 이루어진 것은?

기출복원

ㄱ. 광고	ㄴ. PR
ㄷ. 판매촉진	ㄹ. 인적판매

① ㄱ, ㄷ
② ㄴ, ㄹ
③ ㄷ, ㄹ
④ ㄱ, ㄴ
⑤ ㄱ, ㄹ

해설

ㄷ, ㄹ. 소비자의 구매의사 결정에 가장 효과적인 것은 쿠폰이나 시용(trial)을 통한 구매유도와 인적판매를 통한 적극적인 설득이 해당된다.

▶ 선지분석

ㄱ, ㄴ. 광고와 PR은 불특정 다수를 대상으로 하기 때문에 구매의사 결정에는 판매촉진과 인적판매보다는 효과적이지 못하다.

답 ③

023 가장 중요시 여기는 속성에서 가장 좋은 평가를 받은 상표를 선택하는 대안의 평가방식은?

기출복원

① 다속성태도 모형
② 보완적 방식
③ 휴리스틱 방식
④ 사전 편집식

해설

사전 편집식은 가장 중요시 하는 평가기준에서 최상으로 평가되는 상표를 선택하여 순차적으로 제거하는 형태이다.

▶ 선지분석

② 보완적 방식은 평가기준에서의 강점에 의해 보완되어 전체적인 평가를 받게 되는 방식의 다속성태도 모델이다.

답 ④

024 □□□ **다음 중 저관여 소비자의 의사결정과정에 해당되지 않는 것은?** 기출복원

① 자신의 생각과 다른 정보를 수동적으로 수용한다.
② 자신의 태도에 대한 변화가 빈번히 일어난다.
③ 능동적으로 제품 및 상표정보를 탐색한다.
④ 인지부조화가 발생하는 빈도가 낮다.

해설

저관여 소비자의 의사결정은 정보의 탐색이 매우 제한적이고, 수동적으로 수용한다.

답 ③

025 □□□ **소비자가 사랑, 가족애, 우정 등을 경험하게 함으로써 긍정적이고 온화한 감정을 불러 일으키는 광고실행 전략은?** 기출복원

① 증언형 광고
② 비교광고
③ 유머소구
④ 온정소구
⑤ 이성적 소구

해설

소비자가 사랑, 가족애, 우정 등을 경험하게 함으로써 긍정적이고 온화한 감정을 불러 일으키는 광고를 온정형 광고 또는 온정소구라고 한다.

▶ 선지분석

⑤ 이성적 소구(Rational Appeal)란, 광고 메시지에서 제품의 기능적 장점이나 편익 등을 강조하며, 소비자들의 경제성이나 객관성, 합리성에 호소하는 것이다.

답 ④

제14회 | 마케팅(7)

001 다음 중 판매회사가 제조업체에 제품의 생산을 위탁하면 제조업체가 이 제품을 자체적으로 설계 · 개발 · 생산하여 판매회사에 납품하는 방식으로 가장 적절한 것은?

2023 군무원 9급

① OJT ② OBM
③ ODM ④ OEM

해설

ODM(Original Development Manufacturing)은 제조업자 개발생산, 설계생산이라고도 하며, 개발력을 갖춘 제조업체가 판매망을 갖춘 유통업체에 상품 또는 재화를 공급하는 생산방식이다.

답 ③

002 다음 중 마케팅믹스(Marketing Mix)에 대한 설명으로 바르지 않은 것은? 기출복원

① 마케팅믹스는 기업의 종류와 조직의 구조에 따라 전략적으로 변경되고, 표적시장에 따라 다르게 형성되는 특징이 있다.
② 기업의 궁극적인 목적을 달성하기 위해 마케팅 목표는 각종 전략과 전술을 종합적으로 고려하고 실시하는 것이 좋다.
③ 마케팅믹스의 구성요소는 제품계획, 판매경로수립, 수송보관, 광고 및 홍보, 디스플레이 등이 있다.
④ 현대 마케팅의 중점은 경영자가 통제 불가능한 마케팅 요소로서 제품, 가격, 유통경로, 판매원 등의 소위 4P's를 효율적으로 결합시키는 결정과정을 말한다.
⑤ 마케팅믹스전략의 수립은 롱테일법칙에 근거한 기법이다.

해설

마케팅믹스(Marketing Mix)의 4P's는 통제 가능한 요소로서 제품(product), 가격(price), 유통경로(place), 판매촉진(promotion)전략을 의미한다.

답 ④

003 □□□ **다음 중 앤소프(H. Ansoff)의 제품/시장 매트릭스에 해당되지 않는 전략은?**

2021 가맹거래사 · 2022 공인노무사

① 시장침투전략
② 제품개발전략
③ 차별화전략
④ 시장개발전략
⑤ 다각화전략

해설

제품/시장 매트릭스와 차별화전략은 무관하다.

답 ③

004 □□□ **다음 중 제품의 가격결정전략 중에서 경쟁자의 가격에 따른 가격결정과 가장 관계 깊은 업종은 어느 것인가?**

기출복원

① 항공, 자동차
② 철강, 제지
③ 식료품, 의류
④ 출판, 교육
⑤ 전기 · 전자, IT산업

해설

철강, 제지는 산업재로서 제품차별화의 필요성이 약하며, 소수업계의 특징으로 경쟁사와 비교하여 가격결정을 하는 것이 효과적이다.

답 ②

005 □□□ **다음 중 유효한 시장세분화의 요건에 포함되지 않는 것은 어느 것인가?**

기출복원

① 신속성과 변화가능성
② 측정가능성과 실행가능성
③ 신뢰성과 유효타당성
④ 실체성과 접근가능성

해설

시장세분화의 전제요건은 측정가능성, 유지가능성(유효성과 타당성), 접근가능성, 실행가능성(실질성) 등이다.

답 ①

006 □□□ **다음은 시장세분화의 기준을 설명하는 내용이다. 아래의 사례에서 가장 옳은 것은?**

2022 군무원 7급

- 제품편익: 제품을 구매하고 사용하여 어떤 편익을 얻고자 한다.
- 브랜드 충성도: 어떤 특정 브랜드에 대해 선호하는 심리상태를 말한다.
- 태도: 제품에 대한 소비자의 태도를 조사하여 시장을 세분화할 수 있다.

① 인구통계학적 세분화 ② 지리적 세분화

③ 행동적 세분화 ④ 심리적 특성에 의한 세분화

해설

제시된 사례는 고객행동(행태)변수(사용량, 사용상황 등)에 따른 시장세분화기준변수이다.

답 ③

007 □□□ **다음 중 제품수명주기(PLC)에 대한 설명으로 적절한 것은?**

기출복원

① 판매이익은 대체로 도입기에 가장 높다.

② 패드형은 도입기부터 성장기와 성숙기가 거의 없이 쇠퇴기로 접어든다.

③ 모든 제품은 S자형의 수명주기를 갖는다.

④ 제품수명주기는 판매의 성장률이나 감소율이 뚜렷이 변동하는 지점을 기준으로 구분한다.

해설

▶ 선지분석

① 판매이익은 성숙기에 가장 높다.

② 패드형은 도입기 없이 바로 성장기로, 성숙기가 거의 없이 바로 쇠퇴기로 접어든다.

③ 제품에 따라 PLC의 형태가 다르게 나타난다.

답 ④

008 **신제품을 가장 먼저 받아들이는 그룹에 이어 두 번째로 신제품의 정보를 수집하여 신중하게 수용하는 그룹은?** 기출복원

① 조기수용자(early adopters)
② 혁신자(innovators)
③ 조기다수자(early majority)
④ 후기다수자(late majority)
⑤ 최후수용자(laggards)

해설

신제품수용주기에서 두 번째 단계는 조기수용자이다.

답 ①

009 **다음 중 가격결정 유형에 대한 설명으로 바르지 않은 것은?** 기출복원

① 명성 가격결정법은 가격이 높으면 품질이 좋을 것이라고 느끼는 효과를 이용하여 고급상품의 가격결정에 많이 이용된다.
② 상층흡수 가격결정법은 제품도입기에 고가의 가격설정으로, 투자액의 조기회수를 가능하게 하는 가격결정방법이다.
③ 침투 가격결정법은 제품도입기에 시장성장률 확대를 위해 저가의 가격설정을 하는 방법으로, 수요의 가격탄력성이 높은 제품에 많이 이용된다.
④ 종속제품 가격결정법은 주요 제품과 함께 사용하는 제품을 동시에 생산하는 경우 기본제품은 높은 가격으로, 종속제품은 낮은 가격으로 가격을 결정하는 것이다.
⑤ 손실유도 가격결정법은 특정제품의 가격을 대폭 인하하여 다른 품목의 수익성을 확보하기 위한 일종의 심리가격결정이다.

해설

기본제품(hardware)은 낮은 가격으로 판매하고 종속제품(software)은 높은 가격으로 판매하는 것은 종속제품 가격결정법이다.

답 ④

010 **다음 중 수직적 마케팅시스템(VMS: Vertical Marketing System)에 대한 설명으로 가장 거리가 먼 것은?** 2023 군무원 9급

① 기업형 VMS를 통해 경로갈등을 해결할 수 있다.
② 제조기업이 중간상을 통합하는 것은 전방통합에 해당한다.
③ 프랜차이즈 시스템은 관리형 VMS에 해당한다.
④ 계약형 VMS가 관리형 VMS보다 수직적 통합의 정도는 강하다.

해설

프랜차이즈 시스템은 계약형 VMS에 해당한다.

답 ③

011 **다음 중 제품 포트폴리오 관리 도구인 BCG매트릭스가 제공하는 4가지 진단상황에 대한 설명으로 가장 옳지 않은 것은?** 2022 군무원 9급

① 별(star): 시장성장률과 시장점유율이 모두 높은 제품
② 현금젖소(cash cow): 시장점유율은 낮지만 시장성장률이 높은 제품
③ 개(dog): 시장성장률과 시장점유율이 모두 낮은 제품
④ 물음표(question mark): 시장성장률은 높지만 시장점유율이 낮은 제품

해설

현금젖소(cash cow)사업부는 시장점유율이 높고 시장성장률이 낮은 제품이 해당된다.

답 ②

012 **다음 중 유인가격(loss leader)에 대한 올바른 설명은?** 기출복원

① 시장진입 초기에 저가로 가격을 설정하는 것이다.
② 여러 가지 상품을 묶어서 개별적으로 구매하는 것보다 더 저렴하게 판매하는 전략이다.
③ 다른 제품의 판매를 유도하기 위해 손해를 감수하고 저가로 판매하는 제품이다.
④ 품질을 약간 낮추고 그만큼 가격도 인하한 제품이다.

해설

유인가격은 가격을 인하시킨 제품은 손해를 볼 수도 있지만, 소비자들을 자기 점포로 적극 유치함으로써 다른 제품의 매출이 신장되는 효과를 볼 수 있다. 따라서 결과적으로 상점의 이미지는 좋아지고 전체적인 매출액도 늘어난다는 것이다.

답 ③

013 □□□ **다음 중 가격 및 가격결정에 대한 설명으로 옳은 것은?** 2021 감사직

① 10,000원짜리 제품에서 500원 미만의 가격인상은 알아차리지 못하지만, 500원 이상의 가격인상은 알아차리는 현상을 웨버의 법칙(Weber's Law)으로 설명할 수 있다.

② JND(Just Noticeable Difference)는 같은 500원을 인상하더라도 인상 전 원래의 제품가격의 수준이 낮은 경우와 높은 경우에 따라 가격변화를 다르게 지각하는 것이다.

③ 일반적으로 준거가격은 최저수용가격보다 높고 유보가격보다는 낮다.

④ 가격-품질 연상은 가격이 어느 수준 이하로 내려가면 해당 제품의 품질을 의심하는 것이며, 주로 품질을 평가하기가 쉬운 제품에서 발견된다.

해설

▶ 선지분석

①은 JND(차이역), ②는 웨버(Weber)의 법칙, ④는 최저수용가격에 대한 설명이다.

답 ③

014 □□□ **다음 중 가격전략에 대한 설명으로 가장 적절한 것은?** 2023 군무원 9급

① 원가가산 가격결정 방법은 제품의 단위당 원가에 일정 비율의 마진을 더해 판매가격을 결정하는 방법이다.

② 단수가격은 소비자가 제품을 구매를 결정할 때 기준이 되는 가격이다.

③ 2부제 가격(two-part tariff)은 성수기와 비수기의 가격을 다르게 책정하는 방식이다.

④ 유보가격(reserved price)보다 제품의 가격이 낮으면 소비자가 제품의 품질을 의심해서 구매를 유보하게 된다.

해설

▶ 선지분석

② 준거가격, ③ 가격차별화, ④ 가격-품질연상효과의 설명이다.

답 ①

015 다음 중 신제품 확산에 관한 설명으로 올바른 것은? 기출복원

① 신제품이 복잡할수록 눈에 잘 띄어 확산이 빠르다.

② 기존 제품과 비슷하고 상대적 이점이 적을수록 수용을 쉽게 하므로 확산도 빠르다.

③ 신제품의 특성을 잠재적 소비자에 전달하기 쉬울수록 확산이 빠르다.

④ 신제품이 잠재 소비자의 기존 신념에 부합할수록 신선미가 떨어져 확산이 느리다.

해설

▶ 선지분석

①, ②는 신제품의 확산 속도가 느리게, ④는 신제품의 확산 속도가 빠르게 나타난다.

답 ③

016 다음 중 유통과정에서 중간상의 역할로 옳지 않은 것은? 기출복원

① 정보탐색 등 거래비용을 줄이는 역할을 한다.

② 생산자에게 적정 이윤을 보장하는 역할을 한다.

③ 생산자와 소비자 사이의 접촉횟수를 줄이는 역할을 한다.

④ 생산자와 소비자 사이의 교환과정을 촉진하는 역할을 한다.

⑤ 생산자와 소비자 사이에서 수요와 공급을 조절하는 역할을 한다.

해설

▶ 선지분석

유통과정에서 중간상의 역할은 ①, ③, ④, ⑤ 외에 생산자와 소비자 사이의 시간, 장소(공간), 형태(구색의 불일치)의 불일치를 해소해주는 역할을 한다. 또한 분업의 원칙, 최소 거래 수의 원칙, 거래의 표준화, 교환과정의 촉진 등이 있다.

답 ②

017 □□□ **다음 중 소비자의 정보처리과정에 관한 설명 중 옳지 않은 것은?** 2023 가맹거래사

① 정보처리과정은 노출 → 이해(해석) → 주의 → 기억의 순으로 진행된다.
② 노출은 자극이 감각기관에 들어오는 것이다.
③ 이해(해석)은 유입된 정보를 조직하고 그 의미를 해석하는 것이다.
④ 주의는 정보처리자원을 특정 자극에 집중하는 인지작용이다.
⑤ 기억은 처리된 정보를 저장하는 것이다.

해설

소비자의 정보처리과정은 노출 → 주의 → 이해(해석; 지각) → 기억의 순으로 진행된다.

답 ①

018 □□□ **다음 중 새로운 고객층에 소구되는 신제품시장에 진출(현재 사업분야와 완전히 이질적인 시장 또는 사업에 진출)하려는 성장전략은?** 기출복원

① 복합적 다각화
② 집중적 다각화
③ 수평적 다각화
④ 전방통합
⑤ 후방통합

해설

복합적 다각화는 기존의 제품계열과 전혀 관련이 없는 신제품으로 신시장(새로운 고객)에 진출 · 호소하는 것이다.

답 ①

019 □□□ **다음 중 상품의 정확한 정보를 전달하기 보다는 소비자로 하여금 호기심을 유발하는 광고를 하는 것을 가리키는 것은?** 기출복원

① 인포머셜광고
② 티저광고
③ 트레일러광고
④ 네거티브광고

해설

소비자의 호기심을 유발하는 광고는 티저광고(teaser Ad)이다.

답 ②

020 **다음 중에서 가격책정방법이 아닌 것은?** 2022 군무원 9급

① 원가가산의 방법 ② 수요지향적 방법
③ 경쟁지향적 방법 ④ 재고지향적 방법

해설

가격책정방법에 재고지향적 방법은 무관하다.

답 ④

021 **다음 제품과 서비스의 특성 중 서비스의 특성만 바르게 묶은 것은?** 기출복원

ㄱ. 유형성	ㄴ. 무형성	ㄷ. 이질성
ㄹ. 동질성	ㅁ. 생산과 소비의 분리성	ㅂ. 생산과 소비의 동시성
ㅅ. 저장성	ㅇ. 비저장성	ㅈ. 소유권이전 가능
ㅊ. 소유권이전 불가능		

① ㄴ, ㄷ, ㅂ, ㅇ, ㅊ ② ㄱ, ㄹ, ㅁ, ㅅ, ㅈ
③ ㄴ, ㄹ, ㅂ, ㅇ, ㅊ ④ ㄱ, ㄷ, ㅁ, ㅅ, ㅈ

해설

제품은 유형의 특징을 갖고, 서비스는 무형의 특징을 갖고 있다.

답 ①

022 **다음 촉진믹스의 개발 및 관리에 대한 설명 중 옳지 않은 것은?** 기출복원

① 광고는 많은 사람들에게 빠른 전달은 가능하나 인적판매에 비해 설득력이 떨어진다.
② 푸시전략이란, 유통경로 구성원들을 대상으로 인적판매 등을 하는 활동이다.
③ 촉진 메시지의 구조를 결정할 경우 일면적 주장보다 양면적 주장이 더 효과적이다.
④ 산업재를 판매하는 기업은 촉진활동을 인적판매에 의존하는 경향이 강하다.

해설

촉진 메시지에서 일면적 주장이란, 장점만 표현하는 것이고, 양면적 주장이란, 장·단점을 모두를 표현하는 것이다. 그러므로 촉진전략의 구조결정은 일면적 주장이 더 효과적이다.

답 ③

023 □□□ **다음 내용은 제품믹스 및 제품계열관리와 관련된 것이다. 보기에 해당하는 개념 중 가장 옳은 것은?** 2022 군무원 7급

> ㄱ. (　　)은(는) 특정 판매자가 구매자들에게 제공하는 모든 제품계열과 품목을 합한 것이다.
> ㄴ. (　　)은(는) 동일 유형의 유통경로를 통해 동일한 고객집단에게 판매되는 서로 밀접한 관련이 있는 제품들의 집단이다.
> ㄷ. (　　)은(는) 하나의 제품계열 내에서 크기, 가격, 외형 또는 다른 속성에 따라 구분할 수 있는 하나의 독특한 단위이다.

① ㄱ(제품품목), ㄴ(제품계열), ㄷ(제품믹스)
② ㄱ(제품계열), ㄴ(제품믹스), ㄷ(제품품목)
③ ㄱ(제품믹스), ㄴ(제품계열), ㄷ(제품품목)
④ ㄱ(제품계열), ㄴ(제품품목), ㄷ(제품믹스)

해설

제시된 보기와 가장 관련 있는 개념은 ③이다.

답 ③

024 □□□ **내적 탐색을 하여 머릿속에 떠오르는 상표들을 (가)이라고 하고, 외적 탐색을 거치면서 구매대상이 되는 상표들이 추가되어 (나)이 형성된다. 앞 문장에서 (가), (나)에 가장 알맞은 용어가 순서에 맞게 짝지어진 것은?** 기출복원

① 환기상표군 – 추가상표군
② 고려상표군 – 추가상표군
③ 선택집합 – 환기상표군
④ 환기상표군 – 고려상표군

해설

구매의사결정에서 정보탐색에서의 상품군은 환기상표(evoke set)군과 고려상표(consideration set)군으로 나눌 수 있다. 환기상표군은 내적 탐색 시 소비자의 머릿속에 떠오르는 상표들로서 평균 3~4개 정도이며, 고려상표군은 소비자가 최종대안을 선택하기에 앞서 신중하게 고려하는 상표들의 집합으로 평균 3~4개 정도가 된다.

답 ④

025 소비자가 자신이 좋아하는 브랜드에 대한 호의적인 정보만을 기억하는 경향은? 기출복원

① 선택적 주의
② 선택적 보유
③ 선택적 노출
④ 선택적 왜곡

해설

선택적 보유(select retention)란, 소비자들은 자신에게 꼭 필요하며, 자신이 갖고 있던 신념이나 태도에 도움이 되는 정보는 기억하려고 노력하는 것을 의미한다.

답 ②

PART 3

인적자원관리

제15회 | 인적자원관리(1)

001 □□□ **다음 중 평정척도법과 중요사건기술법을 결합하여 계량적으로 수정한 인사평가기법은?**

2023 가맹거래사

① 행동기준평가법(behaviorally anchored rating scales)
② 목표관리법(management by objectives)
③ 평가센터법(assessment center method)
④ 체크리스트법(check list method)
⑤ 강제할당법(forced distribution method)

해설

평정척도법과 중요사건기술법을 결합하여 더욱 정교하게 계량적으로 수정한 인사평가기법은 행동(행위)기준평가법이다.

답 ①

002 □□□ **다음 중 맥그리거(McGregor)의 X이론과 Y이론에 대한 설명으로 옳지 않은 것은?** 기출복원

① 인간은 야망이 없고 매사에 책임지기 싫어한다는 것은 X이론이다.
② 전통적인 인간관으로 명령, 통제, 처벌 등에 의한 경영관리방식이 X이론이다.
③ 인간은 조직생활을 통해 성취감과 자아실현의 욕구를 충족시키려 하며, 자발적 노력에 의한 목표관리가 Y이론에 해당된다.
④ 인간은 수동적이어서 타인에게 간섭이나 통제 등이 필요하다는 것은 Y이론이다.

해설

인간은 본성적으로 수동적이며 일하기 싫어하기 때문에 간섭, 통제, 지시, 명령 등이 필요하다고 주장한 내용은 X이론이다.

답 ④

003 다음 중 직무와 관련된 설명으로 바르지 않은 것은? 기출복원

① 직무평가는 직무 간의 상대적 가치를 평가하는 것으로, 직무급의 기초를 제공한다.
② 인사관리는 직무분석, 직무평가, 인사고과의 순으로 진행된다.
③ 직무분석을 통해 직무 담당자의 자질 및 직무수행을 명확히 하는 것이며, 기법에는 행위기준고과법, 중요사건서술법, 관찰법, 면접법 등이 있다.
④ 직무충실화는 종업원이 직무를 통하여 만족감을 주는 것으로, 직무를 수직적으로 확대하는 기법이다.

해설

행위기준고과법은 인사고과방법(기법)에 해당된다.

답 ③

004 다음 중 직무분석에 대한 설명으로 가장 옳은 것은? 2023 군무원 5급

① 직무분석은 직무의 구체적인 내용 및 이를 수행하기 위해 요구되는 작업자의 자격요건을 가지고 해당 직무의 가치를 밝히는 활동이다.
② 직무명세서는 직무 내용에 관한 정보를 작성한 문서이고, 직무기술서는 직무수행자에게 요구되는 자격요건에 관한 정보를 작성한 문서이다.
③ 직무정보의 수집방법에는 기능적 직무 분석법, 직위분석 설문지법, 관리적 직무 분석법 등이 있다.
④ 직무분류란, 여러 종류의 직무들을 직군별 혹은 직종별로 분류하는 것을 말하는데, 직무의 정형성 정도가 낮은 직군은 사무직 직무들에서 많이 발견된다.

해설

▶ 선지분석

① 직무평가, ② 직무명세서는 직무수행자의 자격요건을, 직무기술서는 직무내용에 관한 정보를 작성, ③ 직무정보 수집방법에는 관찰법, 면접법, 질문지법, 중요사건서술법 등이 있다.

답 ④

005 □□□ **다음 부당노동행위 중 근로자가 어느 노동조합에 가입하지 아니할 것 또는 탈퇴할 것을 고용조건으로 하거나 특정한 노동조합의 조합원이 될 것을 고용조건으로 하는 행위는?**

2023 산업안전지도사

① 불이익대우
② 단체교섭거부
③ 지배 · 개입 및 경비원조
④ 정당한 단체행동 참가에 대한 해고 및 불이익대우
⑤ 황견계약

해설

근로자가 어느 노동조합에 가입하지 아니할 것 또는 탈퇴할 것을 고용조건으로 하거나, 특정한 노동조합의 조합원이 될 것을 고용조건으로 하는 행위는 황견(반조합)계약이다.

답 ⑤

006 □□□ **다음 중 OJT(On the Job Training)에 해당되는 것은?** 기출복원

① 세미나
② 사례연구
③ 도제식 훈련
④ 시뮬레이션
⑤ 역할연기법

해설

OJT는 기업 내 교육훈련으로, 직속상사가 담당하고 실제 직무(업무)와 관련된 것을 교육훈련시키는 것이다. 선지 중에서 도제식 훈련이 이에 해당된다.

답 ③

007 □□□ **다음 중 인력모집과 선발에 관한 설명으로 옳지 않은 것은?** 기출복원

① 사내공모제는 승진기회를 제공함으로써 기존 구성원에게 동기부여를 제공한다.
② 클로즈드 숍(closed shop)제도의 경우 신규 종업원 모집은 노동조합을 통해서만 가능하다.
③ 집단면접은 다수의 면접자가 한 명의 응모자를 평가하는 방법이다.
④ 외부모집을 통해 조직에 새로운 관점과 시각을 가진 인력을 선발할 수 있다.
⑤ 내부모집 방식에서는 모집범위가 제한되고 승진을 위한 과다경쟁이 생길 수 있다.

해설

집단면접은 다수의 응모자를 집단으로 분류하여 각 집단별로 토론을 하는 방법으로, 리더십이 있는 인재를 발굴할 수 있는 방법이다.

답 ③

008 다음 중 직장 내 교육훈련(OJT)에 관한 설명으로 가장 옳지 않은 것은? 2021 군무원 9급

① 교육훈련 프로그램 설계 시 가장 먼저 해야 할 것은 필요성 분석이다.
② 직장 상사와의 관계를 돈독하게 만들 수 있다.
③ 교육훈련이 현실적이고 실제적이다.
④ 많은 종업원들에게 통일된 훈련을 시킬 수 있다.

해설

④는 직장 외 교육훈련(Off-JT)에 대한 특성이다.

답 ④

009 다음 중 집단휴가 실시, 초과근무 거부, 정시 출 · 퇴근 등과 같은 근로자의 쟁의행위는? 2023 가맹거래사

① 파업
② 태업
③ 준법투쟁
④ 직장폐쇄
⑤ 피케팅

해설

준법투쟁이란, 노동조합 또는 근로자집단의 통제 아래 그들의 주장을 관철하기 위하여 집단적으로 평소 잘 지켜지지 않는 법규나 단체협약 또는 취업규칙 등을 엄격히 지키거나 근로자가 가진 권리를 일제히 행사케 함으로써 사용자의 일상적인 업무운영을 저해하는 행위이다.

답 ③

010 □□□ **다음 중 설명 중 바르지 못한 것은?** 기출복원

① 직무설계는 인간의 기계화를 탈피하고, 노동의욕 고취, 생산성 향상, 이직률의 감소 등을 목적으로 한다.
② 직무설계의 방법으로는 직무평가, 직무확대, 직무충실화, 직무특성이론 등이 있다.
③ 직무평가는 기업 내 임금격차의 합리적 배분 즉, 보상관리에 기초를 제공한다.
④ 요소비교법은 기준직무 선정, 평가요소 선정, 평가요소별 기준직무 등급화, 평가직무와 기준직무의 비교, 평가의 순서로 실시된다.
⑤ 전통적인 직무연구에 비해 현대적 직무연구는 인간을 중심으로 직무를 어떻게 설계할 것인가에 관심을 둔다.

해설

직무평가는 직무설계의 방법과는 무관하며, 기업이나 기타 조직에 있어서 각 직무의 중요성, 곤란도, 위험도 등을 평가하여 타 직무와 비교하여 직무의 상대적 가치를 정하는 체계적 방법이다.

답 ②

011 □□□ **다음 중 직무충실화에 대한 설명으로 틀린 것은?** 기출복원

① 능력이 충분하고 성취욕구가 강한 사람에게 적합한 동기부여기법이다.
② 수직적으로 직무부하의 수가 아니라, 수평적으로 직무의 수를 늘리는 것이다.
③ 직무충실화를 성공하기 위한 직무의 요건으로는 다양성, 과업의 중요성, 과업의 주체성(정체성), 피드백 등이 있다.
④ 허쯔버그(Herzberg)의 2요인이론에 바탕을 두고 있으며, 위생요인은 직무충실화에 긍정적인 기여를 하지 못했다.
⑤ 성취감, 인정감 등을 위해 직무를 재구성하여 직무의 질을 높이는 것이다.

해설

직무충실화는 수직적 직무확대이며, 수평적으로 직무의 수를 늘리는 것은 직무확대이다.

답 ②

012 **인력선발과 관련된 서술 중 가장 적절한 것은?** 기출복원

① 인력선발의 유용성(utility) 평가는 비용 분석과 혜택 분석을 통해 이루어질 수 있다.
② 관대화 경향(leniency tendency) 오류는 특정의 피평가자에게 후한 점수를 주는 평가자의 오류를 의미한다.
③ 중심화 경향(central tendency) 오류는 피평가자를 평가자 자신의 가치 기준으로 평가하는 오류를 의미한다.
④ 인력선발도구의 신뢰성(reliability)은 피평가자에 대한 측정결과의 정확성(accuracy)을 의미한다.
⑤ 인력선발에서 같은 지원자에 대해 다른 평가방법을 사용하더라도 결과가 동등할 경우 선발도구의 타당성(validity)이 높다고 할 수 있다.

해설

▶ 선지분석
② 관대화의 경향은 여러 사람을 동시에 평가할 때 나타나는 오류이다.
③ 대비오류에 대한 설명이다.
④ 타당성에 대한 설명이다.
⑤ 신뢰성에 대한 설명이다.

답 ①

013 **다음 중 인사고과에 대한 설명으로 바르지 못한 것은?** 기출복원

① 인사고과는 직무평가를 기초로 임금책정의 기본 자료로 제공되기도 한다.
② 평정척도법은 각 요소별 평가로써 객관성이 높아서 현혹효과를 방지할 수 있다.
③ 중심화, 관대화, 가혹화 경향을 방지할 수 있는 것이 강제할당법이다.
④ 행위기준고과법은 평정척도고과법과 중요사건서술법이 결합된 방식이다.

해설

현혹효과를 방지할 수 있는 인사고과방법은 다면평가이다.

답 ②

014 **다음 중 인사고과를 위한 평가에서 일반적으로 많이 범하게 되는 오류 중 평가자 자신의 감정이나 경향을 피평가자의 능력을 평가하는 데 귀속시키거나 전가하는 오류는?** 기출복원

① 주관의 객관화
② 현혹효과
③ 논리적 오류
④ 관대화경향
⑤ 스테레오 타입

해설

평가자 자신의 감정이나 경향을 피평가자의 능력을 평가하는 데 귀속시키거나 전가하는 오류는 주관의 객관화(투사의 오류)이다.

답 ①

015 다음 중 직무급(job based pay)에서 중요하게 고려하는 요소는? 2020 경영지도사

① 직무의 상대적 가치
② 기업의 매출성과
③ 근속연수
④ 최저 생계비
⑤ 직무수행 능력

해설

직무급은 직무평가에 의한 직무의 상대적 가치에 의한 임금지급방법이다.

답 ①

016 직무분석의 결과 작성되는 직무기술서(job description)에 포함되는 내용에 해당되지 않는 것은? 기출복원

① 직무명칭
② 작업조건 및 고용조건
③ 직무활동의 절차
④ 직무와 직무의 비교
⑤ 직무의 표식

해설

직무의 관련된 것을 서술한 것이 직무기술서(직무의 내용, 개요, 표식, 조건 등)이며, 직무와 직무를 비교하는 것은 직무평가(직무의 상대적인 평가)이다.

답 ④

017 다음 중 개인의 일부 특성을 기반으로 그 개인 전체를 평가하는 지각 현상은? 기출복원

① 스테레오타입
② 최근효과
③ 자존적 편견
④ 후광효과
⑤ 대조효과

해설

후광효과는 현혹효과 또는 헤일로효과라고도 한다.

답 ④

018 다음 중 직장 교육훈련의 내용으로 가장 이질적인 것은? 기출복원

① 노동교육 ② TWI(training within industry)
③ 도제훈련 ④ 직업학교훈련

해설

▶ 선지분석
① 노동교육, ③ 도제훈련, ④ 직업학교훈련은 종업원 교육훈련에 해당된다.

답 ②

019 다음 중 인사고과 시 발생할 수 있는 오류에 대한 설명으로 틀린 것은? 기출복원

① 현혹효과는 행위기준고과법, 목표관리법으로 감소시킬 수 있다.
② 상동적 태도는 한 집단의 여러 구성원들과 접촉기회를 늘려서 감소시킬 수 있다.
③ 중심화 경향은 중요사건서술법으로 감소시킬 수 있다.
④ 관대화 경향은 강제할당법이나 서열법으로 감소시킬 수 있다.

해설

중심화 경향은 강제할당법으로 감소시킬 수 있다.

답 ③

020 고과대상자수가 많을 때 유용하고, 서열법의 대안으로 흔히 이용되며, 특히 중심화 경향, 관대화 경향, 가혹화 경향의 평가자오류를 제거할 수 있는 인사고과기법은? 기출복원

① 중요사건서술법 ② 인적평정센터법
③ 강제할당법 ④ 서열법

해설

강제할당법(forced distribution method)이란, 전체 평정등급을 나누어 미리 정한 비율에 맞추어 피고과자를 강제로 할당하는 방법으로, 예를 들면 A(10%), B(20%), C(40%), D(20%)로 평가를 강제할당시키는 것이다.

답 ③

021 □□□ **다음 중 임금에 대한 설명으로 옳지 않은 것은?** 2021 감사직

① 연공급은 근속연수에 따라 임금이 인상되며, 소극적인 근무태도를 야기하는 단점이 있다.

② 직무급은 개인별 임금격차에 대한 불만을 해소할 수 있지만, 철저한 직무분석이 전제되어야 한다.

③ 직능급은 직무수행자의 역량에 따라 차별 임금을 지급하기 때문에 정확한 직무평가가 어려운 기업에서는 사용할 수 없다.

④ 성과급은 노동생산성 향상의 장점이 있지만, 단기간 내 최대 산출을 위해 제품의 질을 희생시킬 수 있는 단점이 있다.

해설

직능급은 직무평가(직무의 상대적 가치)가 어려운 기업에서도 사용(적용) 가능하다.

답 ③

022 □□□ **다음 중 보상과 관련된 설명으로 가장 적절한 것은?** 기출복원

① 스캔론 플랜(scanlon plan)은 개인별 성과급에 속한다.

② 생산이윤분배제(gain sharing)에 따르면 회사가 적자를 내더라도 생산성 향상이 있으면 생산이윤을 분배받을 수 있다.

③ 성과이윤분배제(profit sharing)에 따르면 원가절감, 품질향상이 발생할 때마다 금전적 형태로 종업원에게 보상한다.

④ 직무급(job-based pay)은 다양한 업무기술 습득에 대한 동기유발로 학습조직 분위기를 만들 수 있다.

⑤ 직능급(skill-based pay)의 단점은 성과향상을 위한 과다경쟁으로 구성원 간의 협동심을 저하시키는 것이다.

해설

생산이윤분배제는 종업원들이 조직의 과업성과를 향상시키기 위해 필요한 노력인 생산원가의 절감, 생산품질 및 생산성 향상에 의해 발생한 이익을 개별적인 종업원에게 금전적인 형태로 배분해 주는 것을 말한다. 즉, 조직이 획득한 영업이익의 일정비율을 금전적인 보너스 형태로 종업원에게 분배하는 것이다. 집단성과급제에는 스캔론플랜, 럭커플랜, 카이저플랜, 링컨플랜, 코닥플랜, 프렌치시스템 등이 있다.

답 ②

023 **다음 중 조합비 일괄공제제도(check-off system)에 대한 설명으로 틀린 것은?** 기출복원

① 노동조합의 자금확보를 가능하게 한다.
② 숍(shop)시스템과 더불어 단체협약의 주요 내용이 된다.
③ 조합원의 유무와 상관없이 모든 종업원으로부터 조합비를 징수하는 제도이다.
④ 조합원의 2/3 이상의 찬성이 필요하며, 노동조합의 안정성을 유지하기 위한 제도이다.

해설

③은 에이전시 숍제도의 설명이다.

답 ③

024 **다음 〈보기〉가 가리키는 종업원복지제도는 무엇인가?** 기출복원

〈보기〉
- 종업원을 전인격적 인간으로 보고 육체적 · 정신적 · 감성적인 측면 등을 고려하여 균형적인 삶을 추구할 수 있도록 지원하다.
- 종업원의 잠재역량을 개발하고 창의적인 행동을 유도하고 직무뿐만 아니라 직무 외의 위생요소들과 결합하여 종업원의 직무만족을 유도하여 생산성 향상 및 이직과 결근율을 최소화한다.
- 기업 내 유능한 핵심인력의 확보와 유지에 효과적인 방안의 하나이다.

① 홀리스틱(wholistic) 종업원복지
② 라이프사이클(life cycle) 종업원복지
③ 종업원 후원 프로그램(EAP)
④ 법정 복리후생
⑤ 법정 외 복리후생

해설

〈보기〉는 홀리스틱 종업원복지제도로서, 균형된 삶을 추구할 수 있도록 개인 · 가정 · 조직의 삼위일체를 통해 삶의 질을 향상시키는 것을 중시한다.

답 ①

025 **다음 중 종업원지주제도에 대한 설명으로 틀린 것은?** 기출복원

① 귀속의식의 향상
② 안정주주의 확보
③ 경영참가의식 향상
④ 쟁의행위의 증가
⑤ 근로 및 생산의욕 향상

해설

종업원지주제도는 자본참가의 대표적인 형태로서 종업원이 자사의 주식을 소유하는 것이다. 이 제도는 기업에 대한 충성심 향상, 귀속의식의 향상, 노사협조에 대한 능률 향상, 근로 및 생산의욕 향상, 안정주주의 확보 등의 장점이 있다.

답 ④

제16회 | 인적자원관리(2)

001 □□□ **다음 중 인적자원관리의 영역에 포함되지 않는 것은?** 기출복원

① 조직과 조직구성원 간의 이해와 신뢰를 바탕으로 조직의 유지 · 발전에 기여하는 정신적 태도를 구축하는 활동
② 조직의 비전과 목표를 달성하기 위하여 수평적 조직을 설계하는 활동
③ 조직이 필요로 하는 능력과 자질을 갖춘 인원의 모집과 선발을 계획하고 실행하는 활동
④ 조직이 그 구성원에게 지급하는 임금의 수준과 체계를 설계하고 실행하는 활동

해설

②는 조직행동론의 조직설계에 대한 설명이다.

답 ②

002 □□□ **다음 중 직무수행에 필요한 기술, 지식, 능력 등의 자격요인을 정리한 문서에 해당하는 것은?** 2023 군무원 9급

① 직무기술서 ② 직무명세서
③ 직무행위서 ④ 직무분석서

해설

②는 직무수행에 필요한 기술, 지식, 능력 등의 자격요인(인적요인)을 정리 · 기록한 문서이다.

답 ②

003 □□□ **다음 중 QWL과 관련된 내용으로 거리가 먼 것은?** 기출복원

① 기회의 공정성 ② 직무충실화
③ 가정과 직장 간의 조화 ④ 직무의 단순화와 전문화

해설

QWL(근로생활의 질)을 충족시킴으로써 직무에 대한 만족감, 기업과 개인의 목표를 동시에 추구할 수 있다. 따라서 산업이나 직무의 단순화와 전문화에서 파생되는 소외감, 지루함, 인간성 상실과는 상이하다.

답 ④

004 □□□ **다음 중 직무관리에 관한 설명으로 옳지 않은 것은?** 2020 경영지도사, 2021 가맹거래사

① 직무를 수행하는 데 필요한 지식과 능력, 숙련도, 책임 등과 같은 직무상의 요건을 체계적으로 결정하는 과정을 직무분석이라 한다.
② 직무기술서는 책임과 의무, 근로조건, 다른 직무와의 관계 등을 정리한 것이다.
③ 직무명세서는 특정한 업무를 수행하는 데 필요한 지식, 기술, 능력 등을 요약한 것이다.
④ 직무순환은 여러 기능의 습득을 위해 종업원들에게 다양한 직무를 수행하도록 한다.
⑤ 직무충실화에서는 종업원이 수행하는 과업의 숫자는 증가하나 의사결정 권한이나 책임은 별로 증가하지 않는다.

해설

직무충실화에서는 종업원이 수행하는 과업의 숫자, 의사결정 권한, 책임 등이 증가한다.

답 ⑤

005 □□□ **모집 방법 중 사내공모제(job posting system)의 특징에 관한 설명으로 옳지 않은 것은?** 2019 가맹거래사

① 종업원의 상위직급으로의 승진 기회가 제한된다.
② 외부 인력의 영입이 차단되어 조직이 정체될 가능성이 없다.
③ 지원자의 소속부서 상사와의 인간관계가 훼손될 수도 있다.
④ 특정 부서의 선발 시 연고주의를 고집할 경우 조직 내 파벌이 조성될 수도 있다.
⑤ 선발과정에서 여러 번 탈락되었을 때 지원자의 심리적 위축감이 고조된다.

해설

사내공모제(내부모집)는 상위직급으로의 승진 기회가 촉진되며, 승진으로 인해 조직 내 정체성은 감소하거나 없다.

답 ①

006 □□□ **다음 중 직무평가에 대한 설명으로 옳지 않은 것은?** 2021 감사직

① 요소비교법은 기준 직무를 적절하게 선정하면 임금 산정이 용이하고 상이한 직무에서도 활용될 수 있다.

② 점수법은 평가요소 선정이 어렵고 요소별 가중치 부여 시 주관적으로 판단한다는 것이 단점이다.

③ 분류법은 간단하고 이해하기 쉽지만 부서가 다르면 공통의 분류기준을 적용하기 어렵다는 단점이 있다.

④ 서열법은 직무 등급을 빠르게 매길 수 있고 직무의 어떤 요소에 의해 높게 혹은 낮게 평가되는지를 알 수 있다.

해설

직무의 어떤 요소에 의해 높게 혹은 낮게 평가되는 것은 관대화 또는 가혹화이다.

답 ④

007 □□□ **다음 중 인간관계관리법에 대한 설명으로 바르지 못한 것은?** 기출복원

① 브레인스토밍은 적정인원의 제한이 없으나 3~5명이 넘지 않는 것이 원칙이다.

② 사기조사에는 통계조사와 태도조사가 있다.

③ 소시오메트리는 소집단의 연구기법으로, 관심과 무관심 또는 수용과 거부의 유형을 관찰하는 것을 말한다.

④ 감수성훈련은 T-group훈련이라고도 한다.

⑤ 완전무결점운동은 전 종업원을 대상으로 참여에 의한다.

해설

브레인스토밍은 일반적으로 10~12명 또는 12~15명 정도로 구성한다.

답 ①

008 □□□ **다음 중 직장 내 교육훈련(OJT)에 관한 설명으로 옳지 않은 것은?** 기출복원

① 일과 훈련을 병행하기 때문에 심적 부담을 가질 수 있다.

② 훈련의 결과나 성과를 현장에 바로 활용할 수 없다.

③ 훈련실시가 용이하고 비용이 적게 든다.

④ 특별한 훈련계획이 없을 수 있으며, 상관이 무능하면 훈련의 실효성이 없다.

해설

OJT는 실질적인 훈련으로 훈련의 결과나 성과를 현장에 바로 활용할 수 있다.

답 ②

009 다음 중 3명 이상의 면접자와 1명의 피면접자가 행하는 형태의 면접방법으로 옳은 것은?

기출복원

① 스트레스면접
② 정형적 면접
③ 패널면접
④ 집단면접
⑤ 블라인드면접

해설

패널면접은 다수의 면접자가 한 명의 피면접자를 면접하는 것이다.

답 ③

010 다음 중 직무평가 방법이 아닌 것은?

기출복원

① 대조표법
② 서열법
③ 분류법
④ 요소비교법
⑤ 점수법

해설

대조표법은 인사고과방법이다.

▶ 선지분석

직무평가 방법은 ② 서열법, ③ 분류법, ④ 요소비교법, ⑤ 점수법이다.

답 ①

011 직무내용의 실질적인 변동 없이 직급의 명칭 또는 자격의 명칭만 변경되는 승진을 가리키는 것은?

기출복원

① 직능승진
② 자격승진
③ 조직변화승진
④ 대용승진
⑤ 역직승진

해설

대용승진이란, 실질적인 직무나 임금의 변동 없이 직급의 명칭 또는 자격의 명칭, 즉 이름만 변경된 승진을 말한다.

답 ④

012 □□□ **다음 중 직무 간의 차이가 명확한 경우나 평가자가 모든 직무에 대하여 잘 알고 있는 경우에 적용 가능한 직무평가방법은?** 기출복원

① 서열법 ② 분류법
③ 점수법 ④ 요소비교법

해설

서열법은 가장 오래되고 간단한 방법으로, 전체적 · 포괄적 관점에서 각 직무를 상호 비교하여 순위를 결정하는 방법이다.

답 ①

013 □□□ **어떤 시험을 동일한 환경에서 동일한 사람이 몇 번 다시 보았을 때 그 결과가 서로 일치하는 정도, 즉 시험결과의 일관성(consistency)을 뜻하는 것은?** 기출복원

① 타당성 ② 유효성
③ 능률성 ④ 신뢰성
⑤ 효과성

해설

신뢰성(일관성)이란, 어떤 시험을 동일한 환경에서 동일한 사람이 몇 차례 다시 보았을 때 그 결과가 서로 일치하는 정도를 말한다.

답 ④

014 □□□ **다음 중 노동조합에 대한 설명으로 옳은 것은?** 2022 감사직

① 산업별 노동조합은 조합원의 수가 많아 압력단체의 지위를 확보할 수 있어 교섭력을 높일 수 있다.
② 산업별 노동조합은 가장 오랜 역사를 가진 노동조합 형태이며, 노동시장의 공급통제를 목적으로 숙련도 여부에 관계없이 동일 산업의 모든 근로자를 대상으로 조직한다.
③ 프레퍼렌셜 숍(preferential shop)은 노동조합의 조합원 수 확대를 위해 비조합원에 우선순위를 주는 제도이다.
④ 단체교섭권은 근로조건의 유지 및 개선을 위해 근로자가 단결하여 사용자와 교섭할 수 있는 권리이며, 단체교섭권 남용에 대해서 사용자는 직장폐쇄로 맞설 수 있다.

해설

▶ 선지분석

② 가장 오래 역사를 가진 노동조합은 직업별 노동조합이며, ③ 프레퍼렌셜 숍은 채용에 있어 조합원에 우선순위를 주며, ④ 사용자가 직장폐쇄로 맞설 수 있는 것은 근로자측의 노동쟁의 행위이다.

답 ①

015 다음 중 인사고과자가 갖추어야 할 태도에 해당되지 않는 것은? 기출복원

① 객관적으로 공정성과 타당성이 인정되게 평가해야 한다.

② 고과요소의 정의와 착안점, 목적 등을 충분히 숙지하여야 한다.

③ 직무의 중요성과 직무수행상의 난이성을 고려하여 평가하여야 한다.

④ 타인의 조언에 현혹되거나 영향을 받아야 한다.

해설

인사고과자는 객관적이고 공정하고 타당성 있는 기준에 의해 평가해야 하며, 타인에게 영향을 받거나 현혹되어서는 안 된다.

답 ④

016 다음 중 인사평가와 보상에 관한 설명으로 옳지 않은 것은? 2020 감사직

① 집단성과급제도는 근로자 간의 인간관계 훼손, 협동심 저하 등 개인성과급제도의 단점을 극복하기 위해 설계된 것으로 '성과배분제도'라고도 한다.

② 균형성과표(BSC)는 임직원의 성과를 재무적 관점, 고객 관점, 내부 비즈니스 프로세스 관점, 학습과 성장 관점의 측면에서 다면적으로 평가하는 방법이다.

③ 목표에 의한 관리(MBO)는 본인을 포함한 상급자와 하급자, 동료와 외부의 이해관계자(고객, 공급업자 등)에 의해서 이루어지는 평가와 피드백을 총칭한다.

④ 선택적(카페테리아식) 복리후생은 근로자의 욕구를 반영하기 때문에 동기부여에 효과적이지만, 관리가 복잡하고 운영비용이 많이 발생한다.

해설

③은 다면평가(360° 평가)에 대한 설명이다.

답 ③

017 □□□

다음 중 임금관리에 관한 설명으로 타당하지 않는 것은? 기출복원

① 행정조직이나 관료조직에서는 직무급이 적합하다.

② 환경변화에 대해 유연한 조직변화가 요구되는 조직에서는 연공급이 적합하다.

③ 소규모이면서 기술지향적인 벤쳐기업의 조직구조에서는 직능급이 적합하다.

④ 작업의 질이나 제품의 질이 중요한 경우에는 시간급제가 적합하다.

⑤ 집단성과급제는 구성원 간 능력과 성과의 차이가 큰 경우에는 반발이 생길 수 있다.

해설

환경변화에 대해 유연한 조직변화가 요구되는 조직구조에서는 연공급이 부적합하다. 연공급은 안정(기계)적인 조직구조에 적합하다.

답 ②

018 □□□

기업의 임금지급방법 중 성과급제에 관한 설명으로 옳지 않은 것은? 기출복원

① 개인성과급제로는 단순성과급제, 차등성과급제, 할증성과급제 등이 있다.

② 성과급제의 성공을 위해서는 표준량과 성과급율이 잘 책정되어 보상 수준이 구성원의 동기를 유인할 수 있어야 한다.

③ 성과급제의 성공을 위해서는 성과급제를 설계하고 유지하는 데 있어 경영진의 적극적인 참여와 협조가 필요하다.

④ 집단성과급제는 구성원들 사이에 능력과 성과에 큰 차이가 존재할 때에도 공동협조와 집단의 동기부여가 장기적으로 지속될 수 있다는 장점이 있다.

⑤ 조직체성과급제로서 이윤분배제도는 경기침체기에 인건비부담을 완화함으로써 위기극복에 도움이 될 수 있다는 장점이 있다.

해설

집단성과급제는 구성원들 사이에 능력과 성과에 큰 차이가 없을 때 적합하다.

답 ④

019 □□□

임금체계의 종류 중에서 동일한 직위에 동일한 임금을 지급하는 원칙에 근거하여 적정한 임금수준을 책정하는 임금체계는? 기출복원

① 기본급 체계　② 연공급 체계

③ 직능급 체계　④ 직무급 체계

해설

각 직무의 상대적 가치(중요성, 위험도, 곤란도 등)에 따라 임금액을 결정하는 것은 직무급이다.

답 ④

020 다음 중 임금수준 결정의 기업 내적 요소가 아닌 것은? 기출복원

① 기업규모 ② 경영전략 ③ 노동조합
④ 생계비 ⑤ 지불능력

해설

생계비는 임금수준 결정의 외적 요소이며, 그 외의 외적 요소로는 시장임금, 경쟁기업의 임금, 물가상승률 등이 있다.

답 ④

021 다음 중 연공급(seniority-based pay)에 대한 설명으로 옳은 것은? 기출복원

① 직무평가에 의해서 직무의 상대적 가치를 평가하고 이에 따라 임금수준을 결정하는 방식이다.
② 종업원의 자격취득에 따라서 임금을 차등적으로 결정하는 방식이다.
③ 종업원이 달성한 업무성과를 기초로 임금수준을 결정하는 방식이다.
④ 생계비 보장원칙에 의거하지만, 유연한 조직변화가 필요한 조직에서는 불합리한 임금제도이다.
⑤ 직전 연도의 실적이나 성과를 근거로 임금수준을 결정하는 방식이다.

해설

▶ 선지분석
① 직무급, ② 자격급, ③ 성과급, ⑤ 연봉제에 대한 설명이다.

답 ④

022 정년에서 고용을 유지하는 대신 일정 연령이 되면 생산성 등을 감안하여 임금을 줄이는 제도는? 기출복원

① 이익분배제 ② 집단임금제
③ 임금피크제 ④ 최저임금제
⑤ 차별성과급제

해설

임금피크제는 규정에 의해서 정년에서 고용을 유지하는 대신 일정 연령이 되면 생산성 등을 감안하여 연차적으로 임금을 줄이는 제도이다.

답 ③

023 근로자가 작업환경 및 근로조건에 관하여 느끼는 고충을 일정한 절차에 따라 민주적으로 해결해 나가기 위한 제도는? 기출복원

① 고충처리제도 ② 인사상담제도
③ 감수성훈련 ④ 브레인스토밍
⑤ 사기조사

해설

고충처리제도는 근로자가 작업환경 및 근로조건에 관하여 느끼는 고충을 민주적으로 해결하는 제도로서 「근로자참여 및 협력증진에 관한 법률」에 따르면 근로자 30인 이상이면 설치의무가 있다.

▶ 선지분석

⑤ 사기조사는 종업원의 작업의욕을 저해하는 원인과 불만원인을 밝히고, 그 원인을 제거할 수 있는 대책을 수립하기 위한 기초자료를 얻는 것을 목적으로 하는 인간관계관리제도이다.

답 ①

024 다음 중 부당노동행위에 해당되지 않는 것은? 기출복원

① 노동조합에 최소한의 규모의 노동조합사무실을 제공하는 것
② 노조의 활동에 개입하기 위해 노조운영비를 원조하는 것
③ 근로자가 그 조합원이 될 것을 고용조건으로 하는 단체협약의 체결
④ 근로자가 노조를 가입 · 조직하려고 하는 것을 이유로 해고 또는 불이익대우를 하는 것
⑤ 근로자가 노조에 가입하지 않을 것과 탈퇴할 것을 고용조건으로 하는 것

해설

노동조합이 운영할 수 있는 최소한의 시설 및 장비의 제공은 부당노동행위에 해당되지 않는다.

답 ①

025 다음 중 직종과 계층에 관계없이 기업을 초월하여 동일산업에 종사하는 모든 근로자가 하나의 노동조합을 구성하는 형태는? 기출복원

① 직업별 조합 ② 일반조합
③ 산업별 조합 ④ 기업별 조합

해설

산업별 노동조합(노조)은 현대 노조의 대표적인 형태이다. 노동시장에서의 지배력 순서는 산업별 노조 > 직업별 노조 > 기업별 노조 > 일반 노조의 순이다.

답 ③

제17회 | 인적자원관리(3)

001 다음 중 인사평가 방법을 상대평가법과 절대평가법으로 구분할 때, 상대평가법에 속하는 기법을 모두 고른 것은? 2023 산업안전지도사

ㄱ. 서열법	ㄴ. 쌍대비교법
ㄷ. 평정척도법	ㄹ. 강제할당법
ㅁ. 행위기준고과법	

① ㄱ, ㄴ, ㄷ
② ㄱ, ㄴ, ㄹ
③ ㄱ, ㄷ, ㄹ
④ ㄴ, ㄷ, ㄹ
⑤ ㄴ, ㄹ, ㅁ

해설

상대평가란, 절대적인 기준(일정한 성취기준)이 아닌 등수로 순위를 매기는 것이며, 쌍대비교법은 서열법의 한 종류이다.

답 ②

002 다음 X이론과 Y이론에 대한 설명 중 바르지 못한 것은? 기출복원

① X이론은 단독목표의 설정, 엄격한 통제를 하는 것이고, Y이론은 참여와 자율통제를 강조한다.
② X이론은 전제적 · 권위적 리더십을 강조하는 반면, Y이론은 참여적 · 민주적 리더십을 강조한다.
③ X이론은 인간의 부정적인 측면을 나타내는 반면, Y이론은 긍정적 · 자율적인 측면을 나타내는 이론이다.
④ 인간의 본성에 대해 수동적인 측면과 능동적인 측면의 양면이 있음을 나타내며, 인간을 관리할 때 이를 고려해야 한다는 이론으로 아지리스(Argyris)의 이론이다.

해설

X이론과 Y이론은 인간의 본성 및 인간관의 차이(상급자의 하급자 가치관)에 따라 맥그리거(McGregor)가 주장한 이론이다.

답 ④

003 □□□ **다음 중 신뢰성 검사방식에 대한 설명으로 옳지 않은 것은?** 기출복원

① 시험-재시험 방법은 동일한 대상에게 동일한 시험을 시간을 두고 재실시하는 방법이다.

② 양분법은 하나의 검사를 양쪽으로 나누어 측정하는 방법이다.

③ 대체형식법은 같은 시험을 다시 실시하는 방법이다.

④ 복수양식법은 대등한 2개 이상의 측정도구로 동일한 대상을 검사하는 방법이다.

해설

대체형식법은 한 종류의 항목으로 실시한 후 유사한 항목으로 된 시험을 테스트한 뒤, 상관관계를 살펴보는 것이다.

답 ③

004 □□□ **다음 중 직무설계에 대한 설명으로 옳지 않은 것은?** 2021 감사직

① 직무설계는 업무를 수행하기 위해 요구되는 과업들을 연결시키는 것이다.

② 직무순환은 직무수행의 지루함을 줄이고 직무의 다양성을 높여 인력배치의 융통성을 높여 준다.

③ 직무확대는 직무범위를 넓혀 과업의 수와 다양성을 증가시킨다는 점에서 직무의 재설계과정이 있다.

④ 직무충실화는 작업자에게 직무의 계획, 실행, 평가 의무를 부여하여 성장욕구가 낮은 작업자의 만족도 향상에 효과적이다.

해설

직무충실화는 성장욕구가 높은 작업자의 만족도 향상에 효과적이다.

답 ④

005 다음 중 직무평가에 대한 설명으로 옳지 않은 것은? 기출복원

① 요소비교법은 약 15가지 정도의 직무기준을 선정하고 이 기준직무의 평가 요소별로 구분한 뒤, 그 기준으로 평가하여 각 직위의 임률을 결정하는 방법이다.

② 직무평가는 인사이동과 승진의 기초자료로서, 면접법, 서열법, 분류법, 요소비교법이 있다.

③ 분류법은 등급에 따라 기준표를 미리 정해 놓고 각 직위를 어떤 등급에 배치하는 것이 합리적인가를 결정하는 방법이다.

④ 점수법은 다른 평가방법보다는 판단의 과오를 최소화할 수 있는 장점이 있다.

해설

면접법은 직무분석기법이다.

답 ②

006 다음 중 직무특성모형(job characteristics model)의 핵심직무차원에 포함되지 않은 것은? 2021 공인노무사

① 성장욕구 강도(growth need strength)

② 과업정체성(task identity)

③ 과업중요성(task significance)

④ 자율성(autonomy)

⑤ 피드백(feedback)

해설

▶ 선지분석

핵심직무차원에는 ② 과업정체성(task identity), ③ 과업중요성(task significance), ④ 자율성(autonomy), ⑤ 피드백(feedback)과 기술의 다양성이 포함된다.

답 ①

007 다음 중 직장 내 교육훈련(OJT)에 대한 설명으로 바르지 않은 것은? 기출복원

① 실질적이고 현실적인 교육이 가능하나 잘못된 관행이 전수될 수도 있다.

② 인사담당부서의 계획 및 지원으로 수행된다.

③ 동시에 많은 인원을 교육시키는 데 제약이 있다.

④ 통일된 교육훈련이 불가능하고 직무와 훈련 모두가 철저하지 못할 수 있다.

해설

직장 내 교육훈련(OJT)은 현장에서 직속상사에 의해 실시되는 교육훈련제도이다.

답 ②

008 **다음 중 인적자원관리의 정의에 대한 설명으로 가장 적절한 것은?** 기출복원

□□□

① 노동 생산성을 극대화시키기 위한 관리 방법
② 조직 구성원의 잠재적 능력을 극대화시키고 근로생활의 질 향상
③ 적재적소에 입각한 직원의 관리
④ 사람과 직무를 가장 잘 파악하기 위한 관리 방식
⑤ 높은 효율성과 생산성으로 이윤추구

해설

인적자원관리란, 조직의 목적을 달성하는 데 공헌할 수 있는 방향으로 인적자원을 가장 효과적으로 이용하여 최대의 업적을 올릴 수 있도록 조직 · 통제하는 것이다.

답 ②

009 **기업에서 필요한 인력의 풀(Pool)을 구성하는 방식에는 크게 내부모집과 외부모집이 있다. 다음 중 내부모집과 외부모집의 특성에 관한 설명으로 가장 적절하지 않은 것은?**

□□□

기출복원

① 내부모집은 내부인끼리의 경쟁이라서 선발에 탈락되어도 불만이 적으며 과당경쟁도 거의 없다.
② 내부모집의 경우 이미 지원자들에 대해 많은 정보를 가지고 있어서 정확한 평가와 결정을 내릴 수 있다.
③ 내부모집은 내부인들 개인이 경력개발을 위해 계획을 세우고 실천하도록 함으로써 사내직원 전체의 능력향상을 도모할 수가 있다.
④ 외부모집은 외부인이 자기 직무에 잘 적응하기까지의 적응비용과 시간이 많이 든다.
⑤ 외부모집을 통해 기업은 조직 내부의 분위기에 신선한 충격을 줄 수 있다.

해설

내부모집은 내부의 과당경쟁을 유발시키며, 선발에서 탈락한 사람은 사기와 의욕의 저하로 불만이 생길 수 있다.

답 ①

010 □□□ **다음 중 OJT에 대한 설명으로 옳지 않은 것은?** 기출복원

① 직속상사가 개별적으로 지도 · 교육한다.
② 특별한 훈련계획이나 프로그램을 갖고 있지 않다.
③ 많은 종업원들을 동시에 훈련시킬 수 없다.
④ 훈련성과가 외부 스탭(staff)들의 능력에 좌우된다.
⑤ 직무와 관련된 실질적이고 실무적인 교육이 가능하다.

해설

훈련성과가 외부 스탭들의 능력에 좌우되는 것은 Off-JT에 해당하는 설명이다.

답 ④

011 □□□ **다음 인사고과방법에 대한 설명 중 바르지 못한 것은?** 기출복원

① 대조표고과법을 실시할 때 항목의 비중은 고과자에게 비밀로 하는 것이 일반적이다.
② 대조표고과법은 사실의 관찰과 계량화가 따로 이루어진다.
③ 중요사건서술법에 의하면 감독자는 고과자의 역할보다는 보고인의 역할을 담당한다.
④ 중요사건서술법은 바람직한 행동이 어떤 것인지를 명확히 해주는 장점이 있다.
⑤ 강제할당법은 피고과자의 수가 적을 때 타당성이 더 높아진다.

해설

강제할당법은 피고과자의 수가 적을 경우에는 타당성이 낮아진다.

▶ 선지분석

③, ④의 중요사건서술법은 개인의 특성이 아닌 객관적 행동을 대상으로 고과를 하는 것이다. 장점은 바람직한 행동을 명확히 해주는 것이며, 단점은 고과 시 감독자가 세심한 신경을 써야 하고 감독자가 일방적으로 고과기준을 설정하게 되거나 피드백이 지연된다는 것이다.

답 ⑤

012 □□□ **다음 인사고과에 관한 설명 중 옳지 않은 것은?** 기출복원

① 고과의 일관성은 동일한 고과대상자에 대한 반복고과에서 같은 결과를 얻는 정도를 가리킨다.
② 대비오류는 고과자가 자신의 특성과 비교하여 고과대상자를 평가하는 경향을 말한다.
③ 자기고과는 동료고과에 비해 일반적으로 관대화 경향이 크게 나타난다.
④ 현혹효과는 고과자가 고과대상자의 어느 한 면을 기준으로 다른 것까지 호의적으로 함께 평가하는 경향을 말한다.
⑤ 강제할당법은 고과대상자의 실제 성과분포와 각 성과집단에 미리 할당된 비율분포가 일치한다.

해설

강제할당법은 실제 성과분포를 제대로 추정하지 못한다는 단점이 있다.

답 ⑤

013 □□□ **관리자 계층의 선발이나 승진에 사용되는 평가센터법(assessment center method)에 대한 설명으로 옳지 않은 것은?** 2019 감사직

① 피평가자의 언어능력이 뛰어나면 다른 능력을 평가하는 데 현혹효과(halo effect)가 나타날 가능성이 있다.

② 다른 평가기법에 비해 평가 시간과 비용의 많이 소요된다.

③ 기존 관리자들의 공정한 평가와 인력개발을 위해서도 활용될 수 있다.

④ 전문성을 갖춘 한 명의 평가자가 다수의 피평가자를 동시에 평가한다.

해설

(인적)평가센터법은 심리전문가를 포함한 다수의 평가자들이 다수의 피평가자들을 동시에 평가하는 인사고과 방법이다.

답 ④

014 □□□ **다음 중 인사고과와 관련된 설명으로 가장 바르지 않은 것은?** 기출복원

① 행위기준고과법은 평정척도법과 중요사건서술법을 보완하여 결합한 방법이다.

② 인적평정센터법은 주로 중간 관리층의 성공잠재력을 평가하는 데 적합한 방법이다.

③ 현대적 인사고과는 직책, 목표중심의 고과이다.

④ 평정척도법은 가장 오래되고 널리 사용하는 방법으로 관대화 경향, 중심화 경향을 예방할 수 있다.

⑤ 프로브스트(probst)란 피고과자의 성격, 태도 등에 대해 알기 쉬운 단문들을 나열한 후, 이 중 확실한 것을 체크하여 고과하는 방법이다.

해설

평정척도법에서는 중심화 경향이나 관대화 경향이 나타난다. 이를 방지하기 위해서는 강제할당법을 사용해야 한다.

답 ④

015 다음 중 어느 하나의 평가요소에 대한 평가의 결과가 다른 요소의 평가결과에 영향을 미치는 평가상의 오류는? 기출복원

① 관대화 경향(leniency tendency)
② 상동적 평가(stereotyping)
③ 후광효과(halo effect)
④ 중심화 경향(central tendency)
⑤ 최근효과(recency tendency)

해설

후광효과란, 현혹효과 또는 헤일로효과라고 하며, 어떤 대상으로부터 얻은 일부(특정) 정보가 다른 부분의 여러 정보를 해석할 때 영향을 미치는 것을 말한다.

답 ③

016 다음 중 인사고과에 대한 설명으로 가장 바르지 않은 것은? 기출복원

① 대조표고과법은 평가결과에 대한 신뢰성과 타당성이 낮고 현혹효과의 오류가 크다.
② 상동적 태도는 최소화하기 위해서는 한 집단의 여러 구성원들과 접촉할 기회를 많이 늘리는 것이다.
③ 논리적 오류를 제거하기 위해서는 유사한 평가요소에 대해서 가능한 한 충분한 기간을 두고 평가하는 것이 좋다.
④ 대인비교법에는 강제할당법, 서열법, 쌍대비교법, 표준인물비교법, 등급할당법 등이 있다.
⑤ 중요사건서술법은 시간과 비용이 적게 들고 실시가 간편하며 바람직한 행동이 어떤 것인지를 명확히 보여주는 장점이 있다.

해설

대조표고과법은 절대평가를 기반으로 한 고과방법이다. 행동표준을 정하고 평가대상자의 능력이나 근무상태가 해당되는지의 여부를 체크하는 것으로, 신뢰성과 타당성이 높고 현혹효과가 낮다는 특징이 있다.

▶ 선지분석

④ 대인비교법이란, 상대평가를 기반으로 하는 고과방법을 말한다.

답 ①

017 □□□ **다음 중 제안제도를 불신하는 근거로 합당하지 않는 것은?** 기출복원

① 경영자의 많은 시간과 노력이 필요하다.
② 기업 측의 계획이나 연구개발이 충분히 이루어지지 않고 있다는 표시이다.
③ 감독자의 권한을 약화시킬 가능성이 있다.
④ 종업원의 권한을 약화시킬 가능성이 있다.

해설

제안(기안)제도는 종업원보다는 감독자의 권한을 약화시킬 가능성이 있다.

답 ④

018 □□□ **다음 중 인사고과의 성격에 관한 설명으로 맞는 것은?** 기출복원

① 인사고과는 기업 내 직무를 대상으로 한 평가이며, 인간 자체에 대한 평가는 아니다.
② 인사고과는 인간과 직무와의 관계를 원칙으로 한다.
③ 인사고과는 절대적인 비교·평가이다.
④ 인사고과는 주관성을 높이기 위해 특정목적에 적합하도록 조정되는 경향이 있다.

해설

인사고과는 인간과 직무와의 관계를 원칙으로 객관적으로 비교하는 것이 특징이다.

▶ 선지분석

③ 인사고과는 종업원에 대한 상대적인 평가이다.

답 ②

019 □□□ **다음 성과급 중에서 집단성과급에 해당되지 않는 것은?** 기출복원

① 럭커플랜
② 스캔론플랜
③ 복률 성과급
④ 링컨플랜

해설

복률 성과급은 개인성과급제에 해당된다. 복률 성과급제는 임률을 2가지로 구분·적용하여 차별(차등) 성과급을 지급하는 제도이다.

답 ③

020 **생산제품의 판매 가치와 인건비와의 관계에서 배분액을 계산하는 집단성과급제는?**

기출복원

① 순응임금제 ② 물가연동제
③ 스캘론플랜 ④ 럭커플랜
⑤ 시간급

해설

스캘론플랜은 판매 가치와 노무비 절감액을 기준으로 75 : 25로 배분한다.

▶ 선지분석

④ 럭커플랜은 부가가치 분배율에 의해 50 : 50으로 배분한다.

답 ③

021 **다음 중 연봉제의 장점에 해당되지 않는 것은?** 기출복원

① 임금관리의 용이 ② 종업원의 동기유발
③ 우수인재와 전문인력 확보 ④ 갈등과 위화감 조성
⑤ 자발적인 능력개발

해설

갈등과 위화감 조성은 연봉제의 단점에 해당된다.

답 ④

022 **다음 중 임금에 대한 특성이 잘못 짝지어진 것은?** 기출복원

① 연공급 - 생활보장적 성격
② 성과급 - 노동성과 향상, 동기부여
③ 고정급 - 자기 개발적 임금체계
④ 직무급 - 동일직무 동일임금 원칙
⑤ 직능급 - 직무 수행능력에 따른 임금체계

해설

고정급은 자기 개발이나 동기부여가 되지 않는다.

답 ③

023 ☐☐☐ **임금노동자가 노동생활의 제 조건의 유지 또는 개선을 목적으로 조직한 항구적 단체는?**

기출복원

① 노동위원회 ② 노동조합
③ 노사협의회 ④ 직장협의회

해설

노동조합은 노동자(근로자)의 권리와 이익을 대변하는 단체로서, 영국에서 최초로 생겨났다. 노동조합은 어느 시대, 어느 나라에서나 일반적으로 크게 3가지 기능인 경제적 기능, 공제 및 복리증진 기능, 정치적 기능으로 요약할 수 있다. 이 3가지 기능 가운데 조합의 본연의 역할로 가장 중요한 것은 경제적 기능이다.

답 ②

024 ☐☐☐ **노사 간 단체교섭이나 기타 절충이 좌절된 상태, 즉 긴장상태를 의미하는 것은?** 기출복원

① 노동쟁의 ② 쟁의행위
③ 긴급조정 ④ 단체협약

해설

노동쟁의는 임금, 근로조건, 복리후생, 채용과 해고 등에 관해 노사 간의 의견불일치로 인해 발생하는 분쟁상태를 말한다.

답 ①

025 ☐☐☐ **다음 중 산업별 노동조합(노조)이 개별기업 사용자와 개별적으로 행하는 경우의 단체교섭 방식은?**

기출복원

① 통일교섭 ② 공동교섭
③ 집단교섭 ④ 대각선교섭
⑤ 기업별 교섭

해설

▶ 선지분석

① 통일교섭은 산업별, 직종별 노조와 산업별, 직종별 사용자 간의 단체교섭이다.
② 공동교섭은 산업별 노조와 그 지부가 공동으로 사업자와 단체교섭하는 방식이다.
③ 집단교섭은 다수의 노조와 다수의 사용자 간의 단체교섭이다.
⑤ 기업별 교섭은 특정기업이나 노조와 상대방의 사용자 간 단체교섭을 가리킨다.

답 ④

제18회 | 인적자원관리(4)

001 **다음 중 인사관리자의 설명으로 옳지 않은 것은?** 기출복원

① 인사관리자는 조정자로서 그가 접촉하는 각 집단의 요구사항과 입장을 이해하고 존중하여야 하며, 그들의 입장이 되어보도록 노력하여야 한다.

② 인사관리자는 조직과 외부환경과의 경계연결자로서 조직에 공공관계의 문제가 생길 때에는 종종 외부에 대하여 조직을 대표하는 역할을 맡게 된다.

③ 인사관리자는 사회적 · 기술적 변화에 대응하는 인간에 관련된 제도를 변경하는 변화주도자로서의 역할도 수행하여야 한다.

④ 인사관리자는 인적자원의 확보, 개발, 보상, 유지의 역할만 수행하여야 한다.

해설

인사관리자는 협의(④)의 역할을 비롯하여 광의(①, ②, ③)의 역할을 수행해야 한다.

답 ④

002 **다음 중 목표관리(MBO)에 관한 설명으로 옳지 않은 것은?** 2022 경영지도사

① 구체적이면서 실행 가능한 목표를 세운다.

② 부하는 상사와 협의하지 않고 목표를 세운다.

③ 목표의 달성 기간을 구체적으로 명시한다.

④ 성과에 대한 정보를 피드백한다.

⑤ 업무 수행 후 부하가 스스로 평가하여 그 결과를 보고한다.

해설

목표관리(MBO)는 부하(하급자)가 목표설정에 참여하는 것으로 부하는 상사와 협의하여 목표를 수립한다.

답 ②

003 □□□ **다음 중 고도의 전문기술이 필요한 직종에서 장기간 실무와 이론교육을 병행하여 교육하는 형태는?** 2021 경영지도사

① 오리엔테이션
② 도제제도
③ 직무순환제도
④ 정신개발교육
⑤ 감수성 훈련

해설

도제제도는 유럽 중세의 후계자 양성을 위한 기술적 훈련을 목적으로 설립된 제도이다. 숙식과 직업상 필요한 인격적 · 실무적 교육과 기능(기술)을 습득하여 장인으로 성장(동종조합에 가입)하는 교육제도이다.

답 ②

004 □□□ **다음 중 브레인스토밍(brainstorming)에 관한 특징으로 옳지 않은 것은?** 2023 경영지도사

① 아이디어의 양보다는 질을 우선
② 다른 구성원의 아이디어에 대한 비판 금지
③ 조직 구성원의 자유로운 제안
④ 자유분방한 분위기 조성
⑤ 다른 구성원의 아이디어와 결합 가능

해설

브레인스토밍은 아이디어의 양을 중시한다.

답 ①

005 □□□ **다음 직무평가 방법 중 요소비교법에 대한 설명으로 옳지 않은 것은?** 기출복원

① 평가요소별 점수부여
② 기준 직무의 선정
③ 직무급 제도의 확립
④ 임금조사의 실시
⑤ 계량적인 방법

해설

평가요소별로 점수를 부여하는 것은 점수법이다.

답 ①

006 다음 중 직무설계(job design)를 효과적으로 수행하게 되면 얻을 수 있는 효과에 해당되지 않는 것은? 기출복원

① 직무만족의 증대
② 이직 및 결근율 감소
③ 훈련비용의 증대
④ 상하관계의 개선
⑤ 생산성 향상과 조직목표 달성

해설

직무설계는 구성원의 직무에 대한 만족감을 줌으로써 효율성을 극대화하는 것이다.

답 ③

007 다음 중 직무특성이론에서 주장하는 핵심직무특성에 대한 내용으로 옳지 않은 것은? 기출복원

① 기술다양성: 직무를 수행하는 데 요구되는 기술의 종류가 얼마나 다양한가를 의미한다.
② 과업 정체성: 직무가 독립적으로 완결되는 것을 확인할 수 있는 정도를 의미한다.
③ 직무 혁신성: 개인이 수행하는 직무가 조직 혁신에 어느 정도 기여할 수 있는가를 의미한다.
④ 피드백: 직무 수행 도중에 직무의 성과와 효과성에 대해 직접적이고 명확한 정보를 획득할 수 있는 정도를 의미한다.

해설

- 과업 중요성: 직무가 다른 사람의 작업이나 생활에 실질적인 영향을 미칠 수 있는 정도이다.
- 자율성: 작업자가 직무를 완성하는 데 필요한 작업계획 및 절차를 결정하는 데 있어서 실질적인 자유, 독립성, 자율성을 제공받는 정도를 의미한다.

답 ③

008 인사평가 방법 중 피평가자의 능력, 태도, 작업, 성과 등에 관련된 표준행동들을 제시하고 평가자가 해당 서술문을 대조하여 평가하는 방법은? 기출복원

① 서열법
② 평정척도법
③ 체크리스트법
④ 중요사전서술법
⑤ 목표관리법

해설

관련된 표준행동을 정해놓고 해당 항목(서술문)에 대조하여 평가하는 방법은 체크리스트법이다.

답 ③

009 □□□ **다음 인사고과의 오류 중 피고과자가 속한 사회적 집단에 대한 평가에 기초하여 판단하는 것은?** 기출복원

① 상동적 오류
② 논리적 오류
③ 대비오류
④ 근접오류
⑤ 후광효과

해설

상동적 오류는 피고과자가 속한 사회적 집단에 대한 속단이나 편견에 의해 평가하는 것이다.

답 ①

010 □□□ **다음 갈등해결을 위한 협상전략 중 통합적 협상의 특성이 아닌 것은?** 기출복원

① 양쪽 당사자 모두 만족할 만큼 성과를 확대한다.
② 나도 이기고 상대도 이기는 윈-윈 전략을 구사한다.
③ 당사자들 사이의 이해관계보다 각 당사자의 입장에 초점을 맞춘다.
④ 당사자들 간의 장기적 관계를 형성한다.
⑤ 정보공유를 통해 각 당사자의 흥미를 만족시킨다.

해설

③은 배분(분배)적 협상에 대한 설명이다. 통합적 협상은 파이(pie)를 키운다는 의미로서 장기간에 걸쳐 상호간의 이익을 추구(win-win)하는 협상전략이다.

답 ③

011 □□□ **다음 설명 중 바르지 못한 것은?** 기출복원

① 직무명세서는 직무요건인 인적요건에 큰 비중을 두며, 고용과 승진, 훈련 등에 기초자료로 활용할 수 있다.
② 직무기술서는 종업원의 직무분석의 결과를 근거로 하여 관련 직무수행, 각종 과업, 직무행동 등을 기술한 문서이다.
③ OJT는 직장 내에서 실시하는 교육훈련기법으로 직접 실무경험을 쌓을 수 있으며, 동시에 다수의 많은 종업원을 교육훈련 시킬 수 있는 것이 장점이다.
④ Off-JT는 연수원, 강의실 등에서 강의 또는 토론과 토의를 통해서 실시되는 교육훈련 형태를 말한다.

해설

동시에 다수의 많은 종업원을 교육훈련 시킬 수 있는 기법은 Off-JT(직장 외 교육훈련)이다.

답 ③

012 직무특성모형에서 중요 심리상태의 하나인 의미충만(meaningfulness)에 영향을 미치는 핵심직무차원을 모두 고른 것은? 2023 공인노무사 · 산업안전지도사

ㄱ. 기술의 다양성	ㄴ. 과업정체성
ㄷ. 과업중요성	ㄹ. 자율성
ㅁ. 피드백	

① ㄱ, ㄴ, ㄷ
② ㄱ, ㄴ, ㅁ
③ ㄱ, ㄹ, ㅁ
④ ㄴ, ㄷ, ㄹ
⑤ ㄷ, ㄹ, ㅁ

해설

직무특성모형은 작업의 의미충만 경험(ㄱ, ㄴ, ㄷ), 결과에 대한 책임 경험(자율성), 실제 결과에 대한 인식(피드백)의 중요한 심리상태를 갖는다.

답 ①

013 다음 중 타인평가에 대한 과정에서 나타나는 오류에 대한 설명으로 옳지 않은 것은? 기출복원

① 주관의 객관화는 타인의 평가에서 자신의 감정이나 경향을 투사 또는 전가시키려는 오류를 의미한다.
② 방어적 지각은 고정관념에 어긋나는 정보를 회피하거나 왜곡시키려는 오류를 의미한다.
③ 현혹효과를 줄이는 방법은 여러 사람이 동시에 평가를 하게 하는 것이다.
④ 근접오류는 자신과 유사한 사람에게 후한 점수를 주는 것을 의미한다.

해설

④는 대비오류에 대한 설명이다.

답 ④

014 □□□ **인사평가 오류 중 평가자가 평가측정을 하여 다수의 피평가자에게 점수를 부여할 때 점수의 분포가 특정 방향으로 쏠리는 현상으로 인해 발생하는 분배적 오류 혹은 항상 오류에 해당되는 것으로만 옳게 짝지은 것은?** 기출복원

① 유사성 오류, 대비 오류, 관대화 오류
② 유사성 오류, 관대화 오류, 중심화 오류
③ 대비 오류, 관대화 오류, 중심화 오류
④ 관대화 오류, 중심화 오류, 가혹화 오류

해설

분배적 오류 · 항상 오류 · 통계적 오류에 해당되는 것은 관대화 오류, 중심화 오류, 가혹화 오류이다.

답 ④

015 □□□ **다음 중 인사고과방법 중 행위기준고과법(BARS)에 대한 설명으로 바르지 못한 것은?** 기출복원

① 평정척도고과법에 비하여 비용과 시간이 절약된다.
② 평가할 사람들이 평가척도를 개발한다.
③ 종업원에게 원활한 의사소통의 기회를 제공한다.
④ 관찰 가능한 행위를 기준으로 평가한다.
⑤ 개발된 척도를 피평가자들에게 공개한다.

해설

행위기준고과법은 평정척도고과법과 중요사건서술(기술)법을 결합한 것이다. 피고과자의 능력이나 성과를 구체적으로 나타내주는 중요사건을 결정하는 과정에 피고과자를 참여시키는 것으로, 시간과 비용이 많이 소요된다.

답 ①

016 □□□ **다음 인사고과의 오류 중에서 고과자가 자신이 지각할 수 있는 사실은 집중적으로 파고들면서, 싫은 것은 회피해버리는 경향을 무엇이라고 하는가?** 기출복원

① 관대화 오류 ② 지각적 방어
③ 논리적 오류 ④ 대비오류

해설

평가자(자신)의 자아를 위협하거나 기존의 신념 및 태도에 상반되는 정보에 대해 주의하기를 회피(기피)하여 왜곡하여 받아들이는 현상(방어기제)은 지각적 방어이다.

답 ②

017 **A부장은 인사고과 시 부하들의 능력이나 성과를 실제보다 높게 평가하는 경향이 있다. 이와 관련된 인사고과 오류는?** 기출복원

① 관대화 경향
② 상동적 오류
③ 연공오류
④ 후광효과
⑤ 대비오류

해설

인사고과 시 대상자들의 능력이나 성과를 실제보다 높게 평가하는 경향은 관대화 경향이다.

답 ①

018 **다음 중 집단임금제의 장점이 아닌 것은?** 기출복원

① 작업 요령을 집단 내의 다른 구성원에게 개방한다.
② 집단 내의 협동심이 증가하고, 신입 종업원의 훈련에 적극적이다.
③ 임금은 개개인의 노력 또는 성과와 직결된다.
④ 임금에 관한 사무가 간소화된다.
⑤ 작업배치 시 작업의 난이도에 따른 불만이 감소된다.

해설

집단임금제는 개인의 노력, 능력, 성과와는 무관하게 지급되는 임금제도이다.

답 ③

019 □□□ **다음 중 성과배분제에 대한 설명으로 바르지 않은 것은?** 기출복원

① 럭커플랜은 생산가치, 즉 부가가치의 증대를 목표로 노사 간 협력체제하에 생산성 향상의 성과를 일정한 분배율에 의해 적정하게 분배하는 제도이다.

② 링컨플랜은 상여금을 기본금 비율에 따라 분배하지 않고 모든 종업원에게 똑같이 분배하는 제도이다.

③ 스캔론플랜은 제안제도와 판매가치를 기준으로 한 집단성과급제로, 생산액의 변동에 임금을 연결시켜 산출하는 것이다.

④ 비용절감액을 분배하는 성과배분제는 카이저플랜, 프렌치플랜, 럭커플랜, 스캔론플랜이다.

해설

②는 헌터플랜(Hunter plan)에 대한 설명이다. 링컨플랜은 기업경영에 대한 종업원의 이해도를 높이기 위해 이윤분배제도와 자극임금제를 절충한 임금제도이다.

답 ②

020 □□□ **단위당 소요되는 표준작업시간과 실제작업시간을 비교하여 절약된 작업시간에 대한 생산성 이득을 노사가 각각 50 : 50의 비율로 배분하는 임금제도는?** 기출복원

① 임프로쉐어플랜 ② 스캘론플랜

③ 럭커플랜 ④ 메리크식 복률성과급

⑤ 테일러식 차별성과급제

해설

▶ 선지분석

② 스캘론플랜은 판매가치를 기준으로 75 : 25로 분배한다.

③ 럭커플랜은 부가가치율에 의해 50 : 50으로 분배한다.

④ 메리크식 복률성과급은 표준량 3가지로 구분하여 83% 이하 / 83~100% / 100% 이상으로 구분하는 성과급제이다.

⑤ 테일러식 차별성과급제는 과업량에 따른 성과급제이다.

답 ①

021 □□□ **다음 중 쟁의행위에 해당되지 않는 것은?** 기출복원

① 태업(sabotage)
② 불매운동(boycott)
③ 직장폐쇄(lock-out)
④ 파업(strike)
⑤ 일시해고(lay-off)

해설

일시해고(lay-off)란 기업이 경영부진에 빠져 조업단축 · 인원삭감의 필요가 생겼을 때 업무회복 시에 재고용할 것을 약속하고 종업원을 일시적으로 해고하는 제도로, 일반적인 노동쟁의 행위에 해당하지 않는다. 보이콧(boycott)은 노동자측의 불매운동인 보이콧과 사용자측의 보이콧의 두 가지 쟁의행위 유형이 있다는 것에 주의해야 한다.

답 ⑤

022 □□□ **다음 중 경영참가제도의 유형에 해당되지 않는 것은?** 기출복원

① 노사협의 참가
② 의사결정 참가
③ 성과배분 참가
④ 자본 참가

해설

경영참가제도는 자본 참가(종업원지주제도), 성과배분 참가(이윤분배제도), 의사결정 참가(노사공동의사결정제도)가 있다.

답 ①

023 □□□ **다음 중 노동쟁의 조정방법에 대한 설명으로 옳지 않은 것은?** 기출복원

① 긴급 조정권은 노동쟁의 행위 자체가 국가나 국민에게 심각하거나 막대한 위험을 초래될 경우에 발동한다.
② 법률상 중재는 법적 구속력이 있으며, 당사자들은 중재결과를 따라야 한다.
③ 노동쟁의의 순서는 조정 - 중재 - 긴급조정권이다.
④ 법률상 조정은 법적 효력이 있는 것으로, 강력한 제재를 가능하게 한다.

해설

노동쟁의의 조정은 법적 구속력을 갖지 않으며, 단순히 권고하는 것이다.
※ 헌법이 보장하는 노동자의 3가지 기본 권리는 단결권, 단체교섭권, 단체행동권이 있다.

답 ④

024 □□□ **다음 중 직무(job)에 대한 설명으로 가장 적절하지 않은 것은?** 2023 군무원 7급

① 직무분석(job analysis)이 결과는 직원의 선발, 배치, 교육, 평가의 기초 자료로 사용된다.

② 직무기술서(job description)에는 직무의 명칭, 내용, 수행 절차, 작업조건 등이 기록된다.

③ 직무명세서(job specification)에는 해당 직무를 수행하는 사람이 갖추어야 할 자격 요건이 기록된다.

④ 직무기술서와 직무명세서를 토대로 직무분석을 실시한다.

해설

직무분석의 결과를 토대로 직무기술서와 직무명세서를 작성한다.

답 ④

025 □□□ **다음 중 부가급(fringe benefit)에 해당되지 않는 것은?** 기출복원

① 카페테리아식 복지후생제도

② 각종 보험금

③ 직능수당

④ 식당과 기숙사 등의 서비스

해설

직능수당은 기준임금에 해당되며, 직무와 관련된 것으로서 직무수행능력에 따라 책정된다.

답 ③

제19회 | 인적자원관리(5)

001 **다음과 같은 특징이 있는 보상제도는?** 2023 경영지도사

- 생산의 판매가치에 대한 인건비 절감액의 종업원에게 보너스로 지급
- 능률개선을 위해 종업원에게 직접적인 인센티브를 제고하는 효과기대

① 스캔론플랜(Scanlon plan)
② 럭커플랜(Rucker plan)
③ 임프로쉐어(Improshare)
④ 성과 배분제(profit sharing)
⑤ 직능급제(skill based pay)

해설

①은 총매출액에 대한 노무비 절약분을 인센티브로 제공하는 것으로 판매가치를 기준으로 한 성과배분제의 하나이다.

답 ①

002 **다음 직무설계와 관련된 설명 중 가장 바른 것은?** 기출복원

① 직무확대란 직무의 다양성을 향상시키기 위해 직무를 수평적으로 확대시킨 것이다.
② 직무설계는 직무기술서를 작성하는 데 근거를 제공해 준다.
③ 직무충실화는 동기요인보다는 위생요인을 더 중시하였다.
④ 구성원의 작업 활동을 다양하게 하기 위해 직무순환을 시행하지 않는다.

해설

직무순환과 직무확대는 수평적인 직무확대에, 직무충실화는 수직적인 직무확대에 해당된다.

답 ①

003 **다음 중 현직 종업원에 대해 시험을 실시해서 시험성적과 현재 해당 직무와의 성과를 비교하여 타당성을 검사하는 것을 가리키는 것은?** 기출복원

① 예측타당성
② 동시타당성
③ 구성타당성
④ 내용타당성

해설

▶ 선지분석

① 예측타당성은 선발시험에 따른 합격자들의 입사 후 직무성과를 비교하는 것이다.
③ 구성타당성은 시험의 이론적 구성과 가정을 측정하는 정도이다.
④ 내용타당성은 특정 대상의 취지를 얼마나 시험문제에 적용하였는지를 파악하는 것이다.

답 ②

004 **우리나라에서 적용하고 있는 정리해고의 요건이 아닌 것은?** 기출복원

□□□

① 긴박한 경영상의 필요가 있어야 한다.
② 사용자는 해고를 피하기 위한 노력을 다하여야 한다.
③ 공정한 해고의 기준을 정하고, 이에 따라 그 대상을 선정하여야 한다.
④ 자질이 부족하거나 행동이 건전하지 못한 직원의 해고는 인정하여야 한다.
⑤ 사용자는 해고를 피하기 위한 방법 및 해고의 기준 등에 관하여 노동조합 내지 근로자 대표와 성실하게 협의하여야 한다.

해설

단순히 자질부족이나 불건전한 행동을 원인으로 해고할 수 없으며, 어떠한 경우에라도 정해진 기준과 관련규정(법령)에 의해 해고가 진행되어야 한다.

답 ④

005 **다음 중 교육 참가자들이 소규모 집단을 구성하여 팀워크로 경영상의 실제 문제를 해결하도록 하여 문제해결 과정에 대한 성찰을 통해 학습하게 하는 교육방식은?** 2021 공인노무사

□□□

① team learning
② organizational learning
③ problem based learning
④ blended learning
⑤ action learning

해설

action learning은 참가자들이 소규모 집단을 구성하여 팀워크로 경영상의 실제 문제를 해결하도록 하는 것이다. 문제해결 과정에 대한 성찰을 통해 구성원들의 역량을 향상시키며, 러닝코치는 의사결정권이 없는 것이 특징이다.

답 ⑤

006 **관리직 선발도구로서 다수의 지원자들을 특정 지역에 합숙시키면서 다양한 선발도구를 실시 · 적용하여 선발하는 인사고과 방법은?** 기출복원

① 델파이법 ② 평정척도고과법
③ 감수성훈련법 ④ 인적평정센터법
⑤ 행위기준고과법

해설

인적(사)평정센터법은 인사전문가와 심리전문가 등으로 하여금 다양한 선발도구와 실험을 통해 중간관리자 및 최고경영자를 선발하는 것이다.

답 ④

007 **다음 중 고성과 작업시스템에 대한 설명으로 옳지 않은 것은?** 2020 감사직

① 노사 간의 협력과 신뢰에 기반을 두어 구성원들의 자발적인 참여와 헌신을 끌어냄으로써 더욱 높은 성과의 달성을 유도한다.
② 교육훈련 및 인적자원개발에 대한 투자와 다양한 교육훈련 및 인적자원개발 프로그램을 제공하고자 노력한다.
③ 직무는 개인 단위로 설계되고, 시장지향적 고용관계를 지향하며, 세밀하고 명확한 직무규정을 강조한다.
④ 인적자원을 통한 경쟁력 향상을 도모하고, 업무와 조직에 대한 구성원들의 정서적 몰입을 높이는 데 초점을 둔다.

해설

고성과 작업시스템은 구성원의 자발적인 참여와 헌신을 통한 고성과 달성을 유도하는 것으로, 세밀하고 명확한 직무규정과는 무관하다.

답 ③

008 **다음 직무분석에 대한 설명 중 옳지 않은 것은?** 기출복원

① 직무분석과정의 오류의 원인으로 구성원의 반응세트는 적절한 표본추출을 말하는 것이다.
② 관찰법은 관찰자의 주관이 개입될 수도 있다.
③ 질문서법은 직무의 성격에 관계없이 모든 상황의 질문에 적용될 수 있다.
④ 직무가 비교적 구조적인 경우 지시적 면접을 통해 시간을 절약할 수 있다.
⑤ 질문서법은 종업원 스스로 직무기술서에 기입하는 것과 같다.

해설

직무분석의 오류의 원인으로는 ㉠ 부적절한 표본추출, ㉡ 구성원의 반응세트(예상된 또는 왜곡된 질문에 대해 일관성 있게 답변할 때 발생), ㉢ 직무의 환경, ㉣ 구성원의 행동의 변화 등이 있다.

답 ①

009 **다음 중 직무충실화에 대한 설명으로 바르지 못한 것은?** 기출복원

□□□

① 직무수행에 있어서 개인 간 차이를 인정하였다.
② 동기요인이 직무충실화에 크게 기여하며 허쯔버그(Herzberg)의 2요인 이론에 기초하고 있다.
③ 성장욕구가 낮은 작업자는 직무충실의 부담이 증가한다.
④ 수평적 직무부하가 아닌 수직적 직무부하를 의미한다.

해설

직무충실화 이론은 개인차를 무시하였다.

답 ①

010 **다음 중 인사평가의 신뢰성을 떨어뜨릴 수 있는 오류에 대한 설명으로 가장 옳지 않은 항목은?** 2022 군무원 7급

□□□

① 연공오류는 피평가자가 가지고 있는 연공적 속성인 연령, 학력, 근속년수가 평가에 영향을 미치는 경우이다.
② 후광효과는 평가자와 피평가자 간의 가치관, 행동패턴 그리고 태도 면에서 유사한 정도에 따라 평가결과가 영향을 받는 경우이다.
③ 대비오류는 평가자가 여러 명을 평가할 때 우수한 피평가자 다음에 평가되는 경우 실제보다 낮게 평가하고 낮은 수준의 피평가자 다음에는 높게 평가하는 경우를 말한다.
④ 자존적 편견은 자신의 자기존중감이 위협받는 상황에 처하면, 자기 존중감을 높이고 유지하려는 경우를 말한다.

해설

후광효과는 피평가자의 한 가지 특성을 보고 나머지 여러 특성을 추론하여 좋게 또는 나쁘게 평가하는 것이다.

답 ②

011 □□□ **다음 중 직무급에 관한 설명으로 옳지 않은 것은?** 기출복원

① 동일노동에 대한 동일임금의 원칙에 기반한다.

② 임금을 산정하는 절차가 단순하다.

③ 직무를 평가하여 직무의 상대적 가치를 기준으로 임금을 결정하며, 능력주의 인사 풍토 조성에 도움이 된다.

④ 연공주의 풍토하에서는 직무급 도입에 저항이 크다.

해설

직무의 중요도, 위험도, 복잡성 등을 비교 · 평가 및 선정하는 절차가 복잡하다.

답 ②

012 □□□ **다음 중 직무 분석에 대한 설명으로 옳지 않은 것은?** 기출복원

① 특정 직무의 내용과 성질을 체계적으로 조사, 연구하여 조직에서의 인간 관리에 필요한 직무정보를 제공하는 과정이다.

② 조직이 요구하는 직무수행에 필요한 지식, 능력, 책임 등의 성질과 요건을 명확히 하는 일련의 과정이다.

③ 직무명세서는 직무분석을 통하여 얻어진 직무에 관한 여러 자료와 정보를 직무의 특성에 중점을 두고 기록 · 정리한 문서이고, 직무기술서는 직무명세서에 기초하되 직무의 인적요건에 비중을 두고 기록한 문서이다.

④ 직무분석이 먼저 이루어진 다음에 직무평가, 인사고과의 순서로 진행된다.

⑤ 직무분석의 방법에는 면접법, 관찰법, 질문서법 등이 있다.

해설

직무특성에 중점을 둔 것은 직무기술서이다. 직무명세서는 직무기술서에 기초하며 인적요건을 기록한 문서이다.

답 ③

013 서로 논리적인 상관관계가 있는 경우 비교적 높게 평가하는 요소가 있다면 그것과 관련된 다른 요소도 높게 평가하는 오류는 무엇인가? 기출복원

① 논리적 오류
② 유사효과
③ 선택적 지각
④ 상동적 태도

해설

논리적 오류 또는 상관편견에 대한 설명이다.

답 ①

014 평가자가 평가항목의 의미를 정확하게 이해하지 못했을 때 나타나는 인사평가 오류는? 기출복원

① 후광효과
② 상관편견
③ 대비오류
④ 관대화 경향

해설

상관편견은 특정 항목이 다른 항목과 상관(연관)이 있을 것이라고 생각하는 편견으로, 평가항목의 요소, 의미 등을 정확히 이해하지 못할 때 발생하기 쉽다.

답 ②

015 다음 중 인사고과의 방법에 대한 설명으로 가장 바르지 않은 것은? 기출복원

① 자기서술법은 자기 평가방법으로 자기 스스로 업무성과, 자질, 태도, 능력 등을 평가하는 방법이다.
② 현대적인 인사고과는 포괄적인 고과에서 목적별 고과로 변화하고 있다.
③ 행위기준고과법은 고과 대상자를 일정 기간 동안 합숙시키면서 각종 의사결정게임과 토의 등을 하는 동시에 심리검사를 실시하는 복수평정절차로 평가하는 방법이다.
④ 대조표법은 행동표준의 선정이 어렵고 점수화(계량화)하기 어렵다는 단점이 있다.
⑤ 대인비교법은 상대평가를 기반으로, 대조표법은 절대평가를 기반으로 한 인사고과 방법이다.

해설

③은 인적(인사)평정센터방법이다. 행위기준고과법은 평정척도고과법과 중요사건기술법을 결합한 것으로서, 피고과자의 능력이나 성과를 구체적으로 나타내주는 중요사건을 결정하는 과정에 피고과자를 참여시키는 것이다. 시간과 비용이 많이 소요되며 주로 대기업에서 이용한다.

답 ③

016 □□□ **다음 중 임금관리에 대한 설명으로 가장 바르지 않은 것은?** 기출복원

① 임프로쉐어는 표준생산시간과 실제 생산시간의 차이로 인한 이득(성과)을 기업과 종업원이 50 : 50으로 분배하는 제도이다.
② 카이저플랜은 성과급과 이윤분배제도를 절충한 형태의 임금제도이다.
③ 스캔론플랜은 절약임금을 기업과 종업원이 25 : 75로 분배하는 제도이다.
④ 럭커플랜은 부가가치를 기준으로 성과를 배분하는 제도이다.

해설

②는 링컨플랜에 대한 설명이며, 카이저플랜은 비용절감액의 분배제도이다.

답 ②

017 □□□ **다음 중 집단성과급제에 대한 설명으로 틀린 것은?** 기출복원

① 카이저플랜은 개인적 인센티브를 적용한다.
② 링컨플랜은 성과급과 이윤분배제도를 혼합한 것이다.
③ 스캔론플랜은 노사협력에 의한 생산성 향상을 위한 제안제도로, 판매가치를 기준으로 한 보너스플랜을 기본으로 한다.
④ 프랜치시스템은 실제산출액에서 기대산출액을 차감한 모든 비용 절약분을 노동자에게 배분하는 집단성과급이다.

해설

카이저플랜은 노무비와 재료비 측면의 비용절감액을 배분하는 협동(집단)적 인센티브제이다.

답 ①

018 □□□ **다음 중 임금에 대한 설명으로 바르지 못한 것은?** 기출복원

① 임금수준은 기업 전체의 임금의 평균수준으로 최저생계비와 기업의 지급능력의 범위 내에서 결정된다.
② 임금체계란, 개별임금의 격차를 형성하는 기준이다.
③ 직무급이란, 직능급과 연공급을 절충한 형태이다.
④ 자격급이란, 직무의 전문화를 실시한 후 자격기준을 설정하고 임금을 결정하는 방법이다.

해설

직무급은 직무평가(직무의 상대적 가치)에 의해 임금수준을 결정하는 것이며, 직능급은 연공급과 직무급을 절충한 임금체계이다.

답 ③

019 다음 〈보기〉와 같은 특징이 있는 임금형태는? 2021 경영지도사

〈보기〉

- 근로자에게 합리성을 준다.
- 생산성 제고, 원가절감, 근로자의 소득증대에 효과가 있다.
- 근로자의 수입이 불안정하다.

① 연공급 ② 직능급
③ 직무급 ④ 성과급
⑤ 역량급

해설

성과급은 작업성과의 유무(고 · 저)에 따라 임금이 책정되므로 불규칙적이다. 이는 근로자를 격려하고 조직의 성과를 향상시키기 위해 시행된다.

답 ④

020 다음 중 임금의 체계에 대한 설명으로 틀린 것은? 기출복원

① 성과급은 종업원이 달성한 업무성과를 기초로 임금수준을 결정하는 방식이다.
② 직무급을 적용할 때는 차별적 임금격차에 대한 공정성을 확보해야 한다.
③ 지능급은 종업원이 맡은 직무의 중요성과 난이도에 따라 임금을 결정하는 방식이다.
④ 연공급은 유연한 조직변화가 필요한 조직에서는 불합리적인 임금제도로서 다른 제도와 병행이 필요하다.
⑤ 연봉제에서는 임금을 결정하기 위해 종업원의 직무, 직능, 업적, 연공 등의 다양한 기준을 복합적으로 도입할 수 있다.

해설

③은 직무급의 설명이다. 직능급은 직무를 수행하는 능력에 따라 지급하는 것이고, 직무의 중요성과 난이도는 직무의 상대적인 가치에 따른 평가로서 직무급에 해당된다.

답 ③

021 □□□ **다음 인간관계관리 기법 중에서 구성원들이 조직의 운영이나 작업수행에 필요한 개선안을 제안하도록 하고 우수제안에 대해서 보상을 하는 제안제도와 관련성이 적은 것은?**

기출복원

① 노사 간 원활한 관계와 의사소통 기능
② 종업원의 잠재능력과 창의력의 개발
③ 인간관계 개선과 종업원의 사기 증대
④ 종업원들의 불평이나 불만의 해결방안

해설

종업원들의 불평이나 불만의 해결방안은 제안(기안)제도와는 무관하다.

답 ④

022 □□□ **노동조합의 가입형태 중 채용에 있어 노동조합원에게 우선순위를 부여하는 제도를 가리키는 것은?**

기출복원

① 에이전시숍
② 프리퍼렌셜숍
③ 오픈숍
④ 체크오프 시스템
⑤ 유니온숍

해설

프리퍼렌셜숍은 채용에서 노동조합원에게 우선순위를 주는 제도이다.

답 ②

023 □□□ **복지후생을 임의성에 따라 분류할 경우 법정 복지후생과 법정 외 복지후생으로 분류 가능하다. 다음 중 법정 복지후생이 아닌 것은?**

기출복원

① 연금보험
② 실업보험
③ 건강보험
④ 재해보험
⑤ 공제

해설

▶ 선지분석

기업에 대해 법률적 · 의무적으로 복지후생을 실시해야 하는 것은 ① 연금보험, ② 실업보험, ③ 건강보험, ④ 재해보험이다.

답 ⑤

024 □□□ **다음 중 복리후생제도에 관한 설명으로 바르지 않은 것은?** 기출복원

① 기업은 국가나 지역사회 등에서 제공하는 복리후생과는 중복을 피하는 것이 좋다.
② 주택시설, 진료시설 등은 법정 외 복리후생에 해당된다.
③ 카페테리아식 복리후생은 집단적인 보상의 성격으로, 모든 근로자에게 동등하게 일률적으로 제공하는 제도를 말한다.
④ 구성원들의 욕구에 부합해야 하며, 이전적 효과보다는 창출적 효과를 강조한다.
⑤ 종업원 후원프로그램(EAP)은 종업원 개인의 사생활에 문제가 무엇인지를 규명하고 처리(해결)해 줌으로써 과업수행 등에 긍정적인 방향으로 개선하는 활동을 말한다.

해설

카페테리아식 복리후생은 선택적 기업복지라고도 하며, 종업원의 다양한 욕구를 충족시키기 위해 기업이 제시하는 다양한 복리후생들 중에 근로자가 원하는 것을 선택할 수 있는 제도이다.

답 ③

025 □□□ **다음 중 개인이 수행하는 직무의 범위를 수직적으로 확대하는 직무설계 방법은?**

2023 군무원 5급

① 직무확대
② 직무순환
③ 직무교차
④ 직무충실화

해설

④는 높은 수준의 지식과 기술이 필요하며, 과업의 자율성과 책임을 강조하는 수직적 직무확대에 해당한다.

답 ④

제20회 | 인적자원관리(6)

001 **다음 중 노동조합 제도에 대한 설명으로 가장 거리가 먼 것은?** 2023 군무원 9급

□□□

① 오픈 숍(open shop)은 조합원 여부와 상관없이 고용할 수 있으며, 조합 가입이 고용조건이 아니다.

② 클로즈드 숍(closed shop)은 사용자가 조합원만 선발해야 하는 제도이다.

③ 에이전시 숍(agency shop)은 조합원뿐만 아니라 비조합원 노동자에게도 조합 회비를 징수하는 제도이다.

④ 유니온 숍(union shop)은 하나의 사업장에 하나의 노동조합만 인정하는 제도이다.

해설

유니온 숍(union shop)은 기업은 노조가입여부와 무관하게 채용은 가능하지만, 노동자는 채용 후 일정기간 내에 반드시 노조에 가입해야 하는 제도이다.

답 ④

002 **인력채용 시에 외부모집의 유리한 점으로 옳은 것은?** 기출복원

□□□

① 승진 기회 확대로 종업원 동기부여 향상

② 조직 분위기 쇄신 기능

③ 모집에 소요되는 시간과 비용 단축

④ 채용된 기업의 문화에 대한 적용이 쉬움

해설

▶ 선지분석

①, ③, ④는 내부모집의 장점에 해당된다.

답 ②

003 **다음 (   ) 속에 모두 적합한 것은?** 기출복원

□□□

> (   )은 시험성적과 직무성과와의 통계적 상관계수로 측정되지는 않으며, 논리적으로 판단해서 직무와 관련된 내용을 출제·결정한다. (   )의 기초 작업은 철저하고 상세한 직무분석에 있다.

① 예측타당성

② 동시타당성

③ 구성타당성

④ 내용타당성

해설

내용타당성은 실험 또는 연구 설계에 있어 '측정하고자 하는 내용이 조사대상의 주요 국면을 대표할 수 있느냐' 하는 판단과 관련된 타당성을 말한다. 즉, 선발시험에서 구체적으로 직무와 관련된 내용을 시험문제로 출제할 경우에 내용타당성은 확보될 수 있다.

답 ④

004 **다음 중 전통적 직무설계와 관련이 없는 것은?** 2021 공인노무사

① 분업
② 과학적 관리
③ 전문화
④ 표준화
⑤ 직무순환

해설

직무순환은 현대적 직무설계(구체적 · 과도기적 방법)의 형태이다.

답 ⑤

005 **다음 중 직무평가방법에 대한 설명으로 맞는 것은?** 기출복원

① 서열법은 직무를 구성요소별로 분해한 후 가중점수를 이용하여 직무의 순위를 결정하는 가장 합리적인 방법으로, 공장의 기능직 평가에 많이 적용된다.
② 분류법은 직무를 여러 등급으로 분류해서 포괄적으로 평가하여 강제적으로 배정하는 방법이다.
③ 점수법은 전체적이고 포괄적인 관점에서 각각의 직무를 상호 교차하여 순위를 결정한다.
④ 요소비교법은 기준직무를 미리 정해 놓고 기준직무의 평가요소와 각 직무의 평가요소를 비교하여 직무의 순위를 결정하는 방법으로, 상이한 직무에는 적용하지 못한다.

해설

▶ 선지분석

① 점수법에 대한 설명이다.
③ 서열법에 대한 설명이다.
④ 요소비교법은 기준직무를 미리 정해 놓고, 기준직무의 평가요소와 각 직무의 평가요소를 비교한다. 합리적인 임금산정을 가능하게 하며, 상이한 직무에 많이 사용한다.

답 ②

006 **다음 중 직무설계(job design)에 대한 설명으로 틀린 것은?** 기출복원

① 직무확대는 작업자가 반복적인 직무수행에서 느끼는 권태감이나 단조로움을 줄이고자 하는 것이 목적이며, 구성원 신상의 변화와 동시에 진행되기 때문에 어느 요인에 의해 성공했는지의 여부를 밝히기 어렵다는 단점이 있다.

② 직무순환은 전문가보다는 일반적인 관리자를 만드는 것으로서, 종업원을 현재의 직무와는 다른 성격의 직무로 이동시키는 것을 말한다.

③ 직무확대를 수평적 직무확대라고 한다면, 직무충실화는 수직적 직무확대라고 할 수 있다.

④ 직무특성이론은 개인차를 무시한 직무설계방법으로, 이를 발전시킨 것이 직무충실화이론이다.

⑤ 직무충실화를 실시하면 감독자 등과의 수직적인 관계나 타 부문과의 수평적인 관계에 문제가 발생할 수도 있다.

해설

직무특성이론은 개인차를 인정한 직무설계방법이다.

답 ④

007 **다음 중 인사고과의 목적으로 적당하지 않은 것은?** 기출복원

① 인사정책 및 프로그램의 평가

② 승진, 보상 등의 관리적 의사결정

③ 종업원의 개발 및 피드백

④ 종업원의 선발

해설

▶ 선지분석

인사고과제도는 종업원의 상대적 가치를 평가하는 것이다. 그 목적은 임금관리, 인사이동(승진, 배치 등), 교육훈련 등에 대한 사정수단(상벌의 성격) 및 기초 자료로 활용하기 위한 것이다.

답 ④

008 □□□ **다음 중 선발과 모집에 관련된 설명으로 옳지 않은 것은?** 기출복원

① 내부모집을 통하여 구성원들에게 동기부여를 할 수 있다.
② 외부모집 방식은 모집단위가 제한적이고 승진을 위한 과당경쟁이 발생할 수 있다.
③ 외부모집에 비해서 내부모집은 비교적 정확한 평가와 객관적인 평가가 가능하다.
④ 외부모집을 통하여 조직에 새로운 관점과 시각을 가진 인력을 선발할 수 있다.

해설

②는 내부모집의 특징(단점)이다.

답 ②

009 □□□ **다음 중 인사적체가 심하여 구성원 사기저하가 발생할 때 명칭만의 형식적인 승진이 이루어지는 제도는?** 기출복원

① 직계승진 ② 자격승진
③ 조직변화 승진 ④ 대용승진
⑤ 역직승진

해설

인사적체가 심하여 구성원 사기저하가 발생할 때 명칭만 변경되고 그 외에는 변함이 없는 형식적인 승진을 대용승진이라 한다.

답 ④

010 □□□ **다음 중 조직 내 직무 간의 상대적인 가치를 평가하는 직무평가 요소가 아닌 것은?** 기출복원

① 지식 ② 숙련
③ 경험 ④ 노력
⑤ 성과

해설

직무평가는 직무 자체의 상대적 가치(중요도, 위험도 등)를 평가하는 것이며 성과평가와는 무관하다.

▶ 선지분석

직무평가는 공정한 임금체계 정립 및 인사관리의 합리화, 직무평가 요소로 ① 지식, ② 숙련, ③ 경험, ④ 노력 외에 책임, 작업조건 등이 있다.

답 ⑤

011 인간성 회복의 관점에서 직무의 재설계, 조직 내의 성장, 발전 기회의 제공, 직장생활과 사생활의 조화 등을 통해 직장을 보람이 있는 일터로 느끼도록 하는 제반 인사프로그램을 가리키는 것은? 기출복원

① MBO ② ERP
③ SCM ④ QWL
⑤ BSC

해설

QWL은 인간성 회복의 관점, 직무의 재설계, 직장생활과 사생활의 조화, 직장을 보람이 있는 일터로 느껴 직무의 만족을 통해 생산성 향상과 개인과 조직의 목표를 달성하는 것이다.

답 ④

012 다음 중 인사고과의 변화방향으로 바르지 않은 것은? 기출복원

① 임금관리 중심의 고과에서 능력개발 중심의 고과로
② 목적별 고과에서 포괄적 고과로
③ 주관적인 고과에서 객관적 기준에 의한 고과로
④ 고과자 중심의 고과에서 피고과자 중심의 고과로
⑤ 획일적 고과에서 직능별 고과로

해설

인사고과는 전통적인 포괄적 고과에서 현대적인 목적별 고과로 변화하고 있다.

답 ②

013 다음 중 고과자가 피고과자를 평가함에 있어 쉽게 기억할 수 있는 최근 업적이나 능력을 중심으로 평가하려는 데에서 나타나는 오류는? 기출복원

① 시간적 오류 ② 논리적 오류
③ 후광효과 ④ 주관의 객관화

해설

시간적 오류는 근접효과를 의미한다.

답 ①

014 □□□ **다음 직무평가(Job Evaluation)의 방법 중에서 점수법에 대한 설명으로 가장 옳은 것은?**

2022 군무원 7급

① 평가자가 포괄적인 지식을 사용하여 직무 전체를 서로 비교해서 순위를 결정한다.
② 직무를 여러 평가요소로 분리하여 그 평가요소에 가중치(중요도) 및 일정 점수를 배분한 뒤, 각 직무의 가치를 점수로 환산하여 상대적 가치를 평가하는 방법이다.
③ 사전에 직무에 대한 등급을 미리 정해 놓고 각 등급을 설명하는 서술을 준비한 다음, 각 직무가 어느 등급에 속하는지 분류하는 방법이다.
④ 여러 직무들을 전체적으로 비교하여 직무들 간의 서열을 결정하고, 기준 직무의 내용이 변하면 전체 직무를 다시 재평가한다.

해설

▶ 선지분석

①은 서열법, ③은 분류법, ④는 요소비교법의 설명이다.

답 ②

015 □□□ **다음 중 임금수준의 관리에 관한 설명으로 옳지 않은 것은?**

기출복원

① 대외적 공정성을 확보하기 위해서는 노동시장의 임금수준 파악이 필요하다.
② 기업의 임금지불능력을 파악하는 기준으로 생산성과 수익성을 들 수 있다.
③ 임금수준 결정 시 선도전략은 유능한 종업원을 유인하는 효과가 크다.
④ 임금수준의 관리는 적정성의 원칙을 지향한다.
⑤ 임금수준의 하한선은 기업의 지불능력에 의하여 결정된다.

해설

임금수준의 하한선은 최저생계비이고, 상한선은 기업의 지불능력이다.

답 ⑤

016 다음 중 브레인스토밍에 대한 내용으로 틀린 것은? 기출복원

① 리더가 제기한 문제에 대하여 자유롭게 의견을 제시한다.
② 기업의 문제해결을 위한 회의식 방법으로 널리 사용된다.
③ 양보다는 질을 중요시하는 창의성 개발 기법 중 하나이다.
④ 오스본(Osborn)에 의해 창안된 것으로 두뇌선풍, 영감법이라고도 한다.

해설

브레인스토밍은 양을 중시하며, 질을 중시하는 것은 고든법이다.

답 ③

017 다음 중 입사동기라도 배치된 직무에 따라 처음 임금의 차이가 나게 되는 임금체계는? 기출복원

① 연공급
② 직무급
③ 직능급
④ 성과급
⑤ 자격급

해설

직무평가에 의해 직무(중요도, 위험도 등)에 따라 임금의 차이가 존재하는 임금체계는 직무급이다.

답 ②

018 다음 중 분배적 교섭의 특성에 해당되는 것은? 기출복원

① 나도 이기고 상대도 이긴다.
② 장기적 관계를 형성한다.
③ 정보공유를 통해 각 당사자의 관심을 충족시킨다.
④ 당사자 사이의 이해관계보다 각 당사자의 입장에 초점을 맞춘다.
⑤ 양 당사자 모두 만족할 만큼 파이를 확대한다.

해설

분배적 교섭은 한정된 자원에서 각자 자신의 이익을 극대화하는 것으로 Win-Lose 형태를 띤다.

▶ 선지분석

①, ②, ③, ⑤는 통합적 교섭이다.

답 ④

019 □□□ **다음 중 보상과 혜택의 영향으로 보기 가장 옳지 않은 것은?** 2022 군무원 5급

① 조직에 필요한 사람들을 유인하는 주요 요인이 된다.

② 특정 행동에 뒤따르는 보상은 학습효과로 인해 그 이후 유사한 상황에서 그 행동의 발생 가능성을 억제한다.

③ 직원들에게 재정적 안정성을 제공하여 일하는 동기를 유발한다.

④ 가치 있는 직원들이 경쟁사에 가지 않도록 유지해 준다.

해설

특정 행동에 따른 보상은 학습효과에 의해 이후 유사한 상황에서 그 행동의 발생 가능성을 강화(증가)시킨다.

답 ②

020 □□□ **다음 중 노동쟁의에 관한 설명으로 바르지 않은 것은?** 기출복원

① 중재는 노동위원회 입장에서 가장 강력한 쟁의조정수단이다.

② 사용자가 사용하는 쟁의수단에는 직장폐쇄가 있다.

③ 쟁의조정방법 중에서 긴급조정이 가장 강력한 강제적 수단이다.

④ 조정과 중재기간에도 파업을 할 수 있다.

해설

조정기간이나 중재기간을 경과하지 않으면 쟁의행위를 할 수 없기 때문에 불법쟁의가 된다. 일반적으로 중재에 회부된 날로부터 15일간 쟁의행위를 할 수 없다.

답 ④

021 □□□ **다음 중 노동조합 가입의 유무와 상관없이 조합원과 비조합원 중 임의로 채용가능한 제도로 옳은 것은?** 기출복원

① 오픈 숍 ② 클로즈드 숍
③ 유니언 숍 ④ 에이젼시 숍

해설

노동조합 가입 유무와 상관없이 임의로 채용 가능한 제도는 오픈 숍제도이다.

답 ①

022 **다음 중 노동쟁의에 대한 설명으로 바르지 않은 것은?** 기출복원

① 준법투쟁은 종업원들이 법규 및 근로기준법에 정한 규정대로 직무를 수행하면서 사용자에게 손해를 주는 것이다.

② 작업방해는 사용자와 거래관계에 있는 제3자의 상품이나 원재료 구입 및 판매 또는 시설이용을 거부하는 것이다.

③ 쟁의행위는 노동관계 당사자들의 주장을 관철시킬 목적으로 행하는 행위와 이에 대응하는 행위로서 업무의 정상적인 운영을 저해하는 행위들을 말한다.

④ 태업은 종업원들이 의도·의식적으로 생산성과 작업능률을 저하시키는 것을 말한다.

⑤ 파업은 노동조합이나 기타 근로자단체의 통제하에 소속구성원들이 집단적으로 그들의 노무의 제공을 정지하는 쟁의행위를 말한다.

해설

②는 보이콧(boycott)에 대한 설명이다.

답 ②

023 **우리나라의 「노동조합 및 노동관계조정법」에 열거된 사용자의 부당노동행위의 종류에 해당되지 않는 것은?** 기출복원

① 불이익 대우

② 직장폐쇄(lock out)

③ 보복적 불이익 대우

④ 황견계약 체결

⑤ 단체교섭의 거부

해설

직장폐쇄(lock out)는 사용자의 노동쟁의행위이다.

▶ 선지분석

사용자의 부당노동행위는 ① 불이익 대우, ③ 보복적 불이익 대우, ④ 황견계약 체결, ⑤ 단체교섭의 거부 외에 노동조합의 지배·개입 등이다.

답 ②

024 □□□ **다음 중 카페테리아식 복리후생제도에 관한 설명으로 바르지 않은 것은?** 기출복원

① 선택적 지출계좌형은 종업원의 주어진 복리예산의 범위 내에서 복리후생 항목을 선택하는 제도이다.

② 선택항목추가형은 필수적인 복리후생 항목은 일괄지급하고 나머지 항목은 종업원이 선택하도록 하는 제도이다.

③ 카페테리아식 복리후생은 다양한 복리후생 항목을 제공하고 종업원이 스스로 원하는 것을 선택하는 제도이다.

④ 모듈형은 종업원에게 여러 개의 복리후생 항목을 집단화시켜 종업원이 선택의 폭을 향상시킨 제도이다.

해설

모듈형은 여러 개의 복리후생 항목을 집단화시켜 종업원에게 제시하는 것으로, 예산의 합리적인 배분이 가능하나 집단화로 인한 종업원의 선택의 폭은 제한된다는 단점이 있다.

답 ④

025 □□□ **다음 중 노사관계에 관한 설명으로 옳지 않은 것은?** 기출복원

① 좁은 의미의 노사관계는 집단적 노사관계를 의미한다.

② 메인트넌스 숍(maintenance shop)은 조합원이 아닌 종업원에게도 노동조합비를 징수하는 제도이다.

③ 우리나라 노동조합의 조직형태는 기업별 노동조합이 대부분이다.

④ 사용자는 노동조합의 파업에 대응하여 직장을 폐쇄할 수 있다.

⑤ 채용 이후 자동적으로 노동조합에 가입하는 제도는 유니온 숍(union shop)이다.

해설

메인트넌스 숍(maintenance shop)은 기존의 조합원은 물론이고 단체협약이 체결된 이후에 가입한 조합원에게도 협약이 유효한 기간 동안 조합원으로 머물러야 한다는 제도이다.

답 ②

제21회 | 인적자원관리(7)

001 **다음 인사관리자 역할 중 내부관계에서의 역할에 해당되지 않는 것은?** 기출복원

① 조정자의 역할 ② 최고경영층에 대한 역할
③ 갈등제공자의 역할 ④ 라인에 대한 서비스 역할

해설

▶ 선지분석

인사관리자의 내부관계에서의 역할은 ① 부분 간 조정자의 역할, ② 최고경영층에 대한 역할, ④ 라인에 대한 서비스 역할 등이다.

답 ③

002 **인사평가 측정결과의 검증기준 중 직무성과와 관련성이 있는 내용을 측정하는 정도를 의미하는 것은?** 기출복원

① 신뢰성 ② 수용성
③ 타당성 ④ 구체성
⑤ 실용성

해설

인사평가 측정결과를 검증하는 것으로, 목적의 달성 정도를 나타내는 타당성에 대한 설명이다.

답 ③

003 **다음 중 성과평가 시 평가자들이 종업원들의 성과를 정확하게 측정하지 못하는 오류에 대한 설명으로 적절하지 않은 것은?** 기출복원

① 후광효과는 피평가자의 일부 특성이 전체 평가기준에 영향을 미치는 오류이다.
② 상동효과는 피평가자 간 차이를 회피하기 위해 모든 피평가자들을 유사하게 평가하는 오류이다.
③ 투사효과는 평가자의 특성을 피평가자의 특성이라고 생각하고 잘못 판단하는 오류이다.
④ 대비효과는 피평가자를 평가할 때 주위의 다른 사람과 비교하여 잘못 평가하는 오류이다.

해설

상동효과는 그들 자신이 속한 사회집단의 지각을 근거하여 평가하는 오류이다.

답 ②

004 □□□

다음 중 임금배분의 기준에 대한 설명으로 가장 옳은 것은? 2022 군무원 7급

① 직무급은 종업원이 달성한 성과의 크기를 기준으로 임금액을 결정하는 제도이다.

② 직능급은 종업원이 보유하고 있는 직무수행 능력을 기준으로 임금을 결정하는 제도이다.

③ 연공급은 해당 기업에 존재하는 직무들을 평가하여 상대적인 가치에 따라 임금을 결정하는 제도이다.

④ 성과급은 종업원의 근속년수를 기준으로 임금을 차별화하는 제도이다.

해설

▶ 선지분석

①은 성과급, ③은 직무급, ④는 연공급에 대한 설명이다.

답 ②

005 □□□

다음 중 직무설계에 대한 설명으로 옳지 않은 것은? 2020 감사직

① 비즈니스 리스트럭처링은 기존의 업무수행 프로세스에 대한 가장 기본적인 가정을 의심하고 재검토하는 것에서 시작하여 근본부터 전혀 다른 새로운 업무처리 방법을 설계하는 것이다.

② 직무충실화는 현재 수행하고 있는 직무에 의사결정의 자유재량권과 책임이 추가로 부가되는 과업을 더 할당하는 것이다.

③ 준자율적 작업집단은 몇 개의 직무들이 하나의 작업집단을 형성하게 하여 이를 수행하는 작업자들에게 어느 정도의 자율성을 허용해 주는 것이다.

④ 직무전문화는 한 작업자가 하는 여러 종류의 과업(task)을 숫자 면에서 줄이는 것이다.

해설

①은 비즈니스 프로세스 리엔지니어링(BPR)에 대한 설명이다.

답 ①

006 다음 중 직무에 관해 바르게 설명된 것은? 

① 직무평가는 수행업무분석과 수행요건분석을 통해 누가 어떤 직무를 해야 하는가를 평가한 것이다.

② 직무명세서에는 교육경험, 지적능력, 직무경험, 업무기술 등이 명시되고, 직무기술서에는 직무의 명칭, 직무개요, 직무의무와 책임이 명시된다.

③ 직무충실화는 전문화된 단일과업을 수평적으로 확대하여 과업의 수를 늘리는 것이고, 직무확대는 종업원의 직무를 수직적으로 확대하여 직무의 책임을 증가시키는 것이다.

④ 직무분석의 기법에는 과업목록법, 중요시간기록법, 자유기술법, 행동기준고과법 등이 있다.

⑤ 핵크먼과 올드햄(Hackman & Oldham)의 직무특성이론은 과업의 다양성, 기술의 중요성, 과업의 자율성, 정체성 및 피드백의 다섯 가지 요인과 개인의 성장욕구와 존재욕구의 강도에 의해 동기부여가 된다고 하였다.

해설

▶ 선지분석

① 직무평가는 직무 간의 상대적 서열을 체계적으로 결정하는 것이다.

③ 직무충실화와 직무확대의 설명이 바뀌었다.

④ 인사고과에 대한 기법이다.

⑤ 과업의 다양성이 기능의 다양성으로, 기술의 중요성이 과업의 중요성으로 바뀌어야 한다.

답 ②

007 다음 중 현대적 인사고과시스템의 설계 기본원칙이 아닌 것은? 기출복원

① 고객 중심의 원칙 ② 평면평가의 원칙

③ 계량의 원칙 ④ 종합적인 관리의 원칙

해설

▶ 선지분석

현대적 인사관리시스템의 기본원칙은 ①, ③, ④ 외에 다면평가의 원칙, 경쟁과 협동의 원칙, 과업특성의 원칙, 계층별 · 목적별 평가의 원칙, 수용성의 원칙 등이다.

답 ②

008 □□□ **훈련의 방법을 직장 내 훈련(OJT)과 직장 외 훈련(Off-JT)으로 구분할 때, 직장 외 훈련에 해당되지 않는 것은?** 기출복원

① 강의실 강의 ② 영상과 비디오
③ 시뮬레이션 ④ 직무순환
⑤ 연수원교육

해설

직무순환은 직무설계방법에 해당된다.

답 ④

009 □□□ **다음 중 종업원 선발을 위한 면접에 관한 설명으로 옳은 것은?** 기출복원

① 비구조화 면접은 표준화된 질문지를 사용한다.
② 집단 면접의 경우 맥락효과가 발생할 수 있다.
③ 면접의 신뢰성과 타당성을 높이기 위해 면접내용 개발단계에서 면접관이나 경영진을 배제한다.
④ 위원회 면접은 한 명의 면접자가 여러 명의 피면접자를 평가하는 방식이다.
⑤ 스트레스 면접은 여러 시기에 걸쳐 여러 사람이 면접하는 방식이다.

해설

▶ 선지분석
① 비구조화 면접은 비표준화된 질문지를 사용한다.
③ 면접의 신뢰성과 타당성을 높이기 위해서는 개발단계에서부터 면접관이나 경영진을 참여시켜야 한다.
④ 위원회 면접은 다수의 면접자가 한 명의 피면접자를 평가한다.
⑤ 스트레스 면접은 면접자가 피면접자를 무시할 정도의 공격(압박)적인 질문을 하여 대처능력을 평가하는 방법이다.

답 ②

010 다음 중 특정 직무를 담당하는 종업원이 수행하여야 할 활동과 그에 대해 회사가 기대하는 계량화된 성과목표를 기재한 문서는? 기출복원

① 직무명세서(Job Specification) ② 과업명세서(Task Specifications)
③ 직무분석(Job Analysis) ④ 직무기술서(Job Descriptor)

해설

직무분석의 내용을 기초로 직무 자체의 구체적인 내용을 서술한 것은 직무기술서이다.

답 ④

011 다음 중 인사고과에 대한 설명으로 옳지 않은 것은? 기출복원

① 직무평가와 인사고과는 상대적인 개념이다.
② 인사고과기준은 객관성을 높이기 위해 특정 목적에 적합하도록 조정되는 경향이 있다.
③ 직무평가는 직무자체의 가치를 판단하는 데 비해, 인사고과는 직무상의 인간을 평가하는 것이다.
④ 인사고과는 직무평가를 위한 선행조건이다.

해설

인사고과는 평가된 직무평가를 수행하는 것으로, 직무평가는 인사고과의 선행절차이다.

답 ④

012 다음 중 현대적인 인사고과방법에 해당되지 않는 것은? 기출복원

① 중요사건서술법 ② 행위기준고과법
③ 대조표법 ④ 인적평정센터법
⑤ 현장토의법

해설

대조표법은 전통적인 인사고과방법이다.

답 ③

013 다음 중 인사평가의 분배적 오류에 해당되는 것은?

2021 공인노무사

① 후광효과
② 상동적 태도
③ 관대화 경향
④ 대비요류
⑤ 확증편향

해설

분배적 오류(통계적 오류; 항상오류)에는 관대화 경향, 가혹화 경향, 중심화 경향이 있다.

답 ③

014 다음 중 고성과 작업시스템에 대한 설명으로 옳지 않은 것은?

2020 경영지도사

① 노사 간의 협력과 신뢰에 기반을 두어 구성원들의 자발적인 참여와 헌신을 끌어냄으로써 더욱 높은 성과의 달성을 유도한다.
② 지속적인 교육훈련 및 인적자원개발에 대한 투자와 프로그램을 제공하고자 노력한다.
③ 직무는 개인 단위로 설계되고, 시장 지향적 고용관계를 지향하며, 세밀하고 명확한 직무규정을 강조한다.
④ 인적자원을 통한 경쟁력 향상을 도모하고, 업무와 조직에 대한 구성원들의 정서적 몰입을 높이는 데 초점을 둔다.
⑤ 종업원에 대한 보상은 조직의 재무성과와 연동하게 하고, 다양한 기술을 사용할 수 있도록 업무설계가 이루어지고 분권화된 의사결정을 하도록 한다.

해설

고성과 작업시스템은 높은 성과를 낼 수 있도록 작업공정을 설계한 시스템으로, 자발적 참여, 자체적인 안건 및 실천·진행결정, 직무지식 습득·함양, 정보공유, 협력과 소통, 수평적인 팀제, 구성원을 자산으로 여기는 특성을 갖는다.

답 ③

015 □□□

다음 중 임금과 복리후생에 대한 설명으로 바르지 않은 것은? 기출복원

① 임금체계는 연공급, 직무급, 직능급, 성과급, 자격급 등으로 구분한다.

② 임금의 상한선을 결정짓는 중요한 요인은 기업의 지급능력이다.

③ 복리후생은 종업원의 생활수준을 안정화 시키는 기능을 한다.

④ 복리후생은 노동의 질과 양, 능률 등과는 무관하다.

⑤ 임금은 필요성에 입각하여 지급하는 것이다.

해설

임금은 당위성에 입각하여 지급하며, 개별적 보상이다. 통상적으로 현금으로 지급한다.

답 ⑤

016 □□□

다음 중 시간급제보다 성과급제를 적용하는 것이 더 적합한 것은? 기출복원

① 제품의 품질이 중요한 경우

② 작업자가 생산량을 통제할 수 없는 경우

③ 생산량을 쉽게 측정할 수 있는 단순·반복적인 작업이나 대규모 기업

④ 정신적 노동을 주로 하여 생산단위의 파악이 어려운 경우

해설

성과급제는 노동의 성과를 중심으로 임금을 지급하는 것이다. 이는 작업능률향상과 동기부여가 되며 생산량을 쉽게 측정할 수 있는 작업, 생산자가 생산수준을 통제할 수 있는 경우, 단순·반복 및 육체적인 작업, 대규모 기업 등에 적합한 임금형태이다.

답 ③

017 □□□

다음 중 복지후생에 대한 설명으로 옳지 않은 것은? 기출복원

① 복지후생은 집단적 보상제도에 해당된다.

② 복지후생은 종업원의 생활수준 향상을 위해 임금에 포함되어 있다.

③ 복지후생은 법정 복지후생과 법정 외 복지후생으로 구분한다.

④ 복지후생은 원칙적으로 합리성, 적정성, 협력성이 있다.

해설

복지후생은 임금에 포함되지 않고 구분되어 있는 보상체계이다.

답 ②

018 □□□ **다음 중 노동조합의 가입방법에 관한 설명으로 옳지 않은 것은?** 기출복원

① 클로즈드 숍 제도는 기업에 속해 있는 근로자 전체가 노동조합에 가입하여야 할 의무가 있는 제도이다.

② 클로즈드 숍 제도에서는 기업과 노동조합의 단체협약을 통하여 근로자의 채용과 해고 등을 노동조합의 통제하에 둔다.

③ 클로즈드 숍 제도에서는 기업은 노동조합원만을 신규인력으로 채용해야 한다.

④ 유니언 숍 제도하에서는 신규 채용된 근로자는 일정 기간이 지나도 반드시 노동조합에 가입해야 할 의무는 없다.

⑤ 오픈 숍 제도에서는 노동조합 가입 여부가 고용 또는 해고의 조건이 되지 않는다.

해설

유니언 숍 제도하에 신규 채용된 근로자는 일정 기간 이내에 반드시 노동조합에 가입할 의무가 있다.

답 ④

019 □□□ **다음 중 브레인스토밍의 설명에 대해 옳지 않은 것은?** 기출복원

① 제시된 아이디어의 수정이 권장된다.

② 제시된 아이디어의 질보다는 양을 중시한다.

③ 아이디어에 대한 상호비판을 권장한다.

④ 혁신적인 아이디어일수록 높이 평가한다.

해설

브레인스토밍(brain storming)의 4가지 원칙은 다음과 같다.

- 남의 아이디어에 대한 비판 금지
- 자유로운 분위기에서 진행
- 질보다 양에 치중
- 남의 아이디어를 개선 또는 결합하는 것을 환영

답 ③

020 □□□ **다음 중 비용절감액을 배분하는 협동적 집단 인센티브제도는?** 기출복원

① 카이저플랜
② 럭커플랜
③ 스캘론플랜
④ 링컨플랜

해설

카이저플랜은 비용절감액을 배분한다.

▶ 선지분석

② 럭커플랜은 부가가치분배율이다.
③ 스캘론플랜은 판매 가치와 노무비절감액의 배분이다.
④ 링컨플랜은 성과급과 이윤분배제도를 합친 것이다.

답 ①

021 □□□ **다음 중 사기조사에 대한 설명으로 옳지 않은 것은?** 기출복원

① 태도조사의 목적에는 종업원의 정신적 긴장의 완화도 포함된다.
② 태도조사의 방법으로는 면접법, 질문지법, 직접관찰법, 제안법, 실험연구법 등이 있는데 제안법과 실험연구법이 가장 일반적이다.
③ 사기조사의 방법으로는 통계적 방법과 태도조사를 나눌 수 있고, 노동이용률, 결근율 등에 의해 측정하는 것이 통계적 방법이다.
④ 태도조사는 종업원들의 심리적, 감정적 상태를 조사하여 그들의 의견과 희망사항을 듣고 불평과 불만의 요인을 파악하는 것이다.

해설

면접법, 질문지법, 직접관찰법 등은 직무분석방법에 해당된다.

답 ②

022 다음 (　　) 속에 적합한 것은?

기출복원

> (　　)조합은 근로자들의 직종, 산업, 소속기업의 여하를 가리지 않고 근로자는 누구나 가입할 수 있는 노동조합을 말한다.

① 기업별　② 직업별
③ 일반　④ 산업별

해설

일반조합은 근무의사나 능력이 있는 근로자라면 누구나 제약 없이 가입 가능한 노동조합이다.

답 ③

023 다음 중 노동조합과 노사관계에 대한 설명으로 옳지 않은 것은?

2020 감사직

① 일반적으로 노동조합은 오픈 숍(open shop)제도를 확립하려고 노력하고, 사용자는 클로즈드 숍(closed shop)이나 유니언 숍(union shop)제도를 원한다.
② 노사관계는 생산의 측면에서 보면 협조적이지만, 생산과 성과배분의 측면에서 보면 대립적이다.
③ 노동조합의 경제적 기능은 사용자에 대해 직접 발휘하는 노동력의 판매자로서의 교섭기능이다.
④ 노사 간의 대립하는 문제들이 단체교섭을 통해 해결되지 않으면 노사 간에는 분쟁상태가 일어나고, 양 당사자는 자기의 주장을 관철하기 위하여 실력행사에 들어가는데 이것을 '노동쟁의(labor disputes)'라고 한다.

해설

일반적으로 사용자는 오픈 숍(open shop)제도를 확립하려고 노력하고, 노동조합은 클로즈드 숍(closed shop)이나 유니언 숍(union shop)제도를 원한다.

답 ①

024 □□□ **다음 중 노동쟁의 조정방법에 대한 설명으로 바르지 않은 것은?** 기출복원

① 조정은 조정위원회가 분쟁 당사자의 의견 조정안을 작성하여 노사에 수락을 권고하는 조정방법으로 당사자의 선택에 따라 수락되어 서명 · 날인된 조정서는 단체협약의 효력을 갖는다.

② 중재는 중재위원회에 의해 쟁의가 조정되는 준사법적인 절차로 노동위원 입장에서는 가장 강력한 노동쟁의 조정수단이다.

③ 중재와 긴급조정은 강제성을 띠는 노동쟁의 조정방법이다.

④ 긴급조정은 쟁의행위가 공익에 관한 것이나 그 성질이 특별한 것으로, 조정위원회가 긴급조정결정을 내리며 노동쟁의 조정방법 중에서 가장 강력하다.

해설

긴급조정권은 필수공익사업장에 해당되는 사업장에서 노동쟁의가 발생할 때 고용노동부장관이 취하는 강제적 조정방법이다.

답 ④

025 □□□ **다음 중 사용자가 노동조합의 정당한 활동을 방해하는 것은?** 2020 공인노무사

① 태업
② 단체교섭
③ 부당노동행위
④ 노동쟁의
⑤ 준법투쟁

해설

노동법이 정한 노동조합의 정당한 활동을 사용자가 방해하는 것은 부당노동행위이다.

답 ③

PART 4

조직행동론

제22회 | 조직행동론(1)

001 □□□ **다음 중 마일즈와 스노우(R. Miles & C. Snow)의 전략유형으로 옳지 않은 것은?**

2023 가맹거래사

① 반응형(reactor)
② 방어형(defender)
③ 분석형(analyzer)
④ 혁신형(innovator)
⑤ 공격형(prospector)

해설

마일즈와 스노우(R. Miles & C. Snow)의 조직전략유형은 ①, ②, ③, ⑤이다.

답 ④

002 □□□ **다음 중 행태론적인 학습이론의 설명으로 바르지 않은 것은?**

기출복원

	고전적 조건화	조작적 조건화
①	자극 – 반응의 관계	반응 – 보상의 관계
②	연습의 법칙	효과의 법칙
③	스키너(Skinner)	파블로프(Pavlov)
④	수동적 · 반복적	능동적 · 의도적

해설

고전적 조건화를 주장한 학자는 파블로프(Pavlov), 조작적 조건화를 주장한 학자는 스키너(Skinner)이다.

답 ③

003 □□□ **다음 동기부여 이론에서 빅터 브룸(V. Vroom)의 기대이론(expectancy theory)에 대한 설명으로 가장 옳은 것은?** 2022 군무원 7급

① 높은 수준의 노력이 좋은 성과를 가져오고 좋은 성과평가는 임금상승이나 조직적 보상으로 이어진다.

② 강화요인이 바람직한 행동을 반복할 가능성을 높이고 행동이 그 결과의 함수라고 주장하는 이론이다.

③ 직무만족을 가져오는 요인은 직무 불만족을 가져오는 요인과는 서로 분리되고 구별된다.

④ 자기 효능감은 어떤 과업을 수행할 수 있다는 개인의 믿음을 의미하며, 자기 효능감이 높을수록 성공할 능력에 더 큰 확신을 가진다.

해설

▶ 선지분석

②는 강화이론, ③은 2요인이론, ④는 임파워먼트에 대한 설명이다.

답 ①

004 □□□ **다음 중 성격과 가치관에 대한 설명으로 가장 옳지 않은 것은?** 2021 군무원 7급

① 성격의 유형에서 내재론자와 외재론자는 통제의 위치에 따라 분류된다.

② 성격측정도구로는 MBTI와 빅 파이브 모형이 있다.

③ 가치관은 개인의 판단기준으로 인간의 특성을 구분 짓는 요소 중 가장 상위의 개념으로 생각할 수 있다.

④ 로키치(Rokeach)는 가치관을 수단적 가치와 궁극적 가치로 분류하고, 궁극적 가치로서 행동방식, 용기, 정직, 지성 등을 제시했다.

해설

가치관의 분류에서 행동방식(양상)은 수단적 가치에 해당된다.

답 ④

005 □□□ **로크(Locke)의 목표설정이론(goal setting theory)에 기초한 주장으로 옳지 않은 것은?**

기출복원

① 추상적인 목표의 제시는 목표 실행자의 창의력을 증진시켜 성과를 높일 수 있게 해준다.

② 적절한 피드백의 제공은 성과 향상에 필수조건이다.

③ 목표 실행자의 목표설정 과정에의 참여는 목표에 대한 이해도를 향상시켜 성과를 높일 수 있게 해준다.

④ 목표 달성에 대한 적절한 보상은 성과 향상을 위한 필요조건이다.

해설

목표설정이론의 첫 단계는 성취 가능한 범위 내에서 구체적인 목표를 설정하는 것이다.

답 ①

006 □□□ **다음 중 개인적 권력에 해당되는 것은?**

2021 군무원 9급

① 부하 직원의 휴가 요청을 받아들이지 않을 수 있는 영향력

② 다른 직원에게 보너스를 제공하는 것을 결정할 수 있는 영향력

③ 높은 지위로 인해 다른 직원에게 작업 지시를 내릴 수 있는 영향력

④ 다른 직원에게 전문지식을 제공하여 발생하는 영향력

해설

④는 개인적 권력에 ①, ②, ③은 공식적 권력에 해당된다.

답 ④

007 켈리(H. Kelley)의 귀인이론에서 행동의 원인을 내적 또는 외적으로 판단하는데 활용하는 것을 모두 고른 것은? 2023 공인노무사

ㄱ. 특이성(distinctiveness)	ㄴ. 형평성(equity)	ㄷ. 일관성(consistency)
ㄹ. 합의성(consensus)	ㅁ. 관계성(relationship)	

① ㄱ, ㄴ, ㄷ ② ㄱ, ㄷ, ㄹ ③ ㄱ, ㄹ, ㅁ
④ ㄴ, ㄷ, ㅁ ⑤ ㄴ, ㄹ, ㅁ

해설

켈리(H. Kelley)의 귀인이론은 정보가 불충분한 상황에서 타인의 행동을 설명하며 특이성, 일관성, 합의성을 활용하여 판단하였다.

답 ②

008 다음 중 블레이크와 모튼(R. Blake & J. Mouton)의 리더십 관리격자 모델과 리더 유형의 연결이 옳은 것은? 2023 경영지도사

① (1 · 1)형 – 친화형 ② (1 · 9)형 – 과업형
③ (5 · 5)형 – 무능력형 ④ (9 · 1)형 – 절충형
⑤ (9 · 9)형 – 이상형

해설

(9 · 9)형 리더는 과업과 인간적인 측면을 모두 중요시하는 이상적인 리더이다.

답 ⑤

009 다음 중 동기부여에 관한 연구자와 그 이론의 연결이 옳지 않은 것은? 2020 경영지도사

① 맥클리랜드(D. McClelland) – 성취동기이론
② 브룸(V. Vroom) – Z이론
③ 아담스(J. Adams) – 공정성이론
④ 알더퍼(C. Alderfer) – ERG이론
⑤ 맥그리거(D. McGregor) – X · Y이론

해설

브룸(V. Vroom)은 기대이론을 연구하였으며, Z이론은 오우치(W. Ouchi)의 이론이다.

답 ②

010 □□□ **다음 중 집단의사결정 과정에서 나타나는 집단사고(group thinking)에 대한 설명으로 옳은 것은?**

기출복원

① 집단토의 전에는 개인의 의견이 극단적이지 않았다면, 토의 후 양 극단으로 의견이 쏠리는 현상이다.

② 응집력이 높은 집단에서 구성원들 간 합의에 대한 요구가 지나치게 커서 다른 대안의 모색을 저해하는 경향이 있다.

③ 집단구성원으로서 자신의 책임을 다하지 않고 회피하면서 보상의 분배에는 적극적으로 참여하는 현상이다.

④ 최초 집단의사결정이 잘못된 것이라는 사실을 알면서도 본능적으로 최초 의사결정을 방어하고 합리화하려는 행동이다.

해설

집단사고란, 응집력 있는 집단들의 조직원들이 갈등을 최소화하며, 의견의 일치를 유도하여 비판적인 생각을 하지 않는 것을 뜻한다.

답 ②

011 □□□ **다음 중 집단의사결정 기법에서 변증법적 토의법에 관한 설명으로 옳은 것은?**

2021 경영지도사

① 집단 구성원들이 한 가지 문제를 두고 각자의 아이디어를 무작위로 개진하여 최선책을 찾아가는 의사결정 기법

② 집단 구성원들이 회의에 참석하지만 각자 익명의 서면으로 의견을 제출하고 간략한 견해를 피력하는 개별 토의 후에 표결로 의사결정하는 기법

③ 반론자를 지정하여 해당 주제의 약점을 제기하게 하고 이에 대한 토론 과정을 거쳐 의사결정하는 기법

④ 전문가 의견을 독립적으로 수집하여 그들의 의견을 보고 수정된 의견을 제시하는 일련의 반복과정으로 의사결정하는 기법

⑤ 집단 구성원들을 절반으로 나누어 반대 의견을 개진하면서 토론을 거쳐 의사결정하는 기법

해설

집단의사결정 기법에서 변증법적 토의법은 헤겔(Hegel)의 변증법적 사고방식에 근거한 것으로, 대화술, 문답술이라고도 한다. 이는 찬성과 반대 두 집단으로 나누어 토론하여 의사결정하는 기법이다.

답 ⑤

012 제조업자가 유통업자(중간상)를 자신이 기대하는 대로 행동하도록 유도하기 위해 동원할 수 있는 영향력의 원천에 해당하지 않는 것은? 2019 감사직

① 강압적인 힘 ② 대항적인 힘
③ 보상적인 힘 ④ 합법적인 힘

해설

자원의 통제나 불이익 등과 연관된 공식적인 권력의 유형에 대항적인 힘은 무관하다.

답 ②

013 다음 중 리더십 연구의 학자와 그 리더십 이론의 연결이 옳지 않은 것은? 기출복원

① 피들러(Fiedler): 상황이론
② 허시와 블랜차드(Hersey & Blanchard): 경로-목표이론
③ 블레이크와 머튼(Blake & Merton): 관리격자이론
④ 브롬과 이튼(Vroom & Yetton): 리더-참여모형
⑤ 그린리프(Greenleaf): 서번트리더십

해설

허시와 블랜차드(Hersey & Blanchard)는 상황대응리더십이론을, 하우스와 이반(House & Evans)은 경로-목표이론을 주장하였다.

답 ②

014 공식적인 커뮤니케이션 네트워크에 해당되는 것은? 기출복원

① 그레이프바인 ② 소시오그램
③ 수레바퀴형 ④ 사회연결망
⑤ 소시오매트릭스

해설

공식적인 커뮤니케이션에는 쇠사슬형과 수레바퀴형이 해당된다.

▶ 선지분석

비공식적인 커뮤니케이션의 분석기법에는 ②, ⑤를 이용하며, ①은 대표적인 비공식 의사소통경로이다.

답 ③

015 □□□ **다음 중 집단의사결정의 장점으로 볼 수 없는 것은?** 2020 경영지도사

① 구성원으로부터 다양한 정보를 얻을 수 있다.
② 다각도로 문제에 접근할 수 있다.
③ 구성원의 수용도와 응집력이 높아진다.
④ 의사결정에 참여한 구성원들의 교육효과가 높게 나타난다.
⑤ 집단사고의 함정에 빠질 가능성이 배제된다.

해설

집단의사결정기법의 대표적인 단점은 집단사고에 빠질 위험이 크다는 것이다.

답 ⑤

016 □□□ **다음 중 의사소통(communication)의 활성화 방안의 종류에 속하지 않는 것은?** 기출복원

① 고정처리절차
② 문호개방정책
③ 품의제도
④ 카운슬링
⑤ 태도조사

해설

품의제도는 기안(起案) – 상신(上申) – 결재(決裁) – 회의(回議)의 순으로 진행되며, 조직의 하급자가 문서를 기안해 관련 부서에 회의(回議), 의견을 수렴하는 한편, 상급자의 결재를 차례로 얻어가는 업무처리 방식을 말한다.

▶ 선지분석

① 고정처리절차, ② 문호개방정책, ④ 카운슬링 외에도 퇴직면접, 민원조사원 등이 있다.

답 ③

017 다음 중 유기적 관리체계에 관한 설명이 아닌 것은? 기출복원

① 조정이 상호작용적이다.
② 과업과 전체상황과의 관계가 불명확하다.
③ 다양한 지식을 중요시한다.
④ 직무가 한정된 범위에 국한되지 않는다.
⑤ 조직목표에 대한 몰입과 필요한 전문 능력의 함양이 강조된다.

해설

유기적 조직의 특성은 다음과 같다.
- 과업이 명백하게 상황과 연관되고 광범위하게 정의된다.
- 과업에 관련된 다른 사람들과의 상호작용에 의하여 계속 조정된다.
- 통제, 권한, 그리고 의사소통의 구조가 네트워크 구조이다.
- 의사결정은 관련된 지식과 경험이 있는 사람에 의해 이루어진다.
- 의사소통은 상사와 부하, 동료 간에 수직적 · 수평적으로 이루어진다.
- 의사소통의 내용은 주로 정보와 충고이다.

답 ②

018 다음 중 집단사고(group-think)의 증상에 해당하지 않는 것은? 2023 공인노무사

① 자신의 집단은 잘못된 의사결정을 하지 않는다는 환상
② 의사결정이 만장일치로 이루어져야 한다는 환상
③ 반대의견을 스스로 자제하려는 자기검열
④ 외부집단에 대한 부정적인 상동적 태도
⑤ 개방적인 분위기를 형성해야 한다는 압력

해설

개방적인 분위기에서는 오히려 집단사고가 감소한다.

답 ⑤

019 □□□ **다음의 특성을 가지고 있는 집단의사결정기법은?** 기출복원

첫째, 문제가 제시되고 참가자들 간의 대화는 차단한다.
둘째, 각 참가자들은 자기의 생각과 해결안을 가능한 한 많이 기록한다.
셋째, 참가자들은 돌아가면서 자신의 해결안을 집단을 대상으로 설명하며, 사회자는 칠판에 그 내용을 정리한다.
넷째, 참가자들은 발표한 내용에 대한 보충설명 등이 추가된다.
다섯째, 발표가 끝나면 제시된 의견들의 우선순위를 묻는 비밀투표를 실시하여 최종적으로 해결안을 선택한다.
여섯째, 서면을 통해 아이디어를 창출하는 기법으로서 브레인스토밍을 수정 · 보완 · 확장한 기법이다.

① 팀빌딩법 ② 브레인스토밍
③ 델파이법 ④ 명목집단법

해설

명목집단법은 언급된 특징 외에 한 번에 한 가지 문제만 해결할 수 있으며, 구성원들은 서로 간 영향을 주거나 받지 않는다.

답 ④

020 □□□ **조직 내 집단 간의 갈등을 유발하는 원인이 아닌 것은?** 기출복원

① 업무의 상호의존성 ② 보상구조
③ 지각의 차이 ④ 한정된 자원의 분배
⑤ 상위목표

해설

상위목표는 집단갈등을 유발하는 원인이 아니라 해결방안에 해당된다.

답 ⑤

021 □□□ **로빈스(S. Robbins)가 제시한 조직구조의 3요소에 속하지 않는 것은?** 기출복원

① 복잡성 ② 공식화
③ 집권화 ④ 다각화

해설

로빈스(S. Robbins)는 복잡성, 공식화(성), 집권화의 3가지 요소를 제시하고, '조직은 사람과 직무를 일정한 형식과 절차에 따라서 제도화 · 조직화시켜서 일정하게 운영되는 것이다.'라고 주장하였다.

답 ④

022 다음 중 분권적 권한(decentralized authority)에 관한 설명으로 옳지 않은 것은?

2020 경영지도사

① 종업원들에게 더 많은 권한위임이 발생한다.
② 의사결정이 신속하다.
③ 소비자에 대한 반응이 늦다.
④ 분배과정이 복잡하다.
⑤ 최고경영진의 통제가 약하다.

해설

분권적 권한, 즉 분권화는 오히려 소비자에 대한 반응에 더 빠르게 대응한다.

답 ③

023 다음은 동기부여에 관한 여러 이론들을 설명한 것이다. 이 중 가장 옳지 않은 것은?

2022 군무원 5급

① 공정성이론(equity)에 따르면, 개인이 불공정성에 대한 지각에서 오는 긴장을 감소시키는 방법으로는 자신의 투입(input) 변경, 산출(output) 변경, 투입과 산출의 인지적 왜곡, 비교 대상의 변경 등이 있다.
② 기대이론(expectancy)은 개인의 동기 수준을 기대감(expectancy), 수단성(instrumentality), 유의성(valence)의 곱으로 설명한다.
③ 허쯔버그(Herzberg)의 2요인 이론(two-factor theory)에서 봉급, 작업조건, 감독, 상급자와의 관계 등은 동기요인(motivator)에 해당하는 것으로, 위생요인(hygiene factor)이 충족되더라도 구성원을 동기화시키지 못하며, 성과향상을 위해서는 동기요인을 충족시켜야 한다고 주장한다.
④ 맥클리랜드(McClelland)의 성취동기 이론(achievement motive theory, three-needs theory)에 따르면, 소속 욕구(need for affiliation)가 높은 사람은 다른 사람의 인정을 받으려고 노력하고, 권력 욕구(need for power)가 높은 사람은 다른 사람을 지배하고 통제하기를 원한다.

해설

허쯔버그(Herzberg)의 2요인 이론(two-factor theory)에서 봉급, 작업조건, 감독, 상급자와의 관계 등은 위생요인에 해당된다. 동기요인은 성취감, 책임감, 승진, 성장, 자기발전 등이다.

답 ③

024 □□□ **다음 중 조직 설계변수에 대한 설명으로 틀린 것은?** 기출복원

① 공식화가 높을수록 수평적 전문화는 줄어든다.

② 분화가 심할수록 작업자의 숙련도와 훈련의 정도는 중요하지 않다.

③ 분화의 수준이 높을수록 생산성이 높아지고, 서로 간에 갈등이나 의사소통의 지연, 관리비용의 증가 등의 부정적 측면도 존재한다.

④ 과업의 성격상 전문화가 되어야 그 일의 구성과 계획이 용이하다면 수직적 분화가 더욱 강화될 것이다.

⑤ 한 부서에서 작업자들에게 규정을 많이 정해놓고 순종하도록 한다면, 집권화된 조직이라 할 수 있다.

해설

⑤의 경우 표준화로 인해 상사의 지시를 받지 않고도, 규정만 따르면 되므로 집권화보다 분권화(지시·명령·통제가 불필요)되었다고 할 수 있다.

답 ⑤

025 □□□ **톰슨(Thompson)이 제시한 집합적(pooled), 순차적(sequential), 교호적(reciprocal) 상호의존성은 의사소통을 요구하는 정도가 서로 다르다. 의사소통을 요구하는 정도가 가장 높은 것부터 순서대로 바르게 나열된 것은?** 기출복원

① 집합적 – 순차적 – 교호적
② 집합적 – 교호적 – 순차적
③ 교호적 – 집합적 – 순차적
④ 교호적 – 순차적 – 집합적
⑤ 순차적 – 집합적 – 교호적

해설

- 집합적 상호의존성은 조직 전체가 상호의존하지 않는다. 각 부서 간 절차와 규정에 의해 활동하며 독립적으로 공동의 목표에 공헌한다.
- 순차적 상호의존성은 명령계통에서 볼 수 있는 것으로, A가 B에 의존하고 B가 C에 의존하는 형태를 말한다. 순차적 상호의존성은 한 부분씩 연결되어 활동하는 특징이 있다.
- 교호적 상호의존성은 A가 B에 의존하고, B가 A에 의존하는 것을 말한다. 교호적 상호의존성은 가장 복잡한 상호의존성을 가지고 있다.

교호적 상호의존성을 가진 조직에서 가장 의사소통이 필요하며, 그 다음으로 순차적 상호의존성, 마지막으로 집합적 상호의존성 순이 된다.

답 ④

제23회 | 조직행동론(2)

001 □□□ **다음 중 집단의사결정에 관한 설명으로 옳지 않은 것은?** 2023 경영지도사

① 집단사고의 위험성이 존재한다.
② 개인의 주관성을 감소시킬 수 있다.
③ 상이한 관점에서 보다 많은 대안을 생성할 수 있다.
④ 명목집단법은 집단 구성원 간 반대논쟁을 활성화하여 문제 해결안을 발견하고자 한다.
⑤ 명목집단법과 정보기술을 조화시키는 전자회의를 통해 집단의사결정의 효율성을 높일 수 있다.

해설

명목집단법의 특징은 구성원 간 토론(토의)이 없다는 것으로, 서면으로 각자의 아이디어를 제시하는 것이다.

답 ④

002 □□□ **다음 중 경영조직에 관한 설명으로 옳지 않은 것은?** 2023 경영지도사

① 기계적 조직은 공식화의 정도가 높다.
② 유기적 조직은 환경 변화에 신속히 대응할 수 있다.
③ 라인조직은 업무수행에 있어 유사한 기술이나 지식이 요구되는 활동을 토대로 조직을 부문화시킨 것으로 내적 효율성을 기할 수 있다.
④ 매트릭스 조직은 이중적 명령계통으로 인해 중첩되는 부문 간 갈등이 야기될 수 있다.
⑤ 위원회 조직은 조직의 특정 과업 해결을 위해 조직의 일상적 업무 수행 기구와는 별도로 구성된 전문가 혹은 업무관계자들의 활동조직이다.

해설

⑤는 프로젝트 조직의 설명이다.

답 ⑤

003 다음 중 행위강화전략 중 소거(Extinction)에 해당되는 것은?

□□□ 기출복원

① 품행이 좋은 학생에게 칭찬과 격려를 아끼지 않는다.
② 성적이 기준에 미달한 학생에게 장학금의 지급을 일시적으로 중지한다.
③ 수형생활을 모범적으로 하는 죄수에게 감형이나 가석방의 기회를 부여한다.
④ 업무수행 실적이 계속해서 좋지 않은 직원을 징계한다.

해설

소거는 바람직하지 않은 행동에 대한 강화로 보상철회나 제거를 행하는 것이다.

▶ 선지분석

①은 적극적인 강화, ③은 소극적인 강화, ④는 벌에 대한 설명이다.

답 ②

004 다음 중 지각과정과 지각이론에 대한 설명으로 옳지 않은 것은?

□□□ 2021 군무원 7급

① 지각의 정보처리 과정은 게스탈트 과정(gestalt process)이라고도 하며 선택, 조직화, 해석의 3가지 방법으로 이루어진다.
② 일관성은 개인이 일정하게 가지는 방법이나 태도에 관련된 것으로, 한번 형성을 하게 된다면 계속적으로 같은 습성을 유지하려 한다.
③ 켈리(Kelly)의 입방체 이론은 외적 귀인성을 일관성이 높고, 일치성 · 특이성이 낮은 경우로 설명했다.
④ 지각의 산출물은 개인의 정보처리 과정과 지각적 선택에 의해서 달라지는데 이는 개인의 심리적 특성과 연관이 있다.

해설

외적 귀인성은 일관성이 낮고, 일치성 · 특이성이 높은 경우이다.

답 ③

005 다음 중 브룸(Vroom)의 기대이론에 대한 설명으로 적절하지 않은 것은?

□□□ 기출복원

① 보상은 종업원에게 가치 있는 것이어야 한다.
② 경영자는 종업원들이 노력하면 성과가 달성된다는 믿음을 주어야 한다.
③ 종업원의 역할기대를 명확히 하여야 한다.
④ 성과-보상 간의 연결을 명확히 하여야 한다.
⑤ 성과-보상 간 지각의 차이가 존재하여야 한다.

해설

성과(기대)와 보상(수단) 간 지각의 차이가 없어야 한다.

답 ⑤

006 **다음 중 동기부여 이론에 대한 설명으로 가장 적절하지 않은 것은?** 2023 군무원 7급

① 알더퍼(C. Alderfer)의 ERG이론은 인간의 욕구를 친교욕구, 권력욕구, 성취욕구로 구분하였다.

② 아담스(J. Adams)의 공정성이론(equity theory)에 따르면 준거인과 비교할 때 자신이 과다보상을 받았다고 인식하는 직원은 불공정성을 해소하려는 동기가 유발된다.

③ 브룸(V. Vroom)의 기대이론(expectancy theory)에서 동기부여 강도를 설명하는 변수는 기대감, 수단성, 유의성이다.

④ 허쯔버그(F. Herzberg)의 2요인이론(two-factor theory)에서 불만족과 관련된 요인을 위생요인이라고 한다.

해설

알더퍼(C. Alderfer)의 ERG이론은 인간의 욕구를 존재욕구, 관계욕구, 성장욕구로 구분하였다.

답 ①

007 **다음 중 강화의 일정계획에 대한 설명이 바르게 된 것은?** 기출복원

① 변동간격법은 급여제도, 칭찬, 승진, 감독 방문의 시행에 적합하다.

② 연속적 강화에 비해서 단속적 강화계획은 학습의 속도는 느리지만 반응의 유지보존은 강하다.

③ 일반적으로 간격법이 비율법보다 더 높고 안정적인 성과가 기대된다.

④ 고정법을 사용하는 경우 강화요인 제거 시 바람직한 행위의 소멸속도가 완만하다.

⑤ 새로운 행위를 습득하거나 기존의 행위를 소멸하려 할 때 변동간격법이 가장 효과적이다.

해설

▶ 선지분석

① 변동간격법은 급여제도에는 부적절하다.

③ 비율법이 더 높고 안정적인 성과를 달성할 수 있다.

④ 변동법이 완만하고, 고정법은 급격히 소멸된다.

⑤ 연속적 강화가 효과적이다.

답 ②

008 □□□ **다음 중 성격의 Big5 모형에 해당되지 않는 것은?** 2023 공인노무사

① 정서적 안정성 ② 성실성
③ 친화성 ④ 모험선호성
⑤ 개방성

해설

성격의 Big5 모형은 ①, ②, ③, ⑤, 외향성이다.

답 ④

009 □□□ **다음 리더십이론에 관한 서술 중 가장 적절하지 않은 것은?** 기출복원

① 피들러(Fiedler)의 리더십 상황이론에 의하면 리더가 처한 상황이 비호의적인 경우 LPC점수가 낮은 리더십스타일이 적합하다.
② 하우스(House)의 경로목표이론에 의하면 내재적 통제위치를 갖고 있는 부하에게는 지시적 리더십스타일이 적합하다.
③ 허시와 블랜차드(Hersey & Blanchard)의 리더십 상황이론에서는 상사의 리더십스타일을 관계행위와 과업행위로 구분하고, 하급자의 성숙도는 능력과 의지로 측정하고 있다.
④ 허시와 블랜차드(Hersey & Blanchard)에 의하면 부하의 의지와 능력이 모두 높은 경우에는 위임(위양)형 리더십이 적합하다.
⑤ 변혁적 리더는 부하 개개인을 관심있게 지켜보며 개인적으로 조언한다.

해설

내재적 통제위치를 갖고 있는 부하 구성원에게는 참여적 리더십스타일이 적합하다.

답 ②

010 다음 중 의사소통(Communication)에서 전달된 메시지를 자신에게 주는 의미로 변환시키는 사고 과정은? 기출복원

① 잡음(noise)
② 해독(decoding)
③ 반응(response)
④ 부호화(encoding)
⑤ 피드백(feedback)

해설

수신자가 전해진 메시지를 아이디어로 환원하여 변환함으로써 송신자가 의도한대로 메시지를 수신하는 것을 해독이라고 한다.

답 ②

011 다음 중 관리격자에 대한 설명으로 옳은 것은? 2021 감사직

① 관리격자는 인간에 대한 관심(concern for people)과 조직에 대한 관심(concern for organization)의 두 축으로 구성된다.

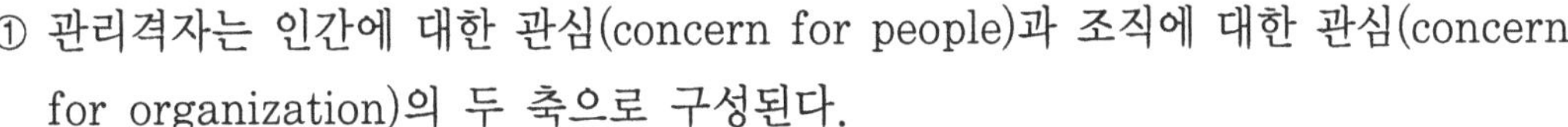
② 좋은 작업환경의 제공과 공정한 임금구조 유지는 인간에 대한 관심 축에 포함된다.

③ 관리격자는 브롬과 이튼(Vroom & Yetton)이 주장한 이론이다.

④ 컨트리 클럽형(인기형; country club)은 상급자의 욕구나 동기를 충족시키면 조직의 업무수행이 향상된다는 리더십 유형이다.

해설

▶ 선지분석

① 관리격자는 인간에 대한 관심과 생산에 대한 관심이 두 축이다.

③ 블레이크와 머튼(Blake & Merton)이 관리격자를 주장하였다.

④ 컨트리 클럽형(1, 9)은 생산성보다는 인간관계를 중시하는 리더십 유형이다.

답 ②

012 □□□ **다음 중 리더십이론에 대한 설명으로 옳지 않은 것은?** 기출복원

① 특성이론은 리더가 지녀야 할 공통적인 특성을 규명하고자 한다.
② 상황이론에서는 상황에 따라 적합한 리더십 유형이 달라진다고 주장한다.
③ 배려와 구조 주도에 따라 리더십 유형을 분류한 연구는 행동이론에 속한다.
④ 변혁적 리더십은 명확한 역할 및 과업 요건을 제시하여 목표 달성을 위해 부하들을 동기부여하는 리더십이다.

해설

④는 거래적 리더십에 대한 설명이다.

답 ④

013 □□□ **다음 중 허쯔버그(F. Herzberg)의 2요인이론(two-factor theory)에 대한 설명으로 가장 적절한 것은?** 2023 군무원 9급

① 임금, 작업조건, 회사정책은 위생요인에 해당한다.
② 위생요인을 개선하면 만족이 증가한다.
③ 직장에서 타인으로부터 인정받지 못한 직원은 불만족하게 된다.
④ 불만족을 해소시키면 만족이 증가한다.

해설

허쯔버그(F. Herzberg)의 2요인이론(two-factor theory)은 동기요인(만족)과 위생요인(불만족)이 별개이다.

답 ①

014 □□□ **다음 조직 내 권력의 원천 중 준거적 권력에 관한 설명으로 옳은 것은?** 2021 경영지도사

① 조직의 보상과 자원을 통제할 수 있는 능력
② 다양한 벌을 통제할 수 있는 능력
③ 조직적 직위로 타인을 통제할 수 있는 능력
④ 가치관 유사, 개인적 호감으로 통제할 수 있는 능력
⑤ 가치 있는 정보를 소유하거나 분석할 수 있는 능력

해설

준거적 권력은 개인적인 권력으로, 인간적 특성(성격, 호감, 충성심 등)으로 다른 사람을 닮으려고 하는 것을 의미한다.

답 ④

015 다음 중 집단응집성의 증대요인으로 옳지 않은 것은? 2023 가맹거래사

① 구성원의 동질성
② 집단 내 경쟁
③ 성공적인 목표달성
④ 집단 간 경쟁
⑤ 구성원간 높은 접촉빈도

해설

집단 내에서의 경쟁심화는 오히려 집단응집성이 약화된다.

답 ②

016 다음 갈등에 대한 설명 중 상호작용적인 견해에 해당되지 않는 것은? 기출복원

① 갈등을 통하여 집단 내부의 욕구불만을 해소할 수 있다.
② 갈등으로 인해 자신의 취약점을 발견하고 고칠 수 있다.
③ 갈등의 상황이 되면 환경에 적응하려는 충동적인 에너지가 생겨난다.
④ 인간은 원래 본성이 착하며, 상호협동을 하려는 존재이다.
⑤ 외부집단과의 갈등은 집단 내부의 응집력을 강화시킨다.

해설

④는 갈등의 전통적인 견해이다.

답 ④

017 다음 중 집단갈등의 해결방법이 아닌 것은? 기출복원

① 문제의 공동해결
② 자원의 확충
③ 애드호크러시
④ 상위목표의 도입
⑤ 조직구조의 개편

해설

애드호크러시는 조직구조 유형의 하나로 유기적인 조직, 팀제 등을 의미한다. 즉, 집단갈등의 해결방안과는 무관하다.

답 ③

018 □□□ **다음 중 외부환경의 변화, 기술의 변화, 소비자 선호의 변화가 심하여 제품의 수명주기가 짧은 제품을 취급하는 기업에게 이론적으로 가장 바람직한 조직의 구조는 어느 것인가?**

기출복원

① 사업부제　　② 기능식 조직
③ 라인조직　　④ 라인과 스탭조직

해설

사업부제는 분업화의 원리에 의해 독립채산제로 운영된다. 따라서 자주적이고, 시장의 환경변화에 탄력적으로 적응할 수 있으며, 미래의 경영자를 육성할 수 있다는 특징이 있다.

답 ①

019 □□□ **다음 중 피들러(F. Fiedler)의 상황적합 리더십이론에 관한 설명으로 옳지 않은 것은?**

2023 공인노무사

① LPC 척도는 가장 선호하지 않는 동료작업자를 평가하는 것이다.
② LPC 점수를 이용하여 리더십 유형을 파악한다.
③ 상황요인 3가지는 리더-부하관계, 과업구조, 부하의 성숙도이다.
④ 상황의 호의성이 중간 정도인 경우에는 관계지향적 리더십이 효과적이다.
⑤ 상황의 호의성이 좋은 경우에는 과업지향적 리더십이 효과적이다.

해설

상황요인 3가지는 리더-부하관계, 과업구조, 권력의 정도이다.

답 ③

020 □□□ **다음 중 애드호크러시(adhocracy)와 가장 관련이 없는 것은?**　기출복원

① 성과지향적인 조직형태이다.
② 환경변화에 신축적이고 탄력적인 유연한 조직이다.
③ 다양한 기술을 가지고 있는 비교적 이질적인 전문가 집단의 조직이다.
④ 토플러(Toffler)가 미래의 충격에서 관료제를 대체할 조직으로 설명 · 기술하였다.

해설

성과지향적인 조직은 관료제(bureaucracy)이다.

답 ①

021 민쯔버그(Minzberg)가 제시한 5가지 조직형태 중 일시적 조직으로서 낮은 집권화, 조직의 환경요인을 중시하는 유기적 조직으로 여러 조직이 형성되고 결합된 조직형태는?

기출복원

① 전문적 관료제
② 기계적 관료제
③ 애드호크러시
④ 사업부제 구조
⑤ 단순구조

해설

애드호크러시(Adhocracy)는 앨빈 토플러(A. Toffler)에 의해서 사용된 것으로, 일시적인 과제를 해결하기 위한 임시적인 조직을 말한다. 현대의 급변하는 환경하에서는 조직을 어떻게 적응시켜 나가야 할 것인가 하는 것이 중요한 문제로 대두되고 있는데 이에 대한 한 방안으로 제시된 것이 관료제와 대조되는 애드호크러시(adhocracy)라는 조직구조이다. 최근 네트워크가 발달하면서 애드호크러시가 가속화되고 있는데 이는 수직화된 구조를 통하지 않고서도 정보 공유와 비공식적인 상호 조정이 가능해졌기 때문이다.

답 ③

022 조직문화의 구성요소에 대한 7S모형은 맥킨지(McKinsey)가 개발한 모형으로 조직문화에 영향을 주는 조직 내부요소를 7가지 요인으로 나타낸 것이다. 이 7가지 요인에 해당하지 않는 것은?

2021 군무원 7급 · 2020 경영지도사

① 조직구조(structure)
② 학습(study)
③ 관리기술(skill)
④ 공유가치(shared value)

해설

▶ 선지분석

7S는 ①, ③, ④ 외에 전략(strategy), 조직 시스템(system), 구성원(staff), 리더십 스타일(style)이다.

답 ②

023 □□□ **다음 중 조직을 설계할 때 영향을 미치는 요인에 해당하지 않는 것은?** 기출복원

① 조직의 연혁과 규모
② 직무전문화와 공식화
③ 전략
④ 경영환경
⑤ 시장의 변화

해설

직무전문화와 조직을 설계할 때의 영향요인은 무관하다.

답 ②

024 □□□ **다음 중 효과적인 커뮤니케이션의 장애요인에 해당하는 것을 모두 고른 것은?**

2023 가맹거래사

ㄱ. 정보과중	ㄴ. 적극적인 경청	ㄷ. 선택적 지각
ㄹ. 피드백의 활용	ㅁ. 필터링(filtering)	

① ㄱ, ㄴ, ㄹ
② ㄱ, ㄴ, ㅁ
③ ㄱ, ㄷ, ㅁ
④ ㄴ, ㄷ, ㄹ
⑤ ㄷ, ㄹ, ㅁ

해설

의사소통(communication) 장애요인은 ㄱ, ㄷ, ㅁ, 목적의식 부족, 기술의 부족, 감수성 부족, 준거틀의 차이 등이다.

답 ③

025 □□□ **조직 내에는 꼭 필요한 핵심 기능을 보유하고 그 외의 기능들은 상황에 따라 다른 조직을 활용함으로써 조직의 유연성을 확보하고자 하는 조직구조는?** 2020 경영지도사

① 매트릭스 조직
② 라인-스태프 조직
③ 사업부제 조직
④ 네트워크 조직
⑤ 라인 조직

해설

네트워크 조직은 조직 내부는 핵심 기능을 보유하고 그 외의 기능들은 상황에 따라 다른 조직을 활용(외주)하는 형태이다.

답 ④

제24회 | 조직행동론(3)

001 **다음 중 번스(J. Burns)의 변혁적 리더십(transformational leadership)의 하부요인으로 가장 적절하지 않은 것은?** 2023 군무원 9급

① 카리스마　② 지적 자극
③ 자기통제　④ 영감적 동기화

해설

번스(Burns)와 베스(Bass)는 ①, ②, ④와 개인적 배려의 특성을 강조했다.

답 ③

002 **다음 중 행위자-관찰자 효과의 오류에 대한 설명으로 알맞은 것은?** 기출복원

① 가장 최근에 얻어진 정보에 비중을 더 많이 주어 평가한다.
② 자신과 유사한 사람에게 후한 점수를 준다.
③ 주관적인 생각으로 타인을 평가한다.
④ 자신의 행위는 상황적·외적으로 귀속시키고 타인의 행위는 내적 귀속시키려는 타인평가이다.
⑤ 그가 속한 사회의 특성에 따라 타인을 평가한다.

해설

▶ 선지분석
①은 최근효과, ②는 대비효과, ③은 주관성 개입의 지각오류, ⑤는 고정관념에 대한 설명이다.

답 ④

003 **다음 중 조하리의 창(Johari Window) 이론의 설명이 아닌 것은?** 기출복원

① 개인 간 갈등을 분석하는 데 사용된다.
② 집단 간 갈등을 분석하는 데 사용된다.
③ 조하리의 창은 자신과 타인과의 상호작용적 관계를 분석하기 위한 모형이다.
④ 공공영역·사적영역·맹목영역·미지영역으로 구분되고 있다.

해설

조하리의 창(마음의 창)은 대인관계나 개인 간의 갈등을 설명하는 이론이다. 인간관계의 갈등은 내가 모르는 부분과 남이 모르는 부분이 크기 때문이라는 것으로, 피드백이나 공공영역을 넓힘으로써 개선되고 개인 간의 갈등도 감소시킬 수 있다는 이론이다.

답 ②

004 □□□ **다음 설명 중 바르지 않은 것은?** 기출복원

① 델파이법은 시간과 비용이 많이 소요되기는 하지만, 질 좋은 아이디어를 수집하는데 적합한 방법이다.

② 명목집단법은 대화가 없고 독립적인 문제를 해결하는 방법으로 타인의 영향을 받지 않으나 유능한 리더가 필요하다.

③ 브레인스토밍은 다른 사람의 의견을 무시하거나 비판하지 않고 자유로운 분위기에서 서로의 아이디어를 제시하는 것이다.

④ 브레인스토밍은 많은 아이디어보다는 좋은 아이디어를 수집하는 것이 목적이다.

해설

브레인스토밍은 아이디어의 질보다는 양에 치중하여 아이디어를 수집하는 것이 목적이다.

답 ④

005 □□□ **다음 중 어떤 대상의 한 특성을 중심으로 다른 것까지 평가하는 현상은?** 2021 가맹거래사

① 유사효과(similar-to-me effect)
② 후광효과(halo effect)
③ 관대화경향(leniency tendency)
④ 투영효과(projection)
⑤ 중심화경향(central tendency)

해설

후광효과란, 어떤 대상의 한 특성을 중심으로 다른 것까지 평가(높은 점수 또는 낮은 점수)하는 것이다.

답 ②

006 □□□ **태도와 학습에 관한 다음의 설명 중 가장 적절하지 않은 것은?** 기출복원

① 부정적 강화는 바람직한 행동의 빈도수를 감소시키고, 긍정적 강화는 바람직한 행동의 빈도를 증가시킨다.
② 마이어와 알렌(Meyer & Allen)은 조직몰입을 정서적 몰입과 지속적 몰입, 규범적 몰입으로 나누어 설명했다.
③ 태도의 구성요소로는 인지적 요소, 정서적 요소, 행동적 요소로 나누어진다.
④ 조직행동분야의 많은 실증적 연구에서 직무만족이 성과에 미치는 직접적인 효과는 그리 높지 않게 나타난다.
⑤ 강화일정에서 단속적 강화일정은 고정간격일정, 변동간격일정, 고정비율일정, 변동비율일정이 있다.

해설

긍정적 강화나 부정적 강화 모두 바람직한 행동의 빈도를 증가시킨다.

답 ①

007 □□□ **다음 중 종업원의 동기부여에 관한 내용 가운데 기대이론에 근거한 것의 설명으로 맞는 것은?** 기출복원

① 명확한 목표와 과업의 적절한 난이도는 성과수준에 영향을 미치는 중요한 요인이 된다.
② 관리자는 종업원들이 모두 같은 종류의 보상을 추구한다는 것을 인식해야 한다.
③ 보상은 성과보다는 연공서열에 따라 책정되어야 한다.
④ 노력수준을 높임으로써 성과가 높아진다는 종업원의 지각이 동기부여를 위해 중요하다.
⑤ 낮은 유의성과 낮은 수단성을 통해 동기부여가 된다.

해설

▶ 선지분석
① 기대이론과 무관하다.
② 종업원이 요구하는 보상의 정도와 종류는 개인마다 다르다.
③ 동기부여를 위해 성과가 높을수록 보상이 많다는 지각이 중요하다.
⑤ 동기부여는 높은 유의성과 높은 수단성이 요구되어야 한다.

답 ④

008 □□□ **다음 중 브룸(V. Vroom)의 기대이론에서 동기부여를 나타내는 공식으로 ( )에 들어갈 내용으로 옳은 것은?** 2023 가맹거래사

동기부여(M)=기대(E)×수단성(I)×( )

① 욕구(needs)
② 성격(personality)
③ 역량(competency)
④ 유의성(valence)
⑤ 타당성(validity)

해설

브룸(V. Vroom)의 기대이론은 개인의 목표와 욕망이 어떻게 행동으로 연결되는가를 설명한 것으로, 기대성, 수단성, 유의성에 의해 결정된다고 한다.

답 ④

009 □□□ **리더십 유형을 크게 거래적 리더십과 변혁적 리더십으로 구분할 때, 변혁적 리더십 유형의 설명으로 옳은 것은?** 기출복원

① 알기 쉬운 방법으로 중요한 목표를 설명하고 자긍심을 고취한다.
② 노력에 대한 보상을 약속하고 성과에 따라 보상한다.
③ 부하들이 조직의 규칙과 관습을 따르도록 한다.
④ 부하들의 문제를 해결해 주거나 해답이 있는 곳을 알려준다.

해설

변혁적 리더십은 부하들에게 자긍심, 도전감, 성취감, 비전 등을 갖도록 하는 것이다.

답 ①

010 □□□ **다음 중 조직행동이 집단수준 변수에 해당되는 것은?** 기출복원

① 학습
② 지각
③ 태도
④ 성격
⑤ 협상

해설

협상은 집단수준의 변수이다.

▶ 선지분석

① 학습, ② 지각, ③ 태도, ④ 성격은 개인수준의 변수에 해당된다.

답 ⑤

011 다음 중 의사결정의 특성을 잘 나타내고 있는 것은? 기출복원

① 집단의사결정은 신속하게 결정할 수 있는 장점을 가진다.
② 개인의사결정은 일단 결정되고 나면 실천되기가 쉽다.
③ 집단의사결정은 결정에 이르는 데 시간이 걸리지만, 일단 결정되고 나면 쉽게 이행될 수 있다.
④ 개인의사결정은 일반적으로 집단의사결정보다 정확도가 높다.
⑤ 집단의사결정은 비용과 시간이 절약된다.

해설

집단의사결정은 정확성이 증가되므로 일단 결정되고 나면 이행이 쉽다. 그러나 시간과 비용이 많이 든다.

답 ③

012 다음은 집단의사결정에 관한 것이다. 바르게 연결되지 않은 것은? 기출복원

① 델파이법 – 아이디어의 수준이나 질이 높으나 갈등유발의 가능성이 높다.
② 브레인스토밍 – 구성원 간의 갈등 및 압력이 낮다.
③ 명목집단법 – 아이디어의 수가 많다.
④ 고든법 – 유능한 리더가 필요하며 장시간이 요구된다.

해설

델파이(Delphi)법은 우편(서신)으로만 의견을 수립하고, 한 자리에 모이지 않으므로 갈등유발의 가능성이 없다.

답 ①

013 다음 중 통제 범위(span of control)가 좁아지면 발생할 수 있는 상황에 대한 설명으로 가장 적절하지 않은 것은? 2023 군무원 9급

① 관리자의 통제는 능률이 오른다.
② 부하의 창의성 발휘가 고도화된다.
③ 관리비가 증대되어 기업 고정비가 증가한다.
④ 상하간의 의사소통이 원활해진다.

해설

통제 범위가 좁아진다는 것은 그만큼 통제는 강화된다는 것으로, 부하의 창의성은 오히려 감소하게 된다.

답 ②

014 **다음 〈보기〉 중 조직으로부터 나오는 권력을 모두 고른 것은?** 2023 가맹거래사 · 2021 공인노무사

〈보기〉

ㄱ. 보상적 권력　ㄴ. 전문적 권력　ㄷ. 합법적 권력
ㄹ. 준거적 권력　ㅁ. 강제적 권력

① ㄱ, ㄴ, ㄷ　② ㄱ, ㄴ, ㄹ
③ ㄱ, ㄷ, ㅁ　④ ㄴ, ㄷ, ㄹ
⑤ ㄷ, ㄹ, ㅁ

해설

조직으로부터 나오는 권력은 ㄱ, ㄷ, ㅁ이다.

▶ 선지분석

ㄴ. 전문적 권력, ㄹ. 준거적 권력은 개인적 권력이다.

답 ③

015 **다음 중 경영관리자의 핵심 기능 중 하나인 조직화 프로세스에 관한 설명으로 가장 적절하지 않은 것은?** 2023 군무원 5급

① 업무를 개별 직무로 분할하고 근로자에게 과업을 할당하는 프로세스를 분업(division of labor)이라고 한다.
② 유사하거나 서로 연관되어 있는 과업과 활동을 조정할 수 있도록 이들 직무를 집단화하는 프로세스를 전문화(specialization)라고 한다.
③ 과업을 수행하기 위한 권한과 책임을 할당하는 프로세스를 권한위임(delegation)이라고 한다.
④ 조직화 프로세스의 최종 결과는 공식적 조직구조이다.

해설

②는 부문화의 설명이며, 전문화는 각 업무나 역할이 분할(분담)되어 독립적으로 특정 업무만 수행함으로써 효율성을 극대화할 수 있다.

답 ②

016 조직관리에 있어 집단이나 부서 간 갈등해소는 중요한 관리요소이다. 이러한 갈등을 해소하는 데 적합한 것으로만 고른 것은? 기출복원

ㄱ. 직접 대면	ㄴ. 상위목표의 설정
ㄷ. 자원의 확충	ㄹ. 상호의존성 제고

① ㄱ, ㄴ, ㄷ
② ㄱ, ㄴ, ㄹ
③ ㄱ, ㄷ, ㄹ
④ ㄴ, ㄷ, ㄹ

해설

집단이나 부서 간 갈등해소에 적합한 것은 ㄱ, ㄴ, ㄷ이다.

▶ 선지분석

ㄹ. 상호의존성 제고는 갈등유발요인에 해당된다.

답 ①

017 다음 중 감정노동(emotional labor)에 대한 설명으로 옳지 않은 것은? 2022 감사직

① 감정노동이란, 업무현장에서 근로자가 느끼는 감정에 맞추어 조직의 문화를 바꿔야 하는 노동을 의미한다.
② 감정부조화는 근로자는 근로자들의 조직에서 느끼는 감정과 조직에서 요구하는 감정이 다를 때 나타나는 내적 갈등 현상이다.
③ 감정부조화 발생 시 근로자들은 표면연기(surface acting)와 심층연기(deep acting) 두 가지 전략으로 대응할 수 있다.
④ 표면연기는 실제 느끼는 감정과 상관없이 조직에서 요구하는 적합한 감정을 겉으로 표현하는 것이다.

해설

감정노동이란, 자신의 감정을 숨기고 업무상 정해진 감정만을 표현(연기)하는 것으로, 고객을 직접 응대(서비스업 종사자)하는 경우 어떤 상황에서도 친절함을 나타내야 하는 것이다.

답 ①

018 다음 중 집권적 조직과 거리가 먼 것은? 기출복원

① 조직 규모의 비대화
② 조직의 경직성
③ 사적 소유의 조직
④ 카리스마적 재능
⑤ 의사결정의 신속성

해설

조직 규모가 커질수록 통제의 원활성을 위해 점차 분권화가 요구된다.

답 ①

019 □□□ **다음 중 브룸(V. Vroom)의 기대이론(expectancy theory)에서 일정 수준의 행동이나 수행이 결과적으로 어떤 성과를 가져올 것이라는 믿음을 나타내는 것은?** 2023 산업안전지도사

① 기대(expectancy)
② 방향(direction)
③ 강도(intensity)
④ 유인가(valence)

해설

노력(일정 수준의 행동이나 수행)을 함으로써 성과가 높아질 수 있다는 믿음은 기대(expectancy)이다.

답 ①

020 □□□ **다음 중 유기적 조직의 특성이 아닌 것은?** 2021 경영지도사

① 융통성 있는 의무
② 많은 규칙
③ 비공식적 커뮤니케이션
④ 탈집중화된 의사결정 권한
⑤ 수평적 구조

해설

많은 규칙, 규정, 절차 등의 공식적·하향적인 명령계통은 기계적 조직의 특성이다.

답 ②

021 □□□ **조직 설계의 두 차원은 분화(differentiation)와 통합(integration)이다. 이 중 조직의 수직적 통합을 위한 조정기제(mechanism)로 볼 수 없는 것은?** 기출복원

① 권한(authority)
② 규정과 방침
③ 태스크포스(task-force)
④ 계획 및 통제시스템

해설

태스크포스는 수평적인 통합에 해당된다.

답 ③

022 □□□ **다음 중 행렬식 조직(매트릭스 조직)에 대한 설명으로 틀린 것은?** 기출복원

① 종업원의 성과평가의 담당자가 명확하여 동기부여의 효과가 탁월하다.
② 급변하는 시장환경에 유연하게 대처하는 것이 가능하다.
③ 기능식 조직과 프로젝트조직을 결합한 형태이다.
④ 경영활동을 직능부문으로 전문화시키면서 전문화된 부문들을 프로젝트로 통합한 조직이다.
⑤ 명령일원화 원칙에 위배되어 권력 갈등이 발생할 수 있다.

해설

매트릭스 조직은 이원적인 명령조직의 형태로, 종업원의 성과평가의 담당자가 불명확하다.

답 ①

023 □□□ **다음 중 조직이론에서 동형화(isomorphism)에 대한 설명으로 옳은 것은?** 2021 군무원 7급

① 조직이 중요한 자원을 공급받기 위해 자원을 공급하는 조직과 유사하게 변화하는 것
② 조직이 주어진 환경에서 생존하기 위해 해당 환경 내의 다른 조직들과 유사하게 변화하는 것
③ 조직 내 구성원들이 응집력을 갖기 위해 유사하게 변화하는 것
④ 조직 내 상위계층과 하위계층의 구성원들이 유사한 전략적 방향을 갖게 되는 것

해설

동형화이론이란, 특정 조직 내의 모든 조직구조와 형태가 수렴되어 동형화되는 현상으로, 공식 · 비공식으로 압력에 순응하는 과정(억압적 동형화), 전문가 직업사회에서의 전문화 과정(규범적 동형화), 특정 조직의 성공사례를 벤치마킹하여 모방하는 과정(모방적 동형화) 등이 있다.

답 ②

024 다음 경영조직에 관한 서술 중 가장 적절하지 않은 것은? 기출복원

□□□

① 유기적인 조직에서는 공식화의 정도가 높다.

② 우드워드(Woodward)에 의하면 대량생산 기술을 적용할 경우에 집권화 · 분권화의 정도가 높아진다.

③ 매트릭스 조직에서는 역할갈등 현상이 나타날 수도 있다.

④ 기계적 조직은 안정적이고 단순한 환경에 적합하다.

⑤ 제품조직(사업부제 조직)에서는 기능부서별 규모의 경제를 상실할 가능성이 높다.

해설

유기적인 조직은 공식화 · 전문화의 정도가 낮고, 분권화의 정도가 높다.

답 ①

025 다음 중 민쯔버그(H. Mintzberg)의 5가지 조직유형에 해당되지 않는 것은?

□□□

2023 공인노무사

① 매트릭스 조직

② 기계적 관료제

③ 전문적 관료제

④ 애드호크러시

⑤ 사업부제 조직

해설

①은 민쯔버그(H. Mintzberg)의 5가지 조직유형과 무관하다.

답 ①

제25회 | 조직행동론(4)

001 **다음 중 하우스(House)와 미첼(Mitchell)이 제시한 리더십 상황이론인 경로목표이론(path-goal theory)에서 제시된 리더십 행동 유형에 대한 설명 중 가장 적절하지 못한 것은?** 2023 군무원 7급

① 지시적 리더(directive leader) - 하급자가 어떤 일정에 따라 무슨 일을 해야 할지 스스로 결정하여 추진하도록 지시하는 유형

② 지원적 리더(supportive leader) - 하급자의 복지와 안녕 및 그들의 욕구에 관심을 기울이고 구성원 간에 상호 만족스러운 인간관계를 조성하는 유형

③ 참여적 리더(participative leader) - 하급자들을 주요 의사결정에 참여시키고 그들의 의견 및 제안을 적극 고려하는 유형

④ 성취지향적 리더(achievement-oriented leader) - 도전적인 목표를 설정하고 성과 향상을 추구하며 하급자들의 능력 발휘에 대해 높은 기대를 설정하는 유형

해설

①은 하급자가 어떤 일을 해야 하는지를 제시해 주고, 이에 따라 지시 및 명령을 하는 공식적인 활동을 중시하는 유형이다.

답 ①

002 **다음 지각에 영향을 주는 요인 중 성격이 다른 것은?** 기출복원

① 유사성 ② 단순화
③ 범주화 ④ 전형
⑤ 전경

해설

전형은 해석단계에서의 영향요인이다.

▶ 선지분석

① 유사성, ② 단순화, ③ 범주화, ⑤ 전경은 지각과정에서 조직화단계에서의 영향요인이다.

답 ④

PART 4 해커스군무원 권우주 경영학 기출문제집

003 □□□ **지속적으로 학습하고 적응하며, 변화하는 역량을 개발하는 조직을 학습조직(learning organization)이라 한다. 다음은 학습조직의 중요한 특징을 조직설계, 정보공유, 조직문화 및 리더십 측면에서 설명한 것들이다. 이 중 가장 옳지 않은 것은?** 2022 군무원 5급

① 조직구조 측면에서 학습조직은 무경계의 팀 조직 형태를 그 특징으로 하며, 관리자와 팀원 사이에는 명확한 권한-지시 관계가 존재한다.

② 정보공유 측면에서 학습조직은 구조적, 물리적 장벽이 거의 존재하지 않기 때문에, 공개적인 의사소통과 광범위한 정보공유를 그 특징으로 한다.

③ 조직문화 측면에서 학습조직은 구성원들 사이에 공유된 비전이 존재하며, 강한 공동체 의식, 상호존중 의식, 상호신뢰의 풍토가 조성되어 있다.

④ 리더십 측면에서 학습조직은 리더가 구성원 사이에 공유할 비전을 적극적으로 제시하며, 협동적 분위기를 유도하고 강화시키려고 노력하는 특징을 갖는다.

해설

관리자와 팀원 사이에 명확한 권한 – 지시 관계가 존재하는 조직은 계층조직(hierarchy) 또는 관료조직이다.

답 ①

004 □□□ **다음 중 태도와 학습에 대한 설명으로 가장 옳지 않은 것은?** 2021 군무원 7급

① 강화이론에서 부정적 강화는 바람직하지 못한 행위를 소멸시키기 위한 강화방법이다.

② 단속적 강화 유형에서 빠른 시간 내에 안정적인 성과 달성을 하기 위해서는 고정비율법이 효과적이다.

③ 레빈(Lewin)은 태도의 변화과정을 해빙, 변화, 재동결의 과정을 거쳐 이루어진다고 했으며, 이러한 태도 변화는 개인 수준뿐만 아니라 집단 · 조직 수준에서도 같은 방법으로 나타나게 된다.

④ 마이어와 알렌(Meyer & Allen)은 조직몰입을 정서적 몰입, 지속적 몰입, 규범적 몰입으로 나누어 설명했다.

해설

부정적 강화는 바람직한 행위에 대해 기존의 불편한 자극을 제거하는 것이다.

답 ①

005 □□□ **다음 퀸과 카메론(R. Quinn & K. Cameron)이 제시한 조직 수명주기 단계의 순서로 옳은 것은?** 2023 공인노무사

ㄱ. 창업 단계	ㄴ. 공식화 단계
ㄷ. 집단공동체 단계	ㄹ. 정교화 단계

① ㄱ → ㄴ → ㄷ → ㄹ
② ㄱ → ㄴ → ㄹ → ㄷ
③ ㄱ → ㄷ → ㄴ → ㄹ
④ ㄱ → ㄷ → ㄹ → ㄴ
⑤ ㄱ → ㄹ → ㄴ → ㄷ

해설

퀸과 카메론(R. Quinn & K. Cameron)이 제시한 조직 수명주기 단계는 ㄱ → ㄷ → ㄴ → ㄹ이다.

답 ③

006 □□□ **다음 중 지각의 오류에 대한 설명으로 틀린 것은?** 기출복원

① 상동적 태도는 고정관념에 의해 타인이 속한 집단을 평가하는 것을 말한다.
② 방어적 지각은 고정관념에 어긋나는 정보를 회피하며 객관적이지 못하고 바른 정보를 왜곡시키는 것을 말한다.
③ 후광효과는 평가자의 한 특성을 과대평가하여 다른 나머지 특성에도 높은 평가를 하는 것이다.
④ 주관의 객관화는 타인을 평가할 때 추가적인 정보를 얻어내려 하지 않고 첫인상만 보고 판단하려는 것을 말한다.

해설

④는 인상형성이론의 설명이다. 주관의 객관화(투사의 오류)는 자신의 감정이나 특성을 타인에게 전가·귀속시켜 평가하려는 것을 말한다.

답 ④

007 □□□ **동기부여이론(motivation theory)에 관한 다음의 서술 중 가장 적절하지 않은 것은?**

기출복원

① 목표설정이론(goal setting theory)에서는 목표가 구체적이고 어려울수록, 달성기간이 짧을수록 동기가 유발된다고 한다.

② 동기부여이론(motivation theory)은 크게 과정이론과 내용이론으로 나누어지는데 과정이론은 어떤 과정을 거쳐 동기가 발생하였는가에 초점을 두며, 내용이론은 욕구의 정체와 종류, 충족 여부에 관심을 둔다.

③ 기대이론(expectancy theory)에 따르면 사람의 동기수준은 노력을 하면 업적이나 성과가 오를지의 확률(expectancy), 성과 및 업적이 오르면 임금인상이나 승진이 되는지의 수단성(instrumentality), 임금인상 및 승진과 같은 보상에 대한 욕구의 크기(valence)에 의해 결정된다.

④ 공정성이론(equity theory)에 따르면 회사에서 남들보다 적은 액수의 돈을 받더라도 개인은 불공정성을 지각하지 않을 수 있다.

⑤ 매슬로우(Maslow)의 욕구이론(need theory)에 따르면 인간의 욕구는 육체적 욕구, 안정욕구, 사회적 욕구, 존경욕구, 자아실현 욕구의 단계를 가진다.

해설

목표설정이론에서는 목표달성기간이 목표달성이 가능할 정도의 기간이 되어야 하며, 너무 짧을 경우에는 동기부여에 역효과가 나타난다.

답 ①

008 □□□ **다음 중 성격에 관한 설명으로 옳지 않은 것은?**

2021 가맹거래사

① 자신에게 일어나는 일을 통제할 수 있다고 믿으면 내재론자(internal locus of control)라고 한다.

② 자기 효능감(self-efficacy)은 특정 과업을 얼마나 잘 수행할 수 있는가에 대한 믿음이다.

③ 나르시시즘(narcissism)은 위험을 감수하는 성향이다.

④ 자기 관찰(self-monitering)은 환경의 신호를 읽고 해석하여 자신의 행위를 환경요구에 맞춰 조절해가는 성향이다.

⑤ 마키아벨리즘(machiavellism)은 자신의 목적을 위해 다른 사람을 이용하고 통제하려는 성향이다.

해설

나르시시즘은 '자기애(自己愛)'를 가리키는 것으로, 호수에 비친 자신의 모습을 사랑하다가 결국 물에 빠져 죽는다는 그리스 신화이다.

답 ③

009 **집단에 관한 다음의 서술 중 가장 적절하지 않은 것은?** 기출복원

① 집단은 공식집단과 비공식집단으로 나눌 수 있다.
② 집단의 응집성이 높아도 조직성과는 높아지지 않을 수 있다
③ 터커만(Tuckman)에 따르면 집단은 형성기(forming) → 격동기(storming) → 성과 달성기(performing) → 규범화(norming) → 해체기(adjourning)의 단계를 거친다.
④ 집단의 크기가 작을수록 의사결정의 속도는 빨라지는 경향이 있다.
⑤ 이질적인 집단이 동질적인 집단에 비해 창의성이 높은 경향이 있다.

해설

터커만(Tuckman)에 따르면, 집단은 형성기 → 격동기 → 규범화 → 성과 달성기 → 해체기의 단계를 거친다.

답 ③

010 **다음 중 조직 구성원이 리더의 새로운 이상(理想; an ideal)에 의해 태도와 동기가 변화하고 자발적으로 자신과 조직의 변화를 이끌어 낼 수 있도록 하는 리더십은?** 2020 경영지도사

① 거래적 리더십
② 수퍼 리더십
③ 변혁적 리더십
④ 서번트 리더십
⑤ 진성 리더십

해설

변혁적 리더십은 조직 구성원의 태도와 동기가 변화하고 자발적으로 자신과 조직의 변화를 이끌어 낼 수 있도록 영향력(설득력과 지도력)을 행사하는 것으로서, 비전제시 능력과 전달능력, 카리스마, 영감 고취, 지적인 자극, 개별적 고려 등의 특성을 갖는다.

답 ③

011 □□□ **다음 설명 중 옳지 않은 것은?** 기출복원

① 집단의사결정의 단점으로 특정 구성원에 의한 지배가능성, 최적안의 폐기가능성, 의견불일치로 인한 갈등, 시간 및 에너지 낭비 등을 들 수 있다.

② 의사결정의 기본가정으로는 경제인 가설과 대립된 것으로 관리인 가설이 있고, 특징으로는 만족스러운 행동경로, 제한된 합리성 등이 있다.

③ 오늘날 기업경영과 관련하여 경영자들이 주로 접하게 되는 예외적인 문제의 해결에 가장 적합한 기법은 휴리스틱기법이다.

④ 미래의 불확실성에 대한 의사결정 중 장기적인 예측 등을 하는 데 유용한 방법의 하나로서 특정문제에 대해서 몇 명의 전문가들의 독립적인 의견을 우편으로 수집하고, 이 의견들을 요약하여 전문가들에게 다시 배부한 다음, 서로의 의견에 대해 논평하도록 하여 결론을 도출하는 방법은 지수할당법이라고 한다.

⑤ 집단의사결정의 장점으로는 위험의 분산, 구성원 상호간의 지적 자극, 일의 전문화, 많은 지식, 사실, 관점의 이용가능성 등이 있다.

해설

④는 델파이법에 대한 설명이다.

답 ④

012 □□□ **다음 중 스키너(B. Skinner)의 작동적 조건화이론(operant conditioning theory)에 포함되지 않는 것은?** 2022 가맹거래사

① 소거(extinction)

② 처벌(punishment)

③ 대리적 강화(vicarious reinforcement)

④ 긍정적 강화(positive reinforcement)

⑤ 부정적 강화(negative reinforcement)

해설

스키너(B. Skinner)의 작동(조작; 도구)적 조건화의 4요소와 ③은 무관하다.

답 ③

013 다음 중 블레이크(R. Blake)와 머튼(J. Mouton)의 관리격자(managerial grid)에 대한 설명으로 가장 적절하지 않은 것은? 2023 군무원 7급

① 생산에 대한 관심과 인간에 대한 관심 정도에 따라 리더의 유형을 분류한다.
② 중간형은 생산에 대한 관심과 인간에 대한 관심 모두 보통인 유형이다.
③ 컨트리클럽은 근로자의 사기 증진을 강조하며 조직의 분위기를 편안하게 이끌어 나가지만 작업수행과 임무는 소홀히 하는 경향이 있다.
④ 과업형 리더에게는 생사에 대한 관심을 높일 수 있는 훈련을 통해 이상형 리더로 발전시켜야 한다.

해설

과업형 리더에게는 인간에 대한 관심을 높일 수 있는 훈련이 요구된다.

답 ④

014 다음 중 로크(Locke)의 목표설정이론에 대한 설명으로 옳지 않은 것은? 기출복원

① 목표설정이론은 실제 조직경영에 적용한 기법이 MBO이다.
② 목표설정이론의 단점은 어떤 요인이 개인으로 하여금 목표를 수정하게 하는지를 구체적으로 제시하지 못한다는 것이다.
③ 목표설정이론은 구체적이고 단기적인 목표를 설정함으로써 동기부여 향상에 영향을 미쳤다.
④ 목표설정과정을 보면 조직의 예비적인 목표는 하급자에 의해 작성되어 상급자에게로 전달되는 형태를 띤다.

해설

목표설정과정을 보면 조직의 전반적인 예비목표는 최고경영층에서 작성되어 하급자에게로(아래로) 전달(구체적인 목표설정)된다.

답 ④

015 ☐☐☐ **리더십에 관한 다음의 설명 가운데 옳지 않은 것은?** 기출복원

① 리더십 상황이론(Contingency Yheories of Leadership)에 따르면, 리더십의 효과성은 리더의 개인적 요소와 상황적 요소의 상호작용에 의해 결정된다.

② 허쉬와 블랜차드(Hersey & Blanchard)의 상황적 리더십이론(Situational Leadership Theory)은 리더의 행동유형을 과업중심적 리더행동과 관계중심적 리더행동으로 구분한다.

③ 피들러(Fiedler)의 상황이론에 의하면, LPC 점수가 높다는 것은 리더에게 주어진 상황이 우호적임을 의미한다.

④ 경로-목표이론(Path-Goal Theory)은 리더의 행동유형을 지시적(directive), 후원적(supportive), 참여적(participative), 성취지향적(achievement oriented) 등의 4가지 유형으로 구분한다.

⑤ 변혁적 리더(transformational leader)는 조직 또는 집단이 추구할 비전(vision)을 제시한다.

해설

상황적합이론의 피들러(Fiedler)에 따르면, LPC 점수가 높은 것은 인간관계지향적인 리더십(LPC 점수가 낮으면 과업지향적인 리더십)을 의미하는 것이다. 그렇기 때문에 상황에 대해 우호적인지의 여부는 알 수 없다.

답 ③

016 ☐☐☐ **다음 중 기능별 부문화와 제품별 부문화를 결합한 조직구조는?** 2023 산업안전지도사

① 가상조직(virtual organization)

② 하이퍼텍스트조직(hypertext organization)

③ 애드호크러시(adhocracy)

④ 매트릭스조직(matrix organization)

⑤ 네트워크조직(network organization)

해설

매트릭스(행렬/복합구조)조직은 기능별조직과 프로젝트조직을 결합한 이원명령제조직이다.

답 ④

017 다음 중 리더십 이론에 대한 설명으로 옳지 않은 것은? 2022 감사직

① 경로-목표 모형에 의하면, 리더가 목표를 정해주고 역할을 분담시키며 일의 순서를 정해 주면 성실한 작업자는 성과를 올리지만 그렇지 않은 작업자는 정서적 피로감이 유발된다.

② 허쉬와 블랜차드(Hersey & Blanchard)에 의하면, 리더는 부하들의 태도와 행동으로 자질 및 동기를 파악하고 그들의 자율의식, 책임의식, 자신감 등을 고려하여 인간중심 또는 과업중심의 리더십을 발휘해야 한다.

③ 블레이크와 머튼(Blake & Mouton)의 관리격자 이론에 의하면, 과업형은 리더 혼자 계획하고 통제하며 부하를 생산도구로 여기는 유형이다.

④ 피들러(Fiedler)의 상황이론에 의하면, 리더와 부하의 신뢰 정도가 아주 강한 경우에는 과업지향적 리더십이 더 효과적이고 중간 혹은 아주 약한 경우에는 관계지향적 리더십이 더 효과적이다.

해설

피들러(Fiedler)의 상황이론에 의하면, 리더와 부하의 신뢰 정도가 아주 강한 경우에는 관계지향적인 리더십이 더 효과적이고 중간 혹은 아주 약한 경우에는 과업지향적 리더십이 더 효과적이다.

답 ④

018 다음 중 기능별 조직의 장점이 아닌 것은? 기출복원

① 자원의 공통 이용

② 전문화에 의한 지식경험의 축적과 규모의 경제성

③ 기능별로 최적방법의 통일적 이용

④ 부문 간의 조정 용이

해설

기능별 조직은 직능식 조직이라고도 하며, 전문화에 의한 분업의 원칙에 입각한 조직이다. 업무의 중복성이 많고 감독이나 조정이 어렵고, 환경변화에 유기(탄력)적이지 못하다는 단점이 있다. 주로 생산 공장에 사용한다.

답 ④

019 □□□ **다음 중 집단의사결정기법에 관한 설명으로 옳지 않은 것은?** 2023 산업안전지도사

① 델파이법(Delphi technique)은 의사결정 시간이 짧아 긴박한 문제의 해결에 적합하다.

② 브레인스토밍(brainstorming)은 다른 참여자의 아이디어에 대해 비판할 수 없다.

③ 프리모텀(premoterm)기법은 어떤 프로젝트가 실패했다고 미리 가정하고 그 실패의 원인을 찾는 방법이다.

④ 지명반론자법은 악마의 옹호자(devil's advocate)기법이라고도 하며, 집단사고의 위험을 줄이는 방법이다.

⑤ 명목집단법은 참여자들 간에 토론을 하지 못한다.

해설

①은 몇 명의 전문가들이 특정 문제에 대해 독립적으로 우편을 통해 문제해결을 하는 것으로, 만장일치에 도달할 때까지 진행하므로 시간과 비용이 많이 소요된다.

답 ①

020 □□□ **다음 중 사업부별 조직구조에 관한 설명으로 옳지 않은 것은?** 2020 경영지도사

① 오늘날 대부분의 다국적 기업들이 채택하고 있다.

② 각 사업부는 독립적인 수익단위 및 비용단위로 운영된다.

③ 성과에 대한 책임 소재가 불분명하다.

④ 시장변화 또는 소비자 욕구변화에 비교적 빠르게 대처할 수 있다.

⑤ 사업부문별로 권한과 책임이 부여된다.

해설

사업부별 조직구조는 독립채산제로 운영되므로 성과에 대한 책임 소재가 분명하다.

답 ③

021 □□□ **조직이론에 관한 다음의 각 항목을 조직이론의 발전 순서에 따라 바르게 나타낸 것은?**

기출복원

ㄱ. 조직의 인간적 · 사회적 측면을 강조하였으며, 행동과학분야와 인적자원관리의 발전을 위한 이론적 틀을 제공하였다.
ㄴ. 조직은 환경과는 무관한 폐쇄체계로, 그리고 조직을 구성하는 인간과 인간집단은 합리체계로 간주하였다.
ㄷ. 조직의 목표 달성보다는 생존을 중시하고, 조직 내부의 비공식성과 비합리성의 영향을 부각하였다.
ㄹ. 서로 다른 환경의 요구들에 대처할 수 있는 방안을 제시하는 상황적합이론(contingency theory)이 발전하였다.

① ㄱ → ㄴ → ㄷ → ㄹ
② ㄱ → ㄹ → ㄴ → ㄷ
③ ㄴ → ㄱ → ㄹ → ㄷ
④ ㄷ → ㄱ → ㄹ → ㄴ
⑤ ㄹ → ㄷ → ㄴ → ㄱ

해설

조직이론의 분류과정에서 보면 ㄴ. 합리적 · 폐쇄적 조직 → ㄱ. 사회적 · 폐쇄적 조직 → ㄹ. 합리적 · 개방적 조직 → ㄷ. 사회적 · 개방적 조직에 해당된다.

답 ③

022 □□□ **다음 중 조직분위기에 관한 설명이 아닌 것은?**

기출복원

① 조직스타일의 선정에 따라 조직분위기도 달라질 수 있다.
② 조직스타일의 결정에는 경영자의 선호가 크게 작용한다.
③ 조직분위기는 조직 속성이므로 조직구성원의 인식과는 다른 차원이다.
④ 조직분위기는 시간적으로 비교적 영속적으로 지속되는 것이어야 한다.

해설

조직분위기란, 조직체가 주어진 환경에 적응하는 과정에서 형성된 자체의 독특한 조직풍토를 의미한다. 이는 조직과 구성원들의 행동에 상호영향을 미친다.

답 ③

023 □□□ **다음 중 공간과 시간, 그리고 조직의 경계를 넘어 컴퓨터와 정보 · 통신 기술을 이용하는 조직 형태는?** 2021 경영지도사

① 기능식 조직
② 사업부제 조직
③ 매트릭스 조직
④ 가상 조직
⑤ 프로세스 조직

해설

가상 조직이란, 정보네트워크 기술의 발전을 이용한 기업 간의 협력을 통한 경쟁전략 조직형태이다. 각 개별기업이 보유한 핵심역량을 통합 · 공유하여 일정 기간동안 일시적으로 제휴하는 것이다.

답 ④

024 □□□ **조직구조에 관한 설명으로 옳지 않은 것은?** 기출복원

① 기능별 조직은 환경이 비교적 안정적일 때 조직 관리의 효율을 높일 수 있다.
② 기능별 조직은 각 기능별로 규모의 경제를 얻을 수 있다는 장점이 있다.
③ 제품별 사업부 조직은 사업부 내의 기능 간 조정이 용이하며, 시장 특성에 따라 대응함으로써 소비자의 만족을 증대시킬 수 있다.
④ 매트릭스 조직은 많은 종류의 제품을 생산하는 대규모 조직에서 효율적으로 기능한다.
⑤ 사업부제는 기업의 조직을 제품별, 지역별, 시장별 등 포괄성 있는 사업별 기준에 따라 1차적으로 편성하고 각 부분조직을 사업부로 하여 대폭적인 자유재량권을 부여하는 분권적 조직이다.

해설

많은 종류의 제품을 생산하는 대규모 조직에서 효율적으로 기능할 수 있는 형태는 사업부제 조직이다.

답 ④

025 □□□ **조직변화에 대한 체제적 저항요인이 아닌 것은?** 기출복원

① 인지의 일관성
② 매몰비용
③ 비공식적 규율(관례)
④ 자원의 제약
⑤ 조직 간의 동의

해설

▶ 선지분석

조직변화의 체계적 저항요인은 ② 매몰비용, ③ 비공식적 규율(관례), ④ 자원의 제약, ⑤ 조직 간의 동의 외에 집단의 응집력, 행위에 대한 공식적인 규제, 조직의 경직성, 불신 등이 있다.

답 ①

제26회 | 조직행동론(5)

001 □□□ **다음 중 상황이론(contingency theory)과 관련 없는 것은 어느 것인가?** 기출복원

① 조직구조와 환경과의 적합성 모색을 통해 조직의 유효성을 높이려는 이론이다.
② 안정적인 환경에서는 기계적인 조직형태가 적합하고, 불안정한 환경에서는 유기적인 조직형태가 적합하다.
③ 개인의 성격과 권한을 중심으로 연구된다.
④ 모든 상황에 적합한 조직구조는 없다고 주장한다.

해설

상황이론은 상황과 환경, 조직 특성과의 다양한 적합성에서 조직의 유효성이 결정된다는 이론이다.

답 ③

002 □□□ **다음 중 동기부여적인 직무설계 방법에 관한 설명으로 옳지 않은 것은?** 기출복원

① 직무 자체 내용은 그대로 둔 상태에서 구성원들로 하여금 여러 직무를 돌아가면서 번갈아 수행하도록 한다.
② 작업의 수를 증가시킴으로써 작업을 다양화 한다.
③ 직무내용의 수직적 측면을 강화하여 직무의 중요성을 높이고 직무수행으로부터 보람을 증가시킨다.
④ 직무세분화, 전문화, 표준화를 통하여 직무의 능률을 향상시킨다.
⑤ 작업배정, 작업스케줄 결정, 능률 향상 등에 대해 스스로 책임을 지는 자율적 작업집단을 운영한다.

해설

직무설계(직무순환, 직무확대, 직무충실화 등)는 직무만족을 통한 생산성 향상을 목적으로 하나, 단순화나 전문화와 표준화를 통한 능률 향상은 아니다.

답 ④

003 □□□ **다음 설명 중 지각의 오류에 대한 옳지 않은 것은?** 기출복원

① '성공하면 내 덕이고, 실패하면 남의 탓'이라는 것은 귀속과정에 있어서 편견은 행위자-관찰자편견(actor-observer bias)이다.
② 투사(projection)란, 타인 평가 시 자신의 감정이나 성향을 귀속시키거나 전가시키는 것을 말한다.
③ 자기실현적 예언(예고)이란, 평가자의 기대가 피평가자에게 실제로 나타나게 되는 것을 말한다.
④ 성실해 보이고 좋은 인상인 사람을 실제의 업무성과와 관계없이 업무능력이 우수하다고 판단하는 것은 현혹효과라고 한다.
⑤ 사람을 보는 자신의 습성이나 고정관념에 어긋나는 정보를 회피함으로써 행하는 오류를 방어적 지각(defensive perception)이라고 한다.

해설

자존적 편견(self-serving bias)에 대한 설명이다.

▶ 선지분석

③은 기대의 오류, 자기충족적 예언, 피그말리온 효과라고도 한다.

답 ①

004 □□□ **다음 중 마키아벨리즘(machiavellism)에 관한 설명으로 옳지 않은 것은?** 2021 공인노무사

① 마키아벨리즘은 자신의 이익을 위해 타인을 이용하고 조작하려는 성향이다.
② 마키아벨리즘이 높은 사람은 감정적 거리를 잘 유지한다.
③ 마키아벨리즘이 높은 사람은 남을 잘 설득하며 자신도 잘 설득된다.
④ 마키아벨리즘이 높은 사람은 최소한의 규정과 재량권이 있을 때 높은 성과를 내는 경향이 있다.
⑤ 마키아벨리즘이 높은 사람은 목적이 수단을 정당화시킬 수 있다고 믿는 경향이 있다.

해설

마키아벨리즘이 높은 사람은 남을 설득하기 보다는 이용하려는 성향이다.

답 ③

005 다음 현혹효과(halo effect)에 대한 설명 중 바르지 않은 것은? 기출복원

① 인사고과 및 타인평가 시 평가기준을 많이 삽입시키면 현혹효과를 방지할 수 있다.
② 한 부분에 대한 특성이 다른 부분의 평가에 영향을 미치는 것을 말한다.
③ 어떤 사람의 전반적인 인상을 구체적 특질로 평가하여 일반화시키는 오류를 말한다.
④ 후광효과라고도 하며, 평가자가 피평가자의 하나의 기준만 보고 평가하는 것이다.
⑤ 현혹효과에는 부정적인 현혹효과와 긍정적인 현혹효과가 있다.

해설

현혹효과를 방지하기 위해서는 한 가지 특성을 가지고 많은 사람들이 동시에 평가하게 하면 된다.

답 ①

006 다음 중 여러 학자들이 제시한 동기부여의 내용이론을 고차원 욕구와 저차원 욕구로 나누어 볼 때, 적절하지 않은 것은? 기출복원

	구분	고차원 욕구	저차원 욕구
①	매슬로우(Maslow)	자아실현의 욕구	생리적 욕구
②	앨더퍼(Alderfer)	성장욕구	존재욕구
③	맥클리랜드(McClelland)	성취욕구	권력욕구
④	허쯔버그(Herzberg)	동기요인	위생요인

해설

맥클리랜드(McClelland)는 매슬로우(Maslow)의 고차원 욕구를 다시 3가지(권력, 친교, 성취)로 구분하여 주장하였고, 욕구 자체를 고차원이나 저차원으로 구분하지 않았다.

답 ③

007 다음 중 개인의사결정이 집단의사결정보다 일반적으로 더 선호되는 상황은? 기출복원

① 신속한 결정이 필요할 때
② 다양한 관점이 추구될 때
③ 구조화가 잘된 과업
④ 충분한 시간을 가지고 있을 때
⑤ 위험이 높은 의사결정일 때

해설

개인적 결정이 유효한 경우로는 신속한 의사결정이 요구될 때, 창의적 과업의 경우 등이다.

답 ①

008 □□□ **다음 중 조직 몰입(organizational commitment)에 대한 설명으로 가장 옳지 않은 것은?**

2022 군무원 5급

① 조직 몰입은 조직에 대한 그리고 조직의 목표에 대한 인식을 분명히 한 상태에서 그 조직에 남아 조직의 일원이 되고자 하는 바람의 정도이다.

② 감정적 조직 몰입은 조직에 남아 있는 이유가 조직에 대한 강한 애정일 때 나타난다.

③ 규범적 조직 몰입은 조직에 남아 있는 이유가 자신이 떠난 이후에 회사에 미칠 피해 등으로 인한 걱정, 도덕적, 윤리적 책임감 때문일 때 나타난다.

④ 재무적 조직 몰입은 조직에 남아 있는 이유가 생계, 경제적 가치를 위한 것일 때 나타난다.

해설

조직 몰입의 유형에는 감정(정서)적 몰입, 규범적 몰입, 지속적 몰입이 있으며 ④는 무관하다.

답 ④

009 □□□ **다음 중 리더십에 관련된 이론에 대한 설명으로 가장 옳지 않은 것은?** 2021 군무원 7급

① 하우스(House)의 경로목표이론에서 상황적 변수는 집단의 과업내용, 부하의 경험과 능력, 부하의 성취욕구이다.

② 거래적 리더십(transaction leadership)은 장기적인 목표를 강조해 부하들이 창조적 성과를 낼 수 있게 환경을 만들어 주며, 새로운 변화와 시도를 추구하게 된다.

③ 변혁적 리더십(transformational leadership)은 영감적 동기와 지적 자극과 같은 방법을 통해서 부하들의 행동에 변화를 일으키는 리더십이다.

④ 리더-멤버 교환관계(LMX)이론에서 내집단은 리더와 부하와의 교환관계가 높은 집단으로 승진의 기회가 생기면 리더는 내집단을 먼저 고려하게 된다.

해설

거래적 리더십은 단기적, 1차 수준의 욕구 충족, 즉각적 보상 등의 안정 지향적 · 합리적인 사고에 중점을 둔 리더십이다.

답 ②

010 의사결정(decision making)과 관련한 다음의 설명 가운데 가장 적절하지 않은 것은?

기출복원

① 합리적 의사결정모형(rational decision making model)은 완전정보와 일관적인 선호체계를 가정한다.

② 제한된 합리성 모형(bounded rationality model)은 결과의 최적화보다는 만족화(satisficing)를 추구한다.

③ 쓰레기통모형(garbage can model)은 의사결정이 합리적 과정을 통하기 보다는 예기치 않은 상황에 의해 이루어진다고 설명한다.

④ 일반적으로 개인적 의사결정은 집단적 의사결정에 비하여 효과성은 낮지만 시간적 효율성과 창의성은 높다.

⑤ 집단의사결정과정에서 발생할 수 있는 집단극화현상(group polarization)의 주된 원인은 그 집단의 높은 응집성(cohesiveness)이다.

해설

집단극화현상은 응집성이 낮기 때문에 나타나는 것으로, 공유하는 가치에 관련된 주제에 관한 보편적 입장을 취하는 사람이 집단의 논의 끝에 결국에는 극단적인 의사결정을 내리는 것을 말한다. 집단극화현상의 주된 원인은 책임감이 분산되고, 극단적인 의견이 가치 있고 두드러지게 받아들여지기 때문이다. 집단의 높은 응집성은 집단사고(group thinking)가 나타나게 하는 원인이다.

답 ⑤

011 다음 중 피들러(Fiedler)의 리더십 이론에 대한 설명으로 바르지 않은 것은? 기출복원

① LPC(Least Preferred Coworker)의 점수가 높을수록 인간관계지향적 리더이다.

② 집단의 성과는 부하와 리더의 관계와 리더의 집단에 대한 영향력 간의 조화에 달려 있다.

③ 과업의 수행활동이 구체적이고 부하들이 리더를 좋아하며, 부하에 대해 명령을 행사할 수 있는 정도가 강할 때 가장 호의적인 상황이 된다.

④ 인간관계지향적인 리더는 중간정도의 호의적인 상황에서 성과를 올린다.

⑤ 과업지향적인 리더는 매우 호의적인 상황에서만 좋은 성과를 올릴 수 있다.

해설

과업지향적인 리더는 상황이 매우 호의적이거나 매우 비호의적일 때 효과적이고 성과를 높일 수 있다.

답 ⑤

012 □□□ **집단(팀)에 관한 다음 설명에 해당하는 모델은?** 2023 산업안전지도사

> • 집단이 발전함에 따라 다양한 단계를 거친다는 가정을 한다.
> • 집단발달의 단계로 5단계(형성, 폭풍, 규범화, 성과, 해산)를 제시하였다.
> • 시간의 경과에 따라 팀은 여러 단계를 왔다 갔다 반복하면서 발달한다.

① 캠피온(Campion)모델
② 맥그래스(McGrath)의 모델
③ 그래드스테인(Gladstein)의 모델
④ 해크만(Hackman)의 모델
⑤ 터크만(Tuckman)의 모델

해설

터크만(Tuckman)의 집단발전단계의 설명이다.

답 ⑤

013 □□□ **다음 중 변혁적 리더십(transformational leadership)의 특징에 대한 설명으로 가장 옳지 않은 것은?** 2022 군무원 7급

① 부하들의 관심사와 욕구 등에 관하여 개별적인 관심을 보여준다.
② 부하들에게 즉각적이고 가시적인 보상으로 동기 부여한다.
③ 부하들에게 칭찬과 격려를 함으로써 부하들의 사기를 진작시켜 업무를 추진한다.
④ 부하들이 모두 공감할 수 있는 바람직한 목표를 위해 노력하도록 동기 부여한다.

해설

②는 거래적 리더십의 설명이다.

답 ②

014 □□□ **다음 중 맥클리랜드(McClelland)의 성취동기이론에 대한 설명으로 바르지 않은 것은?** 기출복원

① 모든 욕구가 동등한 자격을 갖는다.
② 어느 한 시점에서 개인은 높은 권력욕구, 높은 성취욕구, 높은 친교욕구를 가질 수 있다.
③ 성취동기이론에서는 욕구의 계층이 없다.
④ 높은 수준의 성취욕구는 반드시 높은 성과를 가져온다.
⑤ 욕구는 문화공동체에서 학습의 결과로 형성된다.

해설

성취욕구가 높더라도 해당 과업이 너무 쉽거나 실현불가능하고 흥미가 없을 경우에는 노력을 하지 않는다.

답 ④

015 **다음 중 허시(P. Hersey)와 블랜차드(K. H. Blanchard)의 3차원적 리더유효성 모델에서 리더십의 스타일을 구성하는 요인이 아닌 것은?** 기출복원

① 과업
② 인간관계
③ 구성원의 성숙도
④ 성과

해설

허시와 블랜차드(Hersey & Blanchard)의 리더십수명주기이론은 리더의 행위를 과업지향적과 인간관계지향적으로 구분하여, 효과적인 리더가 되기 위해서는 과업을 수행하는 구성원들의 성숙도에 맞춰 과업과 인간관계의 행위를 조정해야 한다고 주장하였다.

답 ④

016 **다음 중 공식적으로 소유한 권력이 아닌 개개인 특성에 근거한 비공식적 권력의 원천에 해당하지 않는 것은?** 2023 군무원 5급

① 전문적 권력
② 강압적 권력
③ 준거적 권력
④ 카리스마적 권력

해설

권력은 공식적 권력(②, 보상적 권력, 합법적 권력)과 비공식적 권력(개인적 특성)으로 구분한다.

답 ②

017 오늘날 많은 기업들이 팀제 조직을 선호하는 이유로 가장 적절하지 않은 것은? 기출복원

① 팀제 조직은 커뮤니케이션과 의사결정의 신속성 및 정확성이 향상되므로 효율적이다.
② 팀제 조직은 이질성과 다양성을 결합하여 시너지 효과를 창출할 수 있다.
③ 팀제 조직은 전통적 경영조직에 비해 환경대응능력이 탁월하다.
④ 팀제 조직은 팀원의 책임을 덜어주고 권한을 강화하므로 운영이 원활하다.

해설

팀제는 팀원의 책임과 의무를 강화하고 권한을 분화한 조직이다.

답 ④

018 구성원은 자기가 구하는 목표를 얻는 것이 가능하다는 기대를 높이게 됨으로써 동기부여와 작업의욕이 높아진다는 가정하에 이와 같은 기대를 높여 주는 상황을 만들어주는 것이 리더의 행위라고 주장하는 이론은? 기출복원

① 리더십 특성이론
② 리더십 경로 – 목표이론
③ PM이론
④ 상황이론

해설

리더십 경로–목표이론은 브룸(Vroom)의 기대이론을 바탕으로, 효과적인 리더십은 종업원으로 하여금 기대성, 수단성, 유의성에 대해 명확하게 지각하도록 하고, 가치나 확률을 증대시킴으로써 보다 많은 성과와 만족을 얻을 수 있다.

답 ②

019 다음 설명에 해당하는 의사결정 기법은? 2021 공인노무사

- 자유롭게 아이디어를 제시할 수 있다.
- 타인이 제시한 아이디어에 대해 비판은 금지된다.
- 아이디어의 질보다 양을 강조한다.

① 브레인스토밍(brainstorming)
② 명목집단법(nominal group technique)
③ 델파이법(delphi technique)
④ 지명반론자법(devil's advocacy)
⑤ 프리모텀법(premortem)

해설

브레인스토밍은 오스본(Osborn)이 주창한 것으로, 아이디어의 양을 중시하고, 타인의 아이디어 평가 및 비판을 금지하며, 자유롭게 아이디어를 제시하는 대면방식의 집단 토의방식이다.

답 ①

020 다음 중 집단 간 갈등의 원인으로 보기 힘든 것은? 기출복원

① 상호무관계성
② 목표의 차이
③ 지각의 차이
④ 과소한 자원
⑤ 의사소통의 왜곡

해설

▶ 선지분석

② 목표의 차이, ③ 지각의 차이, ④ 과소한 자원 외에 높은 상호의존성, 높은 전문가의 의존성, 불공정한 보상시스템 등이 있다.

답 ①

021 다음 중에서 리더십의 관점이 아닌 것은? 2022 군무원 9급

① 전술이론
② 특성이론
③ 행동이론
④ 상황이론

해설

①의 전술이론은 리더십의 관점의 이론과 무관하다.

답 ①

022 문제의 분석가능성과 과업다양성이라는 두 가지 차원을 이용한 페로우(Perrow)의 기술 분류에 해당되지 않는 것은? 기출복원

① 장인기술
② 비일상적 기술
③ 중개형 기술
④ 일상적 기술
⑤ 공학적 기술

해설

페로우(Perrow)의 기술 분류는 과업의 변이성(예외의 빈도 또는 동질성의 정도)과 과업의 분석가능성이라는 두 가지 차원으로 기술을 설명하였다.

▶ 선지분석

① 장인기술은 기능기술이라도 하며, 예외의 빈도가 적고, 과업을 분석하기가 비교적 어려운 기술이다.
② 비일상적 기술은 예외의 빈도도 많고, 과업을 분석하기 어려운 기술이다.
④ 일상적 기술은 예외의 수도 적고, 과업을 분석하기 용이한 기술이다.
⑤ 공학적 기술은 예외의 빈도는 많으나, 합리적이며 체계적인 방법으로 분석할 수 있는 기술이다.

답 ③

023 □□□ **다음 중 아담스(J. Adams)의 공정성이론에서 투입과 산출의 내용 중 투입이 아닌 것은?**

2023 산업안전지도사

① 시간 ② 노력
③ 임금 ④ 경험
⑤ 창의성

해설

공정성이론에서 투입요소는 ①, ②, ④, ⑤, 연령, 훈련, 직위 등이 있다.

답 ③

024 □□□ **다음 중 생산성이 저하될 위험이 가장 큰 상황에 해당되는 것은?** 2021 군무원 9급

① 집단 응집력이 높고 집단과 조직목표가 일치하는 경우
② 집단 응집력이 높지만 집단과 조직목표가 일치하지 않는 경우
③ 집단 응집력이 낮지만 집단과 조직목표가 일치하는 경우
④ 집단 응집력이 낮고 집단과 조직목표가 일치하지 않는 경우

해설

집단 응집력이 높지만 집단과 조직목표가 일치하지 않는 경우, 높은 응집력으로 단합하여 의도적으로 생산성을 하락시킬 수 있다.

답 ②

025 □□□ **샤인(Schein)은 조직문화를 세 가지 수준으로 계층화하였다. 이에 속하지 않는 것은?**

기출복원

① 기본적 믿음 ② 가치관
③ 경영이념 ④ 인공물 및 창조물

해설

샤인(Schein)은 조직문화란, 구성원의 경험이 시간이 지남에 따라 공유되고 당연시 여겨지는 것이라고 주장하였다.

▶ 선지분석

① 기본적 믿음은 소속된 사람들이 당연하다고 믿는 믿음을 의미한다.
② 가치관은 기본적 믿음이 표출되어 구성원들의 인식수준으로 나타나는 것을 의미한다.
④ 인공물 및 창조물은 기술, 예술, 행동양식 등을 의미한다.

답 ③

제27회 | 조직행동론(6)

001 **다음 중 강화이론에서 바람직한 행위에 대한 설명으로 바르지 못한 것은?** 기출복원

① 봉급인상의 철회 ② 도피학습과 회피학습
③ 칭찬을 하는 것 ④ 불편한 자극의 제거

해설

봉급인상의 철회는 바람직하지 못한 행위(소거, 벌) 중에 소거에 해당된다.

▶ 선지분석

② 도피학습과 회피학습, ④ 불편한 자극의 제거는 바람직한 행위(적극적 강화, 소극적 강화)의 소극적 강화에 해당된다.

답 ①

002 **다음 중 변혁적 리더십에 관한 설명으로 옳지 않은 것은?** 2023 경영지도사

① 비전과 사명감을 부여하고 자긍심을 높여준다.
② 뛰어난 성과에 대한 보상을 약속하고 성취를 인정한다.
③ 개인적 관심을 보이고 잠재력을 개발을 위해 개별적 코치와 조언을 한다.
④ 이해력과 합리성을 장려하고 기존의 틀을 벗어나 창의적 관점에서 문제를 해결하도록 촉진한다.
⑤ 높은 비전을 제시하고 노력에 집중할 수 있도록 상징을 사용하며 중요한 목적을 간단명료하게 표현한다.

해설

변혁적 리더십은 현대적 리더십의 대표적인 것이며, 합리성을 장려하는 것은 전통적 리더십의 특징이다.

답 ④

003 □□□ **다음 중 타인의 평가 시 발생하는 오류에 대한 설명으로 옳지 않은 것은?** 기출복원

① 상동적 태도는 소속집단에 대한 고정관념으로 지각하게 되는 오류이다.
② 대비효과는 한 사람에 대한 평가가 다른 사람에 대한 평가에 영향을 주는 오류이다.
③ 현혹효과는 타인의 평가에 자신의 감정이나 성향을 투사시키는 오류이다.
④ 선택적 지각은 부분적 정보만을 받아들여 전체에 대한 판단을 내리는 오류이다.
⑤ 방어적 지각은 고정관념에 어긋나는 정보를 회피하거나 왜곡하는 오류이다.

해설

③은 투사의 오류(주관의 객관화)에 대한 설명이다.

답 ③

004 □□□ **다음 중 허쯔버그(F. Herzberg)의 동기 – 위생이론(two – factor theory; 2요인 이론)에 대한 설명으로 옳지 않은 것은?** 2021 감사직 · 공인노무사

① 동기요인은 직무만족요인이며, 위생요인은 직무불만족요인이다.
② 작업조건, 고용안정, 회사정책은 위생요인이다.
③ 직무의 불만족요인을 제거하고 만족요인으로 동기를 유발해야 성과를 높일 수 있다.
④ 만족요인인 종업원의 임금 인상으로 성과를 높일 수 있다.

해설

동기 – 위생이론에서 임금 인상은 위생요인인 불만족요인에 해당된다.

답 ④

005 □□□ **다음 중 변동비율일정에 대한 설명으로 옳지 않은 것은?** 기출복원

① 강화가 제거되면 급속히 반응이 약화된다.
② 임의적인 반응횟수가 나타난 뒤에 강화요인을 제공한다.
③ 강하고 안정적이다.
④ 바람직한 행위의 소멸이 완만하다.

해설

변동비율일정은 사전에 결정된 비율로 원하는 행동의 발생에 대하여 강화하는 것으로, 강화제거 시 완만하게 반응하는 현실적으로 가장 이상적인 방법이다.

답 ①

006 **특정문제를 해결하기 위해 창의성을 개발하는 기법들 중에서 옳지 않은 설명은?** 기출복원

① 정상적으로 관련이 없는 구상들을 관련짓도록 유도한다.

② 제기된 문제에 여러 요소들을 다각적으로 분석하게 한다.

③ 특정 문제에 대해 전문가들의 의견을 우편으로 수집하고 이를 요약·정리하여 다시 송부하는 방식으로 서로의 의견에 대해 합의가 이루어질 때까지 논평하도록 한다.

④ 리더가 제시한 문제에 대하여 자유롭게 의견을 제시하게 한다.

⑤ 리더 혼자만 주제를 알고 집단 구성원에게는 제시하지 않은 채 짧은 시간동안 의견을 한 번씩 제시하게 한다.

해설

①은 강제적 관계기법, ②는 분석적 기법, ③은 델파이법, ④는 브레인스토밍법, ⑤는 고든법에 대한 설명이다. 고든법은 창의성 개발을 위한 리더만 주제를 알고 시간의 제약 없이 장시간 자유로운 토론을 하는 것을 말한다.

답 ⑤

007 **다음 중 알더퍼(Alderfer)의 ERG이론에 대한 설명으로 바르지 못한 것은?** 기출복원

① 인간의 욕구를 존재욕구, 관계욕구, 성장욕구로 나누었다.

② 하위욕구가 충족될수록, 상위욕구에 대한 욕망이 커진다고 주장하였다.

③ 한 가지 이상의 욕구가 동시에 작용될 수도 있다고 주장하였다.

④ 매슬로우(Maslow)의 욕구단계설의 단점을 보완 또는 한계점을 극복하고자 제시되었다.

⑤ 상위욕구의 행위에 영향을 미치기 전에 하위욕구가 먼저 충족되어야만 한다.

해설

⑤는 매슬로우(Maslow)의 욕구단계설에 대한 설명이다.

답 ⑤

008 □□□ **리더십이론에 관한 다음의 서술 중 가장 적절한 것은?** 기출복원

① 미시건(Michigan)학파의 리더십 연구는 리더행동을 배려(consideration)와 구조주도(initiating structure)로 나누었다.
② 피들러(Fiedler)의 리더십 모형은 리더와 부하의 관계의 친밀도, 과업의 구조, 리더의 부하에 대한 권력 정도를 리더십을 둘러싼 상황요인으로 보았다.
③ 블레이크와 머튼(Blake & Mouton)의 리더십이론은 인간 중심과 과업 중심으로 리더십의 차원을 나누고, 부하의 성숙도에 따라 지시형, 지도형, 위임형, 참여형 중 적절한 리더십을 발휘할 수 있다고 보았다.
④ 브룸, 예튼, 예고(Vroom, Yetton & Jago)의 리더-참여 모형은 의사결정의 질, 부하의 참여 등의 상황변수를 고려하여 지도적 리더십, 지원적 리더십, 참여적 리더십, 성취 지향적 리더십을 적절히 구사해야 한다고 보고 있다.
⑤ 리더-부하 교환이론(leader-member exchange theory)에서는 리더가 부하를 차별적으로 대하는 것은 바람직하지 않으며 내부자 집단이나 외부자 집단이나 똑같이 대우해야 한다.

해설

▶ 선지분석

①은 오하이오주립대학의 연구이며, ③은 허쉬와 블랜챠드(Hersey & Blanchard)의 이론이고, ④는 경로-목표이론이다. ⑤는 내집단과 외집단에 차별적인 대우를 했다.

답 ②

009 □□□ **다음 중 의사결정에 관한 설명으로 옳지 않은 것은?** 기출복원

① 문제 해결을 위한 여러 가지 대안 중에서 하나의 대안을 선택하는 것이다.
② 목표달성을 위한 미래의 행동방안을 결정하는 계획수립의 핵심이 된다.
③ 의사결정은 경영자의 역할 중 중요한 부분을 차지하고 있다.
④ 한 부서의 의사결정은 다른 부서와는 관계가 없다.
⑤ 경영자는 과학적이고 합리적인 의사결정을 해야 한다.

해설

의사결정은 문제를 해결하기 위한 여러 가지 대안으로부터 하나의 최선의 행동방안을 선택하는 것이라고 정의할 수 있다. 그러므로 의사결정은 조직의 업무와 목표 설정과 달성하기 위한 미래의 행동방안을 결정하는 것으로, 부서 간의 협력 및 조화로운 계획수립이 요구된다.

답 ④

010 □□□ **다음에서 설명하는 현상은?** 2021 가맹거래사

- 응집력이 높은 집단에서 나타나기 쉽다.
- 집단 구성원들이 의견일치를 추구하려다가 잘못된 의사결정을 하게 된다.
- 이에 대처하기 위해서는 자유로운 비판이 가능한 분위기 조성이 필요하다.

① 집단사고(group-think)
② 조직시민행동(organizational citizenship behavior)
③ 임파워먼트(empowerment)
④ 몰입상승(escalation of commitment)
⑤ 악마의 주장(devil's advocacy)

해설

집단사고란, 집단의 압력으로 인해 부적절한 결과를 초래하는 것으로, 응집력이 높은 집단 구성원 간의 합의에 대한 요구가 지나치게 클 때 발생한다.

▶ 선지분석

⑤ 악마의 주장이란, 두 집단으로 구분하여 반론자로 지명된 집단의 반론을 듣고 토론을 하여 수정·보완한 후 최종안을 도출하는 방법(= 변증법적 토의법)이다.

답 ①

011 □□□ **다음 창의력개발기법 중 브레인스토밍(brain-storming)에 대한 설명으로 바르지 못한 것은?** 기출복원

① 다른 사람의 아이디어를 비판하지 않아야 한다.
② 구성원의 구성은 일반적으로 10~12명 정도로 구성한다.
③ 아이디어의 양보다는 질에 치중한다.
④ 구성원 모두가 주제를 알고 아이디어를 낸다.

해설

브레인스토밍은 아이디어의 질보다 양을 중시한다. 아이디어의 질을 중시하는 것은 고든(Gorden)법으로 리더만 주제를 알고 구성원은 주제를 모르는 채 진행되는 것이 특징이다.

답 ③

012 □□□

집단 내에 강력한 리더가 있는 것은 아니지만 어느 정도 대표성이 있는 인물을 통해 비교적 공식적인 계층을 따라 의사소통이 신속하게 이루어지는 의사소통 네트워크 유형은?

기출복원

① 완전연결형
② 바퀴형
③ 원형
④ 연쇄형
⑤ Y자형

해설

Y자형은 라인과 스탭의 혼용으로 중심인물은 존재하지 않지만 구성원을 대표하는 리더가 존재한다.

▶ 선지분석

① 완전연결형은 비공식집단 형태이다.
② 바퀴형은 중심인물이 존재한다.
③ 원형은 뚜렷한 서열은 없고 중심인물이 없다.
④ 연쇄형은 관료제로서 리더가 존재한다.

답 ⑤

013 □□□

다음 권력과 관련된 설명 중 바르지 않은 것은?

기출복원

① 조직정치는 조직에 긍정적인 영향만 미친다.
② 멘토링은 상급자와 하급자 간의 강력하고 지속적인 관계를 조성한다.
③ 사회적 권력은 조직에 바람직한 영향을 미친다.
④ 임파워먼트는 권력의 창조과정이다.
⑤ 강압적 권력은 조직 중심적 권력이다.

해설

조직정치는 조직 내에서 개인의 권력을 극대화하는 행동으로, 조직에 긍정적인 영향을 미치기 위해서는 효율적으로 조정 · 관리 · 통제가 되어야 한다.

답 ①

014 다음 중 소극적 강화와 적극적 강화에 대한 설명으로 옳은 것은? 기출복원

① 적극적 강화는 불편한 자극을 제거하는 것을 말한다.
② 소극적 강화와 적극적 강화는 바람직하지 못한 행위에 속한다.
③ 소극적 강화의 일반적인 유형으로는 휴가와 보너스 지급이 있다.
④ 바람직한 행위를 했을 때 불편한 자극을 제거하는 것을 소극적 강화라고 한다.

해설

▶ 선지분석
①, ③ 적극적 강화는 긍정적 자극을 추가하는 것으로 휴가와 보너스 등이 있다.
② 바람직한 행동에 대한 강화는 적극적 강화와 소극적 강화로 구분된다.

답 ④

015 다음 중 페스팅거(L. Festinger)의 인지부조화이론에 근거한 이론은 무엇인가? 기출복원

① 기대이론
② 욕구단계이론
③ 성취동기이론
④ 공정성이론
⑤ ERG이론

해설

공정성이론은 개인들이 자신의 투입 대 산출의 비율을 타인과 비교해서 현격한 차이가 날 때 불공정을 느끼며, 이때 공정성을 추구하는 과정에서 동기부여가 작용하게 된다는 이론이다.

답 ④

016 다음 중 태도변화의 대한 캘만(Kelman)의 이론으로 바른 것은? 기출복원

① 해빙 → 순종 → 동일화
② 순종 → 동일화 → 내면화
③ 동일화 → 내면화 → 변화
④ 동일화 → 순종 → 해빙

해설

- 순종: 개인이 다른 사람이나 집단의 호의적인 반응을 얻기 위해 영향력을 수용할 때 발생한다.
- 동일화: 개인이 다른 사람이나 집단과의 관계가 만족스러울 때 그들의 태도를 받아들일 때 발생한다.
- 내면화: 태도가 내재적으로 보상되고 자신의 가치체계와 부합될 때 발생한다.

답 ②

017 □□□ **다음 중 조직형태에 대한 설명으로 가장 적절하지 않은 것은?** 2023 군무원 7급

① 라인조직(line organization)은 신속한 의사결정과 실행이 가능하다.

② 라인스탭 조직(line and staff organization)의 구성원은 두 개 이상의 공식적인 집단에 동시에 속한다.

③ 사업부제 조직(divisional organization)은 사업부별로 업무수행에 대한 통제와 평가를 한다.

④ 네트워크 조직(network organization)은 필요에 따라 기업 내부 부서 및 외부 조직과 네트워크를 형성해서 함께 업무를 수행한다.

해설

라인스탭 조직은 라인을 지원하는 스탭 기능을 분화시킨 조직 형태(명령일원화와 분업의 원칙을 조화)이다.

답 ②

018 □□□ **다음 중 집권화와 분권화에 관한 설명으로 틀린 것은?** 기출복원

① 조직이 처한 환경이 급격히 변화할 때 분권화가 촉진된다.

② 조직이 선택한 기술에 따라서 분권화가 달라진다.

③ 조직이 제품별, 고객별, 직능별로 분화되어 있을 때 분권화가 촉진된다.

④ 업무수행 장소가 지역적으로 떨어져 있는 경우에 분권화가 촉진된다.

⑤ 이익에 의해 각 부서를 통제할 경우에 분권화가 촉진된다.

해설

일반적으로 조직이 제품별, 고객별, 지역별로 분화되어 있을 때 분권화가 더욱 촉진 · 가능해지며, 직능별로 분화되어 있을 때는 기능의 통합이 필요하므로 집권화가 요구된다.

답 ③

019 다음 중 유통기업의 조직에 관한 설명으로 잘못된 것은? 기출복원

① 기능별 조직은 유사한 기술, 전문성, 자원사용 등을 기준으로 종업원들의 직위를 집단화하여 몇 개의 부서로 구분하는 것을 말한다.

② 사업부별 조직은 제품, 고객, 지역, 프로젝트 등을 기준으로 종업원들의 직위를 집단화하여 조직을 몇 개의 부서로 구분하는 것을 말한다.

③ 매트릭스 조직은 기능별 및 부서별 명령체계를 이중적으로 사용하여 조직을 몇 개의 부서로 구분하는 것을 말한다.

④ 네트워크 조직은 조직의 위계적 서열을 존중하여 조직구성원 개개인에게 서열에 맞는 권한과 책임을 부여하여 기업의 목표를 달성하기 위해 구성하는 조직이다.

해설

④는 라인 조직(관료제)에 대한 설명이다.

답 ④

020 다음 중 환경적 차원에 의한 조직문화의 유형이 아닌 것은? 기출복원

① 강인하고 일등인 문화

② 열심히 일하고 잘 노는 문화

③ 회사의 운명을 거는 문화

④ 전문적 문화

해설

▶ 선지분석

① 강인하고 일등인 문화, ② 열심히 일하고 잘 노는 문화, ③ 회사의 운명을 거는 문화 외에 과정을 중시하는 문화가 있으며, 문화는 다양하고 상대적이므로 전문적 문화는 불가능하다. 조직문화란, 조직 내에서 역사적으로 형성되어 온 조직구성원들의 가치관, 행동양식, 조직 고유의 상징 및 특성, 관리관행, 경영 이념 등으로 구성되는 조직 특유의 가치 체계이다.

답 ④

021 □□□ **거래적 리더십의 구성요소에 해당하는 것을 모두 고른 것은?** 2021 경영지도사

ㄱ. 자유방임	ㄴ. 개별화된 배려
ㄷ. 예외에 의한 관리	ㄹ. 보상연계

① ㄱ, ㄴ
② ㄷ, ㄹ
③ ㄱ, ㄷ, ㄹ
④ ㄴ, ㄷ, ㄹ
⑤ ㄱ, ㄴ, ㄷ, ㄹ

해설

거래적 리더십에 해당하는 것은 ㄱ, ㄷ, ㄹ이다.

▶ 선지분석

ㄴ. 개별화된 배려는 변혁적 리더십의 특성(Bass)에 해당한다.

답 ③

022 □□□ **다음 중 리더십 스타일에 대한 설명으로 가장 적절하지 않은 것은?** 2023 군무원 5급

① 민주적(democratic) 리더는 경영 상황을 설명하고, 직원들이 아이디어를 내도록 권장하고 직원을 경영의사결정에 참여시킨다.
② 독재적(autocratic) 리더는 종업원이 자신의 지시를 따르도록 하기 위해 자신의 권한과 경제적 보상책을 사용한다.
③ 자유방임형(free-rein) 리더는 종업원들에게 팀워크와 대안에 대한 논의를 장려한다.
④ 진정성(authentic) 리더는 기업의 목적과 사명에 열정적하고, 이해관계자들과 장기적 관계를 형성한다.

해설

자유방임형 리더는 전적으로 관여가 없는 것(최대한 자유재량을 인정)으로 자기 주도적 상황과 창의성을 중시하나, 특별한 방향이 없기 때문에 집단의 무관심이나 무반응을 야기하는 경우도 있다.

답 ③

023 □□□ **다음 중 샤인(Schein)의 인간의 4가지 유형에 해당되지 않는 것은?** 기출복원

① 정치인
② 사회인
③ 자기실현인
④ 복잡인
⑤ 경제인

해설

▶ 선지분석

샤인(Schein)은 4가지 인간유형을 ② 사회인: 사회적 욕구의 극대화를 추구하는 존재, ③ 자기실현인: 자율규제 능력이 있는 능동적인 존재, ④ 복잡인: 다양한 능력을 갖고 있는 존재, ⑤ 경제인: 합리성을 추구하는 존재로 구분하였다.

답 ①

024 **조직변화에 관한 설명으로 옳지 않은 것은?** 기출복원

① 조직변화를 유발하는 요인은 외부요인과 내부요인으로 나누어 볼 수 있으며, 외부요인은 경제환경, 정치환경, 기술환경, 사회문화환경의 변화에 기인한다.

② 조직변화의 영역은 그 초점에 따라 목표, 전략, 구조, 기술, 직무, 문화, 구성원과 관련된 영역으로 구분할 수 있다.

③ 불확실성에 대한 불안감, 기득권 상실, 관점의 차이는 조직변화를 거부하는 요인이라 할 수 있다.

④ 르윈(Lewin)의 힘의 장이론(force field theory)에 의하면 조직의 현재 상태는 변화를 추진하는 힘과 변화를 막는 힘이 서로 겨루어 균형을 이룬 결과로 설명된다.

⑤ 르윈(Lewin)에 의하면, 변화의 추진력을 높이면 그만큼 저항하는 힘이 작아지기 때문에 효과가 크다.

해설

변화의 추진력이 높을수록 저항하는 힘이 커진다.

답 ⑤

025 **다음 중 기계적 조직과 유기적 조직의 비교 · 설명으로 옳은 것은?** 기출복원

① 기계적 조직은 직무 전문화가 낮고, 유기적 조직은 직무 전문화가 높다.

② 기계적 조직은 의사결정 권한이 분권화되어 있고, 유기적 조직은 의사결정 권한이 집권화되어 있다.

③ 기계적 조직은 동태적이고 복잡한 환경에 적합하며, 유기적 조직은 안정적이고 단순한 환경에 적합하다.

④ 기계적 조직은 통제범위가 넓고, 유기적 조직은 통제범위가 좁다.

⑤ 기계적 조직은 지휘계통이 길고, 유기적 조직은 지휘계통이 짧다.

해설

기계적 조직은 관료제로서 계층제의 특성을, 유기적 조직은 현대적 조직으로 팀제(평면조직)의 특성을 갖는다.

답 ⑤

PART 5

생산관리

제28회 생산관리(1)
제29회 생산관리(2)
제30회 생산관리(3)
제31회 생산관리(4)

제28회 | 생산관리(1)

001 □□□ **다음 중 재고(inventory) 및 재고관리에 대한 설명으로 가장 옳지 않은 항목은?**

2022 군무원 7급

① 재고는 제품의 생산이나 고객 수요의 충족을 위해 보유하고 있는 자재이며, 완제품, 재공품, 각종 원자재 등이 포함된다.
② 재고 관련 비용 중에서 추후납품비용이나 품절비용은 재고부족비용에 해당된다.
③ 경제적 주문량 모형은 연간 주문비용 및 연간 재고유지비용 등의 연간 총비용을 최소화하는 주문량을 산출한다.
④ 일반적으로 고정주문량 모형은 정기주문모형보다 더 많은 안전재고를 요구한다.

해설

일반적으로 정기주문모형(P시스템)은 고정주문량 모형(Q시스템)보다 더 많은 안전재고를 요구한다.

답 ④

002 □□□ **헤이즈와 휠라이트(Hayes & Wheelwright)의 제품 – 공정행렬(product process matrix)에서 제시한 최적 조합이 아닌 것은?**

2020 감사직

① 소품종 소량생산 – 조립라인 생산
② 표준품 대량생산 – 연속생산
③ 다품종 소량생산 – 묶음생산
④ 비표준품 소량생산 – 주문생산

해설

조립라인 생산은 소품종 대량생산 시스템 방식이다.

답 ①

003 다음 중 기업이 재고를 유지하는 목적으로 옳은 것을 모두 고르시오. 2022 군무원 5급

(가) 제품 수요의 변동에 맞추기 위해서
(나) 원자재 조달 측면의 안전성을 확보하기 위해서
(다) 경제적 구매량의 이점을 살리기 위해서
(라) 작업 일정에 유연성을 가지기 위해서
(마) 작업의 독립성을 어느 정도 유지하기 위해서

① (가), (나) ② (가), (나), (다)
③ (가), (나), (다), (라) ④ (가), (나), (다), (라), (마)

해설

재고를 유지(보유)하는 목적은 (가), (나), (다), (라), (마) 모두가 해당된다.

답 ④

004 다음 중 품질관리와 관련된 개념 설명으로 옳은 것을 모두 고르시오. 2022 군무원 5급

(가) 통계적 품질관리는 생산공정의 모든 단계를 지속적으로 감시하여 품질관리가 초기부터 제품에 구현되도록 하는 프로세스이다.

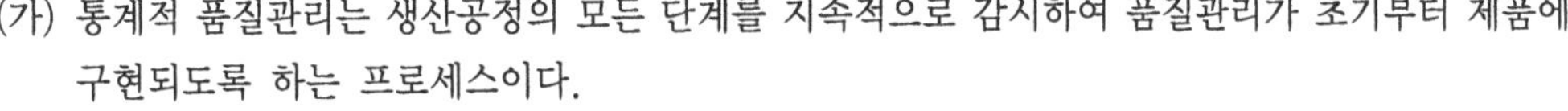

(나) 통계적 공정관리는 생산의 매 단계에서 부품이 통계적 표본을 취하여 그 검사 결과를 그래프 상에 나타내는 프로세스이다.
(다) 전사적 품질관리는 소비자가 만족할 수 있는 제품 및 서비스를 경제적으로 생산하고 제공할 수 있도록 기업 내의 모든 부서와 구성원이 품질 통제를 이해하고 조직적으로 제품의 질을 높이는 과정에 참여하는 시스템이다.
(라) 식스 시그마는 현대적인 품질관리 기준으로 십만 개당 3.4개 이하의 불량만을 허용하는 품질 혁신 운동을 말한다.

① (가) ② (가), (나)
③ (가), (나), (다) ④ (가), (나), (다), (라)

해설

▶ 선지분석

(라) 식스 시그마는 현대적인 품질관리 기준으로 제품 백만 개당 3.4개 이하의 불량만을 허용하는 품질 혁신 운동(무결점추구)을 말한다.

답 ③

005 □□□ **다음 중 JIT(just in time)생산방식에서 제거대상으로 제시한 낭비에 해당하지 않는 것은?**

2023 가맹거래사

① 과잉생산에 의한 낭비
② 대기시간으로 인한 낭비
③ 수송으로 인한 낭비
④ 재고부족으로 인한 낭비
⑤ 제품불량에 의한 낭비

해설

JIT는 불필요한 낭비요소를 제거하는 것으로, ①, ②, ③, ⑤, 동작의 낭비, 재고의 낭비, 가공 그 자체의 낭비 등이다.

답 ④

006 □□□ **다음 중 제품설계 기법에 관한 설명으로 옳은 것은?**

2023 공인노무사

① 동시공학은 부품이나 중간 조립품의 호환성과 공용화를 높여서 생산원가를 절감하는 기법이다.
② 모듈러설계는 불필요한 원가요인을 발굴하여 제거함으로써 제품의 가치를 높이는 기법이다.
③ 가치공학은 신제품 출시과정을 병렬적으로 진행하여 신제품 출시기간을 단축하는 기법이다.
④ 품질기능전개는 소비자의 요구사항을 체계적으로 제품의 기술적 설계에 반영하는 과정이다.
⑤ 가치분석은 제품이나 공정을 처음부터 환경변화의 영향을 덜 받도록 설계하는 것이다.

해설

① 모듈러설계, ② 가치분석, ③ 동시공학, ⑤ 로버스트 설계에 대한 설명이다.

답 ④

007 다음 중 유연생산시스템(FMS)의 특징과 거리가 먼 것은? 기출복원

① 재고수준을 감소시킨다.
② 다양한 제품의 생산이 가능하다.
③ 전문적 기술을 가진 인력이 필요하다.
④ 고객서비스를 제고할 수 있다.
⑤ 범위의 경제를 실현한 시스템이다.

해설

유연생산시스템(FMS)은 자동화를 통한 시스템 통합이 구축되어 대량생산과 주문생산을 동시에 실현할 수 있는 생산시스템으로, 전문적 기술을 가진 인력은 불필요하다.

답 ③

008 다음 중 관리도(control chart)에 관한 설명으로 옳은 것은? 2022 가맹거래사

① 두 변수 간의 상관관계를 분석하는 도표
② 변동의 공통원인과 이상원인을 구분하는 도표
③ 데이터의 누락이나 오류 제거를 위한 데이터 정리 도표
④ 중요한 원인 요소를 구분하기 위한 도표
⑤ 두 개 또는 그 이상의 특성, 기능, 아이디어 상호 관련 도표

해설

관리도(control chart)는 우연원인과 이상원인을 구분하는 도표이다.

답 ②

009 다음 중 특성요인도(cause and effect diagram)에 대한 설명으로 옳은 것은? 2021 가맹거래사

① SIPOC(공급자, 투입, 변환, 산출, 고객) 분석의 일부로 프로세스 단계를 묘사하는 도구
② 품질특성의 발생빈도를 기록하는 데 사용되는 양식
③ 연속적으로 측정되는 품질특성치의 빈도분포
④ 불량의 원인을 세분화하여 원인별 중요도를 파악하는 도구
⑤ 개선하려는 문제의 잠재적 원인을 파악하는 도구

해설

특성요인도란, 불량저감, 품질향상에 도움을 주는 것으로, 특정의 결과와 원인과의 관계를 계통적(길이, 속도, 불량률 등)으로 나타낸 것이다.

답 ⑤

010 □□□ **다음 중 전통적 품질관리(QC)와 전사적 품질관리(TQC)에 대한 비교가 가장 옳지 않은 것은?**

2022 군무원 9급

구분	품질관리(QC)	전사적 품질관리(TQC)
가 대상	제조부문 위주	기업 내 전 부문
나 범위	모든 업종에 적용됨	제조업 중심
다 목표	생산관리면에 국한 (불량률감소, 원가절감, 품질의 균일화 등)	기술혁신, 불량예방, 원가절감 등을 통한 총체적 생산성 향상 및 고객만족
라 성격	생산현장에 정통한 품질관리 담당자 중심의 통제	생산직, 관리자, 최고경영자까지 전사적으로 참여

① 가
② 나
③ 다
④ 라

해설

품질관리(QC)는 제조업 중심이며, 전사적 품질관리(TQC)는 모든 업종에 적용이 된다.

답 ②

011 □□□ **다음 중 보유목적에 따른 재고유형에 대한 설명으로 옳지 않은 것은?**

기출복원

① 작업의 독립성을 유지하기 위해 보유하는 것은 완충재고이다.
② 생산준비비용이나 주문비용을 줄이기 위해 보유하는 것은 경제재고이다.
③ 수요의 불확실성에 대비하기 위해 추가적으로 보유하는 것은 안전재고이다.
④ 계절에 따른 수요 변화에 대응하기 위해 보유하는 것은 비축재고이다.

해설

②는 주기재고에 대한 설명이다.

답 ②

012 다음 중 적시생산시스템(Just In Time production)에 대한 설명으로 옳은 것은? 2021 감사직

① 로트(lot) 크기를 줄이려고 하며, 소로트 생산으로 인한 생산준비비용의 최소화와 생산 준비시간의 단축이 중요한 과제가 된다.
② 기계설비의 예방보전은 불필요한 자원의 낭비라고 판단하여 기계의 고장수리를 보다 강조한다.
③ 작업자들의 전문화를 강조하기 위하여 작업을 세분화한 후 개별 작업자들에게 할당하며, 다기능 작업자 양성보다는 전문적 작업자 양성을 목표로 한다.
④ 생산 목표의 초과 달성으로 인한 과잉재고는 문제가 되지 않으며, 약간의 불량은 인정된다.

해설

적시생산시스템(JIT)의 특징은 기계설비의 예방보전을 필요로 하는 것, 소(小)로트, 다기능 작업자의 양성, 최소한의 재고, 무결점, 반복생산, 소비자 중심 등이다.

답 ①

013 다음 중 모듈화(modularization) 생산의 목적으로 옳지 않은 것은? 기출복원

① 조립시간 단축을 통한 원가절감
② 생산성 향상
③ 다양한 고객의 요구 충족
④ 품질과 기능의 향상
⑤ 제품개발 기간의 단축

해설

모듈화는 제품의 다양화를 추구한다. 그러나 제한된 고객의 요구를 충족시킬 수는 있지만 다양한 고객의 요구를 충족시키는 것은 불가능하다.

답 ③

014 □□□

다음 중 자재소요계획(MRP)을 바르게 설명한 것은? 기출복원

① 자재의 재고는 최종제품에 소요되는 수량보다 높게 유지해야 한다.
② 재고통제의 대상품목을 선정하기 위해서 ABC 분석기법을 이용한다.
③ 시간적인 측면에 맞추어 주문량을 결정한다.
④ 모든 자재소요량은 개별적으로 수요를 예측하여 결정한다.
⑤ 자재소요계획을 실시하더라도 별도의 수요예측이 필요하다.

해설

자재소요계획(MRP)은 상위제품(독립수요)의 생산일정에 의해 하위조립품의 소요량(종속수요)을 산정하는 시스템이다.

답 ③

015 □□□

다음 중 도요타 생산시스템에서 정의한 7가지 낭비유형에 해당하는 것을 모두 고른 것은?

2023 공인노무사

ㄱ. 과잉생산에 의한 낭비	ㄴ. 대기시간으로 인한 낭비
ㄷ. 재고로 인한 낭비	ㄹ. 작업자 재교육으로 인한 낭비

① ㄱ, ㄴ
② ㄷ, ㄹ
③ ㄱ, ㄴ, ㄷ
④ ㄴ, ㄷ, ㄹ
⑤ ㄱ, ㄴ, ㄷ, ㄹ

해설

▶ 선지분석

ㄹ은 오히려 필요한 요소이다.

답 ③

016 다음 중 생산능력에 대한 설명으로 가장 옳지 않은 것은? 2021 군무원 7급

① 규모의 경제는 생산량이 고정비를 흡수하게 됨으로써 단위당 고정비용이 감소하는 것을 의미한다.
② 실제생산능력은 생산시스템이 실제로 달성하는 산출량이다.
③ 병목을 고려한 정상적인 조건하에서 보여지는 산출량은 유효생산능력이다.
④ 생산능력 이용률은 설계 생산능력이 커지면 함께 증가한다.

해설

생산능력 이용률(capacity utilization)이란, 기업이 최적 운영 수준에 얼마나 도달했는가를 나타내는 척도이다. 현재 생산량이 커질수록 증가[$\frac{\text{사용능력(현재 생산량)}}{\text{최적 운영수준}}$]한다.

답 ④

017 다음 중 고정주문량모형(Q-모형)과 고정기간모형(P-모형)을 비교한 설명으로 옳지 않은 것은? 2023 가맹거래사

① Q-모형은 주문량이 일정하고, P-모형은 주문량이 변동한다.
② Q-모형은 재고량이 재주문점에 이를 때 주문하고, P-모형은 정기적으로 주문한다.
③ Q-모형은 반입·반출시 재고량을 파악하고, P-모형은 점검시기에 재고량을 파악한다.
④ Q-모형의 재고량이 P-모형의 재고량보다 상대적으로 많다.
⑤ Q-모형은 고가이고 중요한 품목에 활용되고, P-모형은 저가품목에 활용한다.

해설

P-모형의 재고량(높은 안전재고량)이 Q-모형의 재고량보다 상대적으로 많다.

답 ④

018 □□□ **다음 중 재고관리의 접근 방법으로서 경제적 주문량(EOQ) 산출 시 적용되는 기본 가정에 해당하지 않는 것은?** 2023 군무원 7급

① 제품의 수요가 일정하고 균일하다.

② 조달기간이 일정하며 조달이 일시에 이루어진다.

③ 품절이나 과잉재고가 허용된다.

④ 주문비와 재고유지비용은 일정하며, 재고유지비는 평균재고에 기초를 둔다.

해설

EOQ의 기본가정에는 과잉재고와 품절이 발생하지 않으며, ①, ②, ④ 외에 '재고자산의 단위당 구입원가는 발주량의 크기에 비례', '할인이 없는 것', '재고자산의 사용률은 일정하며 알려져 있다' 등이 기본적인 가정이다.

답 ③

019 □□□ **학습곡선은 ( )의 증가에 따라 제품 1단위당 직접노동량의 투입량이 일정비율로 감소하는 현상을 나타낸 곡선이다. 다음 중 괄호에 적절한 말은?** 기출복원

① 생산량

② 누적생산량

③ 단위생산량

④ 단위비용

⑤ 생산비용

해설

학습곡선은 생산량의 증가에 따라 단위당 평균 노동시간(노동량)이 감소하는 현상으로, 반복 경험을 통한 효율의 증가를 의미하는 것으로, 경험곡선 기업의 비용(cost) 변화를 나타내는 곡선이다. 이는 기업의 경영전략을 구상하는 데 기초가 되며, 제품의 단위당 실질원가는 누적 경험량(누적 생산량 또는 판매량)이 증가함에 따라 일정 비율로 저하되는데, 누적 경험량이 2배가 되면 원가는 20% 정도 떨어지는 것이 보통이다. 그래서 누적 경험량이 큰 기업은 코스트(cost)도 낮고 수익성도 높다.

답 ①

020 **다음 중 생산전략과 경쟁우선순위에 대한 설명으로 가장 옳지 않은 것은?** 2021 군무원 7급

① 품질 경쟁력은 산출된 제품과 설계된 사양의 일치 정도인 설계품질의 측면으로 생각해 볼 수 있다.

② 유연성 경쟁력은 제품 수량의 유연성과 고객화의 2가지 측면으로 구분할 수 있으며, 고객이 원하는 시점에 제품을 전달하는 능력은 적시인도(on time delivery)를 의미한다.

③ 경쟁우선 순위의 상충모형에서는 품질은 원가와 상충하며, 신뢰성은 유연성과 상충되는 관계를 가진다.

④ 라인흐름 전략은 저원가에 대한 강조를 중요시 여기며 대량의 표준화된 제품을 만들기 위한 전략이다.

해설

품질 경쟁력은 산출된 제품과 설계된 사양의 일치 정도인 산출된 제품품질의 측면이다.

답 ①

021 **다음 중 전사적 품질경영(TQM)에 대한 설명으로 옳지 않은 것은?** 기출복원

① 고객 만족의 원칙을 바탕으로 품질을 재정의한다.

② 기존의 경영관리방식을 품질중심으로 통합하여 새롭게 구성한다.

③ 불량률 감소, 원가절감, 품질의 균일화 등을 통해 생산관리의 효율성을 높이는 것이 목표이다.

④ 전략적 차원에서 생산적, 관리자, 최고경영자까지 참여하는 품질운동이다.

해설

전사적 품질경영(TQM)은 고객 위주의 품질관리이며, ③은 생산자 입장에서의 품질관리(TQC)에 해당된다.

답 ③

022 □□□ **다음 중 많은 개별 고객들의 요구를 만족시키기 위해 제품들을 맞춤화하여 생산하는 것은?**

2020 경영지도사

① 서비타이제이션(servitization)
② 가치공학(value engineering)
③ 린생산(lean production)
④ 매스 커스터마이제이션(mass customization)
⑤ 대량생산(mass production)

해설

매스 커스터마이제이션이란, 대량 고객맞춤화 생산시스템으로, 많은 개별 고객들의 요구를 만족시키기 위해 제품들을 맞춤화(1:1)하여 생산하는 방법이다.

답 ④

023 □□□ **다음 중 통계적 품질관리(SQC; Statistical Quality Control)에서 샘플링 검사(sampling inspection)에 관한 설명으로 가장 적절하지 않은 것은?**

2023 군무원 7급

① 샘플링검사 로트(lot)로부터 추출한 샘플이 판정기준을 충족하지 못하면, 로트 전체를 불합격 판정한다.
② 검사특성곡선(OC Curve)은 로트의 불량률에 대한 합격 판정 확률을 그래프로 표현한 것이다.
③ 합격으로 판정해야 할 로트를 불합격으로 처리할 가능성을 소비지위험(consumer's risk)이라고 한다.
④ 파괴 검사를 수행해야 하는 경우 샘플링 검사가 효과적이다.

해설

③ 생산자 위험(product's risk)의 설명(양품이 불량품으로 판정될 확률)이다.

답 ③

024 다음 중 식스시그마 방법론(DMAIC)의 단계와 수행활동의 연결로 옳은 것은?

2023 가맹거래사

① 정의 - 결함원인을 제거하기 위해 방법 규명
② 측정 - 프로세스 변동을 야기하는 핵심변수를 파악함으로서 결함원인 규명
③ 분석 - 프로세스 측정 및 운영 방법 결정
④ 개선 - 고객이 품질에 가장 큰 영향을 미칠 것이라고 생각하는 품질 핵심요인 파악
⑤ 통제 - 개선을 유지할 방법 결정

해설

▶ 선지분석

① 개선, ② 분석, ③ 정의, ④ 측정의 설명이다.

답 ⑤

025 다음 중 품질의 집(house of quality) 구성요소가 아닌 것은?

2023 가맹거래사

① 고객요구사항
② 제품의 기술특성
③ 기술 특성에 관한 경쟁사의 설계목표
④ 고객요구사항과 기술특성의 상관관계
⑤ 고객요구사항에 관한 자사와 경쟁사 수준 평가

해설

품질의 집 구성요소에 기술특성 관련 경쟁사의 설계목표는 무관하다.

답 ③

제29회 | 생산관리(2)

001 □□□ **다음 중 총괄생산계획(APP; Aggregate Production Planning)의 수립전략에 대한 설명으로 옳은 것은?** 2022 감사직

① 수요추종 전략(chase strategy)은 수요의 변동을 반영하여 제품 생산율을 조정하므로 급증하는 수요에 최적화된 전략이다.

② 평준화 전략(level strategy)은 일정기간 동안 균등한 양을 생산하여 재고가 발생하지 않는 전략이다.

③ 혼합 전략(mixed strategy)은 수요추종 전략과 평준화 전략을 혼합하여 실행이 복잡하므로 실제로 활용되지 않는다.

④ 고용수준 변경이나 생산율 변경에 의한 비용은 수요추종 전략에서 가장 많이 발생하고, 재고 비용이나 납기지연 비용은 평준화 전략에서 가장 많이 발생한다.

해설

▶ 선지분석

① 수요추종 전략은 유연한 수요변화에 최적이며, ② 평준화 전략은 재고가 발생하며, ③ 혼합 전략은 실제 사용되고 있다.

답 ④

002 □□□ **다음 중 제품과 서비스설계에 관한 설명으로 옳지 않은 것은?** 2021 가맹거래사

① 동시공학(CE)은 제품 및 서비스 개발과 관련된 다양한 부서원들이 공동 참여하는 방식이다.

② 품질기능전개(QFD)는 고객의 요구사항을 설계특성으로 변환하는 방법이다.

③ 가치분석(VA)/가치공학(VE)은 제품의 가치를 증대시키기 위한 체계적 방법이다.

④ 모듈화설계(modular design)는 구성품의 다양성을 높여 완제품의 다양성을 낮추는 방법이다.

⑤ 강건설계(robust design)는 제품이 작동환경의 영향을 덜 받고 기능하도록 하는 방법이다.

해설

모듈화설계란, 다수의 부품으로 구성된 중간조립품을 여러 가지로 다양하게 결합하여 완제품(유연성 향상)을 생산하는 방식이다.

답 ④

003 다음 중 재고관련비용의 유형에 대한 설명으로 가장 옳지 않은 것은? 2022 군무원 9급

① 품목비용: 재고품목 그 자체의 구매비용 또는 생산비용

② 주문비용: 재고품목을 외부에 주문할 때 발생하는 경비와 관리비

③ 재고유지비용: 한 번의 조업을 위한 생산설비의 가동준비에 소요되는 비용

④ 재고부족비용: 재고가 소진된 후 보충될 때까지 기다리는 과정에서 발생하는 비용

해설

재고유지비용이란, 재고를 보유할 때 발생하는 비용(보관 및 보험료, 취급비, 세금 등)이다.

답 ③

004 다음 중 공정별 생산설비 배치의 장점으로 옳지 않은 것은? 기출복원

① 제품의 수정, 수요변동, 작업순서의 변경에 대해 신축적으로 대응할 수 있다.

② 범용설비를 이용하므로 진부화의 위험 및 유지·보수비용이 적다.

③ 비숙련공들도 전문화된 설비를 사용할 수 있어 작업자의 훈련 및 감독이 용이하다.

④ 적은 수량을 제도할 경우에는 제품별 배치보다 원가 면에서 유리하다.

⑤ 작업자가 작업 수행 시에 융통성을 발휘할 수 있다.

해설

공정별 배치는 범용설비를 사용하는 단속생산이므로 전문화된 설비의 사용은 없다.

답 ③

005 □□□ **다음 중 재고량에 대한 의사결정을 할 때 고려해야 하는 재고유지비용을 모두 고른 것은?**

2023 산업안전지도사

ㄱ. 보관설비비용	ㄴ. 생산준비비용	ㄷ. 진부화비용
ㄹ. 품절비용	ㅁ. 보험비용	

① ㄱ, ㄴ, ㄷ
② ㄱ, ㄴ, ㄹ
③ ㄱ, ㄷ, ㅁ
④ ㄱ, ㄹ, ㅁ
⑤ ㄴ, ㄷ, ㄹ

해설

- 재고관리비용 = 생산준비비용 + 재고유지비용 + 재고부족비용
- 재고부족비용에는 품절비용, 신용도하락, 납기지연, 판매기회상실이 있다.

답 ③

006 □□□ **다음의 수요예측기법 중 시계열(time series) 예측기법에 해당하는 것을 모두 고른 것은?**

2023 공인노무사

ㄱ. 이동평균법	ㄴ. 지수평활법	ㄷ. 델파이 기법

① ㄱ
② ㄴ
③ ㄱ, ㄴ
④ ㄴ, ㄷ
⑤ ㄱ, ㄴ, ㄷ

해설

시계열법은 정량적인 수요예측 기법이며, ㄷ은 정성적인 수요예측 기법에 해당한다.

답 ③

007 다음 중 각 공정 간의 제품설계 방식에 대한 설명으로 옳지 않은 것은? 기출복원

① 제품설계란, 선정된 제품의 기술적 기능을 구체적으로 규정하는 것이다.
② 모듈러 설계는 호환이 안 되는 부품을 개발하여 특수한 고객의 욕구에 부응한다.
③ 모듈러 설계를 함으로써 다양성과 생산원가의 절감을 달성할 수 있다.
④ 가치공학(VE)은 생산이전 단계의 제품이나 공정의 설계분석을 통해 효율성과 원가 최소화를 동시에 달성하려는 기법이다.
⑤ 가치분석(VA)은 원재료나 재공품의 원가분석을 통해 불필요한 기능을 제거하려는 기법이다.

해설

모듈러 설계는 호환되는 부품들을 결합(부분품의 표준화)하여 완제품을 생산하는 기법이다.

답 ②

008 현대의 기업은 시장경제, 생산을 지향하고 있으므로 소품종 대량생산체제가 일반적이다. 다음 중 가장 적합한 설비배치방법은 어느 것인가? 기출복원

① 그룹별 배치
② 공정별 배치
③ 위치고정형 배치
④ 제품별 배치
⑤ 단속생산시스템 배치

해설

▶ 선지분석

① 그룹별 배치는 배치(묶음)생산이나 GT에 적합하다.
② 공정별 배치는 다품종 소량생산에 유리하다.
③ 위치고정형 배치는 프로젝트생산에 유리한 설비배치방법이다.

답 ④

009 다음 중 라인밸런싱(line-balancing)의 직접적인 장점에 해당되는 것은? 기출복원

① 기계설비 유휴기간의 최소화
② 작업인력의 최소화
③ 기계설비 보존비의 최소화
④ 소요자재의 최소화

해설

라인밸런싱은 공정균형화라고 할 수 있다. ① 기계설비 유휴기간의 최소화는 라인밸런싱의 직접적인 효과 및 장점이고, ② 작업인력의 최소화는 부수적인 결과이다.

답 ①

010 다음 식스시그마(six sigma)분석도구 중 품질 결함의 원인이 되는 잠재적인 요인들을 체계적으로 표현해 주며, Fishbone Diagram으로도 불리는 것은? 2023 산업안전지도사

① 린차트
② 파레토차트
③ 가치흐름도
④ 원인결과 분석도
⑤ 프로세스 관리도

해설

품질관리도구의 하나로, 품질 결함의 원인이 되는 잠재적인 요인들을 체계적으로 표현한 것은 특성요인도, 어골도(Fishbone Diagram)라고도 한다.

답 ④

011 다음 중 규모의 불경제(diseconomies of scale)의 원인으로 가장 적절하지 않은 것은? 2021 군무원 7급

① 설비규모의 과도한 복잡성에서 초래되는 비효율성
② 과도한 안전 비용에서 초래되는 비효율성
③ 과도한 고정비에서 초래되는 비효율성
④ 과도한 근로인력 규모에서 초래되는 비효율성

해설

규모의 불경제는 규모의 경제의 반대개념으로, 시설 · 투자 · 인구 · 도시 등의 규모가 커짐에 따라 단위투입당 편익이 감소하거나 단위당 장기평균비용이 증가하는 현상이다. 즉, 생산(량) 증가비율이 투입(량)의 비율보다 낮아지는 것을 말한다.

답 ③

012 다음 중 적시생산시스템(JIT)과 자재소요계획(MRP)의 차이에 대한 설명으로 옳지 않은 것은? 기출복원

① JIT는 푸시(Push)방식, MRP는 풀(Pull)방식이다.
② JIT의 재고는 부채, MRP의 재고는 자산이다.
③ JIT는 무결점을, MRP는 소량의 결점을 인정한다.
④ JIT는 일본의 도요타자동차에서 개발한 기법이다.

해설

적시생산시스템(JIT)은 풀(Pull)방식, 자재소요계획(MRP)은 푸시(Push)방식이다.

답 ①

013 다음 중 LOB에 대한 설명으로 옳은 것은? 기출복원

① 단기간 일정법인 SIS를 뜻한다.
② 최적화 생산기법인 OPT를 뜻한다.
③ 프로젝트 일정관리를 위한 것으로, 각 업무별로 일정의 시작과 끝을 그래픽으로 표식화하여 전체 일정을 한 번에 볼 수 있게 한다.
④ 부분품과 반제품의 생산실적을 도표화하여 작업진척별 예정납기일을 최종제품의 납기일과 비교함으로써 일정을 통제하는 기법이다.

해설

LOB는 실적을 도표화하여 작업진척별 납기일 또는 일정통제를 위한 기법으로, 납기지체 공정에 대한 조치를 취하는 방법이다.

답 ④

014 다음 제품설계와 관련된 내용에서 ( )에 해당하는 설명으로 가장 옳은 것은?

2022 군무원 7급

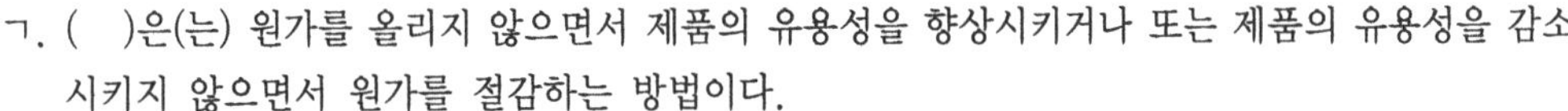

ㄱ. ( )은(는) 원가를 올리지 않으면서 제품의 유용성을 향상시키거나 또는 제품의 유용성을 감소시키지 않으면서 원가를 절감하는 방법이다.
ㄴ. ( )은(는) 제품의 다양성을 높이면서도 동시에 제품 생산에 사용되는 구성품의 다양성은 낮추는 제품설계 방법이다.
ㄷ. ( )은(는) 제품의 성능특성이 제조 및 사용 환경의 변화에 영향을 덜 받도록 제품을 설계하는 방법이다.
ㄹ. ( )은(는) 마케팅, 생산, 엔지니어링 등 신제품 관련 부서와 경우에 따라서는 외부 공급자까지 참여시켜 제품을 설계하는 방법이다.

① ㄱ(가치분석), ㄴ(모듈러 설계), ㄷ(로버스트 설계), ㄹ(동시공학)
② ㄱ(로버스트 설계), ㄴ(모듈러 설계), ㄷ(가치분석), ㄹ(동시공학)
③ ㄱ(동시공학), ㄴ(가치분석), ㄷ(모듈러 설계), ㄹ(로버스트 설계)
④ ㄱ(동시공학), ㄴ(로버스트 설계), ㄷ(가치분석), ㄹ(모듈러 설계)

해설

제시된 사례 보기의 설명은 ①로, ㄱ은 가치분석, ㄴ은 모듈러 설계, ㄷ은 로버스트 설계, ㄹ은 동시공학이다.

답 ①

015 □□□

하나의 작업장에서 작업순서를 결정하려고 한다. 4개 작업(A, B, C, D)의 현재 시점에서의 작업 정보가 다음과 같을 때 최소여유시간법(LSTR; Least Slack Time Remaining)에 따른 작업순서로 가장 적절한 것은? 2023 군무원 7급

작업	A	B	C	D
잔여작업 소요시간(일)	3	10	8	4
납기까지 남은 시간(일)	10	18	17	8

① D → A → B → C
② A → D → C → B
③ D → A → C → B
④ A → D → B → C

해설

최소여유시간법에 의하면 A: 10 − 3 = 7, B: 18 − 10 = 8, C: 17 − 8 = 9, D: 8 − 4 = 4이므로 작업순서는 D → A → B → C이다.

답 ①

016 □□□

다음 중 생산과 서비스 설비배치에 관한 설명 중 옳지 않은 것은? 기출복원

① 놀이공원은 공정별 배치가 적절하다.
② 생산제품의 부피가 크거나, 무게가 무거워 이동이 어려울 경우 고정형 배치가 적합하다.
③ 제조업의 생산제품에서 표준화보다는 고객화의 정도가 높을수록 공정별 배치가 적합하다.
④ 다품종 소량생산의 경우 제품별 배치를 채택하면 생산능력이 부족하여 과부하가 초래되므로 적절치 못하다.

해설

다품종 소량생산의 경우 공정별 배치가 적합하며, 이때 생산량이 증가하면서 생산능력의 과부하가 초래된다.

답 ④

017 **다음에서 설명하는 생산시스템으로 가장 적절한 것은?** 2023 군무원 9급

이 생산시스템은 생산 활동에서 가치를 부가하지 않은 활동 자재, 운영 등 낭비의 원천을 제거 하여 생산효율을 극대화한다. 프로세스 개선을 통해 재품품질을 향상시킨다. 재고감소를 통한 생산 리드타임 단축으로 고개의 수요변화에 신속히 대응한다.

① 린(Lean) 생산시스템
② ERP 생산시스템
③ MRP 생산시스템
④ Q-system

해설

린(Lean) 생산시스템의 설명으로 전 과정에서 손실(loss)을 최소화한다는 개념이다.

답 ①

018 **다음 중 지수평활 수요예측모형에 관한 설명으로 가장 적절하지 못한 것은?**
2023 군무원 5급

① 과거 자료는 평준화 과정에서 배제된다.
② 가장 최근 자료만 예측치를 수정하기 위해 이용된다.
③ 최근 자료는 오래된 자료보다 더 많은 가충치를 받는다.
④ 평활 상수는 모형이 자료에 있는 패턴의 변화에 대응하는 정도를 변화시킬 수 있게 한다.

해설

지수평활 수요예측모형은 최근의 자료가 과거자료보다 미래를 더 잘 반영한다는 전제하의 기법이다.

답 ①

019 □□□ **다음 중 품질에 관한 내용으로 옳지 않은 것은?** 기출복원

① 품질비용(cost of quality)은 예방비용(prevention cost), 평가비용(appraisal cost), 그리고 실패비용(failure cost) 등으로 개념화시킬 수 있다.
② 품질통제의 도구인 관리도(control chart)는 관리상한선과 관리하한선을 결정하여 사용한다.
③ SQC는 소비자위주의 시스템중심, 소비자 만족도관리, 품질전략 수립, 기업 문화의 고객지향적 등의 특성을 갖는다.
④ 관리도는 생산공정에서 발생하는 변동요인 중 우연요인(random causes)과 이상요인(assignable causes)을 구분하기 위해 사용된다.
⑤ 원인결과도표(cause and effect diagram 또는 fishbone diagram)는 품질관리문제의 원인을 찾아내기 위한 도구이다.

해설

③은 TQM에 대한 설명이다.

답 ③

020 □□□ **다음 중 JIT(just in time)생산시스템의 특징에 해당하지 않는 것은?** 2021 군무원 9급

① 적시 구매
② 소로트 반복생산
③ 안전재고의 저장
④ 다기능공의 존재

해설

JIT시스템은 최소한의 재고, 무결점, 소비자 중심, 풀 시스템(pull system) 등을 추구한다.

답 ③

021 □□□ **다음 재고자산 평가방법 중 경제상황이 인플레이션하에 있다고 가정하면, 가장 많은 총매출이익을 가져다주는 것은 무엇인가?** 기출복원

① 이동평균법
② 총평균법
③ 후입선출법
④ 선입선출법

해설

선입선출법은 먼저 입고된 것을 먼저 출고하는 방식으로 이익을 증가시키는 방법이다.

▶ 선지분석

① 이동평균법은 평균원가법의 하나로써 입고 · 출고 때마다 평균치를 계산하는 방법이다.

② 총평균법은 계산이 간단하지만 월말 또는 기말에 이 계산이 행해지기 때문에 출고될 때마다 개별 원가를 알 필요가 있는 경우에는 부적당하다.

③ 후입선출법은 나중에 입고된 것을 먼저 출고하는 방식으로 이익을 감소시키는 방식이다.

답 ④

022 **다음 중 재고관리에 관한 설명으로 가장 적절하지 않은 것은?** 2023 군무원 7급

① 정량발주시스템(Q-system)에서는 재고 소진속도가 빠르면 주문 시기가 빨라진다.

② 정기발주시스템(P-system)에서는 재고조사 기간 사이에 재고 소진이 많을수록 많은 양을 주문하게 된다.

③ 투빈시스템(two-bin system)은 정기발주 시스템을 시각화한 것이다.

④ ABC재고관리에서 A그룹은 재고 기록이나 조달기간을 엄격히 관리해야 한다.

해설

투빈시스템(two-bin system)은 정량발주 시스템(Q-system)을 시각화한 것이다.

답 ③

023 **다음 중 제품 또는 서비스가 제조되는 동안 품질을 관리하기 위해 활용되는 관리도의 종류와 설명이 올바르게 연결된 것은?** 2021 감사직

① $\overline{X}$-관리도: 추출한 표본의 표본편차를 기록하여 그 변동을 관리

② P-관리도: 추출한 표본의 불량률을 기록하여 그 변동을 관리

③ R-관리도: 추출한 표본의 분산을 기록하여 그 변동을 관리

④ C-관리도: 추출한 표본에서 발생한 불량품의 수를 기록하여 그 변동을 관리

해설

▶ 선지분석

① $\overline{X}$-관리도는 평균치와 범위를 기록한다.

③ R-관리도는 범위를 기록한다.

④ C-관리도는 결점 개수를 나타내는 관리도이다.

답 ②

024 □□□ **다음 중 통계적 품질관리(SQC)에 관한 설명으로 옳지 않은 것은?** 2021 감사직

① 샘플링 검사를 활용하는 품질관리 방식으로 표본 수와 크기를 결정해야 한다.

② 관리도를 활용하는 품질관리방식으로 신뢰수준에 따라 관리상한선과 관리하한선이 달라질 수 있다.

③ 샘플링 검사를 활용하여 적은 비용과 시간으로 전체 생산품에서 불량품을 모두 선별하는 것을 목적으로 한다.

④ 관리도를 활용하여 품질변동을 초래하는 우연요인과 이상요인 중 이상요인을 파악하여 관리하고자 하는 기법이다.

해설

③은 전수검사에 대한 설명이다.

답 ③

025 □□□ **다음 중 6시그마(sigma)에 대한 설명으로 옳지 않은 것은?** 기출복원

① 프로세스에서 불량과 변동성을 최소화하면서 기업의 성과를 최대화하려는 종합적이고 유연한 시스템이다.

② 프로그램의 최고 단계 훈련을 마치고, 프로젝트 팀 지도를 전담하는 직원은 마스터 블랙벨트이다.

③ 통계적 프로세스 관리에 크게 의존하며, 정의 - 측정 - 분석 - 개선 - 통제(DMAIC)의 단계에 걸쳐 추진된다.

④ 제조 프로세스에서 기원하였지만, 판매, 인적자원, 고객서비스, 재무서비스 등의 부문으로 확대되고 있다.

해설

6시그마의 단계에서 프로그램의 최고 단계 훈련을 마치면 챔피온레벨이다.

답 ②

제30회 | 생산관리(3)

001 다음 중 적시생산시스템(JIT)이 지향하는 목표로 옳지 않은 것은? 2023 경영지도사

① 제조 준비시간의 단축
② 충분한 재고의 확보
③ 리드타임의 단축
④ 자재취급 노력의 절감
⑤ 불량품의 최소화

해설

JIT는 필요할 때 필요한 양만큼의 부품을 공급하는 방식(합리적인 적정 재고 유지)이다.

답 ②

002 다음 중에서 일정 기간 내의 생산의 절대량이 증가할수록 제품(또는 제품을 생산하는 작업)의 단가가 저하되는 현상의 설명으로 가장 옳은 것은? 2022 군무원 9급

① 규모의 경제
② 범위의 경제
③ 경험효과
④ 시너지

해설

규모의 경제란, 생산량이 증가할수록 평균생산비용(단가; cost)이 감소하는 효과를 말한다.

▶ 선지분석

② 여러 사업부가 제조설비, 유통경로, 연구개발비용, 판촉활동 등과 같은 자원을 공유(기존 라인들 이용; 생산시설을 공동으로 사용)함으로써 제품단위당 원가가 감소(생산량 증대)하는 것(기존산업과 비슷한 산업에 진출)을 말한다.
③ 기업의 규모나 누적생산량(가로축), 경험 등이 늘어남에 따라 단위원가(원재료, 유통, 마케팅비용, 경상비용 등)가 감소하는 현상이다.
※ 학습효과: 구성원들의 학습에 따라 단위당 노출원가가 감소하는 것

답 ①

003 □□□ **다음 중 수요예측기법에 해당되지 않는 것은?** 기출복원

① 이동평균법
② 델파이법
③ 최소자승법
④ 지수평활법
⑤ 탐색결정기법

해설

탐색결정기법은 총괄생산계획기법이다.

답 ⑤

004 □□□ **다음 중 생산에 필요한 요소를 제때에 투입함으로써 재고가 없도록 하는 생산방식은?**

2020 경영지도사

① 유연생산시스템(FMS)
② 컴퓨터 통합생산(CIM)
③ 스마트 팩토리(Smart factory)
④ 무결점운동(ZD)
⑤ 적시생산(JIT)

해설

적시생산(JIT)은 불필요한 요소를 제거하고, 필요할 때 필요한 양만큼 적시에 제공하는 시스템이다.

답 ⑤

005 □□□ **다음 중 TQM과 6시그마에 대한 설명으로 틀린 것은?** 기출복원

① TQM은 종합적 품질경영을 뜻한다.
② 통계적 기법과 품질개선운동이 결합하여 탄생한 것이 6시그마운동이다.
③ TQM은 고객중심, 공정개선, 전원참가의 3원칙하에 진행되는 특징이 있다.
④ 6시그마는 주관적인 통계수치를 얻을 수 있으므로 서로 업종이 달라도 비교를 할 수 있다.
⑤ 6시그마의 방법론은 DMAIC의 사이클을 갖는다.

해설

6시그마는 객관적인 통계를 가진 수치를 얻으므로 이종 간에도 비교가 가능하다.

▶ 선지분석

⑤ DMAIC는 정의 – 측정 – 분석 – 향상(개선) – 통제이다.

답 ④

006 ☐☐☐ **다음 중 자동화기술과 생산관리기술을 결합하여 주문생산과 대량생산을 동시에 고려한 생산시스템은?**

2021 경영지도사

① 집단가공법
② 수치제어가공
③ 셀 제조방법
④ 모듈생산
⑤ 유연생산시스템

해설

유연생산시스템(FMS)이란, 높은 생산성과 효율성을 충족(대량생산)시키면서 동시에 유연성을 추구(주문생산)하는 생산시스템이다.

답 ⑤

007 ☐☐☐ **다음 중 적시(just in time) 생산방식이 제조업의 생산성향상에 기여하는 방식으로 가장 적절하지 않은 것은?**

2023 군무원 5급

① 원자재와 부품이 최저 가격으로 공급될 수 있도록 충분한 재고를 갖춘다.
② 작업 효율을 높이기 위해 5S라는 작업장 관리 운용을 시행한다.
③ 협력사와 긴밀한 업무 협조를 갖추는 것이 필요하다.
④ 종업원의 적극적 참여를 유도하여 생산품질을 높인다.

해설

JIT는 필요할 때(적기) 제품을 공급하는 방식으로 재고를 낮게 유지(최소한의 재고)하는 방식이다. 5S는 정리, 정돈, 청소, 청결, 습관화이다.

답 ①

008 □□□ **다음 중 재고관리에 대한 설명으로 옳지 않은 것은?** 기출복원

① 순차적으로 연결된 작업 단위들 사이에 존재하는 재공품 재고는 두 작업 간의 생산흐름이 불균형을 이루고 있다는 의미이다.
② 가능한 한 작은 규모의 재고를 보유하면서도 안정적인 대응을 할 수 있는 생산시스템을 갖추는 것이 오늘날의 생산관리에서는 필수적이다.
③ 수요발생이 일정할 경우 제조설비의 준비횟수를 줄이면 평균재고의 규모는 상대적으로 작아진다.
④ 안전재고의 수준을 높일수록 조달기간 중의 품절률은 낮아진다.

해설

수요발생이 일정할 경우, 셋업 시간을 줄이면 1회 생산량이 증가하여 평균재고의 규모는 상대적으로 커진다.

답 ③

009 □□□ **다음 중 제품설계 시 그 내용에 해당되지 않는 것은?** 기출복원

① 기능설계
② 형태설계
③ 생산설계
④ 판매설계

해설

▶ 선지분석
① 기능설계는 제품의 성능, 기능에 초점을 둔다.
② 형태설계는 제품의 외관(색채, 크기, 모양 등)에 초점을 둔다.
③ 생산설계는 경제적 생산(낮은 비용으로 고품질의 제품)에 초점을 맞춘 것이다.

답 ④

010 □□□ **제조기업이 능력계획에 비해 서비스기업의 능력계획에서 추가적으로 고려하여야 할 사항으로 옳지 않은 것은?** 2022 가맹거래사

① 서비스 위치
② 높은 수요변동성
③ 서비스 능력 가동률
④ 서비스 시간
⑤ 규모의 경제

해설

규모의 경제는 제조기업에서 고려할 핵심 중요 고려사항이다.

답 ⑤

011 □□□ **다음 중 관리도에 대한 설명으로 바르지 않은 것은?** 기출복원

① 관리도의 하한선은 최소허용 우연변동을 의미한다.
② 관리도의 중앙선은 공정의 평균품질특성을 의미하고, 관리한계는 이상변동의 범위를 의미한다.
③ 관리도에서 y축은 관리되는 품질특성을 나타내고, x축은 시간의 경과에 따른 표본번호를 나타낸다.
④ 관리도의 상한선과 하한선은 일반적으로 표본평균 $\pm 3\sigma$ 법칙에 의해 결정된다.

해설

관리한계는 우연변동의 범위를 의미한다.

답 ②

012 □□□ **다음 중 물류관리에 관한 설명으로 가장 거리가 먼 것은?** 2023 군무원 9급

① 물류관리의 성과지표에는 매출액 대비 물류비용, 납기 준수율 등이 있다.
② 물류관리의 대상은 하역, 포장, 보관, 운송, 유통가공, 정보 등이 있다.
③ 제품이 수송 및 배송 활동을 거처 소비자에게 전달되는 과정은 인바운드 물류(in bound logistics)에 해당한다.
④ 생산에 필요한 원자재를 자사 창고나 공장으로 이동하는 활동은 조달물류에 해당한다.

해설

③은 아웃바운드 물류(out bound logistics)의 설명이다.

답 ③

013 □□□ **수요가 균등한 단일 제품의 연간 수요량은 3,600개이고, 1회 주문비용은 50원, 연간 단위당 재고유지비용은 4원이다. 총비용이 연간 주문비용과 연간 재고유지비용의 합이라고 할 때, 총비용을 최소화하는 경제적 주문량(EOQ)은 얼마인가?** 2020 경영지도사

① 100개 ② 200개
③ 300개 ④ 400개

해설

경제적 주문량(EOQ) $= \sqrt{\dfrac{2\times 1\text{회 주문비용}\times\text{연간 수요량}}{\text{연간 재고유지비용}}} = \sqrt{\dfrac{2(50)\times 3{,}600}{4}}$ = 300(개)이다.

답 ③

014 □□□ **다음 중 서비스 품질측정 도구인 SERVQUAL과 종합적 품질경영인 TQM에 대한 설명으로 가장 옳지 않은 것은?** 2021 군무원 7급

① SERVQUAL은 기대 서비스와 인지된 서비스 차이를 통해 고객만족을 조사하기 위한 도구이다.

② SERVQUAL의 서비스 품질을 판단하는 차원에는 신뢰성, 보증성, 유형성, 공감성, 반응성이 있다.

③ TQM에서 '원천에서의 품질관리의 의미'는 제품의 원재료 품질이 중요하므로 납품업체의 품질관리에 힘쓰라는 것을 의미한다.

④ TQM은 경영시스템으로 최고경영자의 장기적인 열의가 필요하고 지속적인 개선을 통해 종업원들이 주인의식을 가져야 한다.

해설

TQM은 조직 전체의 총체적 품질경영 개념으로, 고객만족 달성을 위해 구성원 모두가 품질향상을 위해 지속적으로 노력[고객지향 품질관리(경영) 활동]하는 것이다.

답 ③

015 □□□ **어떤 제품의 실제수요는 110만 대이고, 예측수요가 100만 대이다. 지수평활계수가 0.6일 때 올해 예측수요로 옳은 것은?** 기출복원

① 104만 대

② 106만 대

③ 96만 대

④ 94만 대

해설

올해 예측수요 = 예측치1(수요) + α[(실측치(수요) − 예측치1(수요)]

= 100 + 0.6(110 − 100) = 106(만 대)이다.

답 ②

016 다음 중 재고관리모형에 대한 설명으로 바르지 않은 것은? 기출복원

① 정기주문시스템은 주문주기가 일정하고 주문량은 변동하는 재고시스템이다.
② ABC 재고관리시스템은 제한자원을 효율적으로 이용하기 위해 부피가 큰 품목만을 집중적으로 관리하는 시스템이다.
③ 기준재고시스템은 재고의 인출이 있을 때마다 인출량과 동일한 주문량을 주문하는 시스템이다.
④ 투빈시스템은 두 개의 용기 중 하나의 용기가 고갈되면 재주문을 하는 정량주문모형이다.
⑤ 고정주문량모형은 재고가 일정수준에 이르면 경제적 주문량을 주문하는 시스템이다.

해설

ABC 모형은 재고자산의 부피가 아니라, 재고자산의 품목이 많거나 다양할 경우에 품목의 가치나 중요도에 따라 재고자산을 A, B, C로 구분하여 관리하는 방식이다.

답 ②

017 다음 중 작업 우선순위를 결정하기 위한 규칙에 관한 설명으로 옳지 않은 것은?

2021 가맹거래사

① 최소작업시간(SPT): 작업시간이 짧은 순서대로 처리
② 최소여유시간(STR): 납기일까지 남은 시간이 작은 순서대로 처리
③ 최소납기일(EDD): 납기일이 빠른 순서대로 처리
④ 선입선출(FCFS): 먼저 도착한 순서대로 처리
⑤ 후입선출(LCFS): 늦게 도착한 순서대로 처리

해설

최소여유시간(STR)이란, 여유시간이 없는 것부터 처리하는 방식이다.

답 ②

018 다음 중 TQC와 TQM에 관한 설명으로 바르지 않은 것은?

기출복원

	TQC	TQM
①	생산현장 근로자의 품질개선	제조의 전 과정의 품질개선
②	단위중심	시스템중심
③	구매자 위주	공급자 위주
④	생산 및 제품중심적 사고	고객지향적인 사고
⑤	전사적 품질관리	전사적 품질경영

해설

총체적 품질경영(TQM)은 소비자(구매자) 지향주의를 원칙으로 한다.

답 ③

019 다음 중 JIT의 설명으로 옳지 않은 것은?

기출복원

① JIT시스템에서 생산의 표준화가 이루어져야 효과적인 운영이 가능하다.
② 소로트 생산을 중심으로 하여 환경변화에 유연하게 대응할 수 있도록 한다.
③ JIT시스템은 생산 활동에서의 낭비요인을 제거하는 것이 궁극적인 목적이다.
④ 특정 작업에 대해서만 전문적인 작업수행능력이 있는 작업자를 양성시킨다.
⑤ 칸반시스템은 상위 작업장으로부터의 작업흐름을 통제하는 목적으로 사용되는 일종의 JIT시스템을 지원하는 정보시스템이다.

해설

JIT는 다품종 소량생산을 추구하므로 다기능 작업자를 통하여 환경변화에 대응한다.

답 ④

020 다음 중 PERT/CPM에 관한 설명으로 옳지 않은 것은? 기출복원

① PERT는 시간추정의 확률적 모형이고, CPM은 확정적 모형이다.
② PERT/CPM은 계획, 일정표, 통제 등 3가지 기능을 갖고 있다.
③ 단속생산시스템의 특수한 형태로, 대규모 1회성 프로젝트의 일정을 계획 · 통제하기 위한 기법이다.
④ 사업의 지연 · 중단 시에 혼란을 야기할 수 있다.

해설

PERT/CPM은 제한된 자원을 합리적으로 계획 · 통제하고, 단계와 부서의 책임소재가 명확하며, 공정 상호간에 관계를 명확히 하여 최선안의 선택이 가능하므로 혼란의 야기와는 관계없다.

답 ④

021 다음 중 품질경영에 관한 설명으로 가장 옳은 것은? 2021 군무원 9급

① 지속적 개선을 위한 도구로 데밍(E. Deming)은 PDAC(Plan-Do-Act-Check) 싸이클을 제시하였다.
② 싱고시스템은 통계적 품질관리 기법을 일본식 용어로 표현한 것이다.
③ 품질과 관련하여 발생하는 비용은 크게 예방 및 검사 등 사전조치에 관련된 비용과 불량이 발생한 이후의 사후조치에 관련된 비용으로 분류해 볼 수 있다.
④ 품질의 집 구축과정은 기대품질과 지각품질의 차이를 측정하고 차이분석을 하는 작업이다.

해설

▶ 선지분석

① 지속적 개선은 PDCA이다.
② 싱고시스템은 셋업시간 단축, 오류를 범한 직후에 피드백을 실시하여 결함을 방지하는 시스템이다.
④ 품질의 집 구축과정은 고객의 요구와 기술적 속성을 행렬의 형태로 나타낸 표를 의미한다.

답 ③

022 □□□ **다음 중 품질관리와 관련된 설명으로 틀린 것은?** 기출복원

① QC서클은 품질은 향상되지만 생산성이 떨어지는 단점이 있다.
② 사용적합성은 고객, 규격일치성은 회사 입장에서 나오는 품질개념이다.
③ 100ppm 운동은 불량률을 줄이자는 운동으로 구체적인 목표 설정이 특징이다.
④ QC서클은 정기적으로 모이는 근로자들의 소규모 그룹이다.

해설

품질분임조(QC)는 품질과 생산성을 모두를 향상시킬 수 있는 제도이다.

답 ①

023 □□□ **다음 중 설비배치에 대한 설명으로 바르지 못한 것은?** 기출복원

① 공정별 배치는 유사한 공정을 그룹별로 모아 배치하므로 공장 내 반제품 및 원자재의 흐름을 파악하기 쉽고 생산계획 및 통제가 간단하다.
② 대형여객기 제조회사에 가장 적합한 설비배치형태는 위치고정형 배치이다.
③ 제품별 배치는 생산제품의 변화가 있을 때마다 시설배치를 변경해야 되기 때문에 공정의 유연성이 떨어진다.
④ 공정별 배치는 제품별 배치에 비해 과업이 다양하므로 작업자가 작업에 대한 흥미와 만족도를 높일 수 있다.
⑤ 제품별 배치는 일반적으로 대규모의 생산설비 투자가 필요하며, 표준화된 제품의 대량생산에 적합하다.

해설

공정별 배치는 일정계획이 복잡하므로 계획, 통제, 공정관리 등도 복잡하다.

답 ①

024 □□□ **일정계획 및 통제기법 중 LOB기법에 대한 설명으로 바르지 못한 것은?** 기출복원

① 연속생산공정을 대상으로 한 기법이다.

② 공정 전체를 완성품의 수량을 기준으로 통제하는 현대적 기법이다.

③ 시간적인 흐름에 따라서 부품이나 반제품에 대한 수량을 계획하므로 MRP기법과 공통점이 있다.

④ 목표를 달성하지 못한 작업장을 중점적으로 관리한다.

⑤ 성공적인 LOB를 위해서는 각 통제점의 제조소요 시간을 정확히 알고 있어야 한다.

해설

LOB기법은 공정 전체를 중점관리가 요구되는 다수의 통제점을 나누어 통제하는 것을 의미한다. 전통적 기법이 최종 완성품의 수량만으로 통제하는 모순을 개선하였다.

답 ②

025 □□□ **다음 중 서비스와 제조업을 비교 · 설명한 것으로 옳은 것은?** 기출복원

① 서비스의 제공과정에서 고객과의 접촉 정도는 제조업에 비해 상대적으로 적다.

② 서비스의 제공과정에서의 생산성 측정은 제조업에 비해 상대적으로 쉽다.

③ 서비스창출 과정은 고객의 소비와 동시에 일어나는 경우가 제조업보다 많다.

④ 서비스업에서의 품질측정은 제조업체에서의 품질측정보다 객관적으로 이루어질 수 있다.

⑤ 제조업에서처럼 모든 서비스도 재고의 개념을 적용하여 고객수요에 대응할 수 있다.

해설

▶ 선지분석

① 고객과의 접촉 정도는 제조업에 비해 많다.

② 생산성 측정은 제조업에 비해 어렵다.

④ 품질측정은 제조업에 비해 주관적으로 이루어지기 쉽다.

⑤ 서비스의 특징은 무형성, 동시성, 소멸성이므로 재고로 보관할 수 없다.

답 ③

제31회 | 생산관리(4)

001 □□□ **다음 중 제품 설계 시 제품의 변동을 일으키는 원인인 노이즈를 제거하거나 차단하는 것 대신에 노이즈에 대한 영향을 없애거나 줄이도록 하는 설계 방법은?** 기출복원

① 손실함수
② 로버스트(robust)설계
③ 프로젝트설계
④ 학습곡선
⑤ 동시공학(CE)

해설

제품 설계 시 제품의 변동을 일으키는 원인인 노이즈를 제거하거나 차단하는 것 대신에 노이즈에 대한 영향을 없애거나 줄이도록 하는 제품설계 방법은 로버스트(robust)설계이다.

답 ②

002 □□□ **다음 중 공급자에서 기업 내 변환과정과 유통망을 거쳐 최종 고객에 이르기까지 자재, 제품, 서비스 및 정보의 흐름을 전체 시스템 관점에서 설계하고 관리하는 것은?** 2021 공인노무사

① EOQ
② MRP
③ TQM
④ SCM
⑤ FMS

해설

SCM(공급사슬관리)이란, 기업 내부활동(자재조달, 제조, 판매 등) 뿐만 아니라 기업 외부활동(유통 등의 공급흐름)까지 정보흐름을 종합적으로 관리하고 최적화하는 방식이다.

답 ④

003 수요를 예측하는데 있어 과거 자료보다는 최근 자료가 더 중요한 역할을 한다는 논리에 근거한 지수평활법을 사용하여 수요를 예측하고자 한다. 다음 자료의 수요예측 값(Ft)은?

2023 산업안전지도사

- 직전 기간의 지수평활 예측값(Ft−1)=1,000
- 평활 상수(α)=0.05
- 직전 기간의 실제값(At−1)=1,200

① 1,005
② 1,010
③ 1,015
④ 1,020
⑤ 1,200

해설

(Ft) = 예측치 + α(실측치 − 예측치) = 1,000 + 0.05(200) = 1,010이다.

답 ②

004 다음 중 여러 가지로 조합이 가능한 표준화된 호환부품으로 소품종 대량생산 체제의 최적화를 실현하기 위한 기법은?

기출복원

① 모듈러 생산(MP)
② 집단관리법(GT)
③ 셀형제조방식(CMS)
④ 유연생산시스템(FMS)

해설

모듈러 생산(MP)은 호환성 있는 표준모듈을 여러 가지로 형태로 결합하여 제품의 다양성과 생산원가의 절감이라는 목적을 달성할 수 있는 기법을 말한다.

답 ①

005 다음 중 수요예측 기법에 대한 설명으로 가장 옳지 않은 것은? 2022 군무원 7급

① 주관적 모형의 델파이기법은 주어진 분야의 전문가들에게 반복적인 질의와 응답을 통한 합의를 도출한다.

② 일반적으로 예측기간은 주관적 모형에서 인과형 모형, 그리고 시계열 모형을 이동함에 따라 점점 짧아진다.

③ 주관적 모형의 상호영향분석 기법은 미래의 사건이 이전 사건의 발생과 관련이 있다고 가정하고 미래 사건의 발생가능성을 추정한다.

④ 주관적 모형의 역사적 유추법은 독립변수와 종속변수 간의 관계를 파악하여 수요를 예측한다.

해설

④는 인과형 모형인 회귀분석을 설명한 것이다.

답 ④

006 다음 중 변동적 수요에 효과적으로 대처하기 위해 생산자원을 효율적으로 분배하고 비용 최소화를 목적으로 장래 일정기간의 생산율, 고용수준, 재고수준, 잔업 및 하청 등을 중심으로 수립하는 계획은? 기출복원

① 일정계획
② 자재소요계획
③ 총괄생산계획
④ 주일정계획
⑤ 전략적 능력계획

해설

총괄생산계획은 수요나 생산능력의 지속적인 변동에 대해 생산자원을 효율적으로 분배하고 비용 최소화를 목적으로 장래 일정기간의 생산계획을 수립하는 것이다.

답 ③

007 다음 중 수요예측에 대한 설명으로 옳지 않은 것은? 2019 군무원 9급

① 수요예측의 대상이 되는 수요는 독립수요이다.
② 주문생산에서 수요예측과 예상매출액은 중요시 된다.
③ 수요예측기법의 평균기준에는 정확성, 간편성, 충실성 등이 있다.
④ 수요예측을 할 때 우연변동은 고려대상이 아니다.

해설

주문생산에서 수요예측이나 예상매출액은 고려 대상이 아니다.

답 ②

008 다음 중 총괄생산계획에서 고려하지 않는 비용으로 옳은 것은? 2021 군무원 7급

① 채용과 해고비용
② 재고유지비용
③ 초과근무비용
④ 생산입지 선정비용

해설

생산입지 선정비용은 고용에 수반되는 비용 고려요소와 무관하다.

답 ④

009 다음 설명 중 틀린 것은? 기출복원

① ZD는 품질관리에 있어 예방을 강조하는 접근법이다.
② TQM은 품질을 제품차원이 아니라 조직시스템 전체적인 차원에서 다룬다.
③ QC서클은 시간이 많이 소요되고 타협안이 제시될 수 있다는 단점이 있다.
④ ISO 9004는 계획생산에 의한 비계약 상황에서 쓰인다.
⑤ ISO 9001은 ISO 9002나 ISO 9003에 비해 제품의 표준화 정도가 더 높다.

해설

ISO 9001보다 ISO 9002, ISO 9002보다는 ISO 9003이 더 제품에 대한 표준화가 높은 산업에서 요구된다. ISO 14000과 ISO 18000은 환경경영체제와 관련된 국제협약이다.

답 ⑤

010 □□□

다음 중 자재소요계획(MRP)의 입력자료(구성요소)를 모두 고른 것은? 2023 가맹거래사

ㄱ. 주일정계획(MPS)	ㄴ. 자재명세서(BOM)
ㄷ. 재고기록(IR)	ㄹ. 발주계획 보고서
ㅁ. 예외 보고서	

① ㄱ, ㄴ, ㄷ
② ㄱ, ㄴ, ㄹ
③ ㄱ, ㄷ, ㅁ
④ ㄴ, ㄹ, ㅁ
⑤ ㄷ, ㄹ, ㅁ

해설

자재소요계획(MRP)의 3요소는 ㄱ, ㄴ, ㄷ이다.

답 ①

011 □□□

다음 중 JIT 및 MRP 시스템에 관한 설명으로 옳은 것은? 2020 가맹거래사 · 군무원

① JIT는 재고를 자산으로 인식한다.
② JIT는 계획추진시스템이다.
③ MRP의 관리목표는 재고의 최소화이다.
④ JIT는 생산준비시간과 로트 크기를 최소화하고자 한다.
⑤ MRP는 무결점을 지향한다.

해설

JIT는 불필요한 낭비요소 제거, 무결점, 최소한의 재고를 허용하고 생산준비시간과 로트의 최소화를 지향하며, MRP는 독립수요에 의해 계획 · 추진되는 시스템이다.

답 ④

012 □□□ **다음 중 생산관리의 목적으로 가장 옳지 않은 것은?** 2022 군무원 9급

① 원가절감 ② 최고의 품질
③ 유연성 확보 ④ 촉진강화

해설

▶ 선지분석

생산관리의 목적(주요 활동 목표; 생산 4요소)은 ①, ②, ③과 납기이다.

답 ④

013 □□□ **다음 중 품질비용에 관한 설명으로 옳지 않은 것은?** 2021 가맹거래사

① 품질비용은 100% 완전하지 못한 제품생산으로 인한 비용이다.
② 평가비용은 검사, 측정, 시험 등과 관련한 비용이다.
③ 통제비용은 생산흐름에서부터 불량을 제거하기 위한 활동과 관련된 비용이다.
④ 실패비용은 완성된 제품의 품질이 일정한 수준에 미달함으로써 발생하는 비용이다.
⑤ 외부 실패비용은 폐기, 재작업, 등급저하와 관련된 비용이다.

해설

외부 실패비용은 고객 불만처리, 교환, 반품, 결함보상, 품질보증, 위약금 등이다.

답 ⑤

014 다음 중 공급사슬계획에서 활용하는 정성적 수요예측기법을 모두 고른 것은?

2023 경영지도사

ㄱ. 선형회귀분석	ㄴ. 지수평활법	ㄷ. 시장조사
ㄹ. 패널동의법	ㅁ. 이동평균법	ㅂ. 델파이기법

① ㄱ, ㄴ, ㄷ
② ㄱ, ㄹ, ㅁ
③ ㄴ, ㄷ, ㅁ
④ ㄴ, ㅁ, ㅂ
⑤ ㄷ, ㄹ, ㅂ

해설

▶ 선지분석

ㄱ, ㄴ, ㅁ은 정량적 수요예측 기법이다.

답 ⑤

015 재고유형과 이에 관한 설명이 다음과 같을 때, A, B, C의 내용으로 옳은 것은?

기출복원

재고유형	설명
파이프 라인 재고	공장, 유통센터, 고객 간 이동 중인 재고
A	경제성을 위해 필요 이상 구입하거나 생산하여 남은 재고
B	수요나 생산의 불확실성에 대비하여 보유하는 재고
C	향후 급격한 수요증가에 대비하여 사전에 확보한 재고

① A: 주기재고, B: 안전재고, C: 예비재고
② A: 주기재고, B: 대응재고, C: 예비재고
③ A: 주기재고, B: 예비재고, C: 수요재고
④ A: 필요재고, B: 안전재고, C: 예비재고
⑤ A: 필요재고, B: 예비재고, C: 대응재고

해설

①이 옳은 연결로, A는 주기재고, B는 안전재고, C는 예비재고이다.

답 ①

016 다음 중 제품설계의 방법에 대한 설명으로 가장 옳지 않은 것은? 2021 군무원 7급

① 최종제품 설계는 기능설계, 형태설계, 생산설계로 구분하며, 형태설계는 제품의 모양, 색상, 크기 등과 같은 외형과 관련된 설계이다.

② 가치분석은 불필요하게 원가를 유발하는 요소를 제거하고자 하는 방법을 의미한다.

③ 동시공학은 제품개발 속도를 줄이기 위해 각 분야의 전문가들이 기능식 팀을 구성하고 모든 업무를 각자 동시에 진행하는 제품개발방식이다.

④ 품질기능전개(QFD)는 품질개선의 방법으로, 표준화된 의사소통을 통해 고객의 요구를 각 단계에서 전달하는 기법으로 시행착오를 줄이는 데 그 목적이 있다.

해설

동시공학(CE)은 제품개발단계에서부터 관련 당사자들이 함께 참여하여 제품과 프로세스를 동시에 개발·진행하는 시스템으로, 각 공정의 네트워크 연결, 통합, DB 구축 등 협조적으로 진행하는 것이다.

답 ③

PART 5

해커스군무원 **김우주 경영학** 기출문제집

017 다음과 같은 네 단계의 공정이 있다. 병목공정은 무엇이며, 작업조정구간(단계)의 작업수행시간을 통해 5초로 조정된다면, 전체 공정에서 1분당 생산량은 얼마인가? 기출복원

작업공정	A	B	C	D
공정별 작업수행시간	4(초)	12(초)	6(초)	10(초)

① A, 5개 ② A, 15개

③ B, 12개 ④ B, 6개

해설

- 병목공정은 B이다.
- B의 작업수행시간이 5초로 조정되면 병목구간은 D가 된다. 이때 1분(60초 – 6개)당 생산량은 6개가 된다.

답 ④

018 □□□ **다음 중 집단가공법(GT)에 대한 설명으로 바르지 않은 것은?** 기출복원

① 유사한 설계의 경우 단일 도면으로 결합하고 설계의 중복을 제거할 수 있으나 설계의 비용이 많이 든다는 단점이 있다.

② 각 그룹에는 서로 다른 기계들이 모여 있으며 제품의 흐름은 보다 직선적이게 된다.

③ GT의 기본은 유사한 설계특성이나 제조과정의 특성 중 하나를 선택하여 기준으로 부품을 분리하는 것이다.

④ 장점은 대기시간과 이동시간을 단축시키는 것이고, 단점은 부품의 분류가 복잡하며 기계설비가 중복투자될 수 있다는 것이다.

⑤ 개별적으로 가공하는 경우보다는 가공 로트(lot)의 크기가 커진다.

해설

①은 GT의 코딩시스템에 대한 설명으로, 유사한 설계의 경우 단일 도면으로 결합하고 설계의 중복을 제거할 수 있으므로 설계의 비용을 절감시킬 수 있다.

답 ①

019 □□□ **다음 설비배치에 관한 설명으로 가장 적절하지 않은 것은?** 2023 군무원 5급

① 같은 종류의 기계를 한 작업장에 모아 놓은 방식을 공정별 배치라고 한다.

② 제품별 배치란, 제품의 가공 혹은 조립에 필요한 기계를 일렬로 배치하고, 제품이 모든 기계를 순차적으로 거치도록 하는 방식이다.

③ 제품을 고정시키고 작업자와 기계가 필요에 따라 이동하면서 작업하는 방식을 셀 방식이라고 한다.

④ 조립라인 배치란, 생산라인을 따라 제품이 반복적이고 연속적으로 흘러가도록 하는 방식이다.

해설

③은 위치고정형 배치의 설명이다.

답 ③

020 다음 중 재고관리에 대한 설명으로 옳은 것은? 2021 감사직

① 고정주문량 모형은 고정주문주기 모형보다 엄격한 재고관리를 수행하므로 보다 많은 안전재고를 요구한다.

② 경제적 주문량 모형의 경우 재고조달기간은 알려져 있으며, 단위당 재고유지비용은 일정하고 구입단가는 주문량과 관계없이 일정하고, 재고부족현상은 발생하지 않는다는 가정을 두고 있다.

③ 고정주문량 모형은 주문량이 일정하므로 매 주문시점에서만 재고를 검토하면 된다.

④ 경제적 생산량 모형은 수요가 일정하며, 생산하고자 하는 양이 일시에 전량 생산되어 재고가 보충된다는 가정을 두고 있다.

해설

- 고정주문주기 모형(P시스템)은 엄격한 재고관리와 많은 안전재고를 유지한다.
- 고정주문량 모형(Q시스템)은 수시로 재고량을 점검한다.
- 경제적 생산량 모형(EPQ)은 자재를 직접 생산 · 제조하여 생산량이나 생산시기를 결정하는 방식이다.

답 ②

021 다음 중 생산입지에 대한 설명으로 옳지 않은 것은? 기출복원

① 원자재의 부피가 크거나 무겁다면 원자재 가공공장은 원자재 산지 근처에 두는 것이 유리하다.

② 지역별로 생활수준, 취업률, 노동인력의 숙련도 등이 다르기 때문에 임금수준의 격차가 발생한다.

③ 완제품의 수송비용이 많이 드는 경우에는 완제품 조립공장을 원자재 산지 근처에 두는 것이 유리하다.

④ 유사업체들이 이미 생산설비를 가동하고 있다면 원자재 공급업체 확보가 용이하다.

해설

완제품의 수송비용이 많이 드는 경우에는 완제품 조립공장을 원자재 산지 근처에 두는 것이 불리함을 가중시킨다.

답 ③

022 □□□ **생산시설의 설비배치와 관련된 다음 서술 중 가장 적절한 것은?** 기출복원

① GT는 한 사람의 작업자가 라인 흐름의 효과를 얻을 수 있도록 한 작업장에서 여러 대의 기계를 동시에 다룰 수 있게 만드는 방법이다.

② 공정별 배치는 제품이나 고객이 일정한 흐름을 따라 움직이며, 생산설비와 자원은 해당 제품이나 서비스의 완성경로에 따라 배치되는 것을 의미한다.

③ 제품별 배치는 선박의 건조나 대형 항공기의 제작과 같이 제품이 매우 크거나 움직일 수 없는 경우에 작업자들이 해당 제품으로 도구와 장비를 가지고 와서 작업하는 것을 의미한다.

④ 표준화된 한 가지 제품을 대량생산하기 위해서 필요한 설비를 배치하는 경우에는 작업장의 크기 및 작업장 간 인적요인의 계량화가 가장 중요하다.

⑤ 라인 밸런싱은 연속적인 흐름을 갖는 공정에서 최소의 작업장의 수로 원하는 생산속도를 달성하기 위해 작업을 작업장에 할당하는 것이다.

해설

▶ 선지분석

① 작업의 유사성에 의해 집단화한 것으로 다품종 소량생산의 효율성을 극대화한 방식이다.

② 제품별 배치, ③ 고정형 배치에 대한 설명이다.

④ 표준화된 한 가지 제품을 대량생산하기 위한 설비 배치는 라인밸런싱이 중요하다.

답 ⑤

023 □□□ **다음 중 생산 활동에서 수요예측기법에 관한 설명으로 옳은 것은?** 2020 가맹거래사

① 델파이법은 공개적으로 진행되며, 과반수로 결정하는 방법이다.

② 전문가 패널법은 비공개적으로 진행되며, 만장일치제로 결정하는 방법이다.

③ 추세분석법, 자료유추법 등은 대표적인 시계열분석기법에 해당한다.

④ 가중이동평균법은 단순이동평균법에 비해 환경변화를 민감하게 반영하게 된다.

⑤ 지수평활법은 비교적 장기 자료만으로 수요예측이 가능한 정성적 기법이다.

해설

▶ 선지분석

①, ② 델파이법은 만장일치제로 의사결정한다.

③ 자료유추법은 시계열분석과 무관하다.

⑤ 지수평활법은 정량적 수요예측기법에 해당된다.

답 ④

024 □□□ **다음 중 재고와 재고관리에 대한 설명으로 옳지 않은 것은?** 기출복원

① ABC 재고관리 시스템은 재고품목을 연간 사용횟수에 따라 A등급, B등급, C등급으로 구분한다.
② 경제적 주문량(EOQ)모형은 확정적 재고관리모형에 속한다.
③ 조달기간의 수요변동에 대비하여 보유하는 부가적 재고를 안전재고라고 한다.
④ 경제적 생산량(EPQ)모형은 주문량이 한 번에 모두 도착하는 것을 전제로 하지 않는다.

해설

ABC 재고관리 시스템은 재고품목을 재고의 가치나 중요도에 따라 구분한다. 주문량이 한 번에 입고되는 것은 EOQ의 가정이다.

답 ①

025 □□□ **다음 식스시그마의 성공적 수행을 위한 5단계 활동으로 옳은 순서는?** 2021 공인노무사

① 계획 → 분석 → 측정 → 개선 → 평가
② 계획 → 분석 → 측정 → 평가 → 개선
③ 계획 → 측정 → 평가 → 통제 → 개선
④ 정의 → 측정 → 분석 → 개선 → 통제
⑤ 정의 → 측정 → 평가 → 통제 → 개선

해설

식스시그마의 성공적 수행을 위한 5단계는 D(정의) → M(측정) → A(분석) → I(개선) → C(통제 · 관리)이다.

답 ④

PART 6

경영과학

제32회 경영과학(1)

제33회 경영과학(2)

제32회 | 경영과학(1)

001 □□□ **다음 중 정보기술을 전략이나 경쟁우위 확보를 위해 활용하는 정보시스템은?** 2021 경영지도사

① EDP(electronic data processing) ② ES(exert system)
③ SIS(strategic information system) ④ DSS(decision support system)
⑤ TPS(transactional processing system)

해설

전략정보시스템(SIS)이란, 정보시스템을 단순한 기업의 효율성 제고를 넘어 경쟁우위를 확보하는 전략적 무기로 인식하는 것이다.

답 ③

002 □□□ **다음 중 우버(Uber)와 에어비엔비(Airbnb) 등 공유가치 기반 창업의 핵심요인은?** 2021 경영지도사

① 클라우드(cloud) ② 다단계 유통채널(distribution channel)
③ 규모의 경제(economy of scale) ④ 물류단지(logistic facility)
⑤ 경험효과(effect of experience)

해설

클라우드(cloud)는 인터넷 접속을 통해 원격으로 제공되는 자원이나 응용프로그램을 언제 어디서나 사용할 수 있으며, 다양한 정보통신기기로 자료를 쉽게 공유할 수 있는 사용환경시스템이다.

답 ①

003 □□□ **다음 중 급여계산, 고객주문처리, 재고관리 등 일상적이고 반복적인 과업을 주로 수행하는 정보시스템은?** 2021 경영지도사

① EIS ② DSS ③ ES
④ SIS ⑤ TPS

해설

거래처시스템(TPS)은 거래처로부터 발생하는 일상적인 사업업무 데이터(급여계산, 고객주문처리, 재고관리 등)를 저장 · 관리하는 기본적인 정보시스템이다.

답 ⑤

004 정보가 지녀야 할 바람직한 가치 및 특성 중 가장 거리가 먼 것은? 기출복원

① 적시성 ② 가치성 ③ 이해가능성
④ 관련성 ⑤ 복잡성

해설

정보의 가장 기본적인 요건은 간단(간결) · 명료 · 정확해야 한다는 것이다.

답 ⑤

005 다음 중 기업정보자원의 이용목적 및 정보접근권한 보유자를 규정하는 것은? 기출복원

① 인증정책 ② 보안정책
③ 재난 복구계획 ④ 비즈니스 연속성계획
⑤ 위험도 평가

해설

보안정책이란, 시스템을 위협하는 주요 위험요소로부터 기업의 자산을 보호하기 위한 정책이다. 즉, 사용자에 의한 부정 행위, 기밀 누설 등을 방지하기 위하여 시스템 자체와 그 사용자 및 관련 분야 전반에 걸쳐 사전에 대비하는 것을 말한다.

답 ②

006 다음 중 의사결정지원시스템과 관련된 설명으로 가장 옳지 않은 것은? 2022 군무원 5급

① 의사결정지원시스템은 반구조적 및 비구조적인 의사결정 문제보다 일상적이며 구조적인 의사결정 문제를 지원한다.
② 의사결정지원시스템은 대화식 정보처리와 그래픽 디스플레이를 지원하는 사용자 인터페이스를 통해 시스템의 효과를 크게 높여준다.
③ 의사결정지원시스템에서 활용하는 민감도분석은 결정된 해결방안과 관련하여 일부 변수의 변화가 여타 변수에 미치는 영향을 분석함으로써 불확실한 미래의 상황에 대한 가정을 테스트하는 데 사용된다.
④ 의사결정지원시스템에서 활용하는 목표값 찾기 분석은 결과변수 값이 주어질 때 입력변수가 어떠한 값을 가져야 하는지 역으로 추적하는 데 사용된다.

해설

의사결정지원시스템은 계량적이고 통계적인 기법을 활용하므로, 일상적이고 구조적인 문제 지원보다는 비일상적이고 비구조적인 문제를 지원하고자 하는 기법이다.

답 ①

007 □□□ **다음 중 온라인상의 사회적 관계를 나타내는 소셜 그래프(social graph)의 아이디어에 바탕을 두고 이루어지는 전자상거래는?** 기출복원

① 전자지갑(digital wallet)
② 고객관계관리(CRM)
③ 홈쇼핑(home shopping)
④ T-커머스(T-commerce)
⑤ 소셜 커머스(social commerce)

해설

소셜 커머스란, 페이스북과 트위터 등을 이용하는 소비자가 폭발적으로 늘어남에 따라 소셜 네트워크 서비스(SNS)를 활용하여 이루어지는 상업 활동을 말한다.

답 ⑤

008 □□□ **다음 중 의사결정지원시스템(DSS)에 대한 설명으로 옳지 않은 것은?** 2019 군무원 9급

① 관련성 있는 데이터를 포함하고 있는 데이터베이스에 접근을 용이하게 해주는 기능을 수행한다.
② 구조적인 의사결정에만 활용된다.
③ 의사결정지원시스템을 통한 효과적인 문제해결은 사용자와 시스템 간의 대화를 통해 향상된다.
④ 기업경영에 당면하는 여러 가지 문제를 해결하기 위해 복수의 대안을 개발하고 비교 · 평가하여 최적 안을 선택하도록 하는 시스템이다.

해설

의사결정지원시스템(DSS)은 계량적 · 통계적 기법을 활용하여 대안을 비교 · 평가한 후, 구조적 · 비구조적인 의사결정에 필요한 정보를 제공하는 시스템이다.

답 ②

009 □□□ **다음 중 기업의 반복적인 과업을 수행하는 운영관리 업무에 유용한 정보시스템으로서 주로 조직의 운용상 기본적으로 발생하는 자료를 신속하고 정확하게 처리하는 데에 초점을 두고 있는 정보시스템의 유형을 무엇이라고 하는가?** 2023 군무원 7급

① 거래처시스템(TPS; Transaction Processing System)
② 정보보고시스템(IRS; Information Reporting System)
③ 중역정보시스템(EIS; Executive Information System)
④ 의사결정지원시스템(DSS; Decision Support System)

해설

TPS는 가장 기본적인 시스템으로 거래처로부터 발생하는 일상적이고 반복적인 데이터를 저장 · 관리한다.

답 ①

010 **다음 중 어떠한 일을 하는 데 도움을 줄 수 있는 의미 있는 형태로 자료가 변형된 것을 무엇이라고 하는가?** 기출복원

① 프로그램 ② 가치연쇄
③ 정보 ④ 시스템

해설

정보는 자료로부터 만들어지는 지식이며, 어떠한 일을 하는 데 도움을 줄 수 있는 의미의 형태로 자료가 변형된 것을 말한다.

답 ③

011 **다음 중 부서수준의 정보시스템에 대한 설명이 아닌 것은?** 기출복원

① 가장 오래 전부터 연구가 진행되고 있는 분야이다.
② 부서에서도 운영통제, 관리통제, 전략계획의 활동이 존재한다.
③ 정보시스템이 부서에서 발생하는 정보활동을 지원한다.
④ 조직수준의 정보시스템보다는 고려해야 할 요인이 규모나 수적으로 작다.

해설

가장 오래 전부터 연구가 진행되고 있는 분야는 조직수준의 정보시스템에 대한 내용이다. 학자들에 따라 조직수준의 정보시스템은 다음과 같이 구분된다.

- 사이먼(Simon): 경영활동의 종류를 그 구조화된 정도에 따라서 구조화된 활동, 반구조화된 활동, 비구조화된 활동으로 나누었다.
- 앤소니(Anthony): 사이먼(Simon)과는 달리 경영활동의 종류를 운영통제와 관리통제, 전략계획으로 분류하였다.
- 고리와 모턴(Gorry & Scott Morton): 사이먼(Simon)과 앤소니(Anthony)가 제시한 차원을 이용하여 경영정보시스템의 틀을 제시하였다.

답 ①

012 □□□ **다음 중 4차 산업혁명 시대의 핵심기술에 대한 설명으로 가장 적절하지 않은 것은?**

2023 군무원 7급

① 빅 데이터(Big Data)는 경쟁력 향상을 위한 중요한 자산이라는 점에서 데이터 자본주의 시대가 도래하였다.
② 클라우드 컴퓨팅 서비스가 증가한다.
③ 사물인터넷을 통해 '현실 세계에 존재하는 물리적 사물'과 '사이버 세상에 존재하는 가상의 사물'을 결합하여 상호작용한다.
④ 가상현실(VR; Virtual Reality)이란, 사용자가 눈으로 보는 실제 세계의 배경이나 이미지에 가상의 이미지를 겹쳐 하나의 영상으로 보여주는 기술이다.

해설

VR은 인간의 감각기관(오감)을 이용하여 가상공간을 현실처럼 인식(실제와 유사하게 공간적 · 시간적인 체험)시키는 것이다.

답 ④

013 □□□ **다음 중 정보의 생성, 처리, 전송, 출력 등 정보순환의 모든 과정에서 중요시되는 정보보안의 목표에 해당되지 않는 것은?**

기출복원

① 인증성(authentication)
② 가용성(availability)
③ 무결성(inegrity)
④ 기밀성(confidentiality)
⑤ 실행성(execution)

해설

▶ 선지분석

정보보안의 목표는 ① 인증성, ② 가용성, ③ 무결성, ④ 기밀성, 부인 방지, 보안등급 등이다.

답 ⑤

014 □□□ **다음 중 빅데이터(big data)의 기본(대표)적 특성(3V)으로 옳은 것을 모두 고른 것은?**

2023 군무원 9급

ㄱ. 거대한 양(Volume)	ㄴ. 모호성(Vagueness)
ㄷ. 다양한 형태(Variety)	ㄹ. 생성속도(Velocity)

① ㄱ, ㄴ
② ㄴ, ㄷ
③ ㄱ, ㄴ, ㄹ
④ ㄱ, ㄷ, ㄹ
⑤ ㄴ, ㄷ, ㄹ

해설

ㄱ, ㄷ, ㄹ에 Value를 포함하면 4V가 된다.

답 ④

015 다음 중 조직의 목표를 달성하기 위하여 업무, 정보, 조직구성원 그리고 정보기술이 조직적으로 결합되어 있는 것을 무엇이라고 하는가? 기출복원

① MRP시스템
② JIT시스템
③ 경영정보시스템
④ 동시생산시스템
⑤ 의사결정지원시스템

해설

경영정보시스템(Management Information Systems: MIS)은 조직의 목표를 달성하기 위하여 업무, 정보, 조직구성원 그리고 정보기술이 조직적으로 결합되어 있는 것이다.

답 ③

016 다음 중 PERT기법이 가장 효과적으로 활용될 수 있는 프로젝트는? 기출복원

① 혼합생산
② 대규모 1회 생산
③ 주문생산
④ 다품종 소량생산
⑤ 소품종 대량생산

해설

PERT는 복잡하거나 대규모 건설공사, 연구 · 개발 사업 등에 대한 일정계획 수립이나 통제에 널리 이용된다.

답 ②

017 다음 중 선형계획법의 전제조건에 해당되지 않는 것은? 기출복원

① 선형성, 비례성
② 불가분성, 가산성
③ 비음조건, 가분성
④ 확실성, 상호관련성

해설

선형계획법은 가분성을 갖는다.

답 ②

018 □□□ **다음 중 발생 가능한 대안에 각각의 결과가 나타날 확률을 알고 있는 상황에서 최적 대안을 결정하는 데 가장 적합하다고 생각되는 의사결정의 유형은?** 기출복원

① 마아코브분석
② 비선형계획법
③ 수송계획법
④ 후르비츠준거
⑤ 선형계획법

해설

마아코브분석은 위험한 상황하에서의 의사결정이다.

▶ 선지분석

② 비선형계획법, ③ 수송계획법, ⑤ 선형계획법은 확실한 상황하에서의 의사결정이다.

④ 후르비츠준거는 불확실한 상황하에서의 의사결정이다.

답 ①

019 □□□ **다음 의사결정의 기법 중 나머지와 거리가 먼 것은?** 기출복원

① 목표계획법
② 정수계획법
③ 재고모형이론
④ 동적계획법
⑤ 수송법

해설

재고모형이론은 위험한 상황하에서의 의사결정기법이다.

▶ 선지분석

① 목표계획법, ② 정수계획법, ④ 동적계획법, ⑤ 수송법은 확실한 상황하에서의 의사결정기법이다.

답 ③

020 □□□ **비정형적 의사결정 패턴과 관련된 다음 서술 중 타당하지 않은 것은?** 기출복원

① 수학적 분석 모델이 중요하다.
② 최고 경영자의 의사결정 패턴이다.
③ 정황에 대한 정보가 중요하거나 거의 없는 경우의 의사결정이다.
④ 경험과 직관이 중요하게 작용한다.

해설

비정형적 의사결정이란, 비반복적이고 정형화되지 않고 프로그램화가 불가능한 상태의 의사결정을 말한다.

답 ①

021 **다음 중 의사결정에 관한 설명으로 옳지 않은 것은?** 기출복원

① 합리적 의사결정은 문제식별 → 대안개발 → 대안평가와 선정 → 실행의 단계를 거친다.

② 불확실성의 상황에서 의사결정을 할 때에도 미래 상황의 객관적인 확률을 알 수 있다.

③ 사이먼(Simon)은 의사결정의 제한된 합리성으로 인해 이상적인 대안보다는 만족할 만한 대안을 찾는 것이 바람직하다는 이론을 제시했다.

④ 의사결정은 프로그램 의사결정과 비프로그램 의사결정으로 구분할 수 있다.

⑤ 경영과정 전반에 걸친 경영활동은 의사결정의 연속이라고 할 수 있다.

해설

불확실한 상황하에서의 의사결정에서는 발생 가능한 결과는 알 수 있지만, 미래 상황에 대한 객관적인 확률은 알 수 없다.

답 ②

022 **다음 중 실행가능기저해를 개선하기 위한 기법은?** 기출복원

① 최소비용란법
② 보겔의 접근법
③ 북서코너법
④ 징검다리법

해설

실행가능기저해를 개선하는 것은 ④ 징검다리법과 수정배분법이 있다.

답 ④

023 **의사결정기법의 특징 중 제약식이 반드시 등식인 것이 아닌 것은?** 기출복원

① 수송법
② 할당법
③ 목표계획법
④ 선형계획법

해설

선형계획법과 정수계획법은 제약식이 부등식이다.

답 ④

024 다음 중 선형계획법의 특수한 형태의 의사결정기법이 아닌 것은? 기출복원

① 할당법 ② 수송법
③ 정수계획법 ④ 목표계획법
⑤ 동적계획법

해설

▶ 선지분석

선형계획법의 특수한 형태는 ①, ②, ③, ④이다.

답 ⑤

025 다음 중 선형계획법에 대한 설명으로 바르지 않은 것은? 기출복원

① 모든 자원은 제약되어 있으며, 모든 선형계획모형은 목적함수를 가져야 한다.
② 선형성이란, 목적함수와 제약조건이 1차식(선형)의 등식과 부등식을 갖는다는 것이다.
③ 모든 의사결정변수와 여유변수(미사용 자원)는 1보다 크거나 같아야 한다.
④ 목적함수는 최대화 또는 최소화 값이며, 이 둘을 함께 포함할 수는 없다.
⑤ 복수의 의사결정변수가 존재하며 그들 간에 상호관련성이 있어야 한다.

해설

선형계획법의 전제 조건에서 모든 변수는 0보다 크거나 같아야 한다.

답 ③

제33회 | 경영과학(2)

001 **다음 중 자신의 컴퓨터가 아닌 인터넷에 연결된 다른 컴퓨터들을 이용하여 처리하는 기술은?**

2020 경영지도사 · 2021 가맹거래사

① 매시업(mash-up) 서비스
② 클라우드 컴퓨팅(cloud computing)
③ 사물인터넷(IoT)
④ 크라우드소싱(crowd sourcing)
⑤ 정보 사일로(information silo)

해설

클라우드 컴퓨팅은 인터넷 접속을 통한 원격으로 다양한 정보통신기기를 이용하여 자료 및 정보를 공유하는 시스템이다.

답 ②

002 **최고경영자층의 의사결정을 지원하기 위한 목적으로 개발된 경영정보시스템의 명칭은?**

기출복원

① ERP
② EDI
③ POS
④ EIS
⑤ TPS

해설

▶ 선지분석

① ERP는 전사적 자원관리, ② EDI는 전자데이터교환(문서 등을 통신망을 통해 전송), ③ POS는 판매관리시점, ⑤ TPS는 거래처시스템이다.

답 ④

003 **다음 중 조직의 최하위부서에서 이루어지는 일상적인 업무처리를 돕는 정보시스템은?**

기출복원

① 전략계획시스템(strategic planning system)
② 거래처리시스템(transaction processing system)
③ 의사결정지원시스템(decision support system)
④ 전문가시스템(expert system)
⑤ 관리통제시스템(managerial control system)

해설

거래를 처리하는 과정에서 발생하는 데이터를 저장 · 관리하고, 조직의 최하위부서에서 이루어지는 일상적이고 기본적인 업무처리를 돕는 정보시스템은 거래처리시스템이다.

답 ②

004 **다음 중 클라우드 컴퓨팅에 관한 설명으로 옳지 않은 것은?** 기출복원

① 인터넷기술을 활용하여 가상화된 IT자원을 서비스로 제공하는 방식이다.
② 사용자는 소프트웨어, 스토리지, 서버, 네트워크 등 다양한 IT자원을 필요한 만큼 빌려서 사용한다.
③ 조직의 모든 정보시스템의 중앙 집중화로 막대한 IT자원을 필요로 한다.
④ 사용자 주문형 셀프서비스, 광범위한 네트워크 접속, 자원공유, 사용량 기반 과금제 등의 특징을 갖는다.
⑤ 단기간 필요한 서비스, 규모의 변화가 큰 서비스, 범용 애플리케이션을 구축하는 경우에 효과적이다.

해설

클라우드 컴퓨팅이란, 정보가 인터넷상의 서버에 영구적으로 저장되고, 데스크톱 · 태블릿컴퓨터 · 노트북 · 넷북 · 스마트폰 등의 IT 기기 등과 같은 클라이언트에는 일시적으로 보관되는 컴퓨터 환경을 뜻한다. 즉, 이용자의 모든 정보를 인터넷상의 서버에 저장하고, 이 정보를 각종 IT 기기를 통하여 언제 어디서든 이용할 수 있다는 개념으로, 클라우드 컴퓨팅을 도입하면 기업 또는 개인은 컴퓨터 시스템을 유지 · 보수 · 관리하기 위하여 들어가는 비용과 서버의 구매 및 설치 비용, 업데이트 비용, 소프트웨어 구매 비용 등 엄청난 비용과 시간 · 인력을 줄일 수 있고, 에너지 절감에도 기여할 수 있다.

답 ③

005 **다음 중 일반사용자의 컴퓨터 시스템에 접근을 차단한 후, 접근을 허용하는 조건으로 대가를 요구하는 악성코드는?** 2023 공인노무사

① 스니핑(sniffing)
② 랜섬웨어(ransomware)
③ 스팸웨어(spamware)
④ 피싱(phishing)
⑤ 파밍(pharming)

해설

②는 몸값과 스프트웨어의 합성어로, 악성코드로 감염시킴으로서 사용자 컴퓨터를 잠그거나 암호화해서 사용할 수 없도록 한 후, 사용을 허용하는 대가로 금전적인 것을 요구하는 악성프로그램이다.

답 ②

006 다음 중 개인 정보보호 방안에 관한 설명으로 옳지 않은 것은? 기출복원

① 업무를 위해 수집한 개인정보를 타 부서에 제공할 경우에 외부유출 방지를 위해 해당 부서의 서면 동의만 받는다.
② 방화벽을 설치하여 허가 받지 않은 사용자의 불법 침입을 막는다.
③ 침입탐지장치를 설치하여 네트워크를 감시하고 이상 징후를 기록한다.
④ 기밀정보를 암호화하여 지정된 수취인만 해독할 수 있게 한다.
⑤ 사용자의 업무에 따른 최소한의 권한을 부여하도록 한다.

해설

▶ 선지분석

개인정보보호를 위해서는 서면 동의뿐만 아니라 ②, ③, ④, ⑤ 등의 방안을 시행해야 한다.

답 ①

007 다음 중 여러 대의 컴퓨터를 하나의 대규모 가상컴퓨터처럼 사용하는 기술로 가장 적절한 것은? 2023 군무원 5급

① 클라이언트 컴퓨팅(client computing)
② 집중 컴퓨팅(ditributed computing)
③ 양자 컴퓨팅(quantum computing)
④ 그리드 컴퓨팅(grid computing)

해설

④는 분산된 컴퓨팅 자원을 가상화하여 하나의 시스템으로 만들어 사용자 및 응용프로그램이 다양한 IT기능에 완벽하게 접근할 수 있도록 지원하는 방식이다.

답 ④

008 다음 〈보기〉는 무엇에 대한 설명인가? 기출복원

〈보기〉
- 조직의 경영전략과 정보시스템 전략을 정렬(alignment)한다.
- 조직의 정보요구사항을 반영하는 정보 아키텍쳐를 설계한다.
- 정보시스템 개발을 위한 통합 프레임워크를 제공한다.
- 정보시스템의 구축 · 운영에 필요한 합리적인 자원의 배분계획을 수립한다.
- 정보시스템 개발에 대한 프로젝트의 일정 및 예산계획을 수립 및 프로젝트의 우선순위를 결정한다.

① ERP
② MRP
③ ISP
④ KMS
⑤ ASP

해설

ISP(information strategy planning)에 대한 설명이다.

답 ③

009 **다음 중 그리드 컴퓨팅(grid computing)에 관한 설명으로 옳지 않은 것은?** 기출복원

① 그리드상의 모든 관련 컴퓨터의 계산능력을 결합하여 저렴한 가격으로 복잡한 연산을 수행한다.

② 할당 받은 작업을 처리용량에 여유가 있는 PC에 할당한다.

③ 지리적으로 멀리 떨어져 있는 컴퓨터들을 하나의 네트워크로 연결한다.

④ 컴퓨터 자원을 효율적으로 사용하지만 기존의 컴퓨터보다는 업무처리 속도가 느리다.

⑤ 그리드 컴퓨팅의 보편화를 위해서는 컴퓨팅 기술표준과 보안문제가 해결되어야 한다.

해설

그리드 컴퓨팅은 기존의 컴퓨터보다 업무처리 속도가 빠르다.

답 ④

010 **다음 중 데이터웨어하우스의 특징으로 가장 거리가 먼 것은?** 기출복원

① 주제 중심적
② 통합적
③ 시간성
④ 비휘발성
⑤ 정규화

해설

▶ 선지분석

데이터웨어하우스란, 정보(data)와 창고(warehouse)의 합성어로, 방대한 조직 내에서 분산 운영되는 각각의 데이터베이스 관리시스템들을 효율적으로 통합하여 조정 · 관리하는 효율적인 의사결정 시스템이다. 이것은 경영자의 의사결정을 지원하는 데이터의 집합체로 주제 지향적(subject-oriented), 통합적(integrated), 시계열적(timevarient), 비휘발적(nonvolatile)인 4가지 특성이 있다.

답 ⑤

011 다음 중 개인과 개인 또는 단말기와 단말기 간의 정보교환 접속방식으로 옳은 것은?

기출복원

① B2B ② B2C
③ P2P ④ B2G

해설

P2P(peer to peer: person to person)란, 인터넷상에서 개인과 개인이 파일을 공유할 수 있는 개인 간 접속방식으로, 모든 참여자가 공급자인 동시에 수요자가 되는 형태이다.

답 ③

012 다음 중 컴퓨터 시스템들이 스스로 상태를 인식해서 사람의 관여가 일절 없거나 있더라도 최소한의 관여로 스스로 복구, 재구성, 보호, 자원 재할당 등을 수행하는 컴퓨터를 가리키는 것은?

기출복원

① 모바일비즈니스(M-biz)
② 클라이언트 컴퓨팅(client computing)
③ 그리드 컴퓨팅(grid computing)
④ 자율컴퓨팅(autonomic computing)

해설

자율컴퓨팅(autonomic computing)이란, 사람의 관여가 일절 없거나, 있더라도 최소한의 관여로 스스로 복구, 재구성, 보호, 자원 재할당 등을 수행한다.

답 ④

013 다음 중 데이터베이스(DB) 시스템의 특성에 대한 설명으로 옳지 않은 것은?

기출복원

① 데이터(data)의 공유가능
② 데이터(data)의 중복 최소화
③ 통신망을 통한 거래서식의 직접 전송
④ 응용프로그램과 독립적으로 구성

해설

'통신망을 통한 거래서식의 직접 전송'은 전자문서교환(EDI)의 설명이다.

답 ③

014 □□□ **다음 중 초소형 칩에 데이터를 저장하고 무선으로 데이터를 송수신하는 기술은?** 기출복원

① OCR
② RFID
③ LAN
④ Bar-Code
⑤ 자기문자인식장치

해설

RFID(Radio-Frequency Identification)는 주파수를 이용해 ID를 식별하는 시스템으로 일명 전자태그로 불리며, 전파를 이용해 먼 거리에서 정보를 인식하는 기술을 말한다.

답 ②

015 □□□ **다음 중 정보시스템 개발을 위한 절차는?** 기출복원

① 분석 → 설계 → 구축 → 구현
② 설계 → 분석 → 구축 → 구현
③ 설계 → 구축 → 분석 → 구현
④ 설계 → 분석 → 구현 → 구축
⑤ 분석 → 설계 → 구현 → 구축

해설

정보시스템 개발은 소프트웨어뿐만 아니라 다른 요소들도 고려되어야 한다. 일반적인 단계는 계획(예비조사, 타당성) → 분석(문제점 파악, 해결) → 설계 → 구축 → 구현(프로그래밍, 코딩) → 시험(오류, 결함 제거) → 유지보수(기능 개선)이다.

답 ①

016 □□□ **다음 중 PERT-CPM에 대한 설명으로 옳지 않은 것은?** 기출복원

① PERT와 CPM은 네트워크 모형이라는 점에서 동일하다.
② 주경로는 가장 짧은 시간이 소요되는 경로를 가리킨다.
③ PERT와 CPM은 서로 접근하는 경향이 있다.
④ PERT는 프로젝트에 걸리는 시간이 확률적 형태를 띤다.
⑤ CPM은 시간과 비용을 통제하기 위한 확정적 기법이다.

해설

주경로는 소요시간이 가장 긴 경로를 말한다.

답 ②

017 □□□ **다음 중 의사결정의 성격에서 정형적 의사결정과 거리가 먼 것은?** 기출복원

① 일상의 의사결정 ② 반복적
③ 비반복적 ④ 프로그램화 가능

해설

비반복적, 직관 및 창의력에 의존, 프로그램화 불가능 등은 비정형적 의사결정의 특징이다.

답 ③

018 □□□ **다음 보기 중에서 그 특성이 다른 넷과 다른 것은?** 기출복원

① PERT/CPM ② 네트워크모형
③ 대기행렬이론 ④ 비선형계획법
⑤ 마아코브연쇄모형

해설

비선형계획법은 확실한 상황하에서의 의사결정이다.

▶ 선지분석

①, ②, ③, ⑤는 위험한 상황하에서의 의사결정모형이다.

답 ④

019 □□□ **다음 중 선형계획법에 대한 설명으로 바르지 않은 것은?** 기출복원

① 도표해법과 심플렉스법으로 해를 구한다.
② 확실성하의 의사결정 기법이다.
③ 목적함수는 1차나 2차함수이다.
④ 선형성과 분할성의 가정을 한다.
⑤ 목적함수의 최대화와 최소화문제를 다룬다.

해설

선형계획법에서 최적해를 구하려면 도표해법, 심플렉스법 등을 이용하여 일일이 그래프를 그리거나 표를 만들고 손으로 직접 계산할 수 있다. 실제 대부분의 경우 선형계획법은 간단하지 않고 많은 변수와 복잡한 목적함수, 제약조건이 존재하므로 수학적인 방법이나 심플렉스법 등으로 풀기에는 무리가 있다. 컴퓨터에서 프로그램을 작성하거나 선형계획법을 풀 수 있는 기능이 포함된 S/W를 많이 이용한다.

답 ③

020 □□□ **다음 불확실한 상황하에서의 의사결정 기법들 중 틀린 설명은 어느 것인가?** 기출복원

① 맥시민준거는 대안별 최소 이익액을 비교하여 최소 이익액이 가장 큰 대안을 선택하는 것으로 비관적 견해를 가정한다.

② 맥시맥스준거는 대안별 최대 이익액을 비교하여 최대 이익액이 가장 큰 대안을 선택하는 것으로 낙관적 견해를 가정한다.

③ 라플레이스준거는 미래에 발생 가능한 각 상황에 대하여 동일한 확률을 부여한다.

④ 후르비츠준거는 맥시민준거와 맥시맥스준거를 절충한 것으로, 낙관계수는 −1 ~ 0의 값을 갖는다.

⑤ 유감준거는 상황별 최대이익과 나머지 이익액과의 차액으로 유감액을 구하여 유감표를 작성하고, 대안별로 최대 유감액을 구하여 그 중 최대 유감액이 가장 적은 대안을 선택하는 방법이다.

해설

후르비츠준거의 낙관계수는 0~1의 값을 갖는다.

답 ④

021 □□□ **다음 중 다수의 상충된 목표가 존재하는 경우 각 목표 간의 양(+)과 음(−)의 편차의 차이를 제약조건하에서 최소화하려는 모형은?** 기출복원

① 목표계획법
② 선형계획법
③ 수송법
④ 정수계획법
⑤ 동적계획법

해설

목표계획법은 선형계획법의 확장된 형태로서 다수의 상충되는 목적이 여러 개가 존재할 때의 최적화 기법이다.

답 ①

022 □□□ **다음 중 선형계획법에 대한 설명으로 바르지 않은 것은?** 기출복원

① 매개변수는 계수나 상수라고도 한다.

② 여유변수란, 특정의 해가 주어진 자원을 미사용한 정도를 의미한다.

③ 목적함수란, 항상 최대화를 의미하는 것이다.

④ 선형계획법은 목표나 자원의 제한이 주어진다.

⑤ 선형계획법은 반드시 목적함수를 가져야 하며, 선형의 모형이다.

해설

목적함수는 최대화나 최소화를 의미한다.

답 ③

023 다음 중 정수계획법의 특징과 관련이 없는 것은? 기출복원

① 목적함수를 갖는다.
② 선형제약조건이다.
③ 비음조건을 갖는다.
④ 의사결정변수가 정수이다.
⑤ 상충된 다수의 목표를 갖는다.

해설

'상충된 다수의 목표를 갖는 것'은 목표계획법의 특징이다.

답 ⑤

024 다음 중 수송법의 해법 중 최적해의 탐색을 위한 기법이 아닌 것은? 기출복원

① 선형계획법
② 북서코너법
③ 최소비용란법
④ 보겔의 접근법

해설

선형계획법은 수송법과 무관하다.

답 ①

025 다음 중 PERT/CPM에 대한 설명으로 옳지 않은 것은? 기출복원

① PERT는 확률적 모형(도구)이고, CPM은 확정적 모형(도구)이다.
② PERT는 비반복사업이나 경험이 없는 사업의 일정계획에 주로 사용된다.
③ 예정된 기한 내에서 프로젝트를 완성하기 위해 보다 집중적인 통제를 요구하는 경로를 주경로라고 한다.
④ PERT는 시간과 비용에 관한 문제이고, CPM은 시간에 관한 문제와 관련된다.
⑤ PERT/CPM은 단계와 활동으로 구성된다.

해설

PERT는 시간에 관한 문제이고, CPM은 시간과 비용에 관한 문제이다. 최근에는 이를 통합하여 둘 다 시간과 비용을 통제하기 위한 기법으로 사용된다.

답 ④

PART 7

재무관리

제34회 | 재무관리(1)

001 다음 중 재무관리자의 역할이 아닌 것은? 2021 군무원 9급

① 투자결정 ② 자본조달결정
③ 회계처리 ④ 배당결정

해설

▶ 선지분석

재무관리자의 주요 역할은 ①, ②, ④ 외에 재무자료 분석이 있다.

답 ③

002 다음 중에서 안정성비율로 옳지 않은 것은? 2022 군무원 9급

① 부채비율 ② 유동비율
③ 당좌비율 ④ 자본이익률

해설

④는 수익성분석에 해당된다.

답 ④

003 다음 중 손익분기점(break-even point)이란? 2020 경영지도사 · 감사직

① 고정비와 변동비가 일치하는 점
② 부채와 자본이 일치하는 점
③ 부채와 자산이 일치하는 점
④ 총비용과 총수익이 일치하는 점
⑤ 총비용과 총이익이 일치하는 점

해설

손익분기점은 총비용(비용총액)과 총수익(수익총액)이 같아지는 점(일치점)을 말한다.

답 ④

004 다음 중 재무비율에 대한 설명으로 옳은 것은? 2021 감사직

① 매출액 증가율은 생산성 비율에 해당한다.
② 이자보상비율이 낮을수록 재무적 안정성이 높다.
③ 주가수익비율(PER)은 주가를 주당순자산으로 나눈 비율이다.
④ 재고기간(재고자산회전기간)은 재고자산회전율의 역수에 365를 곱하여 구할 수 있다.

해설

재고자산회전기간 $= \frac{365}{\text{재고자산회전율}}$ 이다.

▶ 선지분석

① 성장성 비율에 대한 설명이다.
② 이자보상비율이 높을수록 재무적 안정성이 높다.
③ PER $= \frac{\text{주가}}{\text{주당순이익}}$ 이다.

답 ④

005 다음 중 금융시장과 자본시장의 비교로 잘못된 것은? 기출복원

	구분	금융시장	자본시장
①	금융형태	간접금융	직접금융
②	거래수단	어음, 수표	사채, 주식
③	시장관계기관	증권회사	은행
④	시장참여자	경매	보다 더 위험회피적임
⑤	기간	단기	장기

해설

시장의 거래기관은 ㉠ 직접금융은 증권회사 · 보험사 · 투자신탁이고, ㉡ 간접금융은 은행 · 리스사 · 투자금융회사 등이다.

답 ③

006 □□□ **다음 중 주식이나 채권 등의 자본자산들의 기대수익률과 위험과의 관계를 도출해내는 모형으로서 자본자산가격결정모형(CAPM; Capital Asset Pricing Model)의 기본 가정과 가장 거리가 먼 것은?** 2023 군무원 7급

① 투자자들의 투자기간은 단일 기간의 투자를 가정한다.
② 투자자들은 위험회피 성향이 낮으며 기대효용을 최소화하려고 노력한다.
③ 투자자들은 평균-분산 기준에 따라 포트폴리오를 선택한다.
④ 투자자들은 자산의 기대수익률, 분산, 공분산에 대해 동일한 기대를 한다.

해설

CAPM의 기본가정은 투자자들의 투자기간은 1년이며, 투자자들은 위험회피적이고 기대효용을 극대화하고자 한다.

답 ②

007 □□□ **다음 중 회계적 이익에 대한 설명으로 바르지 않은 것은?** 기출복원

① 회계적 이익의 극대화는 재무관리 차원의 목표가 아니다.
② 회계적 이익은 기회비용과 미래수익의 시간성을 무시한다.
③ 회계적 이익은 미래수익의 불확실성을 고려하지 않는다.
④ 회계적 이익은 경영자의 이익을 반영하지 않으므로 이해관계에 따라 조절이 불가능하다.
⑤ 회계적 이익은 적용하는 회계방식에 따라 달라질 수 있다.

해설

회계적 이익은 경영자의 이익을 반영하므로 이해관계에 따라 조절이 가능한 것들이 있다.

답 ④

008 □□□ **다음 중 적대적 M&A에 대한 방어 수단과 가장 거리가 먼 것은?** 2023 군무원 7급

① 황금낙하산 ② 차입매수(LBO)
③ 백기사 ④ 포이즌 필

해설

②는 M&A에 대한 방어 수단으로서, 자금이 부족한 기업이 대상 기업의 자산과 수익 등을 담보로 자금을 차입하여 인수·합병하는 방법이다.

답 ②

009 적대적 M&A의 방어전략 중 다음에서 설명하는 것은? 2023 공인노무사

피인수기업의 기존 주주에게 일정 조건이 충족되면 상당히 할인된 가격으로 주식을 매입할 수 있는 권리를 부여함으로서, 적대적 M&A를 시도하려는 세력에게 손실을 가하고자 한다.

① 백기사(white knight)
② 그린메일(green mail)
③ 황금낙하산(golden parachute)
④ 독약조항(poison pill)
⑤ 왕관보석(crown jewel)

해설

④는 기업의 경영권 방어수단의 하나로, 적대적 인수합병 시도자로 하여금 지분확보를 어렵게 하는 전략이다.

답 ④

010 다음 중 자본예산에서 현금흐름 추정 시 지켜야 할 원칙으로 타당한 것은? 기출복원

① 감가상각비는 현금유출이다.
② 인플레이션을 고려해야 한다.
③ 이자비용과 배당은 현금유출이다.
④ 모든 현금흐름은 세전기준으로 측정한다.

해설

현금흐름은 납세 후 기준으로 하며, 모든 현금은 증분기준으로 측정해야 한다. 비현금비용은 현금유출에 포함해서는 안 되지만 비현금비용의 법인세 절감효과는 현금유입으로 계상해야 한다.

답 ②

011 KBA회사 제품의 단위당 판매가격이 10만 원, 단위당 변동비가 5만 원, 총고정비가 500만 원이라면 손익분기점(BEP) 매출량은? 기출복원

① 100개
② 150개
③ 200개
④ 250개
⑤ 300개

해설

손익분기점 매출량 $= \dfrac{\text{총고정비}}{\text{공헌이익}}$, 공헌이익 = 판매단가 − 단위당 변동비, 공헌이익 = 10 − 5 = 5

∴ 손익분기점 매출량 $= \dfrac{500}{5}$ = 100(개)이다.

답 ①

012 다음 중 손익분기점을 파악하기 위해서 반드시 필요한 정보에 해당하지 않는 것은?

2021 군무원 9급

① 총고정비용
② 제품단위당 변동비용
③ 제품가격
④ 영업이익

해설

- 손익분기점(BEP)은 총비용과 총수익이 같아지는 지점을 말한다.
- 손익분기점 판매량 $= \dfrac{\text{총고정비}}{\text{가격} - \text{단위당 변동비}} = \dfrac{\text{총고정비}}{\text{공헌이익}}$ 이다.
- 손익분기점 매출액 $= \dfrac{\text{총고정비}}{1 - \dfrac{\text{단위당 변동비}}{\text{가격}}} = \dfrac{\text{총고정비}}{\text{공헌이익률}}$ 이다.

답 ④

013 A클리닝(주)의 8월 한 달 동안 세탁으로 벌어들인 수익은 1,000,000원이고, 임차료 300,000원, 급여 400,000원, 운송비 50,000원, 소모품 및 기타 비용 100,000원이다. 다음 중 8월 한 달 A클리닝(주)의 당기순이익은 얼마인가?

2022 군무원 7급

① 100,000원
② 150,000원
③ 200,000원
④ 300,000원

해설

- 당기순이익이란, 일정 기간의 순이익으로 전체 수익에서 전체 비용을 차감한 것이다.
- 1,000,000원 − (300,000원 + 400,000원 + 50,000원 + 100,000원) = 150,000원이다.

답 ②

014 다음 중 자본예산기법과 포트폴리오에 관한 설명으로 옳지 않은 것은? 기출복원

① 포트폴리오의 분산은 각 구성주식의 분산을 투자비율로 가중평균하여 산출한다.
② 비체계적 위험은 분산투자를 통해 제거될 수 있는 위험이다.
③ 단일 투자안의 경우 순현가법과 내부수익률법의 경제성 평가 결과는 동일하다.
④ 포트폴리오 기대수익률은 각 구성주식의 기대수익률을 투자비율로 가중평균하여 산출한다.
⑤ 두 투자안 중 하나의 투자안을 선택해야 하는 경우 순현가법과 내부수익률법의 선택 결과가 다를 수 있다.

해설

포트폴리오의 기대수익률은 포트폴리오를 구성하는 개별자산들의 기대수익률을 가중평균하여 산출한다. 그러나 포트폴리오의 위험을 측정하는 분산이나 표준편차는 포트폴리오를 구성하는 개별자산들의 위험과 구성비율, 개별 자산들의 수익률 간의 상관관계에 의해 결정된다.

답 ①

015 다음 중 재무비율에 관한 설명으로 옳지 않은 것은? 기출복원

① 유동성 비율은 단기에 지급해야 할 기업의 채무를 갚을 수 있는 기업의 능력을 측정하는 것이다.
② 수익성비율이란, 기업이 경영활동을 하면서 어느 정도의 수익을 발생시키는지를 나타내는 지표이다.
③ 부채비율은 기업이 조달한 자본 중에서 자기자본에 의존하고 있는 정도를 나타내는 지표이다.
④ 활동성 비율은 기업의 자산이 효율적으로 관리되고 있는 정도를 나타내는 지표로서 주로 기업의 자산과 자본회전율에 의해 측정된다.
⑤ 레버리지 비율을 통해 기업의 채무불이행 위험을 평가할 수 있다.

해설

부채비율이란, '기업이 갖고 있는 자산 중 부채가 어느 정도 차지하고 있는가'를 나타내는 비율로, 기업의 재무구조, 특히 타인자본 의존도를 나타내는 경영지표이다.

답 ③

016 □□□ **다음 중 포트폴리오와 위험분산효과에 대한 설명으로 바르지 못한 것은?** 기출복원

① 무위험자산과 위험자산을 결합할 경우라도 위험분산효과는 존재한다.
② 분산투자 시 기대수익률에 비해 위험이 적어지는 것을 의미한다.
③ 포트폴리오에 포함된 구성주식수가 늘어남에 따라 포트폴리오 위험에 대한 개별자산의 영향력이 감소한다.
④ 아무리 많은 주식에 분산투자하더라도 위험이 모두 사라지지는 않으며, 체계적 위험은 남게 된다.

해설

무위험자산의 수익률은 다른 자산의 수익률과 아무런 관계가 없으므로, 무위험자산과 위험자산을 결합할 경우 아무런 위험분산효과가 없다.

답 ①

017 □□□ **다음 중 경영자가 주주의 이익을 최대화하는 목적 이외에 자신의 이익을 위한 의사결정과 행동을 하는 대리인 문제(agency problem)에 해당하지 않는 것은?** 2023 군무원 9급

① 경영자가 자신을 보호하기 위해 적대적 인수합병이 일어나지 않도록 방어하는 정관을 제정하는 행위
② 경영자가 이사회의 구성원을 선임하는데에 영향을 미쳐 사외이사의 독립성을 훼손하는 행위
③ 경영자가 경영 실적에 비해 과다한 보상을 책정하는 행위
④ 경영자가 일반 주식보다 자신의 소유한 주식에 대해 많은 투표권을 갖도록 책정하는 행위

해설

대리인 문제란, 주주와 목표와 경영자의 목표가 상충됨으로서 발생하는 문제이다. 주주에게 제공되는 주식(보통주, 우선주)에 대해 투표권은 균등하며, 우선주의 경우 배당에서 우선한다.
※ 처음 정답은 ④번으로 발표되었으나, 최종 정답발표에서 모두 정답처리된 문제

답 ④(모두 정답)

018 □□□ **다음 중 주가수익비율(PER)에 대한 설명으로 가장 옳지 않은 것은?** 2022 군무원 7급

① 주가수익비율(PER)은 주가를 주당순이익(EPS)으로 나눈 값을 의미한다.
② 기업의 이익 대비 주가가 몇 배인가를 의미하며, 상대 가치평가에 사용된다.
③ 당기순이익이 증가하면 PER는 작아지게 된다.
④ PER이 높을수록 투자원금을 더욱 빨리 회수할 수 있다는 것이고 투자수익률이 높다.

해설

주가수익비율(PER)이 높을수록 주가와 주가지수가 고평가된 것을 의미한다.

답 ④

019 □□□ **다음 중 채권의 듀레이션에 대한 설명으로 바르지 않은 것은?** 기출복원

① 듀레이션은 채권투자자로부터 발생하는 현금흐름을 회수하는 데 걸리는 평균적 기간을 의미한다.
② 채권의 만기가 짧을수록 듀레이션은 커진다.
③ 만기가 길수록 듀레이션은 커진다.
④ 듀레이션은 가치가법성의 논리를 가진다.
⑤ 순수할인채의 경우는 만기와 듀레이션은 일치한다.

해설

채권의 만기가 짧을수록 듀레이션은 짧다.

답 ②

020 □□□ **주식 A와 B의 기대수익률은 각각 10%, 20%이다. 총 투자자금 중 40%를 주식 A에, 60%를 주식 B에 투자하여 구성한 포트폴리오 P의 기대수익률은?** 2021 공인노무사

① 15%
② 16%
③ 17%
④ 18%
⑤ 19%

해설

P = (0.1 × 0.4) + (0.2 × 0.6) = 0.16 ∴ 16(%)이다.

답 ②

021 □□□ **자본시장선(CML)과 증권시장선(SML)과의 관계에 대한 다음 서술 중 옳지 않은 것은?** 기출복원

① 동일한 β를 가지고 있는 자산이면 SML 선상에서 동일한 위치에 놓이게 된다.
② CML과 SML은 기대수익률과 총위험 간의 선형관계를 설명하고 있다는 점에서 공통점을 가지고 있다.
③ 비체계적 위험(unsystematic risk)을 가진 포트폴리오는 CML 선상에 놓이지 않는다.
④ 어떤 자산과 시장포트폴리오 간의 상관계수가 1이면 CML과 SML은 동일한 표현식이 된다.
⑤ SML 선상에 있는 자산이라고 하여 모두 다 CML 선상에 위치하지는 않는다.

해설

- 자본시장선(CML)은 무위험자산을 투자대상으로 포함할 때, 효율적인 포트폴리오들의 기대수익률과 위험(표준편차)과의 관계를 나타내는 모형이다. 이에 반해, 증권시장선(SML)은 자본시장선(CML)이 성립하는 균형 상태에서 효율적 포트폴리오뿐만 아니라 비효율적인 포트폴리오나 개별 자산을 포함하는 모든 자산의 기대수익률과 체계적 위험과의 관계를 나타낸 모형이다.
- 증권시장선(SML)으로 표현되는 CAPM은 자본시장선(CML)으로부터 도출된 것이다. CML은 자본시장 균형에서의 효율적 포트폴리오들의 기대수익률 E(Rp)와 표준편차 σp(총위험)로 측정된 위험의 관계를 규명하고 있다. 이에 반해 SML은 효율적 포트폴리오, 비효율적 포트폴리오, 그리고 개별증권을 포함한 모든 자산의 자본시장 균형에서의 기대수익률 E(Ri)와 베타계수 βi(체계적 위험)로 측정한 위험의 관계를 규명하고 있다.

답 ②

022 □□□ **다음 중 기업의 장기 채무 지급능력인 레버리지비율에 대한 설명으로 가장 옳지 않은 것은?**

2022 군무원 7급

① 부채비율은 타인자본 의존도를 나타내며, 타인자본을 총자산으로 나누어 계산한다.

② 자기 자본비율(capital adequacy ratio)이란, 총자산 중에서 자기 자본이 차지하는 비율을 의미한다.

③ 비유동비율은 비유동자산의 자기자본에 대한 비율로서 자기자본이 자금의 회전율이 낮은 비유동자산에 얼마나 투자되어 있는가의 정도를 나타낸다.

④ 이자보상배율은 영업이익을 이자비용으로 나눈 값으로, 기업이 경영을 통해 벌어들인 영업이익으로부터 이자를 얼마나 갚을 수 있는지를 측정하는 지표이다.

해설

부채비율은 타인자본을 자기자본으로 나누어 계산한다.

답 ①

023 □□□ **㈜한국의 매출 및 매출채권 자료가 다음과 같을 때, 매출채권의 평균회수기간은? (단, 1년은 360일로 가정한다)**

2023 공인노무사

매출액	₩ 3,000,000
기초매출채권	150,000
기말매출채권	100,000

① 10일 ② 15일

③ 18일 ④ 20일

⑤ 24일

해설

$$\text{매출채권평균회수기간} = \frac{360}{\text{매출채권회전율}} = \frac{360}{\dfrac{\text{매출액}(3{,}000{,}000)}{\text{평균매출채권}(250{,}000 \div 2)}} = 15(\text{일})\text{이다.}$$

답 ②

PART 7 해커스군무원 김우주 경영학 기출문제집

024 다음 중 배당정책에 관한 설명으로 옳지 않은 것은? 2021 가맹거래사

□□□

① 고든(M. Gordon)의 '손 안에 있는 새'는 배당유와 관련이 있다.

② 밀러(M. Miller)와 모딜리아니(F. Modilgliani)는 배당무관련설을 주장했다.

③ 액면분할은 이론상 기업의 가치에 아무런 영향을 주지 않는다.

④ 주식배당은 기업의 이익 중 주식배당금 만큼 자본금으로 편입시키기 때문에 주주의 부를 증가시킨다.

⑤ 현금배당은 배당락이 있으나 자사주매입은 배당락이 없는 배당의 특수한 형태라고 할 수 있다.

해설

기업의 이익 중 주식배당금만큼 자본금으로 편입시키기 때문에 주주의 지분율은 유지되며, 주식 발행 수만 증가할 뿐 주주의 부는 불변이다.

답 ④

025 다음 중 투자안 평가방법에 대한 설명으로 가장 옳지 않은 것은? 2022 군무원 7급

□□□

① 회계적 이익률법은 화폐의 시간적 가치를 고려하지 않는다.

② 회수기간법에서는 원금 회수기간이 목표 회수기간보다 긴 투자안을 선택한다.

③ 내부수익률법에서는 내부수익률(r)이 투자자 요구 수익률보다 큰 투자안을 선택한다.

④ 순현가법에서는 순현가(NPV)가 투자자 요구 수익률보다 큰 투자안을 선택한다.

해설

회수기간법에서는 원금 회수기간이 목표 회수기간보다 짧은 투자안을 선택한다.

답 ②

제35회 | 재무관리(2)

001 다음 중 재무분석에 관한 설명으로 가장 옳지 않은 것은? 2021 군무원 9급

① 재무분석은 기업과 관련된 의사결정에 필요한 정보를 제공하기 위하여 설계된 일종의 정보가공 시스템이다.

② 재무분석은 경영자가 내부통제 또는 재무예측을 위하여 기업의 재무상태와 경영성과의 적정성 여부를 검토하는 것을 의미한다.

③ 재무분석을 좁은 의미로 말할 때는 주로 재무비율 분석을 지칭한다.

④ 재무 분석 시 주로 회계적 자료를 이용한다.

해설

▶ 선지분석

재무분석은 재무자료 분석이라고도 하며, ① 기업 의사결정과 관련된 정보를 얻기 위한 정보가공시스템으로, ③ 정보이용자에게 필요한 재무정보를 제공하며, ④ 재무자료와 회계자료를 수집·분석하는 기능을 한다.

답 ②

002 다음 중 기업의 장기자금조달 수단으로 적절하지 않은 것은? 기출복원

① 전환사채(CB)발행
② 기업어음(CP)발행
③ 우선주발행
④ 이표채발행

해설

- 단기금융시장은 단기자금의 수요자와 공급자 간 수급불균형을 조절하기 위하여 통상 만기 1년 이내의 금융상품이 거래되는 시장이다. 단기금융시장으로 콜시장, 기업어음시장, 양도성예금증서시장, 환매조건부채권매매시장, 통화안정증권시장, 표지어음시장 등이 있다.
- 자본시장은 장기자금의 조달수단인 주식·채권이 발행되고 유통되는 시장으로서 주식시장과 채권시장으로 구분된다. 주식시장 중 유통시장은 상장주식이 거래되는 유가증권시장 및 코스닥시장과 비상장주식이 거래되는 제3시장으로 구분되며, 채권시장은 만기 1년 이상 장기채권이 발행되고 유통되는 시장이다.

답 ②

003 □□□ **다음 중 재무관리의 목표인 기업가치 극대화와 관련된 설명으로 가장 옳은 것은?** 기출복원

① 기업의 가치를 객관적으로 평가하는 것은 어렵다.

② 기업가치 극대화가 NPV 극대화가 되기 위해서는 현금흐름이 일정해야 한다.

③ 기업가치는 기업이 벌어들일 미래 현금흐름을 현금흐름의 위험이 반영된 적절한 할인율로 할인한 현재가치이다.

④ 기업가치 개념이 애매모호하고 귀속주체가 불분명하다.

⑤ 기업가치 극대화가 회계적 이익의 극대화를 의미한다.

해설

▶ 선지분석

① 기업의 가치는 증권시장(주가)을 통해 객관적으로 평가 가능하다.

② 기업가치 극대화가 NPV 극대화가 되기 위해서 투자자본이 일정해야 한다.

④ 기업가치 개념 및 귀속주체가 명확하다.

⑤ 기업가치 극대화가 회계적 이익의 극대화를 의미하는 것은 아니다.

답 ③

004 □□□ **다음 중 유동자산 1억 원, 유동부채 1억 원, 총부채 6억 원, 자기자본 2억 원, 총자본 8억 원인 ㈜우리 기업의 부채비율은?** 2021 경영지도사

① 50%　② 100%　③ 200%

④ 300%　⑤ 400%

해설

$$부채비율 = \frac{총부채}{자기자본} \times 100 = \frac{6}{2} \times 100 = 300(\%)이다.$$

답 ④

005 □□□ **일반적으로 부채가 기업 가치에 미치는 순기능과 역기능에 대한 바른 설명은?** 기출복원

① 감가상각비가 큰 경우 상대적으로 낮은 부채비율을 유지하는 것이 바람직하다.

② 장기적인 투자가 필요하며, 미래의 사업이 불확실할 경우 부채비율을 높게 유지해야 한다.

③ 영업이익과 현금흐름의 변동성이 클 경우 부채비율을 높이는 것이 낫다.

④ 자산을 나누어서 처분하기 어려울수록 부채비율을 높게 유지해야 한다.

해설

감가상각비도 세금방패가 되는 비용이다. 따라서 감가상각비가 큰 경우 부채의 세금감면효과가 감소하기 때문에 상대적으로 낮은 부채비율을 유지하는 것이 바람직하다.

답 ①

006 **다음 중 위험(risk)에 대한 태도의 설명으로 틀린 것은?** 기출복원

① 위험선호형 투자자는 투자 안의 위험이 작을수록 만족감이 더 크다.
② 위험중립형 투자자는 기대수익의 크기에 의해서만 투자 안을 평가하며 위험은 고려하지 않는다.
③ 위험회피형 투자자는 다른 조건이 동일할 경우 위험이 작은 투자 안을 선호한다.
④ 투자 안 비교 시 단순히 기대수익률만을 비교하는 것이 아니라, 기대수익률이 투자자에게 가져다주는 효용을 비교하여야 한다.

해설

위험회피형 투자자의 효용은 위험이 같은 경우 기대수익률이 클수록 증가하고, 기대수익률이 같은 경우 위험이 작을수록 증가한다. 위험선호형 투자자는 다른 조건이 동일할 경우 위험이 클수록 효용이 증가하고, 위험중립형 투자자는 위험을 전혀 고려하지 않고 오직 기대수익률만 보고 투자안을 선택한다.

답 ①

007 **다음 중 유가증권이나 투자 안의 위험(risk) 중 특정 기업에만 해당하는 수익률변동성(위험)으로 가장 옳은 것은?** 2022 군무원 9급

① 포트폴리오 효과
② 체계적 위험
③ 변동계수
④ 비체계적 위험

해설

비체계적 위험(고유위험)에는 특정 기업의 소송사건, 노사 간 문제, 기업주의 교체 등이 해당된다. 전쟁 외에 인플레이션, 이자율 변동, 경기 변동 등은 체계적 위험(시장위험)에 해당된다.

답 ④

008 □□□ **다음 중 레버리지 효과에 관한 설명으로 가장 적절한 것은? (단, 이자, 세금 등의 비용이 없다고 가정함)** 2023 군무원 9급

① 기업이 타인자본을 사용하면 자기자본만을 사용하는 경우보다 자기자본 이익률이 높아진다.

② 기업은 타인자본 조달로 인해 발생하는 이자비용보다 높은 수익률이 기대되는 경우에만 타인자본을 활용하여 투자하는 것이 바람직하다.

③ 기업이 부채비율을 낮게 유지하여야만 레버리지 효과를 최대로 활용할 수 있다.

④ 레버리지 비율을 낮추기 위해서는 자본을 감소시켜야 한다.

해설

레버리지란, 타인자본 의존도를 나타내는 것으로, 타인자본을 사용하면 자기자본 이익률이 증가하고, 어느 정도의 부채비율은 레버리지 효과를 증가시키며, 레버리지 비율을 낮추기 위해서는 자본을 증가시켜야 한다.

답 ②

009 □□□ **다음 중 손익분기점(break - even analysis)에 대한 설명으로 옳은 것은?** 2021 감사직

① 총고정비가 증가하면 손익분기점은 감소한다.

② 비용함수는 비선형곡선이다.

③ 수량당 변동비가 감소하면 손익분기점은 증가한다.

④ 손익분기점은 판매가격에서 수량당 변동비를 뺀 값으로 총고정비를 나눈 값이다.

해설

$$\text{손익분기점 판매량} = \frac{\text{총고정비}}{\text{가격} - \text{단위당 변동비}}$$ 이다.

▶ 선지분석

① 총고정비가 증가하면 손익분기점은 증가한다.

③ 수량당 변동비가 감소하면 손익분기점은 감소한다.

답 ④

010 **다음 중 경제적 타당성 분석에 대한 설명으로 가장 옳은 것은?** 기출복원

① NPV는 특정 사업의 NPV를 '0'으로 만드는 할인율(IRR)을 이용한 투자안의 경제성 평가방법이다.

② IRR이 수정된 IRR보다 우수하다고 할 수 있다.

③ IRR은 현재가치를 얻을 수 있는 최저의 이익률을 이용하여 미래가치를 현재가치로 환산하여 평가하는 것이다.

④ 손익분기점(BEP) 분석은 손익분기점이 높을수록 유리한 투자안이다.

⑤ 비용편익 분석이 '1' 이상이면 경제적 타당성이 있다고 판단한다.

해설

▶ 선지분석

① 내부수익률법에 대한 설명이다.

② 수정된 IRR이 더 우수하다.

③ 순현재가치법에 대한 설명이다.

④ 손익분기점이 낮을수록 유리한 투자안이다.

답 ⑤

011 **원금 1,000원의 금액을 연간 10%의 이자율로 은행에 예금한다고 가정하면, 2년 후의 예금총액은 얼마인가?** 기출복원

① 1,100원 ② 1,210원

③ 1,200원 ④ 1,450원

해설

미래가치를 계산하는 문제로, 2년 후의 예금총액은 원금에 대한 이자가 포함된 것이다.

∴ 미래가치(FV) = $1{,}000 \times (1 + 0.1)^2 = 1{,}210$(원)이다.

답 ②

012 **다음 중 대리비용에 대한 설명으로 바른 것은?** 기출복원

① 외부 주주의 자본비율이 낮아질수록 특권적 소비 가능성이 증가한다.

② 감시비용은 대리인이 자신의 의사결정이 위임자의 이해와 일치한다는 것을 입증하기 위해 지불하는 비용이다.

③ 위험요인은 소유경영자의 지분률이 높을수록 위험한 투자안을 선택하려고 한다.

④ 부채비율이 높을수록 주주의 위험한 투자, 재산도피 등이 증가하며 부채의 대리비용이 증가한다.

해설

▶ 선지분석

① 외부 주주의 자본비율이 높아질수록 특권적 소비 가능성이 증가한다.

② 확증비용에 대한 설명이다.

③ 부채비율이 높을수록 주주들이 위험한 투자안을 선택하려고 한다.

답 ④

013 ㈜경지사의 보통주 주가는 100원, 순이익 10,000원, 평균발행주식(보통주) 500주, 우선주 배당금은 없을 경우의 주가수익비율(PER)은? (단, 주어진 조건 외에 다른 조건은 가정하지 않는다) 기출복원

① 1(배) ② 2(배) ③ 3(배)

④ 4(배) ⑤ 5(배)

해설

$$PER = \frac{현재주가}{주당순이익} = \frac{100 \times 500}{10,000} = 5(배)이다.$$

답 ⑤

014 다음 중 주식배당과 주식분할을 비교 · 설명한 것으로서 바르지 않은 것은? 기출복원

① 주식배당은 주주에게 주식이 교부되므로 주주의 부를 증가시키는 반면, 주식분할은 단순한 액면의 분할이므로 주주의 부에 아무런 영향을 미치지 않는다.

② 주식배당과 주식분할은 모두 발행주식수를 증가시킨다.

③ 주식분할의 경우 주식이 액면가치가 감소하나 주식배당은 액면가치의 변화가 없다.

④ 주식배당은 이익잉여금을 자본과 자본준비금으로 전입시키는 회계상의 이전이나 주식분할은 회계상 처리가 없다.

해설

주식배당은 현금이 기업 외부로 유출되는 것이 아니며, 주주가 보유하는 주식 수에 비례하여 추가로 주식을 발행하는 것이므로 주주의 부에는 아무런 영향을 미치지 않는다. 즉, 주식배당을 위해 추가로 발행한 주식 수만큼 주가가 떨어지기 때문에 주식배당을 통한 부의 증가가 주가 하락을 통해 상쇄되기 때문이다. 주식분할도 현금흐름을 수반하지 않으므로 기업의 가치에 영향을 미치지 않는다는 점에서 주식배당과 동일하다.

답 ①

015 **다음 중 자본예산 시 현금흐름을 추정할 때 포함해야 할 항목으로 옳은 것은?** 2021 가맹거래사

① 이자비용　② 감가상각비　③ 배당금지급
④ 매몰비용　⑤ 기회비용

해설

증분현금흐름을 추정할 때 포함해야 할 항목은 기회비용, 잠식비용, 순운전자본이다.

답 ⑤

016 **다음 중 재무제표의 비율분석에 관한 설명으로 가장 적절하지 않은 것은?** 2023 군무원 5급

① 비율분석은 재무제표를 사용하여 기업의 영업활동, 기업 전반의 재무 상태를 나타내기 때문에 실제적으로 문제가 존재한다는 것을 의미한다.
② 비율분석의 주요 비율로는 유동성비율, 수익성비율, 활동성비율 그리고 부채비율 등이 있다.
③ 비율분석의 주요 비율을 여러 해에 걸쳐 비교함으로서 추세를 발견하여 기업의 강점을 발견하는 것이 중요하다.
④ 비율분석의 주요 비율은 기업의 재무 건전성을 평가하고 싶어하는 현재 및 장래 채권자에게 있어서도 중요하다.

해설

비율분석이란, 수치화된 자료를 이용하여 항목 간 비율을 산출하고 기준이 되는 비율이나 과거의 실적, 다른 기업과의 비교를 통해 특징이나 추세를 평가하는 것이다.

답 ①

017 **다음 중 배당유형에 대한 설명으로 옳지 않은 것은?** 2022 감사직

① 현금배당은 가장 보편적인 유형으로 정규현금배당과 특별현금배당으로 구분할 수 있으며, 특별현금배당은 특정 기간에 한해 지급되는 특징이 있다.
② 청산배당은 채권자지분을 지급하고 남은 영업이익을 주주에게 배분하는 것이다.
③ 주식배당은 해당 회사의 주식으로 지급하는 유형이므로 실질적인 현금 지출이 발생하지 않는다.
④ 주식배당과 주식분할은 회계처리방법이 다르지만 모두 발행 주식수를 증가시킨다.

해설

기업이 이익잉여금의 잔액을 초과하여 배당을 하는 경우 그 초과분에 한해 청산배당이라고 한다. 기업청산의 일환으로 자산에서 부채를 차감하고 남은 순자산을 주주에게 배분하는 것이다.

답 ②

018 □□□ **다음 중 분산투자를 함으로써 제거할 수 있는 비체계적 위험으로 옳은 것은?**

2022 군무원 7급

① 기업의 노사분규나 소송발생 등과 같은 요인에서 발생하는 위험
② 이자율과 같은 금리 인상 요인에서 발생하는 위험
③ 물가 상승 요인에 의해 발생하는 위험
④ 정부의 경기 정책에 의해 발생하는 위험

해설

비체계적 위험(고유위험)이란, 회사사장의 교체, 노사분규(파업 등) 등 개별자산에 국한하여 영향을 미치는 위험을 의미한다. 체계적 위험(시장위험)이란, 전쟁, 인플레이션, 경기변동 등 전체 시장에 공통적으로 영향을 미치는 것을 의미한다.

답 ①

019 □□□ **다음 중 순현가(NPV)의 특성으로 옳지 않은 것은?**

2021 군무원 9급

① 투자안의 모든 현금흐름을 사용한다.
② 모든 개별 투자안들 간의 상호관계를 고려한다.
③ 가치의 가산원칙이 성립한다.
④ 화폐의 시간가치를 고려한다.

해설

순현가(NPV)란, 투자 효율성 지표로 현금유입의 현가에 현금유출의 현가를 차감한 것이다. ② '모든 개별 투자안들 간의 상호관계를 고려하는 것'과는 무관하다.

답 ②

020 □□□ **다음 10 : 1 주식분할(stock split)에 대한 설명 중 가장 옳지 않은 것은? (단, 주식분할과 관련된 모든 비용은 무시한다)** 기출복원

① 주식의 액면가는 −로 하락한다.
② 주식분할은 회계상의 처리는 없으며, 주당순이익도 불변이다.
③ 주주의 지분권(기업지배권)에는 변동이 없다.
④ 발행주식수가 10배 증가한다.
⑤ 주당순이익(EPS)이 − 로 하락하고, 이론적인 주가는 − 수준으로 하락한다.

해설

주식분할은 주식 수가 증가하고, 주식 액면가치가 감소하고, 회계상 처리가 없으며, 주당순이익(EPS)은 감소한다.

답 ②

021 □□□ **다음 설명 중 바르지 않은 것은?** 기출복원

① 가중평균자본비용이 신규 투자안의 경제성을 평가하는 할인율로 사용되기 위해서는 투자안의 경영위험이 기존 사업의 경영위험과 동일해야 하고 신규 투자안의 실행을 위해 조달한 자금의 구성이 기존 기업의 재무위험과도 동일해야 한다.
② CAPM은 마아코브의 포트폴리오이론에 필요한 가정뿐만 아니라 세금과 거래비용 등이 없는 완전한 시장의 존재라는 가정과 무위험이자율로 무제한 차입과 대출이 가능하다는 가정을 전제로 한다.
③ 토빈(Tobin)의 q비율이 1보다 작으면 적은 비용을 들여 높은 가치를 만들 수 있기 때문에 투자를 늘려야 한다.
④ 토빈(Tobin)의 q비율은 기업의 시장가치를 기업의 실물자본의 대체비용으로 나눈 값이다.

해설

토빈(Tobin)의 q비율이 1보다 크면 기업의 가치가 증가하고 있다는 것으로, 기업은 적은 비용으로 가치를 만들 수 있으므로 투자를 늘린다. 1보다 작으면 기업은 저평가(M&A의 대상)되었다는 것으로 투자를 멈춘다.

답 ③

022 다음 중 배당이론의 설명으로 바르지 않은 것은?

기출복원

① MM의 배당무관련이론은 배당이 투자결정과 자본조달결정에는 영향을 미치지 못한다고 가정한다.

② 대리비용이론에 의하면 높은 배당은 대리인 비용을 증가시켜서 기업가치의 하락을 가져온다.

③ '손안의 새' 이론에 의하면 투자자들은 고배당을 선호한다.

④ MM의 배당무관련이론에 의하면 투자자들은 현금배당 1원과 자본이득 1원을 동일하게 평가한다.

해설

고배당선호이론에 따르면, 기업이 고배당정책을 실시하게 될 경우 경영자의 재량으로 사용할 수 있는 유보이익의 크기가 낮아져 대리인 비용을 줄여 기업의 가치가 향상된다.

답 ②

023 다음 중 자사주 재매입의 방법으로 적절하지 않은 것은?

기출복원

① 기업이 주요 대주주와 협상을 통해 대주주의 지분을 재매입한다.

② 모든 주주에게 동일한 비율로 주식을 매입하도록 한다.

③ 언론에 주식을 재매입하겠다는 의도를 공시하여 모든 주주들이 스스로의 판단에 따라 주식을 매각하도록 유도한다.

④ 공개시장에서 주식을 매입한다.

해설

모든 주주에게 주식을 매입하도록 강요할 수는 없다.

▶ 선지분석

①은 협상, ③은 공개매수, ④는 공개시장 재매입이라고 한다.

답 ②

024 □□□ **다음 중 스왑(Swap)에 관한 설명으로 바르지 않은 것은?** 기출복원

① 통화스왑은 서로 다른 통화로 표시된 채무를 부담하고 있는 두 당사자가 이자를 제외한 원금상환을 서로 교환하기로 약정한 계약이다.

② 스왑이란 두 거래의 당사자가 미래의 현금흐름을 서로 교환할 것을 약정하는 계약이다.

③ 계약내용이 장외시장에서 개별적인 형태로 계약이 체결된다.

④ 스왑을 통하여 기업들은 환율 및 금리변동에 유연하게 대처하여 이자비용을 절감할 수 있다.

⑤ 금리스왑은 동일 통화로 표시된 채무를 부담하고 있는 두 당사자가 일정 기간 동안 이자지급의무를 교환하여 부담하기로 약정한 계약이다.

해설

통화스왑은 서로 다른 통화로 표시된 채무를 부담하고 있는 두 당사자가 이자뿐만 아니라 원금상환까지 교환하여 부담하기로 약정한 계약이다.

답 ①

025 □□□ **다음 중 파생금융상품에 대한 설명으로 옳지 않은 것은?** 기출복원

① 옵션은 만기와 행사가격이 미리 정해지기 때문에 기초자산 가격에 관계없이 그 가치가 일정한 조건부청구권이다.

② 풋옵션은 기초자산을 팔 수 있는 권리이므로 만기일이 도래했을 때 기초자산의 시장가격이 행사가격보다 낮으면 그 권리를 행사하여 시장가격보다 비싼 가격으로 판매한다.

③ 제품의 실수요자와 실공급자는 미래에 나타날 수 있는 가격변동위험을 회피하기 위해 선물계약을 체결할 수 있다.

④ 옵션소유자에게는 권리만이 존재하는 반면 선물 거래당사자는 의무를 부담한다.

해설

콜옵션은 기초자산 가격이 상승하면 이익이 발생하고, 풋옵션은 기초자산 가격이 하락하면 이익이 발생한다.

답 ①

제36회 | 재무관리(3)

001 다음 중 자본예산기법 중 내부수익률(IRR)법에 관한 설명으로 옳지 않은 것은?

2023 가맹거래사

① 투자 안의 연평균수익률을 의미한다.
② 순현가가 '0'이 되는 할인율이다.
③ 내부수익률이 자본비용보다 크면 투자한다.
④ 자본비용으로 재투자된다고 가정한다.
⑤ 화폐의 시간적 가치를 고려한다.

해설

①은 회계적 이익률(ARR)법의 설명이다.

답 ①

002 다음 중 기대수익률과 분산에 대한 설명으로 바르지 않은 것은?

기출복원

① 표준편차는 분산의 제곱근으로 계산된다.
② 분산은 확률분포가 옆으로 퍼진 정도, 즉 확률분포의 퍼짐성 척도로서 사용되는 통계량이다.
③ 기대수익률은 수익률의 평균으로 정의되고, 실무적으로 대개 이미 실현된 수익률의 평균값을 사용한다.
④ 기대수익률은 각 상황이 발생할 때 실현될 변수 값에 그 상황의 발생확률을 곱한 값들의 합으로 계산된다.

해설

기대수익률은 미래에 실현될 수익률의 사전적 기댓값으로 정의되므로, 평균과는 개념적으로 차이가 있다.

답 ③

003 □□□ **다음 중 이익을 계산하는 방법에 대한 설명으로 옳지 않은 것은?** 2021 군무원 7급

① 매출액에서 총비용을 차감
② 판매가격에서 단위당 변동비를 차감
③ 공헌이익에서 총고정비를 차감
④ 총변동비와 총고정비의 합을 매출액에서 차감

해설

판매가격(매출액)에서 총비용(단위당 변동비 + 고정비)을 차감해야 한다.

답 ②

004 □□□ **다음 중 기업공개요건의 장 · 단점으로 잘못된 것은?** 기출복원

① 부채비용이 자본비용보다 높기 때문에 자발적인 기업공개가 이루어지기 어렵다.
② 기업공개는 기존 주주의 지배권을 희석화시킨다.
③ 기업은 공개를 통하여 수많은 주주들로부터 직접금융방식에 의하여 대규모의 장기 자본을 원활하게 조달할 수 있다.
④ 공개 후 증권거래소에 상장되면 기업의 이해관계자들에게 경영활동 등의 결과를 공시하고 이를 평가받아 경영합리화를 도모할 수 있다.

해설

자본비용이 부채비용보다 높기 때문에 자발적인 기업공개가 이루어지기 어렵다.

답 ①

005 다음 중 증권시장의 주된 기능이 아닌 것은? 기출복원

① 자원의 효율적 배분
② 기업지배구조의 개선
③ 소유와 경영의 분리
④ 자금 수요와 공급의 연결

해설

기업지배구조란, 주주, 이사회 외에 이해관계자들 간의 상호작용의 관계를 의미하며, 증권시장의 주된 기능과는 무관하다. 증권시장은 투자의사결정의 기준 제공, 자금 수요와 공급의 연결로 인한 사회탐색비용 감소, 기업활동의 효율성 증대 등의 기능을 한다.

답 ②

006 다음 중 타인자본 비율에 따라 기업의 수익에 차이가 발생하는 현상을 의미하는 용어로 가장 적절한 것은? 2021 군무원 9급

① 레버리지효과
② 가중효과
③ 톱니바퀴효과
④ 비례효과

해설

레버리지효과란, 개인이나 기업이 타인으로부터 빌린 차입금(타인자본)을 지렛대로 삼아서 자기자본이익률을 높이는 것을 말한다. 여기에는 영업고정비, 재무고정비 등의 타인자본 사용 정도를 의미한다.

답 ①

007 다음 중 유동성비율의 산식으로 옳은 것은? 기출복원

① $\frac{비유동자산}{유동자산}$
② $\frac{유동자산}{총자산}$
③ $\frac{유동자산}{유동부채}$
④ $\frac{유동부채}{유동자산}$
⑤ $\frac{총자산}{유동자산}$

해설

유동성비율이란, 단기 채무를 상환할 수 있는 능력을 측정한 것으로, 높을수록 지불능력(기준: 200%)이 커진다.

답 ③

008 다음 중 주주자본주의에 대한 설명으로 옳지 않은 것은? 기출복원

① 미국이나 영국 등에서 주로 채택하고 있다.
② 대리문제로 인하여 경영자가 단기업적주의에 치중하는 경향이 있다.
③ 조직에 의한 통제보다는 시장에 의한 규율을 중시한다.
④ 은행차입을 통한 기업의 외형성장에 주력한다.

해설

주주자본주의는 자본주의 활동이 주주의 이익을 옹호하는 방향으로 이루어지는 형태를 말한다.

답 ④

009 ㈜가맹주식의 베타가 1.4, 무위험이자율이 4%, 시장포트폴리오의 기대수익률이 8%일 때, 증권시장선(SML)을 이용하여 산출한 ㈜가맹주식의 기대수익률은? (단, 문제에서 주어지지 않은 조건은 고려하지 않는다) 기출복원

① 6.4% ② 7.6%
③ 9.6% ④ 10.4%
⑤ 12.0%

해설

기대수익률 = 무위험이자율 + (시장포트폴리오 기대수익률 − 무위험이자율) × 베타계수(βi)이다.
= 4 + (8 − 4) × 1.4 = 9.6%이다.

답 ③

010 다음 중 미래수익의 위험(변동정도)을 측정하기 위한 지표로 옳지 않은 것은? 기출복원

① 분산 ② 분산의 제곱근
③ 표준편차 ④ 평균값

해설

위험의 측정지표는 분산, 표준편차, 분산의 제곱근 등이다. 평균값은 기대수익률의 기대치를 나타낸다.

답 ④

011 □□□ **다음 중 현금흐름 추정 시 고려사항에 대한 설명으로 바르지 않은 것은?** 기출복원

① 투자세액 공제에 따른 법인세 절감액은 현금유입에 포함한다.
② 운전자본은 투자시점에서 전액 발생하고 투자종료 시점에서 모두 회수되는 것으로 가정하는 것이 일반적이다.
③ 투자기간이 종료되면 자산을 처분할 것이므로 이에 대한 현금흐름을 고려해야 한다.
④ 투자시점에서의 순운전자본의 증가는 현금유입으로 처리한다.
⑤ 금융비용은 할인율에 반영되므로 중복계산을 방지하기 위해 현금흐름에 고려하지 않는다.

해설

투자시점에서의 순운전자본은 현금유출로 처리한다.

답 ④

012 □□□ **다음 중 상관계수와 포트폴리오의 위험분산효과에 관한 설명으로 타당한 것은 무엇인가?** 기출복원

① 상관계수가 0이면 포트폴리오의 위험도 0이다.
② 상관계수가 작을수록 포트폴리오의 위험은 낮다.
③ 상관계수가 1인 경우 포트폴리오의 위험은 최소가 된다.
④ 둘 사이는 무관하다.

해설

수익률과 상관계수에 의해 포트폴리오의 위험이 결정된다. 상관계수가 1일 경우 포트폴리오의 위험은 최대가 되고, 상관계수가 작을수록 포트폴리오의 위험은 감소되는데 이를 포트폴리오의 위험분산효과라고 한다. 상관계수가 −1인 경우 위험분산효과가 최대가 되며, 포트폴리오의 위험은 최소가 된다.

답 ②

013 □□□

A기업에서는 최근에 개발한 X상품의 판매가격을 개당 1,000원으로 책정하였다. 한편 X 상품을 생산하는데 고정비는 600,000원이 발생하였고, 단위당 변동비는 800원이 발생하였다. X상품의 손익분기점 매출수량으로 가장 옳은 것은? 기출복원

① 1,000개 ② 1,500개
③ 3,000개 ④ 5,000개

해설

- 공헌이익 = 판매단가 − 단위당 변동비이다.
- 손익분기점의 매출(수)량 = $\frac{총고정비}{공헌이익} = \frac{600{,}000}{1{,}000-800}$ = 3,000(개)이다.

답 ③

014 □□□

상품 A의 단위당 가격이 20,000원이고, 단위당 변동영업비용이 14,000원이다. 고정영업비용이 48,000,000원이라면 상품 A의 손익분기점에 해당되는 매출액은? 기출복원

① 140,000,000(원) ② 150,000,000(원)
③ 160,000,000(원) ④ 170,000,000(원)
⑤ 180,000,000(원)

해설

- 손익분기점 매출액 = $\frac{총고정비}{공헌이익률}$이다.
- 변동비율 = $\frac{단위당\ 변동비}{판매단가} = \frac{14{,}000}{20{,}000}$ = 0.7이다.
- 공헌이익률 = 1 − 변동비율 = 0.3이다.
- 손익분기점 매출액 = $\frac{48{,}000{,}000}{0.3}$ = 160,000,000(원)이다.

답 ③

015 다음 설명 중 바르지 않은 것은? 기출복원

□□□

① 자본시장선(CML)은 무위험자산이 존재할 경우의 효율적 투자선이라고 할 수 있다.

② 증권시장선(SML)보다 위쪽에 위치하는 주식의 기대수익률은 과대평가되어 있으므로 매각하는 것이 좋다.

③ 증권시장선(SML)상에 있는 자산이라고 하여 모두 다 자본시장선(CML)상에 위치하지 않는다.

④ 증권시장선(SML)은 자본시장선(CML)이 성립한다는 전제에서 도출되며 자본시장선의 절편은 효율적 포트폴리오의 시간가치를 의미한다.

해설

증권시장선(SML)의 위쪽에 위치하는 주식의 기대수익률은 과소평가되어 있으므로, 구입하는 것이 좋다.

답 ②

016 다음 중 자본예산에 대한 설명으로 옳지 않은 것은? 2021 감사직

□□□

① 단일 투자안의 경우에는 항상 유일한 내부수익률이 산출된다.

② 내부수익률(IRR)은 수익성지수(PI)가 1이 되도록 해 주는 할인율이다.

③ 내부수익률(IRR)은 순현가(NPV)가 0이 되도록 해 주는 할인율이다.

④ 상호배타적인 두 투자안에 대한 순현가법과 내부수익률법의 경제성 평가결과가 상반되는 이유는 재투자수익률에 대한 가정의 차이 때문이다.

해설

내부수익률(IRR)은 단일 투자안의 경우에 무해가 존재할 수도 있다.

답 ①

017 다음 중 레버리지 분석에 대한 설명으로 옳지 않은 것은? 기출복원

① 영업레버리지는 고정영업비를 수반하는 고정자산의 보유 정도를 의미한다.
② 레버리지 효과는 영업레버리지, 재무레버리지, 결합레버리지로 나누어진다.
③ 고정비를 수반하는 자산이나 자본의 사용 정도 또는 그로 인한 고정비를 부담하는 정도를 레버리지라고 한다.
④ 일정기간 얻은 수익에서 지출한 모든 비용을 공제한 순이익을 뜻한다.

해설

④는 당기순이익에 대한 설명이다.

답 ④

018 다음 중 자본예산의 의사결정준칙에 대한 설명으로 가장 옳지 않은 것은? 2022 군무원 9급

① 회수기간법
② 순현가법
③ 내부수익률법
④ 선입선출법

해설

자본예산이란, 투자로 인한 수익이 장기적으로 실현될 투자결정과 관련된 계획을 수립하는 것으로 ④ 선입선출법은 무관하다.

답 ④

019 다음 중 듀레이션에 대한 설명으로 틀린 것은? 기출복원

① 듀레이션은 채권투자로부터 발생하는 자금(현금흐름)을 회수하는 데 걸리는 평균적 기간을 의미한다.
② 다른 조건이 동일할 경우 액면이자율이 높을수록 긴 듀레이션을 갖는다.
③ 순수할인채는 만기와 듀레이션이 일치한다.
④ 만기가 길수록 듀레이션은 커지며, 듀레이션은 가치가법성의 논리가 성립한다.
⑤ 듀레이션은 이자율 변동에 대한 채권가격의 민감도를 측정하기 위해 제시되었다.

해설

다른 조건이 동일할 경우 액면이자율이 높을수록 듀레이션은 짧다.

답 ②

020 다음 중 설명 중 바르지 않은 것은? 기출복원

□□□

① 투자자들은 일반적으로 유동성선호이론에 의해 장기채보다는 단기채를 선호한다.
② 불경기 상황에서 수익성이 높은 투자기회가 축소되면 자금의 수요가 줄어들면서 전반적으로 시장이자율이 상승한다.
③ 물가가 큰 폭으로 상승할 것으로 예상이 되면 금융자산인 주식이나 채권 등에 대한 요구수익률도 상승한다.
④ 듀레이션은 만기와 비례관계, 액면이자율과 시장이자율과는 반비례의 관계가 성립한다.
⑤ 장래의 일정 시점에 미리 정한 가격으로 매매할 것을 현재 시점에서 약정하는 거래를 선물거래라고 한다.

해설

불경기 상황에서 수익성이 높은 투자기회가 축소되면 자금의 수요가 줄어들면서 전반적으로 시장이자율은 하락한다.

답 ②

021 다음 중 선물 가격이 전일 종가 대비 코스피는 5%, 코스닥은 6% 이상 상승 또는 하락하는 상황이 1분 이상 지속되면 자동으로 발동하며, 그 시점부터 5분간 거래가 정지되며, 5분이 지나면 자동으로 해제되고 매매체결이 재개된다. 이것은 1일 1회에 한해 발동되며, 매매 종료 40분 전인 오후 2시 20분 이후에는 발동되지 않는 것은? 기출복원

□□□

① 서킷 브레이커(circuit breaker)
② 사이드카(sidecar)
③ 베이시스(basis)
④ 옵션(option)
⑤ 마진 콜(margin call)

해설

선물시장의 불안이 현물시장으로 이어지는 것을 방지하기 위한 장치로 사이드카에 대한 설명이다.

답 ②

022 주식 투자자들 중에 주가의 움직임만을 보고 차익을 노리는 것으로, 1일에서 5일 정도로 포지션을 유지하는 투자자를 가리키는 것은? 기출복원

① 스윙 트레이더(swing trader)
② 데이 트레이더(day trader)
③ 스캘퍼(scalper)
④ 노이즈 트레이더(noise trader)
⑤ 포지션 트레이더(position trader)

해설

▶ 선지분석

② 데이 트레이더는 하루에 몇 번 정도 매매를 하는 투자자를 의미한다.
③ 스캘퍼는 매수 후 수수료에 약간의 이익만 남으면 즉시 매도한다. 이들은 하루에도 수십 번 또는 수백 번 매매를 결행한다.
④ 노이즈 트레이더는 정확한 정보에 근거한 합리적인 분석과 판단에 따라 투자를 하는 것이 아니라 주관적인 판단이나 근거 없는 루머에 따라 뇌동매매에 곧잘 휩쓸리는 투자자를 의미한다.
⑤ 포지션 트레이더는 한 달에 한 번이나 두 번 정도 매매를 하는 투자자를 말한다.

답 ①

023 다음 중 채권의 가치평가에 관한 설명으로 옳지 않은 것은? 2021 가맹거래사

① 채권수익률이 하락하면 채권가격은 상승한다.
② 액면이자율이 낮은 채권은 높은 채권보다 이자율 변화에 따라 더 작은 채권가격변동률을 보인다.
③ 채권이 이자율변동에 대한 위험은 만기가 길수록 더 크다.
④ 채권수익률이 액면이자율과 동일하면 채권의 가치는 액면가와 동일하다.
⑤ 채권의 가치는 만기가 가까울수록 액면가에 접근한다.

해설

저이표채(표면이자율이 상대적으로 낮은 채권)의 경우 이자율이 하락하여 채권가격이 상승할 경우 더 큰 폭으로 상승하며, 반대로 이자율이 상승하여 채권가격이 하락할 경우 저이표채권이 큰 폭으로 하락한다.

답 ②

024 □□□ **다음 중 M&A를 유발하는 경제적 동기에 대한 설명이 아닌 것은 어느 것인가?** 기출복원

① 차익거래이론
② 경영자주의이론
③ 자기자만가설이론
④ 시너지효과
⑤ 대리인문제

해설

▶ 선지분석

② 경영자주의이론, ③ 자기자만가설이론, ④ 시너지효과 외에 피인수기업의 저평가 등이 있다.

답 ①

025 □□□ **다음 중 옵션에 대한 설명으로 바르지 않은 것은?** 기출복원

① 기초자산은 옵션의 행사로 매매되는 특정 자산을 의미하며, 기초자산 변동성이 증가하면 풋옵션의 가격은 상승한다.
② 만기는 옵션에서 증권을 거래할 수 있도록 미리 정해진 기간을 의미한다.
③ 옵션은 미리 정해진 가격으로 정해진 기간 동안에 특정 자산을 사거나 팔 수 있는 권리가 부여된 증권을 의미한다.
④ 옵션 매입자와 매도자 간 손익관계는 항상 제로섬 게임이 성립되는 것은 아니다.
⑤ 다른 조건이 동일하면, 현재의 주가가 높을수록 만기 시장의 주가도 그만큼 높아지고, 콜옵션의 행사로 수익이 증가하면서 콜옵션의 가격도 상승한다.

해설

매입자의 이익만큼 매도자에게도 손실이 발생하기 때문에 제로섬 게임이 성립된다.

답 ④

제37회 | 재무관리(4)

001 다음 중 분산투자 효과가 가장 크게 나타나는 두 자산 간 상관계수는? 2023 가맹거래사

① 1
② 0.5
③ 0
④ −0.5
⑤ −1

해설

포트폴리오 상관계수는 작을수록 위험은 작아지고 분산효과도 커진다.

답 ⑤

002 다음 중 위험(risk)에 대한 설명으로 바르지 않은 것은? 기출복원

① 위험관리란, 위험을 사전 · 사후에 효율적으로 관리함으로써 기업의 위험 관련 비용 부담을 최소화하는 것을 목적으로 하는 경영기법이다.
② 운영리스크는 거래 자료의 분실, 오류, 유가증권의 가격변동 등에 의한 금융리스크가 있다.
③ 유동성리스크는 거래 일방이 일시적인 자금부족으로 정해진 결제시점에서 결제의무를 이행하지 못해 거래 상대방의 자금조달계획에 미치는 손실가능성을 말한다.
④ 신용리스크는 재무거래의 계약 상대방이 계약 조건을 이행하지 못함으로써 발생하는 위험을 말한다.
⑤ 시장리스크는 금융자산이나 부채가 이자율, 환율 등의 불리한 변동에 따라 손실을 볼 수 있는 위험을 말한다.

해설

운영리스크란, 업무수행에 있어서의 부적절하거나 잘못된 규정이나 규칙, 절차, 인력 등의 내부 요인이나 외부 사건으로부터 발생하는 경제적 손실을 말한다. 유가증권의 가격변동 위험은 시장리스크에 해당된다.

답 ②

003 □□□ **다음 중 보통주에 대한 설명으로 옳지 않은 것은?** 기출복원

① 보통주주는 자기가 소유하고 있는 지분에 대한 권리를 행사할 수 없다.
② 주식회사가 출자에 대한 증표로 보통주주에게 발행한 주권을 뜻한다.
③ 보통주주는 회사 정리 시 잔여재산처분의 최종적인 참여자가 된다.
④ 보통주의 소유자는 자기가 소유하고 있는 지분에 따라서 회사에서 주인의 역할을 담당한다.

해설

보통주주는 채권자나 우선주주와는 달리 자기가 소유하고 있는 지분에 대한 권리(의결권)를 행사할 수 있다. 우선주는 부채와 보통주의 중간적 성격으로 고정적인 배당률이 확정되어 있다.

답 ①

004 □□□ **자본자산가격모형(capital asset pricing model)에 따르면 무위험 이자율이 3%이고, 시장의 위험프리미엄은 8%, 베타가 1.5인 주식의 기대수익률은?** 2021 감사직

① 15%
② 12%
③ 10.5%
④ 13.5%

해설

기대수익률 = 무위험이자율 + (시장포트폴리오 기대수익률 − 무위험이자율) × 베타계수(βi)
= 무위험이자율 + 시장의 위험프리미엄 × 베타계수(βi)
= 3 + 8 × 1.5 = 15(%)이다.

답 ①

005 □□□ **다음 중 이자율이 10%인 경우, 2년 후에 1,000원을 받을 수 있는 채권의 현재가치는 얼마인가?** 기출복원

① 826원
② 890원
③ 900원
④ 956원

해설

현재가치를 계산하는 문제로, 1,000원에는 2년 간의 이자가 포함된다.

∴ 현재가치(PV) = $\frac{1,000}{(1+0.1)^2}$ = 약 826(원)이다.

답 ①

006 **다음 중 재무비율에 대한 설명으로 바르지 않은 것은?** 기출복원

① 부채비율은 장 · 단기 모든 부채를 자기자본으로 나눈 값이다.
② 유동비율은 유동자산을 유동부채로 나눈 값이다.
③ 매출채권회전율은 평균매출채권을 매출액으로 나눈 값이다.
④ 당좌비율은 유동자산에서 재고자산을 차감하고 난 후 유동부채로 나눈 값이다.
⑤ 재무비율은 경영성과 등의 재무상태를 분석하고 평가하는 기법이다.

해설

매출채권회전율은 매출액을 평균매출채권으로 나눈 값이다.

답 ③

007 **다음 설명 중 바르지 않은 것은?** 기출복원

① 포트폴리오 이론은 투자기간을 단일기간으로 가정하며, 포트폴리오에 포함된 주식의 수가 많을수록 총위험은 감소한다.
② 분산투자를 통하여 제거할 수 있는 주식들의 위험을 시장위험, 체계적 위험, 분산불가능 위험이라고 한다.
③ 위험은 미래의 실제성과가 기대성과와 다를 가능성을 의미한다.
④ 포트폴리오의 분산투자는 비체계적인 위험을 제거하여 총위험을 감소시키는 것이다.
⑤ 분산투자는 포트폴리오의 기대수익률에 영향을 미치지 않는다.

해설

분산투자를 통하여 제거할 수 있는 주식들의 위험은 고유위험(분산가능 위험)이다.

답 ②

008 □□□ **다음 중 옵션에 대한 설명으로 옳지 않은 것은?** 기출복원

① 동일한 만기와 동일한 행사가격을 가지는 콜옵션과 풋옵션을 동시에 매수하는 전략을 스트래들매수라고 한다.
② 옵션의 기초자산을 특정일까지 매도할 수 있는 권리를 옵션매입자에게 부여하는 것을 콜옵션이라고 한다.
③ 미국식 옵션은 만기일 이전에도 옵션을 행사할 수 있으나, 유럽식 옵션은 옵션만기일이나 만기일 직전에만 옵션을 행사할 수 있다.
④ 주가가 낮을수록 주식 풋옵션의 가격은 상승한다.
⑤ 잔존기간이 길수록 풋옵션의 가격은 상승한다.

해설

②는 풋옵션에 대한 설명이다.

답 ②

009 □□□ **다음 중 황금낙하산에 대한 설명으로 맞는 것은?** 기출복원

① 기업의 여러 사업부문 중에서 핵심적인 사업부를 매각한다.
② 일시에 피인수기업의 상당한 지분을 매입한 후 매수기업의 경영자에게 기업매수의 의사를 전달하는 방법이다.
③ 적대적 M&A에 대비하여 최고경영자가 자신의 받을 권리를 고용계약에 기재한다.
④ 적대적 합병, 매수를 어렵게 만드는 조치를 정관에 삽입 · 규정한다.
⑤ 제3의 우호적인 인수기업을 찾아본다.

해설

황금낙하산은 임직원의 신분을 보장하는 방어적인 전략으로 ③이 해당된다.

답 ③

010 **우리나라 주식시장에서 주주들이 고배당기업을 선호하는 이유로 옳지 않은 것은?**

기출복원

① 세금효과 ② 불확실성 제거
③ 신호효과 ④ 현재 수입 선호

해설

주주들이 고배당기업을 선호하는 이유와 세금효과(세금감면)는 무관하다.

답 ①

011 **다음 중 어떤 상품의 가격이 시장 간에 상이할 경우 저가의 시장에서 매입한 후 고가의 시장에 매각함으로써 매매차익을 얻는 것은?**

기출복원

① 스왑 ② 헤지
③ 옵션 ④ 차익거래

해설

차익거래의 설명으로, 시장 간에 가격이 상이할 경우에 매매차익을 얻는 것(APT)이다.

답 ④

012 **다음 중 상품이나 유가증권 등 기초자산을 미리 정해진 가격으로 팔 수 있는 권리는?**

기출복원

① 콜옵션(call option) ② 공매도
③ 스왑(swap) ④ 선도거래
⑤ 풋옵션(put option)

해설

풋옵션(put option)은 기초자산을 미리 정해진 가격으로 팔 수 있는 권리를 말한다.

답 ⑤

013 ☐☐☐ **다음 중 투자안의 경제성 분석에 관한 설명으로 옳지 않은 것은?** 2022 가맹거래사

① 순현재가치법은 화폐의 시간적 가치를 반영한 평가방법이다.
② 순현재가치법은 가치가산의 원리가 성립한다.
③ 내부수익률은 투자안의 현금유입의 현재가치와 현금유출의 현재가치를 일치시키는 할인율이다.
④ 상호배타적 투자안 평가 시 내부수익률법과 순현재가치법의 평가결과는 항상 서로 일치한다.
⑤ 수익성지수가 1인 투자안의 순현재가치는 0이다.

해설

상호배타적 투자안 평가 시 내부수익률법과 순현재가치법의 평가결과는 일치할 수도 있고 그렇지 않을 수도 있다.

답 ④

014 ☐☐☐ **다음 중 단일 투자안의 경제성 평가방법에 대한 설명으로 옳지 않은 것은?** 2020 감사직

① 순현가법(NPV)은 투자대안의 현금흐름을 현재가치로 할인하고 투자원금과 비교하여 채택 여부를 결정한다.
② 회계적 이익률법(AAR)은 장부상 연평균 회계적 이익이 장부상 총자산에서 차지하는 비율로 측정된다.
③ 내부수익률(IRR)로 투자대안의 현금흐름을 할인하면 순현재가치는 '0'이 된다.
④ 회수기간법(PB)은 투자대안의 현금흐름을 바탕으로 투자원금을 회수하는 데 걸리는 기간을 측정하지만, 자의적인 판단기준이 필요하다.

해설

회계적 이익률법(AAR)은 1년 단위(연 평균)로 평균 투자액 대비 회계적 이익이 얼마인가를 평가하는 방법(과거 성과평가)이다.

답 ②

015 다음 중 투자안 분석에서 순현가법(NPV)과 내부수익률법(IRR)을 비교한 설명으로 적절하지 않은 것은? 기출복원

① 투자안에서 발생하는 현금유입을 순현가법에서는 할인율로, 내부수익률법에서는 내수수익률로 재투자한다고 가정한다.

② 순현가법에서는 순현가가 하나 존재하고, 내부수익률법에서는 내부수익률이 전혀 존재하지 않거나 여러 개의 내부수익률이 나타날 수 있다.

③ 순현가법에서는 가치의 가산법칙이 적용되지 않고, 내부수익률법에서는 가치의 가산법칙이 적용된다.

④ 독립적인 투자안의 경우 순현가법이나 내부수익률법에 의한 투자평가 결과가 항상 같지만, 상호배타적 투자안의 경우 두 방법의 투자평가 결과가 서로 다를 수 있다.

해설

순현가법은 가치의 가산법칙이 적용되고, 내부수익률법은 가치의 가산법칙이 적용되지 않는다.

답 ③

016 다음 중 증권시장선(SML)과 자본시장선(CML)에 관한 설명으로 옳지 않은 것은? 2021 공인노무사

① 증권시장선의 기울기는 표준편차로 측정된 위험 1단위에 대한 균형가격을 의미한다.

② 증권시장선 아래에 위치한 자산은 과대평가된 자산이다.

③ 자본시장선은 효율적 자산의 기대수익률과 표준편차의 선형관계를 나타낸다.

④ 자본시장선에 위치한 위험자산은 무위험자산과 시장포트폴리오의 결합으로 구성된 자산이다.

⑤ 자본시장선에 위치한 위험자산과 시장포트폴리오의 상관계수는 1이다.

해설

증권시장선(SML)의 기울기는 위험단위당 프리미엄을 의미한다.

답 ①

017 □□□ **다음 중 채권에 대한 설명으로 옳지 않은 것은?** 기출복원

① 채권이란, 회사에서 발행하는 유가증권으로 일정한 이자의 지급을 예정하여 발행하는 타인자본이다.

② 채권은 주식과는 다르게 만기가 정해져 있다.

③ 채권의 발행기관은 정부와 지자체, 특수법인 등이 있다.

④ 영구채권(perpetual bond)은 일정한 기간 동안 이자만 지급하는 채권으로, 만기가 도래했을 때 이자와 원금을 모두 지급해야 하는 채권이다.

해설

영구채권(perpetual bond)은 일정한 기간 동안 이자만 지급하는 채권으로, 만기가 없으며 원금상환도 없다.

답 ④

018 □□□ **다음 중 적대적 M&A의 방어수단 전략으로 바르지 않은 것은?** 기출복원

① 정관개정 ② 황금낙하산

③ 백기사 ④ 곰의 포옹

⑤ 왕관의 보석

해설

곰의 포옹은 M&A의 공격적인 전략에 해당된다.

답 ④

019 **다음 설명 중 옳은 것은?** 기출복원

① 효율적 포트폴리오는 효율적 투자선에 개인의 무차별곡선을 도입하여 선택한 포트폴리오이다.
② 효율적 집합이란 최적 포트폴리오를 연결한 곡선을 의미한다.
③ 최적 포트폴리오는 지배의 원리를 적용하여 선택한 포트폴리오를 의미한다.
④ 평균-분산기준이란 위험이 동일할 경우 기대수익이 높은 투자안을, 기대수익이 동일할 경우 위험이 작은 투자안을 선택하는 것을 의미한다.

해설

지배의 원리에 의해 결정되는 것은 효율적 집합이며, 효율적 투자선과 투자자의 무차별곡선이 접하는 것이 최적 포트폴리오이다. 즉, 최적 포트폴리오는 효율적 투자선의 한 점이다.

답 ④

020 **다음 중 주식배당에 대한 설명으로 옳은 것은?** 기출복원

① 새로운 주식을 발행하는 것을 말한다.
② 주식을 세분화하여 주식 수를 증가시키는 것을 말한다.
③ 현금 대신 추가주식의 형태로 배당을 지급하는 것을 말한다.
④ 주식을 병합하여 주식의 수를 줄이는 것을 말한다.

해설

주식배당은 주주에게 현금 대신 주식을 지급하는 비현금배당을 말한다.

답 ③

021 **다음 중 포트폴리오 이론에 관한 설명으로 옳지 않은 것은?** 2021 가맹거래사

① 체계적 위험을 측정하는 방법으로 베타계수를 사용할 수 있다.
② '계란을 한 바구니에 담지 말라'는 포트폴리오 투자를 대표하는 격언이다.
③ 포트폴리오의 구성자산 수를 늘릴수록 제거할 수 있는 위험을 체계적 위험이라고 한다.
④ 구성자산들 간의 상관계수가 낮을수록 분산투자 효과가 높은 편이다.
⑤ KODEX 200 ETF에 투자하는 것은 분산투자의 일종이다.

해설

분산효과가 있는 비체계적 위험이다.

답 ③

022 □□□ **다음 중 경영자로부터 야기되는 대리인 문제를 줄이기 위해 기업 외부에서 작동하는 제반 장치가 아닌 것은 무엇인가?** 기출복원

① M&A시장　　② 경영자노동시장
③ 감사위원회　　④ 외부자본시장

해설

기업의 내부구조는 감사위원회, 사외이사제도, 소유구조, 주주총회, 주주협의회 등이 있다.

▶ 선지분석

① M&A시장, ② 경영자노동시장, ④ 외부자본시장은 기업의 외부지배구조라고도 한다.

답 ③

023 □□□ **주식 풋옵션(put option)의 가치는 주가, 행사가격, 변동성, 이자율, 배당률, 잔존만기에 의해 결정된다고 한다. 다음 중 각 요인이 주식 풋옵션의 가치에 미치는 영향에 대한 설명으로 옳지 않은 것은?** 기출복원

① 주가가 낮을수록 주식 풋옵션의 가치는 높아진다.
② 행사가격이 낮을수록 주식 풋옵션의 가치는 높아진다.
③ 변동성이 높을수록 주식 풋옵션의 가치는 높아진다.
④ 잔존만기가 길수록 주식 풋옵션의 가치는 높아진다.

해설

풋옵션은 주식의 가치가 하락하는 것을 대비해 미리 정해진 가격에 팔 수 있는 권리를 말한다. 주가보다 행사가격이 낮을 경우에는 풋옵션을 행사하지 않으므로 가치는 하락한다.

답 ②

024 다음 중 선물거래에 대한 설명이 아닌 것은? 기출복원

① 매매 쌍방 간에 미래의 일정시점에 약정된 상품을 미리 정한 가격에 일정수량 매매하기로 계약하는 것이다.

② 항상 상품가격의 등락에 대한 위험에 직면해 있다.

③ 공인된 대표적인 상품거래소로는 런던금속거래소, 시카고상품거래소, 뉴욕상품거래소 등이 있다.

④ 상품의 실제 인도와 인수는 거래소로 인정하는 창고에서 발행한 창고증권의 인수도로서 대신한다.

해설

②는 현물거래에 대한 내용이다. 선물거래는 매매 쌍방 간에 미래의 일정시점에 약정된 상품을 미리 정한 가격에 일정 수량 매매하기로 계약하고, 이 계약의 만기 이전 반대매매를 행하거나 또는 만기일에 현물을 실제로 인수도 함으로써 그 계약을 이행하는 것을 말한다.

답 ②

025 다음 중 옵션에 대한 설명으로 옳지 않은 것은? 2021 감사직

① 옵션의 델타는 기초자산의 가격변화분에 대한 옵션가격의 변화분을 나타내는 지표이다.

② 무위험이자율이 높을수록 콜옵션의 가격은 높다.

③ 풋옵션 매도자는 옵션 만기에 기초자산을 팔 의무가 존재한다.

④ 콜옵션 매도자는 행사가격이 기초자산의 가격보다 낮을 때 그 의무를 이행한다.

해설

풋옵션 매도자는 기초(대상)자산이 행사가격보다 높을 경우 행사에 따른 의무가 존재하지 않는다. 기초자산 가격이 행사가격보다 낮을 경우 옵션을 행사하므로 의무가 발생한다.

답 ③

PART 8

회계원리

제38회 회계원리(1)
제39회 회계원리(2)
제40회 회계원리(3)

제38회 | 회계원리(1)

001 □□□

다음 중 회계정보와 관련된 여러 설명들이다. 이 중 가장 옳지 않은 것은?

2022 군무원 5급

① 회계정보의 이용자 집단은 다양하며, 이를 크게 외부이용자 집단과 내부이용자 집단으로 분류할 수 있다.

② 회계정보를 이용자들에게 전달하는 가장 주된 수단은 재무제표로서, 여기에는 재무상태표, 포괄손익계산서, 현금흐름표, 이익잉여금처분계산서가 있다.

③ 경영자(혹은 경영진)는 회계정보 이용자 집단 중 내부이용자 집단으로, 주주는 외부이용자 집단으로 분류된다.

④ 외부이용자 집단에게 회계정보를 보고(혹은 전달)하기 위하여 수행되는 회계 분야를 재무회계라 한다.

해설

재무제표(IFRS)의 유형에는 재무상태표, 포괄손익계산서, 현금흐름표, 자본변동표가 있다.

답 ②

002 □□□

다음 중 재무상태표에 대한 설명으로 가장 옳지 않은 것은?

2021 군무원 9급

① 재무상태표는 자산, 부채 및 자본으로 구분한다.

② 재무상태표를 통해 기업의 유동성과 재무상태를 파악할 수 있다.

③ 재무상태표는 일정기간 동안의 경영성과를 나타낸 재무제표이다.

④ 재무상태표의 자산 항목은 유동자산과 비유동자산으로 구분한다.

해설

재무상태표는 일정 시점의 기업의 재무상태를 나타낸다. ③은 포괄손익계산서이다.

답 ③

003 □□□

유용한 재무정보는 근본적 질적 특성과 보강적 질적 특성으로 구분한다. 다음 중 근본적 질적 특성에 해당되는 것은 어느 것인가?

기출복원

① 검증가능성　② 계속기업의 가정

③ 비교가능성　④ 목적 적합성

⑤ 이해가능성

해설

근본적 질적 특성은 ④와 충실한 표현이다.

답 ④

004 **다음 설명에 해당하는 용어는?** 2021 경영지도사

- 재무제표 각 요소를 재무상태표나 포괄손익계산서에 반영하는 과정을 말한다.
- 이 과정을 통하여 재무제표에 해당 항목의 명칭과 화폐 금액이 나타나게 된다.

① 인식 ② 통합
③ 분류 ④ 측정
⑤ 제거

해설

인식이란, 기업에서 일어나는 여러 활동 중에 회계 기록의 대상이 되는 활동을 식별해 내는 것이다.

답 ①

005 **다음 중 현금흐름표에 관한 설명으로 옳지 않은 것은?** 2023 공무원 9급

① 현금흐름표는 일정시점의 현금유입액과 현금유출액에 대한 정보를 제공하는 재무제표이다.
② 현금흐름표상의 현금흐름은 영업활동으로 인한 현금흐름, 투자활동으로 인한 현금흐름, 재무활동으로 인한 현금흐름으로 분류된다.
③ 현금흐름표는 다른 재무제표와 같이 사용되는 경우 순자산의 변화, 재무구조(유동성과 지급능력 포함), 그리고 변화하는 상황과 기회에 적응하기 위하여 현금흐름의 금액과 시기를 조절하는 능력을 평가하는데 유용한 정보를 제공한다.
④ 역사적 현금흐름 정보는 미래현금흐름의 금액, 시기 및 확실성에 대한 지표로 자주 사용된다. 또한 과거에 추정한 미래 현금흐름의 정확성을 검증하고, 수익성과 순현금흐름 간의 관계 및 물가 변동의 영향을 분석하는데 유용하다.

해설

현금흐름표는 일정기간 동안 기업 실패의 현금의 유입이나 유출에 대한 정보를 제공하는 보고서이다.

답 ①

006 □□□ **몇 개의 선택 가능한 방법이 있는 경우 건전한 방법에 따라 회계를 처리해야 한다는 원칙은?**

기출복원

① 선택성의 원칙
② 안전성의 원칙
③ 충분성의 원칙
④ 계속성의 원칙

해설

안전성의 원칙은 보수주의의 원칙이라고도 하며 자산과 이익은 적게, 비용과 부채는 많게 계상하여 기업의 재무상태가 대외적으로 표시된 것보다 더 건전한 상태가 되도록 하는 것이다. 장래 기업의 도산이나 파산에 대비하는 적절한 회계처리를 요구하는 원칙이다.

답 ②

007 □□□ **다음 중 회계에서 정의하는 거래에 해당하지 않는 것은?**

2022 군무원 5급

A. 현금 ₩50,000으로 소모품을 구입하다.
B. 월급 ₩500,000에 종업원을 채용하기로 하다.
C. 현금 ₩100,000과 건물 ₩200,000으로 영업을 시작하다.
D. 어젯밤 창고에 보관 중이던 상품(원가 ₩30,000)이 도난당했다.
E. 원재료 ₩100,000을 구입하기로 하고 계약금 ₩20,000을 선급하다.
F. 서울물산에 상품 ₩150,000을 판매하기로 계약을 맺다.
G. 5월 말 현재 5월분 월급 ₩500,000을 다음 달에 지급하기로 하다.

① B, F
② B, D, F
③ B, F, G
④ D, F, G

해설

일상적인 거래이나 회계상의 거래가 아닌 것은 상품의 주문계약, 종업원의 고용계약, 부동산의 임대차계약 등이다. 회계상의 거래는 자본 · 자산 · 부채의 증감(화재, 도난 포함)이 있어야 한다.

답 ①

008 □□□ **다음 중 현행 K-IFRS에 의한 재무제표에 해당하지 않는 것은?**

2023 공인노무사

① 재무상태변동표
② 포괄손익계산서
③ 자본변동표
④ 현금흐름표
⑤ 주석

해설

K-IFRS에 의한 재무제표에는 재무상태표, ②, ③, ④, ⑤가 있다.

답 ①

009 **다음 중 재고자산으로 바르지 않은 것은?** 기출복원

① 비품
② 판매를 목적으로 매입한 건물
③ 원재료, 저장품
④ 재공품, 제품

해설

재고자산은 정상적인 영업과정에서 판매를 목적으로 보유하는 자산(제품, 부품, 제공품, 반제품 등)이며, 건물이라도 판매 목적이라면 재고자산에 해당된다. 비품은 일상적인 업무에 필요하여 사용하기 위한 물품(유형자산)이다.

답 ①

010 **다음 중 분개할 때 차변에 기록할 거래는?** 2023 가맹거래사

① 매입채무 감소
② 매출채권 감소
③ 자본금 증가
④ 차입금 증가
⑤ 선급금 감소

해설

차변에는 자산 증가, 부채 감소, 자본 감소, 비용 발생에 해당되는 것을 기록한다.

답 ①

011 **주식과 사채와의 차이점을 설명한 것 중 바르지 않은 것은?** 기출복원

① 사채는 회사의 채무지만, 주식은 채무가 아니다.
② 사채권자는 경영에 참여할 수 없으나, 주주는 경영에 참여할 수 있다.
③ 사채는 이자를 지급하여야 하나, 주식은 이익을 배당한다.
④ 사채는 장기자금의 주요 조달원천이지만, 주식은 그렇지 않다.

해설

사채는 주식과 함께 장기자금의 조달원천이다.

답 ④

012 □□□ **다음 중 감가상각의 옳은 방법이 아닌 것은?** 2021 군무원 7급

① 대상 자산의 원가에서 잔존가치를 차감한 금액을 추정내용연수로 나누어 매년 동일한 금액을 차감하는 방법
② 추정내용연수의 합계와 잔여내용연수의 비율을 이용하여 구한 금액을 차감하는 방법
③ 대상 자산의 기초 장부가액에 일정한 상각률을 곱하여 구한 금액을 차감하는 방법
④ 대상 자산의 잔존가치를 매년 동일하게 차감하는 방법

해설

▶ 선지분석

①은 정액법, ②는 연수합계법, ③은 정률법에 대한 설명이다.

답 ④

013 □□□ **다음 중에서 관리회계에 대한 설명으로 가장 옳지 않은 것은?** 2022 군무원 9급

① 기업 외부의 이해관계자들이 필요한 정보를 제공한다.
② 사업부별 성과분석을 제공한다.
③ 원가절감을 위한 원가계산 정보를 제공한다.
④ 기업회계기준이나 국제회계기준 등의 규칙을 준수하지 않아도 된다.

해설

①은 재무회계에 대한 설명이다.

답 ①

014 □□□ **다음 중 비화폐성 자산은?** 기출복원

① 현금 ② 예금
③ 수취채권 ④ 토지, 건물

해설

비화폐성 자산이란, 시간이 경과하거나 화폐가치가 변동함에 따라 자산의 화폐평가액이 변동하는 자산으로, 재고자산이나 투자자산과 같이 교환가치를 제공하는 것과 유형자산이나 무형자산과 같이 사용가치를 제공하는 것을 말한다.

답 ④

015 다음 중 비유동부채와 유동부채의 구분은 무엇인가? 기출복원

① 회사규모와 작성편의를 기준으로 한다.
② 중요성의 원칙에 의한다.
③ 채무발생일을 기준으로 한다.
④ 재무상태표일을 기준으로 한다.

해설

재무상태표일을 기준으로 1년 이내 또는 정상영업 순환주기 중 긴 기간 내에 상환기간이 도래하는 것을 유동부채, 1년 이상은 비유동부채라 한다.

답 ④

016 다음 중 현금흐름표에 대한 설명으로 틀린 것은? 기출복원

① 일정기간 동안의 현금흐름을 영업활동, 투자활동, 재무활동으로 나누어 표시하는 것이다.
② 기업의 배당금지급능력과 채무상환능력을 평가할 수 있다.
③ 현금흐름표의 작성방법으로 직접법과 간접법이 있다.
④ 포괄손익계산서와 마찬가지로 발생주의에 근거하여 작성한다.

해설

현금흐름표는 현금주의에 근거하여 작성한다.

답 ④

017 공장을 신축하고자 1억 원의 토지를 현금으로 취득한 거래가 재무제표 요소에 미치는 영향은? 2021 공인노무사

① 자본의 감소, 자산의 감소
② 자산의 증가, 자산의 감소
③ 자산의 증가, 자본의 증가
④ 자산의 증가, 부채의 증가
⑤ 비용의 증가, 자산의 감소

해설

1억 원의 토지를 취득(자산의 증가)하면서 현금을 지불(자산의 감소)한 거래가 행해졌다.

답 ②

018 ☐☐☐ **포괄손익계산서상의 당기순이익을 기업에 유보한 것을 가리키는 것은?** 기출복원

① 자본조정 ② 이익잉여금
③ 자본잉여금 ④ 자본금

해설

이익잉여금은 손익거래에 의해 발생한 순이익을 원천으로 한 잉여금이다.

답 ②

019 ☐☐☐ **다음 설명 중 옳지 않은 것은?** 기출복원

① 개별법은 실제원가와 실제수익에 대응되므로 대응원칙에 가장 충실하다.
② 평균법은 실무적으로 적용하기 편리하며 이익 조장의 가능성이 낮다.
③ 후입선출법은 고가이며 소량인 재고자산에 쉽게 적용할 수 있다.
④ 후입선출법은 당기순이익이 적게 계상되는 단점이 있다.

해설

고가이며 소량인 재고자산에 쉽게 적용할 수 있는 것은 개별법이다.

답 ③

020 ☐☐☐ **다음 〈보기〉를 이용하여 매출원가를 구하면?** 기출복원

〈보기〉

당기상품매입액	₩5,000,000	기말상품재고액	₩800,000
기초상품재고액	₩600,000	매입환출	₩500,000

① ₩3,600,000 ② ₩4,300,000
③ ₩4,700,000 ④ ₩4,800,000

해설

매출원가 = 기초상품재고액 + 당기상품매입액 − 기말상품재고액이다.
= 600,000 + (5,000,000 − 500,000) − 800,000 = 4,300,000이다.

답 ②

021 **다음 중 자본 항목으로 옳지 않은 것은?** 2021 가맹거래사

① 우선주 자본금 ② 미지급배당금
③ 자기주식 ④ 기타 포괄손익누계액
⑤ 이익잉여금

해설

미지급배당금은 자본 항목과는 무관하다.

답 ②

022 **다음 중 주요 재무제표인 현금흐름표(statement of cash flows)에 관한 설명으로 가장 적절하지 않은 것은?** 2023 군무원 5급

① 영업활동으로부터 현금이 영(0)보다 크다는 것은 그 회사가 추가 현금을 창출했음을 의미한다.
② 재무활동으로부터 현금이 영(0)보다 크다는 것은 그 회사가 장기부채를 갚아 나가고 있음을 의미한다.
③ 투자활동으로부터 현금이 영(0)보다 크다는 것은 그 회사가 보유하고 있는 장기자산을 매각하고, 미래 생산 가능 능력을 줄이고 있음을 의미한다.
④ 현금은 재무상태표에 있는 자산 항목 중 하나이며, 현금흐름표는 그 현금을 어떻게 사용했는지에 대한 자세한 정보를 제공한다.

해설

재무활동으로부터 현금이 영(0)보다 크다는 것은 부채의 증가나 자산이 감소하고 있음을 의미한다.

답 ②

023 **다음 중 재무제표에 대한 설명으로 바르지 않은 것은?** 기출복원

① 재무상태표는 기업의 일정시점에서의 재무상태를 나타내는 것으로 기업의 유동성, 재무적 탄력성, 수익성과 위험을 평가하는 데 유용한 정보를 제공한다.
② 포괄손익계산서는 소유주와의 자본거래에 따른 자본의 변동을 제외한 기업 순자산의 변동을 표시하는 보고서이다.
③ 자본변동표는 일정기간 동안의 자본변동에 관한 정보를 제공한다.
④ 현금흐름표는 영업활동, 재무활동, 매입활동으로 구분하며, 일정 기간 동안의 현금 및 현금성 자산의 변동에 관한 정보를 제공한다.
⑤ 주석은 재무제표에 표시하는 추가적으로 제공하는 정보이다.

해설

현금흐름표는 영업활동, 재무활동, 투자활동으로 구분하며, 일정 기간 동안의 현금 및 현금성 자산의 변동에 관한 정보를 제공한다.

답 ④

024 **다음 중에서 등식이 바르지 않은 것은?** 기출복원

□□□

① 자본 등식: 자산총액 − 부채총액 = 자본총액

② 잔액시산표 등식: 기말자산 + 총비용 = 기말부채 + 기말자본 + 총수익

③ 재무상태표 등식: 자산 = 부채 + 자본

④ 포괄손익계산서 등식: 비용총액 + 순이익 = 수익총액, 수익총액 + 순손실 = 비용총액

해설

잔액시산표 등식은 기말자산 + 총비용 = 기말부채 + 기초자본 + 총수익이다.

답 ②

025 **다음 중 일반적인 회계처리 순서로 보기 어려운 것은?** 기출복원

□□□

① 매출원가 → 수정 전 시산표 → 집합손익 → 이익잉여금

② 수정 전 시산표 → 수정분개 → 수정 후 시산표 → 재무제표

③ 분개장 → 원장 → 수정 전 시산표

④ 거래발생 → 분개 → 전기

해설

회계의 순환 순서는 거래발생 → 분개 → 전기 → 수정 전 시산표 → 수정분개 → 수정 후 시산표 → 계정의 마감 → 재무제표 작성의 순이다.

답 ①

제39회 | 회계원리(2)

001 **다음 중 회계제도에 대한 설명으로 알맞지 않은 것은?** 기출복원

① 단식부기는 일정한 원리나 원칙에 따라 기장한다.
② 부기는 기록계산 방법에 따라 단식부기와 복식부기로 나누어진다.
③ 부기는 회계거래들을 장부에 기록하는 회계정보의 생산측면을 강조한다.
④ 복식부기는 일정규모 이상의 기업 또는 내부견제를 강화하기 위한 영리조직에 사용된다.

해설

단식부기는 일정한 원리나 원칙이 없으며, 자기검증기능도 없다. 일반적으로 소규모 조직이나 비영리 조직에서 사용한다.

답 ①

002 **다음 중 재무제표 요소의 측정에 관한 설명으로 옳지 않은 것은?** 2021 경영지도사

① 역사적 원가의 측정 시점은 과거이다.
② 현행 원가의 측정 시점은 현재이다.
③ 사용가치의 측정 시점은 미래이다.
④ 공정가치는 유입가치이다.
⑤ 사용가치는 유출가치이다.

해설

- 유출가치(자산이 처분되거나 부채가 소멸될 때 교환되는 금액): 공정가치, 사용가치, 이행가치
- 유입가치(자산 등을 구매했을 때 금액): 현행원가

답 ④

003 □□□ **다음 중 일정기간 동안 기업의 현금 변동상황, 즉 현금유입과 현금유출에 대한 정보를 제공하는 재무제표 중 하나로서 현금흐름표(statement of cash flow)의 3가지 구성요소를 가장 올바르게 표시하고 있는 것은?** 2023 군무원 7급

① 관리활동 / 영업활동 / 투자활동으로 인한 현금흐름
② 영업활동 / 투자활동 / 재무활동으로 인한 현금흐름
③ 투자활동 / 재무활동 / 정보활동으로 인한 현금흐름
④ 정보활동 / 관리활동 / 영업활동으로 인한 현금흐름

해설

현금흐름표의 3가지 구성요소 ②이다.

답 ②

004 □□□ **회계정보 또는 재무정보의 질적 특성 중 정보이용자가 항목 간의 유사성과 차이점을 식별하고 이해할 수 있도록 하는 것은?** 기출복원

① 적시성
② 비교가능성
③ 목적적합성
④ 검증가능성
⑤ 표현충실성

해설

회계의 질적 특성에서 항목 간의 유사성과 차이점을 식별하고 이해할 수 있도록 하는 것은 비교가능성이다.

답 ②

005 □□□ **다음 중 현금흐름표에 관한 설명으로 옳지 않은 것은?** 2021 경영지도사

① 자금 개념을 현금 및 현금성 자산으로 정의한다.
② 기간별 경영성과를 평가하는 데 유용하다.
③ 영업, 투자 및 재무활동으로 분류하여 보고한다.
④ 배당지급 능력 및 부채 상환능력에 대한 정보를 제공한다.
⑤ 미래 현금흐름의 예측과 평가에 유용한 정보를 제공한다.

해설

현금흐름표란, 기업이 일정기간 동안 영업활동에 필요한 자금을 어떻게 조달했고, 조달한 자금을 어디에 사용했는지를 명확하게 보여주는 재무제표이다.

답 ②

006 **다음 중 회계상의 거래에 해당하는 것으로만 짝지은 것은?** 2023 군무원 9급

ㄱ. ₩1,000짜리 상품을 주문받다. ㄴ. ₩5,000짜리 상품을 도난당하다. ㄷ. ㈜甲으로부터 ₩1,000,000짜리 프린터 1대를 기증받다. ㄹ. ₩500,000짜리 상품을 외상으로 매입하다.

① ㄱ, ㄴ, ㄷ
② ㄱ, ㄴ, ㄹ
③ ㄱ, ㄷ, ㄹ
④ ㄴ, ㄷ, ㄹ

해설

주문은 일상적인 거래이나 회계상의 거래(자산, 부채, 자본의 변화가 있음)는 아니다.

답 ④

007 **다음 중 재무제표의 구성요소에 관한 설명으로 옳지 않은 것은?** 기출복원

① 자산은 기업이 소유하고 있는 토지, 건물, 기계, 채권 등과 같은 경제적 자원을 말한다.
② 부채에는 외상매입금이나 차입금 등이 포함된다.
③ 수익은 자산의 유입이나 증가 또는 부채의 감소에 따라 자본의 증가를 초래하는 특정 회계기간 동안에 발생한 경제적 효익의 증가이다.
④ 부채는 상환될 때까지 지급할 금액을 기준으로 유동부채와 비유동부채로 분류된다.
⑤ 이익 또는 손실은 수익에서 비용을 차감하여 구한다.

해설

유동부채와 비유동부채의 구분은 기간(1년)을 기준으로 분류한다.

답 ④

008 다음 중 포괄손익계산서의 작성기준에 대한 설명으로 틀린 것은? 기출복원

□□□

① 매출총이익, 영업손익, 법인세비용차감순손익, 당기순익으로 구분하여 표시하여야 한다.

② 비용과 수익은 총액에 의하여 기재하는 것이 원칙이고, 수익과 비용항목을 직접 상계함으로써 그 전부 또는 일부를 포괄손익계산서에서 제외한다.

③ 수익과 비용은 그 발생원천에 따라 명확하게 분류하고, 각 수익항목과 이에 관련되는 비용항목은 대응표시를 하여야 한다.

④ 모든 수익과 비용은 그것이 발생한 기간에 정당하게 배분되도록 처리하여야 한다.

해설

총액주의에 의해 포괄손익계산서에서 비용과 수익을 제외하여서는 안 된다.

답 ②

009 다음 중 재무상태표에 관한 설명으로 틀린 것은? 기출복원

□□□

① 보고양식으로 보고식만 허용된다.

② 기업의 재무상태를 나타내는 재무제표이다.

③ 정태보고서이다.

④ '자산=부채+자본'이라는 등식에 의해 작성된다.

해설

재무상태표의 양식은 당기와 전기를 비교하는 형식으로 작성되며, 보고식을 원칙으로 하되 계정식도 허용하고 있다. 또한 재무상태표는 일정시점에서의 기업의 재무상태를 보고하는 것으로 차변 항목은 자원구조를, 대변 항목은 재무구조를 나타낸다.

답 ①

010 다음 계정항목 중 재무상태표의 구성항목이 아닌 것은? 기출복원

□□□

① 유형자산 ② 유동부채

③ 자본금 ④ 이익잉여금

⑤ 매출원가

해설

재무상태표의 구성은 자산(유동자산, 비유동자산), 자본(자본금, 자본잉여금, 이익잉여금, 자본조정), 부채(유동부채, 비유동부채)이다. 매출원가는 포괄손익계산서의 비용에 해당된다.

답 ⑤

011 **다음 중 영업활동을 통한 현금흐름에 해당되는 것은?** 기출복원

① 재화와 용역의 구입에 따른 현금유출
② 유형자산 처분에 따른 현금유입
③ 제3자에 대한 대여금
④ 주식이나 기타 지분상품의 발행에 따른 현금유입
⑤ 차입금의 상환에 따른 현금유출

해설

영업활동을 통한 현금흐름은 기업이 일정기간 상품과 서비스를 제공하고 이익을 얻는 활동으로, 생산 · 구매 · 판매가 해당된다.

▶ 선지분석

②, ③은 투자활동에 의한 현금흐름에 해당되며 ④, ⑤는 재무활동에 의한 현금흐름에 해당된다.

답 ①

012 **다음 ㈜대한기업은 2023년 1월 2일에 최신형 노트북을 총 3,000,000원(세금포함)에 구입하였다. 감가상각법은 정액법을 따른다고 가정하고, 사무용 기기의 내용연수는 5년이며, 5년 후 잔존가치는 취득원가의 10%로 추정된다. 이 사무용기기의 2023년 감가상각비는 얼마인가?** 2023 군무원 7급

① ₩500,000 ② ₩540,000
③ ₩580,000 ④ ₩620,000

해설

(3,000,000 − 300,000) ÷ 5 = 540,000(원)이다.

답 ②

013 **기업회계기준에 따른 자산의 분류 중 비유동자산에 속하지 않는 것은?** 기출복원

① 무형자산 ② 당좌자산
③ 투자자산 ④ 유형자산

해설

당좌자산은 재고자산과 함께 유동자산이다.

답 ②

014 □□□ **다음 중 재무제표의 부채에 해당하지 않은 것은?** 2021 공인노무사

① 매입채무 ② 선급비용
③ 선수금 ④ 사채
⑤ 예수금

해설

선급비용은 유동자산의 기타 항목에 해당된다.

답 ②

015 □□□ **다음 중 현금 및 현금성 자산으로 분류되지 않는 항목은 무엇인가?** 기출복원

① 취득 당시 3개월 이내의 상환조건인 환매체
② 당좌예금, 보통예금
③ 결산일 당시 만기가 3개월 이내에 도래하는 채권
④ 취득 당시 상환일까지 기간이 3개월 이내인 상환우선주

해설

현금성 자산은 취득 당시 만기가 3개월 이내인 금융상품으로, 결산일로부터 만기가 3개월 이내인 채권은 단기매매증권 등으로 분류된다.

답 ③

016 □□□ **다음 중 거래관계가 바르게 연결된 것은?** 기출복원

① 자산의 감소 – 자본의 증가 ② 부채의 감소 – 자본의 증가
③ 부채의 감소 – 자산의 증가 ④ 자산의 증가 – 비용의 발생

해설

- 차변: 자산의 증가, 부채의 감소, 자본의 감소, 비용의 발생
- 대변: 자산의 감소, 부채의 증가, 자본의 증가, 수익의 발생

답 ②

017 다음 중 재무상태표에 대한 설명으로 틀린 것은? 기출복원

① 재무상태표는 현재의 자산, 부채 및 자본을 표시한 표이다.

② 계정식은 자산 항목을 먼저 배열하고 그 밑에 자본과 부채를 나열한다.

③ 기업의 재무상태를 명확히 보고하기 위한 것이다.

④ 일정시점의 유동성과 재무건전성을 나타내는 정태적인 보고서이다.

해설

재무상태표는 계정식과 보고식의 두 형태가 있다. 계정식은 자산 항목을 계정의 왼쪽에 표시하고 부채 및 자본 항목은 계정의 오른쪽에 나열하여 표시하는 반면 보고식은 자산 항목을 먼저 배열하고 그 밑에 계속하여 자본과 부채를 나열한다.

답 ②

018 1년 이내에 현금으로 전환되거나 소비될 것으로 예상되는 자산을 무엇이라 하는가? 기출복원

① 유동자산 ② 투자자산

③ 무형자산 ④ 유형자산

해설

▶ 선지분석

② 투자자산, ③ 무형자산, ④ 유형자산은 1년 이후에 현금으로 전환되거나 소비될 것으로 예상되는 비유동자산이다.

답 ①

019 □□□ **다음 중 무형자산의 합계액은?** 2021 경영지도사

저작권	₩ 1,000,000
인사담당 종업원 교육비	300,000
상표권	500,000
특허권 등록비	600,000
내부적으로 창출한 영업권	800,000

① ₩1,500,000
② ₩1,800,000
③ ₩2,100,000
④ ₩2,900,000
⑤ ₩3,200,000

해설

인사담당 종업원 교육비와 내부적으로 창출한 영업권은 무형자산에 미포함(신뢰성 있는 인식이 불가)한다. 따라서 저작권(₩1,000,000) + 상표권(₩500,000) + 특허권 등록비(₩600,000) = ₩2,100,000이다.

답 ③

020 □□□ **인플레이션이 지속되는 경우 계속기록법에 의해 회계처리를 한다고 할 때, 재고자산 평가 방법에서 당기순이익의 크기로 옳은 것은 어느 것인가?** 기출복원

① 후입선출법 > 이동평균법 > 선입선출법
② 선입선출법 > 이동평균법 > 후입선출법
③ 선입선출법 > 이동평균법 > 총평균법 > 후입선출법
④ 후입선출법 > 총평균법 > 이동평균법 > 선입선출법

해설

인플레이션(물가상승 시) 상황하에서 기말재고와 당기순이익의 크기는 선입선출법 > 이동평균법 > 총평균법 > 후입선출법의 순이다.

답 ③

021 다음 중 일반적으로 인정된 수익의 인식기준은 어느 것인가? 기출복원

① 실현주의 ② 발생주의
③ 원가주의 ④ 현금주의
⑤ 계속기업의 전제

해설

수익과 비용의 기본적인 인식기준은 발생주의이다. 수익은 경영활동의 전 과정에 걸쳐서 서서히 발생하므로 발생주의를 엄격하게 적용하기는 어렵다. 따라서 중요한 경제적 활동이 완료되었다고 하는 결정적 사실로서 판매에 근거를 두어 수익을 인식하게 되는데, 이를 실현주의(보수주의적 원칙)라고 한다.

답 ①

022 2012년 1월 1일 ₩800,000에 취득한 기계에 대하여 2014년 12월 31일(결산일)에 정률법으로 감가상각한다. 정률은 10%, 결산은 연 1회이고 간접법으로 기장할 경우 2014년 말 재무상태표에 표시될 감가상각누계액은 얼마인가? 기출복원

① ₩216,800 ② ₩230,000
③ ₩226,800 ④ ₩240,000

해설

- 2012년: 800,000 × 0.1 = 80,000
- 2013년: (800,000 − 80,000) × 0.1 = 72,000
- 2014년: (800,000 − 80,000 − 72,000) × 0.1 = 64,800

∴ 80,000 + 72,000 + 64,800 = ₩216,800이다.

답 ①

023 다음 중 이익잉여금에 해당하지 않은 것은? 2020 가맹거래사

① 시설확장 적립금 ② 차기이월 이익잉여금
③ 이익준비금 ④ 주식발행초과금
⑤ 임의적립금

해설

주식발행초과금은 자본잉여금 항목에 해당된다.

답 ④

024 □□□ **다음 중 포괄손익계산서에 표시되는 정보로 옳은 것은?** 2020 경영지도사

① 금융원가 ② 충당부채
③ 금융자산 ④ 매출채권
⑤ 납입자본

해설

▶ 선지분석

② 충당부채, ③ 금융자산, ④ 매출채권, ⑤ 납입자본은 재무상태표에 표시되는 정보이다.

답 ①

025 □□□ **다음 내용과 관련된 재무제표 요소의 측정 기준은?** 2020 경영지도사

- 다른 측정 기준보다 더 단순하고 비용이 적게 든다.
- 일반적으로 잘 이해되며 대부분 검증가능하다.

① 공정가치 ② 현행원가
③ 자산의 사용가치 ④ 역사적 원가
⑤ 부채의 이행가치

해설

역사적 원가란, 실제로 소비한 재화의 수량과 그것을 취득한 금액으로 산출한 원가로, 자산을 취득한 원가로 재무상태표에 기록하고 보고하는 것(역사적 원가주의)이다.

답 ④

제40회 | 회계원리(3)

001 **다음 중 회계감사에 관한 설명으로 옳지 않은 것은?** 2021 경영지도사

① 감사인의 의견표명에 따라 재무제표의 신뢰성을 제고하고 재무제표 이용자가 회사에 대한 올바른 판단을 할 수 있도록 한다.

② 감사인은 충분하고 적합한 감사증거를 입수한 결과 왜곡표시가 재무제표에 개별적으로 또는 집합적으로 중요하며, 동시에 전반적이라고 결론을 내리는 경우 한정의견을 표명해야 한다.

③ 감사보고서는 감사기준에 따라 수행된 감사에 대한 감사인의 보고로 반드시 서면방식으로 해야 한다.

④ 재무제표에 대한 감사인의 의견은 회사의 재무상태 또는 경영성과의 양호 여부를 평가하거나 장래 전망을 보장하는 것은 아니다.

⑤ 회계감사를 수행하더라도 재무제표 작성에 대한 경영진의 책임은 감사인에게로 이전될 수 없다.

해설

왜곡표시가 재무제표에 개별적으로 또는 집합적으로 중요하며, 이를 수정하지 않는 한 재무제표 자체의 의미가 상실될 때는 부적정의견을 표명해야 한다.

답 ②

002 **다음 중 복식부기의 특징으로 바른 것은?** 기출복원

① 현금주의에 기초하고 있어 정확한 수지 파악을 할 수 없다.

② 회계의 자의적인 행위를 배제하기 어렵다.

③ 거래의 이중성 부채로 재무상태표 작성이 불가능하다.

④ 회계의 기본등식이 양변에 이중으로 기록된다.

해설

복식부기는 한 거래를 이중으로 기입하는 방법이다. 즉, 모든 거래는 양면성을 가지고 있는 것으로 가정하여 자산, 부채, 자본의 증감과 수익, 비용의 발생을 차변과 대변에 동시에 기록하는 것이다. 즉, 자체검증기능을 갖고 있는 우수한 장부기입법으로, 일정 규모 이상의 기업이나 내부 견제를 강화하기 위해 영리조직에서 사용한다.

답 ④

003 □□□ **다음 중 회계에 대한 설명으로 잘못된 것은?** 기출복원

① 회계는 경영자에게만 경제적 활동에 대한 정보를 제공한다.

② 회계정보의 용도는 경제적 의사결정문제에 대한 정보를 제공하는 데 있다.

③ 회계는 정보이용자들이 경제라는 제약조건 내에서 자원배분을 효율적으로 할 수 있도록 도움을 주어야 한다.

④ 회계란, 회계정보 이용자가 자원배분에 대한 합리적 의사결정을 할 수 있도록 경제적 실체에 관한 유용한 재무적 정보를 제공하는 서비스 활동이다.

해설

회계는 경영자는 물론이고 주주, 채권자, 정부 등 기업에 외부정보 이용자 및 이해관계를 가진 사람들에게 기업의 경제적 활동에 대한 정보를 제공해야 한다.

답 ①

004 □□□ **다음 중 관리회계에 대한 설명으로 가장 옳지 않은 것은?** 2022 군무원 5급

① 관리회계는 경영자가 경영의사결정을 내리는 데 필요한 회계정보를 제공하는 내부보고 및 활용을 위한 회계를 말한다.

② 관리회계는 기업 간 비교를 위해 동일한 회계나 집계방식을 사용한다.

③ 관리회계는 세금을 최소화하기 위한 전략을 모색하기도 한다.

④ 관리회계는 예산을 편성하여 주어진 예산안에서 잘 통제되고 있는지를 확인한다.

해설

②는 재무회계에 해당한다.

답 ②

005 다음 중 거래에 대한 분개로 가장 옳은 것은? 2022 군무원 9급 · 가맹거래사

거래내용: ₩40,000원의 상품을 구매하였는데, 이 중 ₩10,000원을 현금으로 지급하였으며, 나머지는 외상으로 하였다.

	(차변)	(대변)
①	현금 10,000 매출채권 30,000	상품 40,000
②	상품 40,000	현금 10,000 매입채무 30,000
③	상품 40,000	현금 10,000 매출채권 30,000
④	현금 10,000 매입채무 30,000	상품 40,000

해설

상품구매는 자산증가(차변), 현금 지불은 자산감소(대변), 외상은 부채증가(대변)로 분개한다.

답 ②

006 다음 중 재무제표를 근거로 한 재무비율 분석의 단점이 아닌 것은? 기출복원

① 종합적인 분석이 어렵다.
② 비교기준이 되는 표준비율의 선정이 어렵다.
③ 과거의 회계정보에 의존하고 있다.
④ 기업의 재무상태 및 경영성과를 살펴보기 어렵다.

해설

포괄손익계산서나 자본변동표 등의 재무제표를 근거로 한 재무비율 분석은 비교적 쉽게 어떤 기업의 재무상태 및 경영성과를 살펴볼 수 있다는 장점이 있다.

답 ④

007 □□□

다음 중 유형자산에 해당하는 항목을 모두 고른 것은?

2021 공인노무사

ㄱ. 특허권	ㄴ. 건물
ㄷ. 비품	ㄹ. 라이선스

① ㄱ, ㄴ ② ㄴ, ㄷ

③ ㄱ, ㄴ, ㄷ ④ ㄴ, ㄷ, ㄹ

⑤ ㄱ, ㄴ, ㄷ, ㄹ

해설

유형자산이란, 물리적 형체를 갖고 있는 것으로, ㄴ. 건물과 ㄷ. 비품이다.

답 ②

008 □□□

다음 중 무형자산으로 바르게 묶인 것은?

기출복원

① 영업권, 산업재산권, 광업권 등 ② 토지, 건물, 영업권 등

③ 영업권, 사채발행비, 건설 중인 자산 ④ 선박, 기계장치, 비품 등

해설

무형자산은 물리적 형태는 없지만 식별 가능하고, 기업이 통제하며, 미래의 경제적 효익이 있는 비화폐성 자산을 말한다(① 영업권, 산업재산권, 광업권 외에 개발비, 저작권, 어업권, 라이센스, 프랜차이즈 등).

답 ①

009 □□□

다음 자료를 활용하여 당기순이익을 구하면?

기출복원

• 영업이익	600,000	• 영업외 수익	100,000
• 이자비용	50,000	• 감가상각비	20,000
• 기타의 대손상각비	80,000		

① 430,000 ② 570,000

③ 650,000 ④ 750,000

해설

- 당기순이익 = 영업이익 + 영업외 수익 − 영업외 비용 = 600,000 + 100,000 − 130,000 = 570,000
- 감가상각비는 제조원가(다른 자산의 제조와 관련) 또는 판관비로 계상하므로 영업외 비용에는 포함되지 않는다.

답 ②

010 **다음 중 포괄손익계산의 설명으로 바르지 않은 것은?** 기출복원

① 비용항목에는 임차료, 통신비, 이자비용, 회의비 등이 해당된다.
② 기타 포괄손익은 손익거래에서 발생한 순자산의 변동액 중 미실현손익으로 분류되어 표시된 금액으로 재평가잉여금, 매도가능 증권평가손실 등이 있다.
③ 과거의 영업활동으로 인한 유보된 자금도 알 수 있다.
④ 포괄손익계산서는 일정기간 동안 기업의 경영성과를 보여준다.

해설

과거의 영업활동으로 인한 유보된 자금은 자본변동표로 알 수 있다.

답 ③

011 **다음 중 기업의 자산을 역사적 원가주의로 평가하는 근거를 제공하는 것은?** 기출복원

① 계속기업의 전제 ② 기업실체의 전제
③ 화폐단위측정의 전제 ④ 질적특성 간 균형의 전제

해설

계속기업은 회계의 기본전제로서 역사적 원가주의의 근간이 되며 자산의 재평가, 감가상각 등의 근거가 된다.

답 ①

012 **다음 감가상각의 방법 중 상각금액이 초기나 중기에 일정한 방법은?** 기출복원

① 정액법 ② 정률법
③ 연수합계법 ④ 이중가속상각법

해설

정액법이란, 각 기간마다 일정액을 감가상각하는 방법으로, 간단하고 가장 많이 쓰이고 있다. 정액법으로 감가상각하는 자산은 일반적으로 유형자산이고, 건물의 경우에는 세법상 정액법으로 감가상각하는 것을 원칙으로 한다.

답 ①

013 유형자산의 취득 후 발생되는 지출 중 수익적 지출에 해당하는 것은?

기출복원

① 상당한 원가절감을 가져오는 지출
② 생산력 증대를 가져오는 지출
③ 경제적 내용연수를 연장시키는 지출
④ 마모된 자산의 원상복구에 사용된 지출
⑤ 품질향상을 가져오는 지출

해설

수익적 지출(revenue expenditure)이란 기업 회계상 손익거래의 결과로 발생하는 지출로서, 고정자산의 원상회복이나 능력유지를 위한 지출(수선비)이 해당된다.

답 ④

014 다음 중 유용한 재무정보의 질적 특성에 관한 설명으로 옳지 않은 것은?

2020 경영지도사

① 재무정보가 유용하기 위해서는 목적적합해야 하고 나타내고자 하는 바를 충실하게 표현해야 한다.
② 근본적 질적특성은 목적적합성과 표현충실성이다.
③ 재무정보가 예측가치를 갖기 위해서 그 자체가 예측치 또는 예상치여야 한다.
④ 때로는 하나의 보강적 질적 특성이 다른 질적 특성이 극대화를 위해 감소되어야 할 수도 있다.
⑤ 원가는 재무보고로 제공될 수 있는 정보에 대한 포괄적 제약요인이다.

해설

회계기준을 준수한 재무제표는 그 자체가 정보이용자로 하여 충분한 예측가치가 존재한다.

답 ③

015 다음 중 유동부채로 분류되는 것을 모두 고른 것은?

2020 경영지도사

ㄱ. 정상영업주기 내에 결제될 것으로 예상하고 있다.
ㄴ. 주로 정상적인 영업활동에서 단기 판매를 목적으로 보유하고 있다.
ㄷ. 보고 기간 후 12개월 이내에 결제하기로 되어 있다.
ㄹ. 보고 기간 후 12개월 이상 부채의 결제를 연기할 수 있는 무조건의 권리를 가지고 있다.

① ㄱ, ㄷ
② ㄴ, ㄹ
③ ㄷ, ㄹ
④ ㄱ, ㄴ, ㄷ
⑤ ㄱ, ㄴ, ㄷ, ㄹ

해설

유동부채란, 재무상태일로부터 1년 이내에 만기가 도래하는 부채 또는 정상영업주기 내에 상환 · 소멸하는 단기부채를 말한다.

답 ①

016 **다음 중 유형자산의 취득원가에 가산되지 않는 것은?** 2021 경영지도사

① 매입할인과 리베이트
② 최초의 운송 및 취급 관련 원가
③ 설치장소 준비원가
④ 전문가에게 지급하는 수수료
⑤ 유형자산 취득과 관련된 취득세

해설

취득원가란, 자산을 취득하는 데 드는 비용(취득과정과 직접 관련된 원가)을 말하는 것으로, ① 매입할인과 리베이트와는 무관하다.

답 ①

017 **감가상각과 관련된 다음 설명 중 옳지 않은 것은?** 기출복원

① 다른 요건이 동일할 때 유형자산 취득 초기에는 정액법에 의한 감가상각비가 정률법에 의한 상각비보다 많다.
② 동일한 상황의 기업일지라도 감가상각방법을 어떻게 선택하는가에 따라 당기순이익이 달라질 수 있다.
③ 감가상각은 유형자산의 가치감소분을 인식하는 것이 아니라 내용연수에 걸친 취득원가의 비용배분과정이다.
④ 수익, 비용 대응원칙에 따라 기업의 수익창출 활동에 기여한 기간에 걸쳐 유형자산의 취득원가를 비용으로 인식하는 것이다.

해설

다른 조건이 동일할 경우 취득 초기의 정률법의 감가상각비는 정액법의 감가상각비보다 더 크다.

답 ①

018 □□□ **다음 중 재무상태표의 재고자산가액이 현행원가에 가장 근접하는 재고자산 평가방법은 무엇인가?**

기출복원

① 이동평균법 ② 총평균법
③ 선입선출법 ④ 후입선출법
⑤ 개별법

해설

선입선출(first-in first-out)법은 여러 단가의 재고품이 실제로는 어떤 순서로 출고되든, 장부상 먼저 입고된 것부터 순차적으로 출고되는 것으로 간주하여 출고단가를 결정하는 원가주의 평가방법이다. 따라서 재고품은 비교적 최근에 입고된 물품의 원가로 구성되며, 출고품의 가격은 일찍 입고된 물품의 원가에 의해 결정·표시된다. 그러므로 단가가 서로 다른 수종의 동일계열 재고품이 있을 경우에는 장부상의 잔고란에 종류별로 분기되어 있어야 한다.

장점	• 미실현 손익을 포함하지 않은 재고자산원가가 실제 기록에 의하여 조직적으로 계산됨 • 재고품의 평가액이 시가에 비교적 가까움 • 장부상 처리가 실제 재고품의 흐름과 다르더라도 재고관리상 편리함 • 디플레이션 때에 이익이 과대 계상되지 않음
단점	• 인플레이션 때에 과대이익을 계상함 • 동종의 물품을 동시에 출고할 때에도 각기 다른 수종의 단가를 적용하게 되어 계산이 복잡함

답 ③

019 □□□ **다음 중 재고자산의 단가평가 방법인 후입선출법에 관한 설명으로 옳지 않은 것은? (단, 판매량이 급증하여 기초재고가 판매되는 재고청산의 문제는 발생하지 않는다고 가정한다)**

2020 가맹거래사

① 물가가 상승하는 경우 세금이 줄어든다.
② 나중에 매입한 상품이 먼저 판매되는 것으로 가정한다.
③ 물가가 상승하는 경우 기말재고 자산금액은 시가인 현행원가에 근접한다.
④ 물가가 상승하는 경우 기말재고 자산금액이 선입선출법에 비해 낮게 평가된다.
⑤ 물가가 상승하는 경우 재무적 관점에서 보수적인 회계처리 방법이다.

해설

③은 선입선출법에 대한 설명이다.

답 ③

020 **일반적으로 상거래에서 발생한 외상매입금과 지급어음은 무엇으로 처리해야 하는가?**

기출복원

① 매입채무　　② 단기차입금
③ 선수금　　④ 미지급금

해설

일반적인 상거래 이외에서 발생한 단기차입금, 미지급금, 예수금 등은 매입채무로 분류 · 처리한다.

답 ①

021 **내용연수가 유한한 무형자산의 상각방법은 자산의 경제적 효익이 소비될 것으로 예상되는 형태를 반영하여야 하지만, 그 형태를 신뢰성 있게 결정할 수 없는 경우에 사용되는 상각방법은?**

2020 경영지도사

① 생산량비례법　　② 연수합계법
③ 이중체감법　　④ 정률법
⑤ 정액법

해설

무형자산의 경우 신뢰성(합리적) 있는 상각법을 정할 수 없는 경우에는 정액법을 사용한다.

답 ⑤

022 **다음 설명 중 옳지 않은 것은?**

기출복원

① 선입선출법은 먼저 매입한 상품을 먼저 인도하는 것으로, 물가 하락 시 기말상품이 가장 적게 평가되는 방법이다.
② 후입선출법은 나중에 매입한 상품을 먼저 인도하는 방법으로, 물가 상승 시 기말상품이 가장 많게 평가되는 방법이다.
③ 총평균법은 일정 기간의 매입금액을 매입수량으로 나누어 총평균 단가를 산출하는 방법이다.
④ 이동평균법은 단가가 다른 상품을 매입할 때마다 새로운 단가를 산출하는 방법이다.

해설

후입선출법은 물가 상승 시 기말상품이 적게 평가된다.

답 ②

023 다음 중 회계시스템에 인식 · 측정될 수 있는 거래로 분류될 수 없는 것은? 기출복원

① 상품을 구입하다.
② 용역을 제공하다.
③ 돈을 빌려오다.
④ 도난을 당하다.
⑤ 계약을 체결하다.

해설

상품 등의 계약이나 주문은 거래로 분류하지 않는다.

답 ⑤

024 다음 중 재무상태표의 자산 항목에 해당하지 않는 것은? 2022 공인노무사

① 미수금
② 단기대여금
③ 선급금
④ 이익준비금
⑤ 선급비용

해설

④는 자본 항목에 해당한다.

답 ④

025 다음 중 재무제표에 해당하지 않는 것은? 기출복원

① 포괄손익계산서
② 자본변동표
③ 소유주자산보고서
④ 재무상태표
⑤ 현금흐름표

해설

▶ 선지분석

재무제표에는 ①, ②, ④, ⑤가 있다. 단, 이익잉여금 처분계산서, 주석도 포함시킬 수 있다.

답 ③

MEMO

MEMO

2024 대비 최신개정판

해커스군무원

권우주 경영학

기출문제집

개정 3판 1쇄 발행 2023년 10월 13일

지은이	권우주 편저
펴낸곳	해커스패스
펴낸이	해커스군무원 출판팀
주소	서울특별시 강남구 강남대로 428 해커스군무원
고객센터	1588-4055
교재 관련 문의	gosi@hackerspass.com 해커스군무원 사이트(army.Hackers.com) 교재 Q&A 게시판 카카오톡 플러스 친구 [해커스공무원 노량진캠퍼스]
학원 강의 및 동영상강의	army.Hackers.com
ISBN	979-11-6999-553-5 (13320)
Serial Number	03-01-01